国家出版基金项目
NATIONAL PUBLICATION FOUNDATION

辛亥革命资料选编

第一卷

# 反清革命 （上册）

刘　萍　李学通／主编

李学通　孙彩霞／编

社会科学文献出版社
SOCIAL SCIENCES ACADEMIC PRESS (CHINA)

有较大影响的资料刊物和多部专刊及专题资料，为新中国近代史学的建立和发展、为新中国史学工作者的成长都做出了应有的贡献。50 年代初，本刊主编荣孟源先生就曾参与编纂中国史学会主编的中国近代史资料丛刊《辛亥革命》。该书出版后，《近代史资料》期刊及专刊仍继续坚持有关辛亥革命史料的搜集整理工作，又陆续刊出有关辛亥革命各方面的史料 400 余万字。这些都成为新中国辛亥革命研究最基本的史料来源，为推进辛亥革命的学术研究，发挥过重要作用。

由于《近代史资料》出版历史较久，各篇资料分载各期，较为分散，特别是早期的版本现在存世较少。随着社会经济的发展和对历史文化的重视、中国近代史研究者的更新换代，以及研究思想与方法的变化等等因素的影响，许多旧的历史结论已经成为陈迹，在审读史料中重构历史，解读其中未曾被重视的历史信息，已经越来越为新的研究者们重视。因此重新整理发表这些珍贵史料，也具有重要的学术价值和作用。

《辛亥革命资料选编》主要包括两方面史料，一是将近 60 余年来《近代史资料》期刊及专刊曾经刊出的相关各类史料予以重新整理，精选出其中史料价值较高的部分内容约 300 万字；二是增加未刊的有关清末民变与社会风潮的报刊资料约 100 万字。这两部分史料以六个专题重新编排：一、反清革命；二、武昌起义；三、各地光复；四、南京临时政府与民初政局；五、华侨与辛亥革命；六、清末社会风潮等。

反清革命专题，主要收录记载自兴中会至武昌起义前，全国各地各类反清革命团体活动的文献等各种史料。例如介绍中国同盟会入会手续和章程的《中国同盟会文献》，记录共进会创立及其活动的情况的《共进会的源起及其若干制度》，反映武装起义的有《锡良镇压河口起义来往电文选》、黄兴的《广州起义报告书》，也有著名革命领袖人物的回忆录，如《胡汉民自传》、谭人凤的《石叟牌词叙录》、柏文蔚的《五十年经历》等，秋瑾之弟所撰回忆秋瑾烈士的《风雨楼痛语》等等。

有关武昌起义的史料，本书不仅选录了以 50 年代《近代史资料专刊》出版的、已成为武昌起义研究最基础史料的杨玉如的《辛亥革命先著记》和蔡寄鸥的《鄂州血史》，还收录了吴兆麟的《辛亥武昌革命工程第八营首义始末记》、英国传教士计约翰的《辛亥武昌战守闻见录》，以及袁世凯的幕僚闵尔昌所存有关武昌起义的函电。这些史料的作者中，不仅吴兆麟是工程第八营的队官、首义的当事人，杨玉如、蔡寄鸥无一不是湖北辛亥革命和武昌起义的亲历者，书中所叙起义前后湖北、武汉社会和革命党人活动的情况，起义当时的一些过程，起义后湖北地区政治、军事、文化各方面的变迁等等，都是研究辛亥革命史的基础资料。

武昌起义后，全国各地响应、光复独立的史料，相对而言比较丰富，有《蔡锷致李根源电稿》、《辛亥滦州兵谏函电选》等档案类史料，更有众多当事人的回忆，如吕公望的《辛亥革命浙江光复纪实》、《辛亥革命浙军攻克南京纪实》，钟丰玉的《光复杭州回忆录》，张效巡的《辛亥革命浙军进攻南京记事》，马叙伦的《关于辛亥革命浙江省城光复记事的补充资料》，杨兆蓉的《辛亥革命四川回忆录》等，史料价值都非常高。

辛亥革命的直接结果是中华民国南京临时政府的成立。史学界一般将袁世凯接任临时大总统、南京临时政府结束，作为辛亥革命这一历史事件的截止，随后发生的宋案、二次革命虽然与此密切相关紧密相连，但都被划入为另一个历史阶段。本资料集中，我们也是以此时间段作为史料收录的标准，但事实上不仅史事的演变过程难以割断，许多历史文献及回忆录的叙述也都是贯通相连的，很难作戛然而止的剪裁，因此有些资料涉及的时间超越了南京临时政府时代，所以我们为之定名为"南京临时政府与民初政局"。

记录武昌起义后南北议和过程的一些重要史料，如《惜荫堂辛亥革命记》和《新中国武装解决和平记》、《运动北军反正记》等，虽然早经刊载于《近代史资料》，以往似乎并未引起研究者充分关注。近年随着研究视角的开拓，研究者在重新审视这段历史的时候，这些史料成为辛亥革命研究者关注的热点。

华侨与辛亥革命部分，数量虽然不多但也是不可或缺。孙中山先生说"华侨是革命之母"，绝非溢美之词。从孙中山立意发动反清革命，组建革命团体，到一张张宣传报刊，一回回行刺暗杀，一次次武装起义，都凝结着海外华侨的心血汗水乃至生命。何况孙中山本人就是一个华侨。《近代史资料》曾以专刊的形式，于1981年编辑出版过一册《华侨与辛亥革命》。此次重新编辑，又收录了几篇发表在期刊中的有关华侨参与辛亥革命活动的史料，以表达对辛亥革命做出巨大贡献与牺牲的华侨的纪念与敬意。

尤其值得特别介绍的是，"清末社会风潮"这部分完全是新增加的报刊史料，是从清末的《中外日报》、《汇报》、《时报》等多种报刊中摘编积累的成果，其价值在今天看来尤为珍贵。

辛亥革命可以说是清末尤其是清末最后十年中国社会各种矛盾高度激化的必然结果。但是，我们同时也看到，这十年也是近代中国社会变动极巨大，甚至可以说是进步极迅速的十年。废除科举，颁布新学制，兴办新学堂，扩大留学规模；编练新军，西式的训练、西式的武器、西式的军装；创办警察；考察宪政；修订法律；改革官制；奖励工商，修筑铁路；预备立宪，成立谘议局、资政院，等等。这一切与历史潮流方向相顺应的举措和变化，不但没有挽救清王朝的命运，甚至成了它走向覆灭的加速器。如果仅仅以抽象的理论做逻辑上的推理分析，可能会让我们迷失在历史的旋涡之中。而历史学的研究方法：结论来自对真实可靠全面且具体的史料的排比与分析，可以帮助我们走出迷惘，透视吊诡的历史表象背后，合乎逻辑的社会变化发展的轨迹。清末的新政和社会进步怎么就演化成了日益尖锐的社会矛盾，这些矛盾具体体现在哪些方面，体现在哪些地区，究竟激化到了何种程度，"清末社会风潮"中所收录的报刊资料，将会有非常生动而全面的呈现。

　　清末民变研究近年虽也有学者涉及并不断有所推进，但限于资料分散零碎等原因，似乎一直难有重大突破，而《近代史资料》早年刊发的张振鹤、丁原英编纂的《清末民变年表》，依然是学者们研究时依据的重要参考和资料线索。可惜张振鹤先生等花费几十年之功力，从报刊摘编的大量原始资料，一直未得整理刊出。

　　张先生一生经历坎坷，最后在近代史所政治史研究室以副编审的职称退休。在终止史学专业工作之时，他不忍将这些千辛万苦搜集而来的珍贵史料——某种程度上也是其人生苦难经历的伴侣和见证者——付诸东流。他非常郑重地将这批资料托付给了李学通全权处理，并希望他有机会重新予以整理。一晃二十年过去了，此次《近代史资料》编译室借《辛亥革命资料选编》出版之机，将这些资料重新整理，予以公开出版，也可告慰张振鹤先生在天之灵。资料的发表也得到了张振鹤先生的胞弟、中国社会科学院名誉学部委员、著名近代史专家张振鹍先生以及张振鹤先生家属的大力支持，在此一并表示衷心的感谢。张振鹍先生还特意撰写了一篇介绍文章，我们将它作为序言，也算是对张振鹤先生的纪念与感谢。

　　由于这部分资料内容并不局限于传统意义的"民变"，而是包括了各地革命党起义、农民暴动、教案、兵变、罢工罢市，甚至中外交涉等等，故将其定名为更加宽泛的"社会风潮"，还望读者注意。

本书所收的已刊史料，有些是全文刊出，有些是节录。对其中明显舛误之处，此次重编之时，编者均加以校订。其错字、别字、衍文的校勘，均在正文内以〔〕标明；脱漏增补者，以【】标明。除个别情况，版式基本依原样录排。原文发表之时的《近代史资料》所作编者按语或说明、注释，一般均照旧保留，个别文字或稍有修订和删减。

清末报刊资料部分，原摘编之时以报为单位，根据时间顺序，按《中外日报》、《时报》等分类编排，而且摘抄之时或不免舛误，且大都未曾点校。此次重新整理编辑，不仅将原顺序打乱，改为按地区分类，按时间编排，并且重新进行了点校。原件无标题的或原件标题不明确或不妥当的，编者根据内容酌加撰拟，并在右上角标注星号＊，有的还在（）中附注地名，以方便读者的阅读和利用。原文中还存在着同一地名、人名不同的问题，整理中均保留原样，亦请读者使用中注意。

总之，史料是历史研究的食粮，希望《辛亥革命资料选编》的出版能为推动辛亥革命的研究做出一点贡献。由于编者水平有限，整理中不免舛错之处，还祈读者指正。

李学通

2011 年 8 月 3 日

# 目　录

## ·上　册·

## ·下　册·

# 中国同盟会文献

南京市文物管理委员会 供稿

**编者按**：谢英伯是中国同盟会香港分会主盟人之一，致函李是男，请李在美洲旧金山组织分会。函中介绍中国同盟会入会手续和章程。《中国同盟会总章》中历丙午年（1906年）四月十三日修改本，见于邹鲁《中国国民党史稿》，文字与此略异。《盟书》在邹鲁书中题名《誓词》，与此文字有异。《志愿书》、入会仪式和分会办法，邹鲁书未记载。今据谢英伯致李是男函刊出，以供研究中国同盟会历史者参考。下文黄伯耀《李是男事略》，记载李是男的简历和旧金山同盟会的概况，亦是研究同盟会历史的参考资料。谢英伯函和李是男事略均为原件。

是男先生足下：

未睹丰仪，常通心电。读《美洲少年报》之大著，具见足下拳拳于祖国之盛意。及与李海云、陈元英二君游，复知足下为我党之健者，尤令人钦佩无已。足下渡美以来，同学少年必众。此辈皆他日栋梁之材，如能收入党中，共商大业，则为益于祖国者真不可量也。用是敢请足下在美洲设立一中国同盟分会。想足下久抱热心，不避艰巨，亦不以弟为冒昧也。惟设立分会之法，须先遵照总部章程，其分会章程则由分会会员自行酌定。今将总会章程抄呈青览。其尚有要者，则举手礼式是也。兹将举手礼式开列于左。

### 举手礼式

举手礼式者，即进党时之礼式也。因其他盟宣誓时举手以示诚敬，故名为举手礼。

行举手礼时（即收人入会之时）：

（一）主盟人（主盟人可以会长为之，或未立会长，则由别处委任一人为之。今美洲未有分会，未立会长，则此主盟人请足下任之）

（二）介绍人（即带领他人入会之人。各会员均可作介绍人，为所介绍之人主盟人。有权可先查察其是否妥当；如有不妥，可以不收入。入会后，该人如有不妥，则主盟人与介绍人均负责任）

（三）联盟人（即入会之人）

凡收人入会之时，主盟人可先问其因何入会，是否心悦诚服；并言此为秘密会，入会者无名誉利益之可图，乃大众合团体共作光复祖国之工夫而已。待彼一一答允，乃与之讲本会之历史，本会之办法，本会之法律，一一解明白，然后令彼写盟书。写毕，令彼起立，举一手，向天宣读。主盟人与介绍人在旁静听。读毕，主盟人及介绍人同署名于盟书上。主盟人即将手号、口号通知新入会之人，并嘱其严守秘密，不能泄之外人。

### 分会之设立

（一）基址（可租楼一所或屋一间为会所。此会所，只准会友到，别人不得到。若在外洋及法律自由之地，可变通办理。租银由会众分担）

（二）干事员（由众公举，或一年一任，或两年一任，由众公

定。凡五缺：〔一〕会长，〔二〕副会长，
〔三〕书记，〔四〕司库，〔五〕庶务，或因地制
宜加添招待调查等缺。选举后，可通知各分会及
总部与支部）

（三）评议员（如会众多时，可由众选举评议员若干名，代表众
　　　　人决议各事。如会众少，不设评议员亦可）

（四）会议（或每月寻常会议一次，一年大会议一次，特别会议
　　　　无定时）

（五）布告（分会初成立时，可将成立情形布告于该隶属之支
　　　　部。其后则将每年成绩布告一次，如收入会员多
　　　　少，经过何等事实之类）

（六）联络（宜与各地分会时通消息，或会员由此埠到彼埠，则
　　　　会长为之写介绍书，以便到步招待，或遇大事则彼
　　　　此帮助）

（七）机关报（如人才及财力充足，可设立一机关报，专发挥本
　　　　会之宗旨，及随时印刷浅白之小书派送，以为运
　　　　动）

　　以上设立分会之办法，大略如此，然可以参酌变通而行。如
有不明白之处，请即函问，弟当尽举所知以答也。嗟乎！来日大
难，吾辈及今不奋力前途，则对于后人之罪大矣。匆匆草此，不
尽欲言。手此。即候

侠安！

　　　　　　　　　　　　　　　　弟谢英伯上言
　　　　　　　　　　　　　　　阴历己酉九月廿八日

总章志愿书及盟书格式附后

**志愿书式**

（入会者先行投递此书，以待调查）

胡虏乱华，神人共愤。仆驱除志切，百死不移。耿耿此心，天日可表。兹闻贵会提倡大义，与仆平日宗旨相合，故愿入贵会，同心协力，复我华夏。一切章程，情愿遵守。伏维介绍

中国同盟会会员〇〇〇君鉴。

天运〇〇年〇月〇日

〇〇〇押

### 盟书格式

联盟人〇〇省〇〇府〇〇县〇〇〇当天发誓：同心协力①，驱除鞑虏，恢复中华，创立民国，平均地权。矢信矢忠，有始有卒，如或渝此，任众处罚。

天运〇〇〇〇年〇月〇日

地方名 中国同盟会会员〇〇〇押

主盟人〇〇〇押

介绍人〇〇〇押

此盟书写毕，由会长秘密收藏，或寄其隶属之支部收藏亦可。

### 中国同盟会总章

中历四月十三日改订②

第一条　本会定名为中国同盟会。设本部于东京，设支部于各地。

---

① 邹鲁《中国国民党史稿》所载《誓词》无"同心协力"四字。下文"如或渝此"作"有渝此盟"。末尾"中国同盟会员"条，无地方名；无"主盟人"、"介绍人"两条。

② 邹鲁《中国国民党史稿》"中历"下有"丙午"二字。"丙午"是公历1906年。

第二条　本会以驱除鞑虏、恢复中华、创立民国、平均地权
　　　　为宗旨。

第三条　凡愿入本会者，须遵本会定章，立盟书，缴入会捐
　　　　一元，发给会员凭据。

第四条　凡各地会员盟书，均须交至本部①收存。

第五条　凡国人所立各会党，其宗旨与本会相同，愿联为一
　　　　体者，概认为同盟会会员。但各缴入会捐一元，一
　　　　律发给会员凭据。

第六条　凡会员皆有实行本会宗旨，扩充势力，介绍同志之
　　　　责任。

第七条　凡会员皆得选举、被选举为总理及议员，及各地分
　　　　会长，被指任为执行部职员及各②支部部长。

第八条　本会设总理一人，由全体会员投票公举，四年更选
　　　　一次，但③连举连任。

第九条　总理对于会外，有代表本会之权；对于会内，有执
　　　　行事务之权，节制执行部各员，得提议于议会，并
　　　　批驳议案。

第十条　执行部设庶务、内务、外务、书记、会计、调查六
　　　　科。庶务、内务、外务、会计每科职员各一人。书
　　　　记科职员无定数。调查科设科长一人，科员无定
　　　　数。各科职员，均由总理指任，并分配其权限。但
　　　　调查科员由总理与科长指任。

第十一条　议事部议员，由全体会员投票公举，以三十人为
　　　　　限，每年公举一次。

---

① 邹鲁《中国国民党史稿》作"本会"。

② 邹鲁《中国国民党史稿》无"各"字。

③ 邹鲁《中国国民党史稿》"但"下有"得"字。

第十二条　议事部有议本会规则之权。

第十三条　凡选举总理及议员，以本部当地为选举区。

第十四条　凡在本部当地之会员，有担任本部经费之责。

第十五条　本部当地之会员，得按省设立分会，公举会长，
　　　　　但须受本部之统辖。

第十六条　本会支部，于国内分五部，国外分四部，皆直接
　　　　　受本部之统辖。其区画如左：

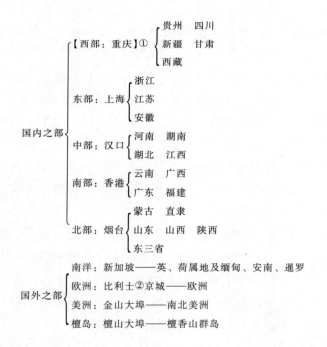

第十七条　各支部皆须遵守本部总章。其自定规则，须经本
　　　　　部议事部决议，总理批准，方得施行。

---

①　"西部：重庆"四字原无，据邹鲁《中国国民党史稿》补。

②　邹鲁《中国国民党史稿》作"比利时"。

第十八条　各支部皆设部长一人，由总理指任。

第十九条　各支部当地会员，有担任该支部经费之责。

第二十条　各支部每月须报告一次于本部。

第二十一条　各支部及其所属分会会员盟书及入会捐一元，皆由支部长缴交本部，换给会员凭据，转交本人收执。

第二十二条　各地分会皆直接受其支部之统辖。

第二十三条　各地分会会长，由该分会会员选举。

第二十四条　总章改良，须有会员五十人以上，或议员十人以上，或执行部提议于议事部，经议事部决议会，由总理职员修改之[①]。

## 李是男事略

黄伯耀

李是男同志讳吉棠，字奕豪，号公侠，广东台山人，生长于美国三藩市（即旧金山大埠）。佑宽翁之子。是男同志天资聪颖，过目不忘，少即有神童之誉。十三岁佑宽翁命其归国习举子业。稍长，因与陈少白先生游，遂笃志于革命。民国纪元前七年乙巳秋，即在香港加入中国同盟会。

丙午秋，与李自重、李锦纶等组织联志社于台山县之西宁市，进行秘密运动。

丁未冬，为清吏所忌，避居香港。旋奉中国同盟会南方支部命，前赴美洲创建同盟会，兼任主盟人。

己酉夏，与黄伯耀、黄芸苏、许炯藜、黄杰亭、温雄飞等纵论革命救国主义，彼此志同道合，遂为黄等加盟入会，组织少年学社，为同盟会对外机关。是男同志以华侨风气未开，复饱受康

---

① 邹鲁《中国国民党史稿》作"由总理开职员会修改之"。

梁保皇之毒，表同情于革命者寥寥，非有鼓吹革命之言论机关，不能唤醒侨众，因谋发刊周报，但苦无资本。其时是男同志适任美国土生华侨团体同源会之中文书记，伯耀任西文书记，乃假借同源会名义，招股创办《美洲少年周报》。旋以鼓吹革命，同源会会员所认股本均不交款，乃由是男、伯耀二人担任印刷费，温雄飞、黄超五、李旺等分任撰述、发行等职务。一纸风行，大受侨胞欢迎。是男同志随又谋培育革命青年，组织金门两等小学堂，散播革命种子。侨界青年头脑，乃为之一新。

己酉冬总理到美国纽约，得阅《美洲少年周报》，大加赞许。年底，总理抵三藩市，是男与伯耀往迎之，以粤东旅馆作行辕。总理告以新军将在广州举义，嘱是男与伯耀急筹款五万元以济军糈。当时同志只有十余人，仓卒间殊难筹此巨款。是男、伯耀奔走终日，成绩甚微，焦急万分，而至对泣。总理慰勉有加。翌日接香港机关部电讯，报告新军起义失败，请汇款济逃难同志。总理即命是男、伯耀筹款数千元以资救济。是男同志以时间急迫，不易筹措，乃商之伯耀，拟将其父之商店所存会项千元捐出。伯耀深表同情，亦即将自己商店存款凑成二千金，共同送交总理汇港。

庚戌春，总理以革命应公开运动，命将少年学社改为中国同盟会，任是男同志为会长。又命是男、伯耀创办《少年中国晨报》代替《美洲少年》以为本党宣传机关。是男同志担任编辑，伯耀任总经理兼发行人，鼓吹革命。

辛亥又奉总理命成立中华革命军筹饷局，是男同志任局长兼司库，伯耀等任筹饷委员。发行中华民国金币券，由总理署名，是男同志以会计李公侠名副署，购者甚为踊跃。故三月廿九广州黄花岗之役筹款颇多。

总理鉴于历次筹款之困难，乃偕伯耀商得致公堂共同组织国民救济局，扩大筹饷进行。是男同志任该局会计，成绩甚优。

是男同志自同盟会、国民党以至中华革命党时期，历任会长、书记、文事科、政治科等职务，并主持《少年中国晨报》笔政，十余载未尝间断。民十奉总理命回国任大总统府机要科秘书。

民十一陈逆炯明叛变，总理命是男同志协助伯耀主持《香江晨报》，声讨叛逆。日出纸二万余份，备受民众欢迎。

民十五任国民政府侨务委员会秘书。

民二十任广州中山纪念堂建筑管理委员会常务委员。

民廿三任中央革命债务调查委员会委员兼秘书。

是男同志温厚和易，廉洁俭朴，有功不居。生平嗜好戏剧，擅小生，嗓音甚佳。革命筹饷时期，尝粉墨登场，甚为侨众欢迎，每次成绩极好。所为文章，庄谐并妙，一篇刊出，万人争读。因献身党国，不事生产，其父所遗之商号亦以不暇兼顾而至倒闭。其虽常在困苦中度生活，而仍抱达观，不以为苦。

溯自美洲三藩市中国同盟会创立后，因是男同志之指导有方，南北中美洲、海洋洲、南非洲、澳洲、檀香山、菲立滨群岛、英国伦敦、利物浦等十余国同志次第成立支分部百余处。此虽属各同志由努力奋斗中得来，但饮水思源，不能不归功于是男同志也。

是男同志近年以来，积劳成疾，肺病加剧，不幸竟于本年五月廿八夜十一时四十五分钟逝世于广州疗养院。临终前一天，仍以中央债务未克躬亲办理登记完竣，还款同志，以全总理信用为念。伯耀与是男同志共同患难，为党奋斗垂三十年，知之最深，略为表出以告同志。

黄伯耀泣述

# 中国革命

〔日〕内田良平 著 丁贤俊 译 赵息黄 校

**编者按**：1911 年武昌起义前，日本是中国革命党人从事活动的一个重要海外据点，有一些日本人参加了孙中山的革命活动，他们分属于日本各种民间组织。其中有一部分人只是以赞助中国革命作为手段，其最终目的是为了侵占吞并中国的东北和蒙古地区。《日本的亚洲》一书作者内田良平即是属于此一种人，他是日本军国主义组织黑龙会的首领，积极支持并鼓吹日本对外推行"大陆政策"。内田良平于1898 年经宫崎寅藏、平山周介绍与孙中山相识，内田正是从这一政治宗旨出发，支持中国革命党人的活动。本文所记1900 年内田、宫崎等代表孙中山与李鸿章的代表在广州谈判、同盟会成立、武昌起义后内田良平的活动等，均可供研究辛亥革命史之参考。

本文译自 1932 年黑龙会出版部印行的内田良平著《日本的亚洲》一书《中国革命》一章，文中有关孙中山与内田良平谈论满蒙地区的几段言论，略而未译。

明治四十四年九月，在汉口点燃起革命的烽火。中国革命发端于甲午中日战争之际。广东省广州府香山县人孙文，字逸仙，号中山，组织兴中会，联合哥老会举行武装起义，被官府探悉。孙与同志陈白（陈少白）、郑弼臣（郑士良）一同逃亡到了日本横滨。孙随即经夏威夷前往美国，再转道去英国。明治三十一年初，又从英国返回日本。那时，孙中山结识了宫崎寅藏、平山周，经这二人介绍，得到我叔父平冈浩太郎的庇护，在日本侨居。我于甲午中日战争后到了西伯利亚和俄国的首都，三十一年七月归国，九月进京。孙中山经宫崎寅藏介绍，到我的住所造访。（下略）

明治三十二年，菲律宾独立军兴起，菲律宾志士阿义纳脱等计划谋取美国援助以摆脱西班牙的羁绊，争取独立。不料美国径与西班牙开战，最终缔结和约，占领了菲律宾。因此，阿义纳脱等为独立起兵抗击美国，向日本乞求援助，他们派遣了彭西同志赴日。彭西在横滨结识了孙中山。孙把彭西介绍给宫崎和平山周。他们二人跟平冈浩太郎、犬养毅商谈后，决定援助菲律宾。经平冈的推荐，中村弥六担当了专门购买、运输军火的任务。平山则与原祯等数人先期前往菲律宾。中村与大仓商社约定买进军火，并购买日船布引号开往门司，将该地的军火和煤装上船后，启航出海。搭乘这艘船的还有林政文、长野义虎等人。我曾向在门司经营煤业的小叔平冈常次郎说，满载煤的船已成功的送走，将开往海参崴港。不幸，驶出不久，布引号就在上海的远海洋面沉没，林、长野两位志士与船同时罹难。接到这个噩耗时，我对死难的同志深表哀悼，对于援助此军的失败嗟叹不已。至十二月末，孙中山、末永节、宫崎寅藏三人联名来电要我回国。我遂于（明治）三十三年一月二日搭乘从海参崴开出的俄国义勇舰队的船只返国，在故乡福冈稍事逗留，于下旬赴京。

以孙中山为首的早期的同志们对我守约如期归国，都表示欢迎。同志们对我说："历来在广东的秘密结社，主要有三个组织，即哥老会、三合会、兴中会。兴中会系由孙中山组织的。哥老会历史最久且有相当大的势力。这些组织的首脑前些时曾在香港聚会，宣誓联合，共同决议推举孙中山为总会长，为求得孙中山的承诺才派代表们到这里来的。也就是说，有了这三派的联合，武装起义就不会太困难了。不久就要袭击广东省城，作为革命军的据点。所以才催促你回国。"就这样，开始着手准备，各方奔走。

三月上旬，文廷式抵达日本。他向孙中山说："山东的义和团有发动起事的迹象，如果能到四五月举事，便将给予我党以可乘的良机。"孙听后大喜，但是最不如意的是为筹措军费而使他异常焦虑。到了五月，义和团果然开始行动，包围了驻北京的各国公使馆，各国也组织联军赴援，于是，战斗就这样开始了。两广总督李鸿章对维持广东的地方治安深感危惧，他生怕孙中山、康有为率军乘战乱之际，相互提携共同举事。他预先对孙中山采取怀柔手段，以免与康有为一致行动。为此让驻东京的清朝公使向孙转达李的意图："值此国家危难之际，愿与孙氏会晤，共议匡救天下之策，务请来粤一行。"随后又派遣特使前往。孙中山答称："拟先派代表赴广东，然后可以考虑亲自返粤的问题。"特使返回广东复命后，拍来一封电报说正在等候代表启程来粤。于是，我和宫崎寅藏、清藤幸七郎三人便作为孙的代理人前往广东。我们决定要求支付孙中山的回国费用十万两，以此用作武装起义的军费，这也就是所谓"靠敌吃粮"的意思吧！为了将这一计划付诸实行，孙中山亲自与陈少白、郑士良等同志和我一起同行。陈少白等人在香港上岸去从事发动广东各地党员进行武装起义的准备工作。孙中山只身一人经西贡赴新加坡，在那里等待与我们会合。如果我们幸运地能筹得资金，便可召集日本的同志们一起制定武装起义的总方略。孙中山之所以不得不到遥远的新加坡去，是因为他过去在香港曾被勒令出境，在未撤销这项命令之前，不可能在香港登陆。同时也由于有必要与安南方面的同志磋商，并打算跟当时逗留在新加坡的康有为商谈有关合作的事宜。

　　大家就是这样分担着各自的任务分头向目的地出发了。我们一行搭乘的船刚一到达香港，便换乘了李鸿章派来的炮舰，沿珠江驶抵广东（省城），当即被引进刘学询的宅邸。刘学询是李鸿章宠信的商人。狡黠的李老爷派出这位刘学询和一位懂日语的海军军官来接待我们。他们首先是要确切了解孙中山的要求，然后再做处理。刘作为李总督的代理人，对我们不辞劳苦远道而来表示感谢，同时并要求听取孙中山的希望，以便转达给李总督。宫崎简要地提出两点："一、对孙中山所定的罪名应予特赦，并保障他的生命安全。二、希给予贷款十万两。"刘说："贵方的意见将马上回禀总督。至于贷款十万两的事，学询可以办理，明天即可在香港面交五万两，其余部分容后送上。"这件事办得很简单明快。宫崎说："孙中山已经从日本出发，现在已到新加坡，等待我等前往复命。他可能将由该地起身偕同我们来粤。余款希望送往新加坡。"刘表示同意。交涉至此告一段落。那位海军军官要直接向李总督报告后再返回。此刻，我们受到他们设宴款待。当宴会结束的时候，这位军官带来了李总督的回音，声称："关于对孙中山的生命保障我不仅要向三位日本人士保证，而且要奏请西太后予以特赦。对于三位日本人士的尽力襄助也将一并上奏，所以需要得到三位的照片。"宫崎答称："如果李总督有这样的诚意，孙中山是可以尽快来粤的，因此我们今夜立即去香港，明天就可拍照奉交李总督，然后就将启程赴新加坡。"刘学询说："明天定将贷款五万两送到，到时照片的事就拜托诸位了。"于是，我们等待开船，再次搭乘炮舰到香港靠岸。我们拍了照片等待刘学询的使者到来。午后，刘学询的儿子送来贷款五万两，他为等待明后天取回照片而在香港稍事停留。我们一行三人达到了贷款的目的，便从香港出发前往新加坡，本来就应先到该地的孙中山却没有来。我们商议之后，认为与其虚度时日，不如先开始做一些与康有为合作的准备工作。康有为因提倡变法自强运动失败后逃出北京，当时宫崎在香港，平山恰巧在北京，便保护康到天津，委托日本军舰把他护送到香港。随后，康由香港到日本时，宫崎又伴随保护他，这种关系是非同寻常的。由于相互之间有这样的相处和立场，预期和他商谈较为容易。随即，宫崎便通过康有为的门生征询会面的时间。

这时，我考虑到新加坡与广东远隔重洋，不适于作为革命党的根据地，即使作为孙中山暂时在这里逗留的策源地也只是不得已的事情。我还考虑，对于我这样担任指挥起兵任务的人来说，在这偏远地区白白地浪费时间也是不利的，不如尽早返回香港着手准备。因此，我就把与康有为进行商谈以及跟孙中山达成协议的事情统统委托宫崎、清藤二人去办理，我便从新加坡出发了。但当我所乘的船刚刚要在香港停靠时，在船上收到了一封拍给我的电报。从电报中得悉，在我离新加坡启程的那天，宫崎、清藤二人已被英国当局拘捕了。我大为惊异，考虑善后的对策，首先是决心中止上岸，转回日本。于是，在船上向新加坡的友人发出一封委托信件，请他把事情真相调查清楚后，尽快函寄东京通知我。关于香港方面事务的处理，则委托居住在当地本愿寺的僧人、我的老友高田栖岸料理。我就这样乘坐从新加坡开出的信侬号客轮返回了日本。

不久，孙中山等人一行也返抵东京，我这才知道事情的原委：孙中山到达西贡与其他同志磋商一致行动，福本日南也赶来会晤，为此比原先预计花费的时间要长。待到达新加坡，当即听到宫崎等以暗杀康有为的嫌疑而被捕入狱的消息，于是出面向当地警方作了如下的辩解：宫崎、清藤是中国革命党党员，这次是带着党的任务来到此地，请予释放，他们绝没有暗杀康有为的想法。试看康有为从中国亡命之际，宫崎等人曾对他予以援救，这事情不就很清楚了吗？我想，关于这一点询问一下康有为就可以明白了。在此之前，警察曾考虑过如果是暗杀者为何带这样多的巨款呢？所以，他们曾问："为什么带这么多钱呢？"孙中山回答说："那是党的经费，请速交还。"英国官方总算弄清了所谓暗杀康有为的真相，但是考虑到革命运动还可能影响治安，于是对宫崎、清藤和孙中山以及缺席的内田良平作了五年之内不准在新加坡入境的决定。于是，我们一行便从新加坡出发，在归途中到香港。当在船上正召集主要党员反复进行商议时，从香港总督那里送来了一个意想不到的计划，总督想要李鸿章在南方建立政府，经过几次劝告，李鸿章大体上已表示首肯，如果在这方面能得到孙中山的援助，这个计划必定会实现。因此，港方希望孙中山一定要在香港和李鸿章会晤。当时如果孙中山获得特别许可入境的话，那么他到广东去的问题就可由此迎刃而解，故对此颇感喜悦，便慨然同意了与李鸿章的会晤。这时正值八国联军攻陷北京，西太后出走长安，为着折冲善后，清廷命令李鸿章北上。李准备启程，便不能赴香港了。这一消息传达给香港总督之后，他的计划遂成为画饼。孙中山等人只好乘船返回东京了。

在新加坡暗杀康有为的嫌疑案，当时是一个不可解的谜！我们去广东时并未在香港上岸，先是乘法国客轮，后又换乘中国军舰，入夜到达广东〔州〕，下军舰后又改乘小汽艇驶入面对小河的刘学询的住所，当夜又由那只军舰直接送回香港，在广州市完全没有露面。但是这件事却被康有为一派的人知道了，正当他们向住在新加坡的康有为报告这个消息时，宫崎却提出要求与他会面，他就立即断定这一定是为暗杀而来，并报请警察予以保护。我们上述的广东之行，如果说局外人绝对无从得知这个信息的话，那么就不难推测，通报此消息的若不是康有为一派的人，那就是李鸿章一系的人干的了。也就是说，李鸿章的目的在于不让孙、康两派和衷共济。于是，一面与孙派商谈，一面又与康派会晤，为了离间两派，在他们二者之间划出一条大的鸿沟。如果说李鸿章方面有暗杀康有为的计划，将不会向康去告密吧！可以推断，这种尔虞我诈的作法，就像《三国志》里所用过的计谋。

当时，与孙中山志同道合，并拟定了革命计划的唐才常因准备在汉口起兵被捕处斩了。接到他失败的报告，孙立即打算到上海去磋商善后之策，要求我与他同行。此事我必须和在福冈等待的同志们商议，所以决定当中山由横滨乘船抵达门司时再与我会合。在这之前我先回到福冈和葛生能久等人会面，然后前往门司。在这里，我偶然碰见了平山周。平山曾到过菲律宾，访问过阿义纳脱司令部，并且视察过独立军和美军作战的情况。独立军由于缺乏弹药经常发动夜袭以困扰敌人，正当像大旱望云霓似地渴望从日本运来武器的时候，却得到了"布引号"沉没的报告。这样就完全断绝了获得武器弹药的渠道，由此而决定了成败的命运。平山、原祯等人与独立军将领诀别，艰辛地突破美军重围，在归国途中顺便到了香港，恰好与被英国当局勒令从新加坡出境的孙中山在香港停靠的船相会合。他们向他汇报了菲律宾的情况，决定暂时在香港停留，与广东方面的同志取得联系，以便援助革命运动。随后，平山周回到了东京，在福冈探亲后又再次赴京，途中正好与我相遇。平山问："到哪儿去呀？"我答道："跟孙中山一道去上海。"平山说："那么，让我们同行吧！"就这样一同上了船。我们一行除中山、平山和我之外，还有结伴同行的中野熊五郎，总共四个人。

我们到达上海，中山住在一个同志的家里，我们便在东洋馆投宿。安永东之助、山田良政和我对所拟定的计划和某些秘密策略进行了讨论，并决定付诸实行。[①] 于是我和山田、平山一起同往中山的住所，陈述了计划的要点。孙中山提出这样的希望：

---

① 原文如此，对秘密策略和行动的内容，作者未说明。

"发起这样危险的行动，万一失败，就会使我党趋于灭亡。因此非停止不可。"尽管我们三人相继陈述了决心实施计划的理由，但孙中山却坚持不予首肯，于是不得不决定中止。我们一行便与唐才常一系的实力人物结伴，撤回到了日本。

孙中山回到东京后，再次要我与之同行去台湾策划对岸惠州方面的武装起事。我对他说："目前义和团战争已经平息，在没有充分准备的情况下，即使强行兴兵起事，也不会有成功的希望。然而俄国乘着这次战乱，已经占领了整个满洲，其永久占据的野心已洞如观火。我们如果从现在起着手研究俄国问题，以待中国革命机会的再次到来，如何？"但是，孙中山不同意，坚持主张乘机推进。平山与他同行，随后宫崎滔天、福本日南、尾崎行昌、伊东知也等也相继前往台湾。这年秋天，当革命党人举兵占领惠州，进而即将准备袭击广东省城时，由于缺乏枪枝弹药，给我们发来了密电："过去用作菲律宾独立军的武器，有些现尚残存在大仓商社内，至希从速寄下，以应急需。"我与在京的原祯协商，请他向大仓商社交涉。得到的回答是："最初那样的武器已经没有了，我们所买进的武器也已全部交完。"原祯惊闻这种答复后便回来了。通过调查得悉内幕，所谓在大仓商社保管有武器的说法，实际并不是买进的东西。中村弥六伪造了大仓商社的领取证，使人看上去好像是还存放有可以领取的武器，因此无论如何也不可能弄到武器。不久惠州便被官军攻占，山田良政战死了。以前，山田在上海曾和我们一起劝告孙中山实行秘密决策，由于未见诸实施，他便奋然赴惠州，以维护革命党员的团结。当准备武装起义时，他担任指挥。孙中山等人鉴于原先拟定的策略不能实施，只好一同经台湾返回东京。

这样，明治三十三年的革命计划，终于以失败而告终。三十四年，孙中山远航到了美国。其后，黄兴东渡来到日本。他是在湖南萍乡发动革命，事败后才同宋教仁一起亡命到日本的。当时中国人到日本留学的日渐增多，学生大都同情革命，聚集在黄兴周围，形成了一股巨大的势力。我于三十四年二月和同志组成黑龙会，倡导发动日俄战争，并绘制满洲及西伯利亚详图，称之曰"俄国经营东方全图"，并撰写了《俄国亡国论》，发行《黑龙》（月刊）杂志，以指导日本人士急速着手准备日俄开战和恢复日本在亚洲的地位。正如我们所预料的那样：俄国乘义和团起事之际，占领了满洲，不仅拒不撤兵，而且对日本日益施加压力，使日本国民大为激愤，遂与之断绝国交。日俄战争终于爆发了。孙中山想乘此时机达到革命的目的，便从美国回到日本，开始了大规模的活动。

这时，宫崎滔天曾就促成孙、黄两派合作，加强革命党的团结，以图增大实力等问题向我征求过意见。我竭力赞成，希望两派越早聚会越好，秘密聚会的场所就决定在我的住宅。当天参加聚会者连同干部总共有百余人之多。由于室内太狭窄，连庭院里也站满了人。孙、黄二人先后起立讲话，论述了两派必须结合成为一个整体来进行活动的宗旨与方针。到会群众无比狂热的情绪，甚至把壁龛板都挤塌了。一致认为："清朝一定要灭亡。"两派的联合就这样顺利地建立起来了。随后，大家认为必须召开大会。鉴于我的住宅太狭小，不适合需要，于是改在赤坂灵南阪本金弥家中，借用了那座宽敞的大洋房，两派人士在一起召开了联合大会，为革命运动奠定了坚实的基础。（下略）

明治四十三年末，宋教仁在上海进入同志陈其美经营的报社，[1] 以这个报社为据点谋划起事。我在举行送别宴会之日，跟他作了彻夜恳谈。宋说："革命时机逐渐成熟了，明年中必定能够举事，举事前，如果得到我们的通知，务请积极援助。日本的向背对于中国革命成败，关系最为重大。"我立即表示同意。到了次年，革命党乘着四川省的铁路问题激起了人民的不满，掀起

---

[1] 当系指民立报社。

骚动。为了牵制清政府的暴力讨伐，在武汉燃起了革命烽火。这时，抓住了逃脱不及的黎元洪，使之充当革命军的指挥官，占领了武昌、汉口。革命声势震撼天下。住在日本的黄兴急速返国充任总指挥。日本志士也陆续投身革命军给予援助。然而，清政府的兵力仍占优势，他们相继收复了汉口、武昌（译者按：当系汉阳之误）。革命党的将士们聚集力量攻占了南京。随后孙中山也归来了，终于建立起革命政府。

在此之前，宋教仁根据事先的约定，给我发来了革命已经发动的电报和书信，请日本给予援助。我便直接派遣北辉次郎、清藤幸七郎二人赴华，另一方面由宫崎滔天、小川平吉等多数同志组织友邻会，计划援助革命军。又到朝鲜向寺内（正毅）总督讲述对待中国革命的善后策略。途中听说北京政府按订货从日本太平公司得到武器的情况，于是致函益田孝，告诉他："这次汉口爆发的事变绝不能看成是中国盗匪之骚乱。如果这就是中国革命大变革时期到来的话，我们将不使我国的实业家只侧重于北方，而且也要援助南方革命党。"我就此曾发出警告。当抵达（朝鲜）京城时，立刻去面谒寺内总督，极力作了这样的陈述："从形势上看，这次革命必定会成功，如不乘此时机解决满洲问题，便会失去天赐良机，将来必召致大患。"老成持重的总督却说："我不喜欢共和政治，也无意援助革命军。"我答道："喜欢不喜欢共和政治是另一个问题。对于日本人来说无论喜欢不喜欢，但清政府的命运已趋于衰亡，总督如果不喜欢共和政治，那么我们就更有必要大力加强满洲的地位。"寺内总督的态度是：谈不上清政府的灭亡，更不用说革命成功了。于是我就去拜访警察总监明石元二郎，陈述拜会总督的经过，并征求他的意见。明石表示赞成我的意见，他说："在邻邦出现共和国虽然是令人不快的事，但是解决满洲问题确实是有了机会。"他还说："清朝一旦没落，我们把宣统皇帝控制在手里，可以建立受我们保护的满蒙帝国，免遭俄国的掠夺。"我以很欣喜的心情与其就将来运动的作法达成了协议，然后回到东京。

这时头山满、犬养毅、寺尾亨、副岛义一、宫崎滔天、萱野长知、尾崎行昌和其他多数同志都前往上海，给予孙、黄以直接援助。我在东京给远方的宋教仁不断提供援助，不久经宋教仁之手送来了临时大总统孙中山先生发给的外交顾问嘱托书。同时，并委托我制定筹措军费的办法……于是，我会晤了小美田隆义和大江卓，并把过去在下关寄信给益田孝之后所留下来的事情告诉他们，请他们劝说益田，为了支持革命政府要向三井财团交涉借款。益田接到了我的信后，意识到清朝必将覆灭，为此找到井上馨侯爵谈起此事，井上对此事也有同感。怀着援助革命军的意志，小美田、大江接受了进行交涉的任务，在征得井上侯爵同意之后，访问了桂太郎公爵，传达了井上侯爵的意见，并求得公爵的同意。于是与公爵一起去劝说西园寺总理大臣。这样就使政府承诺了对（中国）革命政府的援助。三井（财团）发放了由我申请的三十万日元的贷款，随后又令上海支店可接受孙文申请的三百万日元借款。当时，优柔寡断的西园寺内阁之所以能够放弃了对北京政府的援助，而尽力支持南京的革命政府，主要是因为益田孝全力打动了井上、桂这些势力强大的人物，并使西园寺总理同意借款。可以说，益田实在是援助中国革命的一位鲜为人知而功勋卓著的人。这些事，不仅中国人不知道，日本人也毫无所知。与此事有关的桂、井上等公侯以及大江小美田都已去世了，迄至1932年也只有益田和山本条太郎和我还在世。因此，特地把这样的事情记下来，以表彰益田的早已被埋没的功绩。

革命政府在他们最感军费匮乏的情况下，得到了三井财团承诺的借款，士气为之大振，更加积极地准备与北军决战。袁世凯鉴于日本舆论和政府方针的转变，他机敏地与孙中山展开了谋求妥协的交涉，最终导致宣统皇帝退位，第一次革命取得了成就。

# 梁启超致犬养毅手札

陈占标 整理

**编者按**：此件是 1899 年夏间逃亡日本的梁启超，为争取与孙中山先生合作而写给日本立宪国民党领袖犬养毅的。

梁启超的信，说明了如下两个问题：第一，戊戌政变后，梁启超、康有为先后逃至日本，孙中山曾争取与康、梁合作，但遭到康有为的拒绝，因而出现了革命派与维新派之间的一些龃龉。梁启超在信中说，与他无关。第二，梁启超是主动争取与孙中山商谈合作的，康有为是在 1899 年 3 月 22 日被迫离开日本去加拿大的。在这之后的 22 天，梁启超便致函犬养毅斡旋与孙中山会晤，就是最好的明证。此外，信中也反映了当时的日本政党对中国革命派、维新派的关系。

原函现由日本冈山县立博物馆收藏，由日本关西大学文学部教授、文学博士坂出祥伸先生复印，寄赠给新会县梁启超研究室参考使用。

西欧之人常谓敝邦人无爱国之性质①，斯言仆几无以辩之

---

① 函件开端缺受信人称呼，疑该页非为信之首页。

也。然仆敢谓敝邦人非无爱国之性质也。其不知爱国者，因未与他国人相遇，故不自知其为国也。然则观之于海外之人，则可以验其有爱国性与否矣。今内地督抚无可望，民间受压制，不敢小行其志，欲其扶危局难矣。故今日惟求之于海外，庶几有望也。

孙逸仙近曾见先生乎？仆等之于孙，踪迹欲稍疏耳，非有他也。而横滨之人，或有与孙不睦者，其相轧之事，不知如何，而极非仆等之意矣。孙或因滨人之有违言，而疑出于仆等，尤非仆所望矣。敝邦有志之人既苦希〔稀〕，何可更如此相仇！仆欲一见孙、陈①而面解之，先生有暇日，约会见于此间可乎？至仆等与彼踪迹不得不疏之故，仆见彼当面解之也。

木堂先生②有道：

数日不侍几杖，方思走诣，顷见柏原君③，始知贵体清恙稍剧，想念之至。伏乞为大局自保重，善自调摄，不胜企祝。仆顷为康先生译人来滨，须往彼一会晤，两日内归京，更当走谒问讯一切。敬请

兴居！

梁启超再拜

四月十四日④

---

① 孙、陈系即孙中山、陈少白。

② 犬养毅，字木堂。

③ 柏原君，即柏原文太郎。日本千叶县人，号东亩，东亚同文会干事，协助康有为、梁启超在日本活动。

④ 原函缺载年份，坂出祥伸先生来信说："那封信，他（指梁启超）甚么时候写的，我不清楚。"考诸信中内容及当时康、梁、孙、陈四人在日本活动的史实，应为 1899 年。

# 光复会之发源

陶成章

**编者按**：陶成章是光复会的创始人之一，著名的资产阶级革命家，奔走革命十余年，对辛亥革命作出了重要贡献。陶成章留下了许多历史著作和文稿，成为研究辛亥革命，尤其是光复会历史的重要文献。此文及下文《姚定生传》两篇佚文，对于光复会以及大通学堂的研究，颇有参考价值。谢一彪整理。

## 光复会之发源
### （1912 年 1 月）

光复会之发源，始于癸卯之岁。是时俄人占领满洲，逼胁清廷，求其割地，海上爱国志士爰有对俄"同盟会"之发起。寻以外患之兴，由于内政不修、满汉等级不平，爱国志士知欲图自存，非先除满廷不可。由是由排俄一转而为排满，改名曰"光复会"，又曰"复古会"。主其事者山阴蔡元培也。不数月间，会员遍及长江上下游诸省。会中分暗杀、运动二部。翌年甲辰冬，遂有吴樾炸清大臣之事，中国之有暗杀事盖自兹始焉。明年乙巳，山阴徐锡麟从某君之说，有捐官学习陆军，以谋中央革命之举，复在绍兴设立大通学校，招诸府之材士以实之。浙江光复，革党以遍地。又明年丙午冬，萍乡事起，主其事者为李燮和、谭人凤，其光复党〔会〕之旧友也。中国之树有正式革命旗，于兹役始焉。又明年丁未六月，徐锡麟遂有袭取安庆之役，秋瑾亦杀于绍兴，事虽不成而影响及于全国者甚大，且清官吏中之有革命党发现，亦自兹役始焉。戊申十月，薛哲夫、熊成基等复有攻夺安庆之事。薛、熊诸君，"待雪社"之友也。"待雪社"者，下江光复会军界中别名也。中国军界之正式树革命旗也，又自兹役始焉。今年三月二十九，广州举事，赵声为其主动，凡安徽、福建之与斯难者皆赵声之友也。赵君者，亦光复会中之旧友也，现今下江一带军界同志，实多为其旧部。若此次光复之功，上江之主动者，厥惟湖北；下江之主动者，实为浙江。浙江光复之功，实为"光复会"之旧部。即上海之光复，主其事者之李燮和、褚辅成，为台、绍诸府同志，亦"光复会"之友也。夫上海不举，则苏州未易反正；杭州不破，则浙军难于出发，恐南京不易下也。今者革命事业，成就过半，不妨将从前之事表白一番，以显诸志士经营之苦心。现今"光复会"潜布之势力，保定、山西、江苏、浙江、安徽、江西、福建、广东、广西、南洋各岛、湖北、湖南；现今名人兼入同盟会员者：陶成章、章炳麟、黄兴、李燮和、林述庆、柏文蔚、孙毓筠、蔡元培、蔡锷、朱瑞、王金发。光复会道德：一、实践之德；二、谦让之德。

谢按：此文最早刊于《绍兴县志资料辑录》（第四册），由绍兴县地方志编纂办公室 1993 年 12 月编印，属于内部参考资料。刊印时，写有几句简短的前言："辛亥革命之际，越中多产慷慨赴义之士，若徐锡麟、秋瑾等，固已世所周知，即陶成章亦着力一番，卒至在卧病于上海广慈医院中的时候，为仇人所杀。当其死前三日，犹草《光复会之发源》一篇，文长二千余字①，现藏张伯华君处，平素不易见得，其中也都是极难得的史料。"

张聿文字伯华，祖籍绍兴，1884年生于台湾。父亲张景川曾在台湾衙门任幕僚，母亲麦雪香。父母亡故后，张伯华于1909年送双亲骨灰返回绍兴，遂与陶成章相识，参加了光复会，在南洋为革命筹款。陶成章遇难前，在陶身边。陶遇难后，在赴缴款所时遭人近距离枪击，右胸连中两枪，经抢救幸免于难。之后回绍兴，开办了民生小学和三个"民生工艺社"。绍兴沦陷后，拒绝与日伪合作，1944年在贫病交加中逝世。20世纪30年代，绍兴名流王子余、朱仲华组织绍兴县修志委员会，深入民间，广泛征集资料，在张伯华处收集了这篇陶成章的佚文。

该文写作时间在陶成章遇难前三天，应为1912年1月11日，因为陶遇难在14日凌晨二时，习惯于说是13日晚，故前三天应为11日，而不是12日。文中说明光复会建立于1903年（癸卯），与其他1904年（乙巳）冬建立说不同。

此文在汤志钧编的《陶成章集》和《陶成章信札》均未收录。

## 姚定生传

姚定生，浙江嵊县人，名麟，以字行。家本素封，多行义举，乡里间有善人之誉。大通学校自曹钦熙退职，山阴人余静夫为总理。静夫局外人，校中诸执事及众学生以为不便，攻去之。竺绍康因介绍定生来校办事，寻被推为总理。定生虽善学务，而于秘密行情素未之悉，措置失宜，遂起风潮。定生辞职去之嘉

---

① 据此怀疑这是一篇残稿，但究竟是陶成章本人未完成，还是收藏者遗失，尚待考证。

兴，与褚辅成策划革命，引为同志。皖浙案发，恒郁郁不自得，未几竟投水死。赞曰：定生力虽不足，心则有余，后之人咸当哀其遇而矜其志。

会稽陶成章撰

谢按：陶成章撰写的《姚定生传》，1925 年 5 月 12 日刊于《嘉兴公祭七烈士特刊》，《浙案纪略》没有收入，汤志钧编的《陶成章集》也未收录，1992 年 9 月重刊于《嵊县文史资料——辛亥革命史料续辑》（第 8 辑）。

姚麟（1869 ~ 1909），字定生，嵊县人，清末秀才。甲午战争后，痛感国贫民弱，为了启发民智，培育人才，在嵊县县城构筑侨园，创办师曾学堂，开新学之风。1902 年，东渡日本，与陶成章、龚宝铨相识，立志反清。1906 年 9 月，出任大通学堂总理。陶成章在《浙案纪略》中有记载："钦熙辞职，余静夫为总理。静夫局外人，校中党人以为不便而攻去之。旋由绍康介绍其友姚定生来代静夫为总理。定生于会党情形亦不熟悉，由是学校内大起风潮。学生分二派：一派祖定生，一派攻定生，其始仅口舌相争，争之不已，竟至执刀械斗。继乃持刀出校，横行街市，各自寻仇斗殴。官绅学界咸莫敢过问，寻由个中为之和解。定生辞去总理，其事始平。职是之故，外人咸目之曰强盗学堂。"后来，请秋瑾主持大通学堂的校务，才平息大通学堂混乱的局面。姚麟重视女学，协助外甥女王婉青在嘉兴首创开明女校和嘉秀女校。1906 年底又在绍兴创办震旦蚕业女校，自任校长。因受秋案牵连，被迫停办。1907 年秋，赴沪出任光复会联络站浙江旅沪学会文牍，参加收回路权斗争，主持出版《路事增刊》，奔走于沪、杭、嘉、绍之间，联络会党，准备起事。1908 年，姚麟的好友敖嘉熊被暗杀。革命同志接踵遇难，路权斗争也迭遭挫折，姚麟忧愤交集，于 1909 年 6 月 26 日夜含恨自沉于嘉兴锦带河。由于姚麟曾在嘉兴从事革命活动，影响颇深，被列为"嘉兴七烈士"之一，建有"嘉兴七烈士纪念塔"。后来，在嘉兴人民公园重建，易名为"辛亥革命烈士纪念塔"。姚麟也擅长诗文，著有《侨园诗文集》，由蔡元培撰序，于1936年印行。1908年底，陶成章在缅甸《光华日报》连载《浙案纪略》时，姚麟还在国内从事革命运动，故未撰写其传记。

# 金鼎致梁鼎芬书

**编者按**：1903 年，上海《苏报》因宣传民主革命，遭上海公共租界工部局查封，章太炎、邹容等人被捕，清政府并欲将章、邹二人引渡到南京。本文为清政府派人到上海办理引渡事宜的报告。原件为八行纸 20 页，存近代史所图书馆。

光绪二十九年闰五月十七日（1903 年 7 月 11 日）上海上书节师（梁鼎芬，字节盦）尊右：

十五日抵沪，当电禀兼宪。嗣晤福参赞（福开森）、袁（袁树勋）、俞（俞明震，字恪士）二观察，借悉沪办各情。舍弟世和并详告一切。昨两谏电，复禀兼宪。正缮电时，奉兼宪咸电，以枢意责成江督，总以解犯宁办为主，并嘱随时电鄂商办。枢垣规画深远，实具精意。兼宪谕鼎细心尽力等因，一切自当领会。今才又奉兼宪谏电，饬与福君、世和酌度办理。鼎连日晤商福君，颇以解宁为正办，而又以解宁为不易办。惟十五夜京使致美领电，促解宁讯办一节，阅福上兼宪电禀请电外部云云。语近急切，而原情度理，亦见苦心。盖美领之意，因工部局现正与各领为难，若不将案情分别讯明，遽匆匆解宁，伊必不肯交付，且恐迫而释放，蹈孙文、康有为、龚超之覆辙。是以福参赞闻美领议论及察工部局之权力，诚恐果有释放之事，则咎在何人？急切之电，尚系福君血性之语也。美领虽承京使来电，而亦处以镇静，总望审讯后，得其实在案情，则一切浮议谰语，自然消弭。昨美领已请吕、伍两大臣电达外部矣。以上大致已于电禀陈明。至党类、党势及办法各详情，有非电文所能尽者，谨分别撮要为我公缕晰陈之。

一党类 章逆《訄书》最早版与浙江官书局所刊子书相仿佛，纸章亦类似，非在上海所刊书，有超逆署名，必是戊戌以前所作。闰五月十二日，《苏报》刊章逆在狱中《答新闻报》一首，自谓著《訄书》在康梁保皇之时，是革命宗旨，超逆知情。可见章与康梁异途同谋，情节最重。恪士观察亦称其为昔年知交，而叹其执迷不悟。该逆今日又反噬康梁，因康逆近《政见书》力驳革命一层也。该逆自日东回沪，寄居爱国学社，自居为社长。吴朓（吴敬恒）敬其才而畏其焰，以致内哄之事，时传笑柄。该逆无父母兄弟妻子，孑然一身，谋生愈艰，思想愈妄，乃勾结《苏报》为一党。有谓该逆著论不取《苏报》笔资者；有谓章、陈约同分利者；有谓爱国学社买通《苏报》以闹学堂排满洲为主义，给《苏报》二千两者。究之总系传说。其实爱国学社之经费，全是教育会事务所挹注。今年该社暑假放学，该会与该社且生嫌隙，因社欠会六百元互相攻击，则该社无资助《苏报》，理或然也。所有与《苏报》如何密谋，一讯即可得其大略。该逆《答新闻报》一首，有："不变法当革，变法亦当革。不救民当革，救民亦当革。"又云"十六七岁时已怀排满之念"等语。是其穷凶极恶，已预备在租界以外谋反，将来可为解宁之据。签字拿犯时，有租界犯罪，租界受罪之议。现有租界以外之罪，即可在租界以外定罪矣。邹逆附和章逆，多拾唾余。然《訄书》之作，传布尚少，且书肆尚不肯代售。而《革命军》之书，有《新民丛报》支店代销，较《訄书》尤显逆状。狱中《答新闻报》有邹逆在日本元旦演说，已倡言革命，代招口供，毫无遁饰。是近来留学生之宗旨变坏，应推邹逆为祸首。该逆在日本且有剪姚监督发辫笑谈，无章逆之狂才，而荒谬绝伦则又过之。陈范系已革铅山县知县，以贪婪及强纳民间妇女为妾革职。该逆为衡山人，颇著维新之名，湘人多信之，交游甚广，乡谊尤亲。该逆数年来为日本留学生传递书信，除《苏报》外又办《女学报》，其妾其女出名，而该逆主稿。又办湖南编译社事务所，大抵该逆为好名最甚之人。报纸之逆，相传所刊论说，章居其六，邹、陈各居其二。以该报之为章、邹播扬革命，意在煽动全国人心，犹之为虎添翼，其罪恶又何容置辩。陈仲彝并无学识，但承其父陈范宗旨办报。陈吉夫乃程吉甫，系该报办告白者，月薪不过六元，文笔不通，并不预闻主笔事。钱锡尊系帮改寻常新闻，今春甫为《苏报》所聘，亦不予以主笔之权。以致外间颇为程、钱二人含冤，故腾株连之说。将来必宜分别拟办，庶免正犯借口。龙积之即泽厚，于革命党不见议论，当归富有票案内办理。然必查出确据，交公堂照办，俾逆党律师无可置辩。昨已电请兼宪饬查速复矣。

一党势　相传教育会为冯镜如资助最多。冯为前《清议报》及今之《新民丛报》广智书局之股东，有人谓已入葡籍。助逆党者此人最著名，然助龙不助章、邹。盖国民会党与革命党又有分别。现在章、邹无人资助，可虑者龙逆，陈范实久病，不敢必其不暗助。该报未封之先三日，挂英人罗姓号，及发封后，罗向英领啰唣，英领置不理，罗亦计窘。传闻该报机器、铅字尚在，有欲再改开《国民日报》之说，亦尚未举动。诸逆律师系工部局代请。该局自谓泰西律法，从不冤人，凡有穷迫不能雇律师者，国家代雇等语。究竟工部局是何居心，事后方知。诸逆本借演说为名，在唐家巷国民总会聚集，甚为秘密。然上海所为编译社甚多，藏垢纳污，出入靡定。总之，若辈借维新之名而潜图不轨，由来已久。外人只知为维新，岂知革命。若非章、邹自在

《苏报》署名及《革命军》出售，即各领亦不肯下手。西人不明党派类如此。其是非既不明，故必审讯明白，而后使混冒维新者无可隐饰。自拿获逆党后，爱国学社散学，学生多出租界，有装假辫而逸者，有隐入乡村而蓄发者，为情虚，为畏罪。此系将来另案密查办法，此时尚宜镇静。各报馆议论皆无附和《苏报》者。上海舆论以中外、新闻两报为归。《新闻报》论革命党用讽激之法，逆党果中计，有闰五月十二日《答说》一篇亲供，宛然自认。《中外报》不论不议，但即西报之或是或非译而录之，自以为守局外之例。《同文沪》（《同文沪报》）凡《新闻报》先一日议论，次日即随之。《申报》虽议论切实，然素以守旧，为人所恶，故其言亦不足重。此外零星小报无敢妄言。《文汇西报》视福君开森为宗旨，视美领为宗旨，本系美商。《上海泰晤士报》、《捷报》皆西报之最劣者，议论此事偶有反对，然非正经报纸，尚不足牵动人心。法文报、德文报尚正经。《字林西报》则时讽领事，因该报视工部局为转移者，故议论间有意见。此各党势力之大概情形也。

一办法　此次湖北举动，上海报馆无知之者。鼎之来沪，报馆亦无知之者。惟解宁一节，枢电江转沪，则吕、吴、盛、伍各大臣皆知湖北不肯将此案放松，遂亦钦佩宁苏看案之分际与湖北看案之分际伸缩不同。譬之洪钟一震，而举国皆惊者，湖北之力也。现在解宁二字，凡承办此案者，已印在脑筋，当不致怠忽。外部央美使所来之电，实有警动承办中西诸人大力。彼等未讯之先，虽以此电为激切，而将来正名定罪，则知此电之有劲。袁观察与各领尚接洽，两面联络，自是福参赞为之左右。担文律师外出，代理者系古柏，不甚开展，盛荐哈华托帮办。哈为人尚明白，然皆福君主持大半也。工部局代诸逆所延博易律师，亦不甚著名，俟开讯后，可以观动静也。刻定十九日礼拜一，英公堂之期，各领会讯此案。拿犯是第一层；封馆是第二层；沪讯是第三层；解宁是第四层；江鄂会奏请旨是第五层。第一层之得手，因与各领接洽。第二层之得手，因拿犯后不疾不徐，先讯一堂，然后发封，俾杜嚣嚣之口。现正从第三层经营，鼎当微窥之，随时电鄂。工部局之专擅也，各领衔之，即英领亦然。该局向章只管工程，与天津、宁波、汉口、九江、镇江办法本同，除工程之外，本不应预闻刑名。继而因查验马路，遂有拘获作践马路者之权。由是凡拘犯之事，解差以西捕得力，央其协拿，久之成例，而由公堂派捕协拿矣。又久之，西捕因解犯，亦可直到公堂矣。历年愈久，权势愈大。凡该局董事皆系洋行巨贾，领事有保商之责，遂无不畏众商之势。濮蓝德者，英国爱尔兰人。爱尔兰人性多憨烈。其人在工部局办文案多年，英政府信任之。驻沪英领屡易人，故权反落在局董之下，而濮以多年文案，自命为总办，其权力能操全界，理财最糟，侵权最辣。前者，吴淞放康逆另乘英舰逃往外洋者，即其人也。能释放康逆在先，则其心其权皆可想。英国租界系十四国公共之界，非专界也。惟法租界是一国专界。然英势为盛，故英人主权，局内用英人多，故势力大，其藐视美领，亦即其由来也。而美领与濮之嫌隙亦非一日，以嫌隙之中而以办今日之巨案，亦机会也。福参赞开森停堂之办法，正以抑工部局之权，将来可为公堂争回权力不少。沪领以美领资格最深，能领袖多年不有调迁，则中国办租界事顺手多矣。《訄书》由舍弟设法购得二本，一送道署，一存福君处。此书近已全藏匿矣，再觅颇难。《革命军》自拿获邹逆后亦觅不得，鼎于福君处阅过，现正托人寻觅也。

以上三节皆举大略，其中曲折非面谈不彻。大抵逆党混入维新，希图外人保护。现在情罪昭著，无可躲闪。论排满革命，凡日本译说及各报为留学生所著者，已率见不鲜。公案株连，殊难净尽。将来留学生学成而归者固多，为逆党所诱者亦必不少。而似革命非革命，如国民会、义勇队一类，亦不可胜计。按图索骥，党祸必兴。诛渠魁而散余党，以教育陶镕之，则戾气潜消，和气普溢，士之福，朝廷之福也。鼎与舍弟连日因此案办理之难，见租界权势在人，我国实非从农工商事业做起不可。学生者最可宝贵，恨为逆党扰乱，以致数年维新之机，一曝十寒，求进反退，真可恨，尤可惜也。除俟密察情形，再行随时分别电函布达外，肃请

台安不备！

　舍弟世和同叩。兼宪前代言叩安！舍弟叩兼宪钧安！

鼎上

闰五月十七日

# 章太炎先生答问

张　庸

　　**编者按**：本文原载 1912 年出版的《南通师范学校校友杂志》第 2 期。记者张庸，字景云，江苏昆山县蓬阆镇人，时为通州师范学校国文编辑，次年出任南通图书馆首任馆长。《南通师范学校校友杂志》印数极少，南通市图书馆现存已成孤本。本篇所记如《民报》被封、狱中生活、邹容之死等情况，可资参考。本文由南通图书馆郭士龙、梁战整理。

　　四月七日，章太炎先生自沪来通，从先生者为无锡孙北萱君。庸既谒太炎先生，因顾北萱君谓：章先生生平志行，予粗闻之，而不能了了，私窃为恨。今先生之来，通之人无勿愿闻先生历史者，君来有所操乎？北萱曰无。予曰是宜有述。明日南通统一党分部假座商会，开会欢迎先生，农工商军学各界咸至。江易园先生招予同去，因是得再谒太炎先生，乘间问先生居东事。其答问如下：

　　问：先生何年东渡？
　　答：予之出狱也，在丙午年五月，是月即东渡。

问：东渡何为？

答：不得已也。方出狱时，官判三日内出租界，不准停留。出狱日友人邀住中国公学（在租界外巴支路），公学之人皆惴惴，且虑有害予者，迫予走，故留三日即去。

问：欲害先生者为何人？

答：人言官场将使刺客刺予，实则未必有是事也。

问：出狱时孙中山曾遣人接先生，有此事否？

答：有之，曾遣人来。

问：先生到东作何？

答：东京民报馆办笔墨。

问：《民报》创者何人？

答：同盟会所设，胡汉民、汪精卫为主笔。方予将出狱时，胡、汪先有书来招，故就之。

问：住民报馆几年？

答：三年。其后为东京巡警总厅禁止出版。

问：何故禁止？

答：此难言也。时前清方遣唐少川赴美，时盛倡联美主义，日人忌之，借禁《民报》以为讨好中国起见，亦未可知。

问：禁止出版，有何理由？

答：突如其来，有何理由！彼谓我扰乱秩序，妨害治安。指报中登有《革命之心理》一篇，山西汤某所作。

问：先生辩乎？

答：如何勿辩？彼来传我时，我方他出，及归知有此事，即赴地方裁判厅起诉，彼邦辩护士五六辈亦来助我。

问：先生胜乎？

答：理胜而事不胜。我语裁判长：“扰乱治安必有实证。我买手枪，我蓄刺客，或可谓扰乱治安。一笔一墨，几句文字，如何扰乱？我之文字，或扇动人，或摇惑人，使生事端，害及地方，或可谓之扰乱治安。若二三文人，假一题目，互相研究，满纸空言，何以谓之扰乱治安？"厅长无言。我语裁判长："我言革命，我革中国之命，非革贵国之命。我之文字，即鼓动人，即扇惑人，扇惑中国人，非扇惑日本人，鼓动中国人，非鼓动日本人，于贵国之秩序何与？于贵国之治安何与？"厅长无言。我语裁判长："言论自由，出版自由，文明法律皆然，贵国亦然，我何罪？"我又语裁判长："我言革命，我国本不讳言革命。汤武革命，应天顺人，我国圣人之言也。故我国法律'造反有罪，革命无罪'，我何罪？"厅长无言。

问：究竟结果如何？

答：无结果。最后开庭，彼仍判禁止出版。判后不容人辩，惟曰：若不服者，可向上级官厅起诉。闻彼承内务省命令，勿能违也。

问：《民报》既停，先生作何生活？

答：讲学。中国之留学生，师范班、法政班居多数。日本人亦有来听者，不多也。先后百数十人。

问：先生讲何种学？

答：中国之小学及历史。此二者中国独有之学，非共同之学。

问：先生何时归国？

答：去年九月。

问：先生归国是否有人相招？

答：无。

此四月八日在商会答问语也。归而记之如是，然仅知先生半截耳。如何入狱？如何出狱？及其他事，仍不得知，心耿耿不能寐。明日早九时，师范校请先生演说，乃肃先生于校之寿松堂，复申前请。先生容然蔼然，意真而气和。有所叩，无勿应，若绝不厌人之琐琐其旁者。再答问语如下：

问：人言先生八九岁时即有革命思想，然否？

答：是或有之，然少年非有一定宗旨也。

问：先生前清时曾应试否？

答：予少时多病，时文亦弄过，旋即废弃，未应试出。然亦适然耳，非有意为之。

问：先生是否从曲园先生游？

答：曲园先生，我师也。然非作八股，读书有不明了处则问之。

问：先生学问从何做起？

答：学问只在自修，事事要先生讲，讲不了许多。予小时多病，因弃八股，治小学，后乃涉猎经史，大概自求者为多。

问：先生著作出版者几种？

答：无甚著作，居东时略有之。

问：先生少时留学日本否？

答：未尝留学，曾去游历几次，两三月便回。

问：先生下狱在何年？

答：癸卯五月，前清光绪二十九年。

问：被逮时在何地？

答：在上海爱国学社。

问：先生以何事被逮？

答：因复康有为书。

问：书中何语？

答：康言保皇，予驳之。此书传布于外因被祸。此事尚有原因，时湖南陈范办《苏报》，大声倡革命，无所讳；蔡子民办爱国学社，与群弟子大声讲革命，四出演说，亦无所讳，于是官场乃发难。

问：发难者为何人？

答：人皆言魏光焘，前清两江总督。此自表面言之耳，其实别有人在。

问：先生被逮时状况如何？

答：先数日已得消息，未几《苏报》被封，陈范逃，蔡子民与予议，谓舍走无他法。子民遂走，予遂被逮。

问：被逮后奈何？

答：拘至会审公堂，英领事出复康书问予："此书是你作的不是？"予答是。遂送入英捕房。

问：自后如何定罪？

答：定罪甚奇。予住捕房十个月，甚闷。某日会审公堂忽传予，谓上海道有文书来，北京外务部与各公使会议，定汝罪，监禁西牢三年。是夕移入狱。此事真奇，外部掌外交，民刑事自有主管衙门，予罪乃烦外部判定；予为中国人，各公使为外国人，定予罪乃烦各公使会议。奇，奇！

问：先生入狱后曾受何等苦楚？

答：他无所苦，苦不准与人接谈，附耳一二语尚得，多则巡捕来干涉。

问：牢中能读书否？

答：不能。进狱时一物不得带，哪得来书？然向主者要求，有时亦可得，惟洋装书不许入狱。

问：狱中能作字否？

答：不能。无笔无墨，哪得作字？然欲作家书与寄朋友书，亦能要求得之，书须交主者阅过乃肯代递。

问：然则先生在狱何作？

答：作工。予作裁缝。予缝袜底，缝衣时亦为之。

问：先生能缝何等衣？

答：犯人衣。草草缝去，不求工也。粗布单衫，粗布单裤，皆牢中犯人所缝，犯人所着，予亦着之。

问：此外尚有何工？

答：工甚多。击石子最苦。大抵牢中派事，亦视其人之能胜与否而派之。商人多派粗工，老犯人又欺侮之，故商人最苦。予所作皆轻工，盖已在优待之列矣。予担任者二，缝袜底一也，犯人衣上编号写字二也，最后升一美缺曰烧饭。

问：烧饭美缺乎？

答：牢中人以为甚美。厨房派八犯人，各司其事，混言之曰烧饭，予职实称饭也。每犯每顿各得饭重一磅，一律无多少，惟烧饭者之权利可偷饭，予之权利亦然，故予之此缺，他犯人皆极羡之。

问：牢中工作有限制否？

答：时间有限制，每日作工八小时。作工多少无限制，予缝衣写字，随多随少，未尝限也。

问：牢中有私刑否？

答：此事无之。

问：牢中有索贿者否？

答：索则无之，若馈之金亦未尝不受也。

问：牢中饮食如何？

答：星期日有肉吃，非星期日吃素菜。

问：予不善问，倩先生更言其余。

答：牢中星期日停工，各犯得稍稍游行，惟有巡捕监视之。星期日必有教士来讲道，劝犯人改过。有数教士恒至予室慰问，或作长谈。与教士谈虽久，巡捕勿来干涉矣。予在牢中，有不相识之西人亦时来视予；有西人携食物欲馈予，为巡捕所阻。入牢时必换犯人衣，原有衣服悉使脱去，有人代为收藏，俟出狱时给还。此事多有笑话，有冬月入狱，夏月释出者，脱去犯人衣，仍着皮袍而出。犯人衣分春冬两副，一副单衫单裤，一副棉袄棉裤，皆粗布为之。三月底一律脱去棉衣，着单衣，九月底一律脱去单衣，着棉衣。此事最苦体弱者，中寒成病，或竟死。邹容亦死此牢中。计牢中五百人，每年死者约百人，比牢外人死较多矣。每犯一室，室深八尺，广四尺，廊外装电灯。衣服居处，还算洁净。卧无被褥，每犯各给线毯一条。饭，麦六分，米四分。初时粗粝难下咽，后亦习之。

问：邹容下狱是否与先生同时？

答：是。予与渠曾在一室缝衣。

问：先生与邹容是否旧识？

答：非也。予在沪上，渠以所作《革命军》一书来请予改，因是相识。文字当使人易解，彼书尚好，予未为改也。

问：邹容狱死，人谓有毒之者信乎？

答：是或有之，然难言也。邹容在牢时，容色甚悴，若疯若癫，夜不成寐，大声骂人，昼日问之，渠似不知，人谓渠有精神病。牢中每星期必有医生来察视，犯人有病，则为之治，病甚者由医报告，送入病院。邹容病急时，已许某日某时出狱矣。先一夕服医生药，遂死。故外间生疑，多谓遇毒。

问：是时先生有忧乎？

答：忧之何益？然邹容死，外论颇哗，因是不毒我，亦未可知。虽然，我无病进药亦无因也。

问：先生在牢中身体如何？

答：犯人多胖，予亦然。

问：先生何由出狱？

答：三年期满，彼乃释我。先数日即送予至捕房，予被定罪虽三年，然扣去捕房十个月，实住牢中二十六月也。

此四月九日在校中答问语也。惜先生匆匆去，未能尽所怀。又客与先生言者多，语辄中断，过时或得接续，或竟言他，不得接续。意有未尽，言有未竟，为可惜也。然而先生生平，重踏叠困，陷坎入凶，历十余年，而其气浩然，不以丝毫挠屈，观于此，亦可以得其略矣。今日奔走党事，将遍历长江流域，而海内之慕先生者，益延颈企踵，而且夕皇皇。诗曰：未见君子，惄如调饥。读是篇也，或亦稍慰海内调饥之意乎。民国元年四月十二日昆山张庸志。

# 《民报》二十四号停止情形报告

## 中国革命党

　　说明：一九〇七年《民报》社干事吴天寿（名昆，湖北人）回国，章太炎推我来接管《民报》发行事务。我在《民报》社工作年余，亲自见到同盟会中有少数人反对孙中山先生。一九〇七年潮惠起义失败后，竟要求改选黄克强先生为总理。刘霖生（揆一）当时以庶务代行总理职权，坚决反对这种要求，认为此举无异自杀。张继为此和霖生扭打起来。日本人北辉次郎因要求为同盟会本部干事，遭到霖生反对，竟批霖生之颊。这些印象都是很深的。特别要向大家提及的，应是一九〇八年《民报》为日本政府所禁一事。当时黄克强、章太炎、宋教仁拟将《民报》移到美国出版，后因有他项计划，未能实现。关于《民报》被日本政府禁止一事，我尚存有当时油印报告一份，详述事实。今把它公布出来，对于大家了解当时的情况，可能有些用处。惜保存年久，文被虫蚀，已有数字残缺了。

陶冶公

敬启者：

　　《民报》二十四号于阳历（1908 年）十月初十日出版。乃日本政府受唐绍仪运动，始则胁以清末同盟之威，继则啗以间岛领土，抚顺、烟台煤矿，新法铁道之利，遂令日本政府俯首帖耳，于十月十九日突发命令书，收没本期《民报》，并其所曾经认可之《民报简章》亦永禁登载同一主旨之文字。其书如左：

民报发行人兼编辑人章炳麟：

　　明治四十一年十月十日发行《民报》第二十四号八，新闻纸条例第三十三条违卜认ナ，告发シタル二付，同条例第二十三条二依リ，其发卖颁布ヲ停止シ，假二此ヲ差押；且ツ《革命之心理》、《本社简章》卜题スル记事同一主旨事项，记载ヲ停止スル旨，内务大臣ヨリ命令ヤラレタリ。

　　右相达ス

　　　　明治四十一年十月十九日警视总监龟井英三郎①

　　此书发时，《民报》编辑人章炳麟适往镰仓，至二十日晚归至东京，即在警署得此命令。按《革命之心理》一篇，无一语与彼三十三条相犯。所谓败坏风俗者，无有也。所谓扰害秩序者，无有也。至《民报简章》，自开办时已经彼内务省认可，前日不禁而今禁之，尤与法律背驰。编辑人章炳麟向牛込警察署长诘问理由，警察署长答曰："此事关于外交，不关法律。"同时宋君教仁所著《间岛问题》一书亦被收没，益知日本政府意趣所在。所以不令《民报》永远停止者，盖不欲居严厉之名。而《民报》宗旨以颠覆恶劣政府为本根，去此宗旨，则《民报》躯

①　日文全译如下：

　民报发行人兼编辑人章炳麟：

　　明治四十一年十月十日发行之《民报》第二十四号，因违反新闻纸条例第三十三条而经举发，内务大臣特根据该条例第二十三条之规定，命令停止其销售发行，临时予以押收；并勒令今后不得刊载与《革命之心理》、《本社简章》内容相同之文稿等因。仰希知照。

　　　　明治四十一年十月十九日警察总监龟井英三郎

壳虽存，而精神铲除已尽，是不停止而自停止也。彼其巧诈圆滑之术，视直用严厉手段者尤为可忿。时人或以避其锋锐渐与转圜为说。编辑人章炳麟知日本政府不可信任，乃封还命令书，且致书于内务大臣平田东助云：

内务大臣鉴：

《民报简章》六条主义，前经贵内务省认可。今未将此项保证退还，突令不许登载与此简章同一主义之事项，本编辑人兼发行人不能承认，特将此纸缴还贵内务省。如以扰害秩序为嫌，任贵内务省下令驱逐，退出日本国境可也。

《民报》编辑人兼发行人章炳麟白

十月二十一日

此书去后，内务省复饬警视厅谕牛込警察署长，令其恳切晓谕以复受命令书为期。二十三日，编辑人章炳麟诣警察署，署长以原件示之。章炳麟曰："吾始终不受此命令书，任君上告长官，言我反抗命令可也。"警察署长答曰："不受亦不得为反抗命令。"以前此以亲手接取，故章炳麟知封还无益，乃复致书内务大臣云：

内务大臣鉴：

前封还命令书，经贵内务省饬令警视厅传告牛込警署，令其恳切晓谕以复受命令书为期。警署本奉命之地，署长特备役之人，权不己操，本编辑人兼发行人勿庸与之撑拒，当将命令书仍旧携归。然今有为贵大臣告者：前经牛込警察署长当面告言："此事关于外交，不关法律。"本编辑人兼发行人早闻北京传说，据云："唐绍仪此次途经日本，将以清、美同盟之威胁日本，又以间岛领土之权、抚顺炭矿之权、新法铁道之权啗日本。"今与牛込警察署长之言相校，毫厘不爽。本编辑人兼发行人私谓贵国自有历史以来，以刚毅恺明称于天下，必不茹柔吐刚，以纤毫之利，圭撮之害，而俯首以就满洲政府之羁轭，以挠邻国士民之气。往者，朱之瑜以光复中原不胜，违难贵国，贵国士大夫至今称之。本报立论，犹朱之瑜之志也，顾岂前后异哉。贵国天性尊君亲上，世笃忠贞。若以此推爱□满洲政府，虽名实相违，而言出由衷，犹为世所共谅。若以威赫利啖之故，而以《民报》之革命宗旨，与满洲政府所赠利益交换，本编辑人兼发行人宁为玉碎，不为瓦全。贵内务省既勒令本报改变简章，请以新假定六条主义疏写呈览：

一、灭□世界立宪国。

二、破尽世界伪和平。

三、以中华帝国统一东亚。

四、以专制政府攘逐蛮夷。

五、不与兽性民联合。

六、不求卖淫国赞成（以上系假定语）。

若作是说，语语与现在简章异撰，或且反对，未知贵大臣允许否也。呜呼！圜舆广大，何所无托身之地！黄鹄一举，识天地之圆方；本报刊行，岂必局在东海。必若操之过蹙，即人人能作唐绍仪耳。吾党人在美国者已明言中美国民连合，变本加厉，或亦本报所有事。自兹以后，更不烦以"同文同种"酬酢之言，辱我炎黄遗胄矣。

　　　　　　　《民报》编辑人兼发行人章炳麟白

　　　　　　　　　　　　　　十月二十三日

此书去后，二十四日即有铁道技师高桥孝之助来作说客，先以买报为名，伪若不知《民报》没收之事者。编辑人章炳麟以命令书示之。高桥应声答曰："此非日本政府意，乃唐绍仪以间岛、抚顺、新法之利为饵，故外交政策不得不如此耳。"章炳麟心知其所从来，直答曰："贵国政府所为非官吏之行为，乃倡妓之行为，谁能信倡妓无贰志乎？"高桥曰："岂但倡妓，直盗贼耳！凡政治家不得不然。且日本为新造之国，外交方针，仓皇无定，亦当见谅。若就本事论之，则仆之不满，更有甚于君等。虽然，革命非循顺之事，障碍甚多，愿诸君少安无躁。诸君不必离日本。日本政府阻碍《民报》，实则赞助革命，恐他国无有如日本者。仆声气素广，善知秘密，他日当容报告。"言已遂出。

二十五日，同人集议善后之策，决定迁移报社至他国境界，且于迁移之前，□□筹款起诉。无论胜负，要之期□□□□而止。次日编辑人章炳麟又移让内务大臣云：

内务大臣鉴：

二十三日寄去一书，次日即有铁道技师高桥孝之助来作说客。本编辑人兼发行人观其辞气举止，知于政界有瓜葛者。祸福存亡之念，不以撄心久矣，岂此奢阔之言，而足扰乱神听。独有为贵大臣告者：台阁之上，政由己出，龙行虎步，高下在心。欲将《民报》永远停止，则直令永远停止耳。今既不敢居严厉之名，而利权所在，又不能不虚与委蛇。由是舍永远停止之名，而取永远停止之实。迫胁《民报》，使变其革命宗旨。为此者亦内疚神明。惟欲深秘其事，并贵国诸报章不合记载，以激外人之姗笑。复遣游说之徒，风示意旨。为官吏者，当骫骳如是耶？本编辑人兼发行人虽一介草茅，素不受权术笼络。若贵大臣有意督过之，封禁驱逐，惟命是听，幸勿令纵横之士腾其游说也。

《民报》编辑人兼发行人章炳麟白

十月二十六日

以上报告《民报》与日本内务省交涉情形。自此以后，惟有执定方针，为百折不回之概，断不以口舌转圜，堕我革命党人之资格。纵令裁判治罪，亦惟听其施行。吾党人材遍布南洋、美洲等处，岂蕞尔日本所能消灭。敬告同志，当同守大国民之风概，勿以小挫灰心，勿以威武屈节，庶几松柏后凋，竟伸其志。

中国革命党同白

# 1906 年萍浏醴起义的几件史料

黄一良 辑

编者按：1906 年 12 月初至 1907 年 1 月底（光绪三十二年即丙午年十月中至十二月初），在江西萍乡、湖南浏阳和醴陵等地方的起义，是 1905 年同盟会成立后规模很大的一次群众起义。起义的群众包括有安源地区的一部分煤矿工人、当地的农民和手工业者，共三万人左右。地区及于萍乡、浏阳、醴陵、宜春、万载、平江和义宁（今修水）等七个县。起义的主要组织者是旧式会党——洪江会。同盟会的个别会员也参加了领导。起义给清朝封建统治者以重大打击。清政府集中了江苏、湖北、江西、湖南等四省兵力把这次起义镇压下去。

现从上海《时报》中选录了有关萍浏醴起义的四篇资料，供给研究这一问题的同志们参考。史料的原作者都是直接参加镇压起义的清政府官僚，文中对起义群众不无污蔑仇视之处，但其中所记起义的酝酿和发展、矿工参加起义等等，辑者用各记载对证，基本上符合当时情况。

文内所记人名前后不一，如袁蓝亭又作袁南亭，李金其又作李金奇[①]，未知孰是，未便统一。

---

① 据《邹永成回忆录》所记，应为李金奇。

## 一　萍乡知县张之锐和驻萍巡防军
## 管带胡应龙禀赣抚文①

　　窃照卑县地方，前有外来洪江会匪勾结莠民纠邀入会，散卖票布。当经卑前县彭令继昆会营严拿，并示谕被诱愚民缴票免罪，分别办理。业经拿匪徒唐桂庭等到案讯办。匪首李金其在逃未获，移会邻封原籍一体拿究。当将拿办获匪情形通禀宪台在案。

　　卑职之锐抵任，会同管汛照案接办，并加悬重赏，策励兵役购线侦缉。旋经访闻：县北迤东萍实里一二图地方，复有会匪聚众别开山头情事。当经卑职之锐会同沐恩应龙于九月十三日（1906 年 10 月 30 日）亲督勇役，驰往查拿。开山匪首孙绍山等，均已闻风四散逃逸。

　　查该处萍实里一二图地方，与浏阳、宜春均系接壤，又由萍乡县至万载县西南必由之路，相距卑县城治及浏阳县治约有一百余里，系属三县边境交界，山路四通之地，山岭重叠，林莽丛密，向有会匪出没往来。被诱入会居民已属不少，并闻有本地痞徒入会充当匪目之人。又自卑县北界湖塘迤逦而西，与楚省醴陵及浏阳接壤。该两县向多会匪。近日醴陵沿近铁路一带地方迭出抢劫之案，尤宜先事防范。卑职等遂即选派兵役前诣查办，周历上栗市、湖塘、小坡脑、马岭、毛林桥、桐木、荆坪、高田、蛋子坑等处，循北而西，至于湘东，逐处清查访察入会匪徒与窠匪之人，密记姓名，择要缉拿。其有家属同居者责成具结，勒限交犯，并谕令绅耆户族仿照从保甲团练法守望相助，擒拿外匪，自内约束牌家子弟以清本源。所有已被诱胁入会愚民，即令缴销票

---

　　① 选自丙午十二月二十六日（1907 年 2 月 8 日）上海《时报》。

布，自首免罪。计先后收缴匪票一百二十余张。

查得此次复开山之匪首，系万载县岭栗人孙绍山。因在逃匪首李金其已在原籍浏阳被官役追拿急迫跳入水内自尽，是以匪党又推孙绍山为正龙头，别立复龙山名目，定于本月十四夜（1906年 10 月 31 日）在该处山僻会众开山。旋闻营县驰往擒拿，始各逃散。地方幸获无事。

廿一日卑职等在桐木市地方接见萍实里二图保甲局绅、指分湖南试用县丞欧阳煦等面述情形。该匪首孙绍山先在荆坪月山下秦黄氏绰号长婆子家，十三日被瞿红剑之子蒲牙瞥见，即经邻右黄均忆、彭焕等邀同十余人向秦黄氏问实不虚。秦黄氏答以早行。因围屋搜捉，不获，只在屋后桌上拾得匪首名片八张、会匪名单一纸。将片单具禀呈送前来。卑职之锐当即就近传问该邻右瞿蒲牙等，亦无异。查验匪首名片系孙绍山、蔡绍蓝、许和生、谢家成、王砚廷、江寿旦、刘先贤、王财山八名，均系笔写字迹。其蔡绍蓝即蔡绍南，系卑县童生。江寿旦即万载匪案内在逃匪首姜守旦，又名万飞鹏。该八名均系著名匪首。其名单式同请酒横单，系属八匪首邀讲匪党之件。单首开写"复龙山本月十四开山祭旗，扭转汉氏复明朝"等字样，语甚悖逆；下开八名系宜春、慈化、万载、洙潭、石塘各处之人。卑职等遂饬兵差将秦黄氏拿获，在于该氏身上搜出洋板会票一纸。该氏本系习打女痞，毫无亲属，平日接交流痞，开标聚赌，无恶不作，乡邻族房畏之如虎。卑职随将该氏所居月山下山棚督饬拆毁，现在带案严讯究办。

又查蔡绍南系革命党，前于六月假冒学生开通风气前往桐木市、上栗市一带登堂演说，民心被惑，蚁附甚众。该匪先在湖南游历多处，其以革命党人投入洪江会内，到处演说，意在煽动会匪，收作羽翼。作用孔常，悖逆已极。现闻逃往湖南，改名投入学堂。业经勒令家族拿交，并探查下落，移拿解究。

又有在桐木开店之崔树都，亦系匪中巨目，称为桐木市码头官，绰号十条罗汉。其店先已收歇，房屋宽深，此项匪徒多藏匿其店屋内。十三日闻有百数十人，夜分始各逃散。现在责成其家族崔树喜等勒限交犯。

该匪崔树都与秦黄氏皆是本地巨窠。蔡绍南尤为巨魁，居心叵测，与正龙头孙绍山同恶相济。数害不除，祸患未已；且并移会邻封宜春、浏阳、醴陵三县兜拿，势必此拿彼窜，难期速获。卑职等在湖塘时适浏阳县黄令亦在附近查办匪案，约期廿一日会见。询悉该县匪首李金其拿迫投水，自溺身死。业经该县禀报有案。其他逃匪而孙柏①均无分疆界协力兜拿，并备会衔空白差票，彼此移送存档，随时填用。其宜春、醴陵等县，亦拟由县移会照此办理，以期闻风速拿，免被窜匿。

现在卑县地民心安定，均各如常。惟桐木市为三县交界冲要之地，该市铺户数十家常怀戒心，再三面恳拨兵驻扎数月，以固冬防，将来察看情形再行酌量留撤，禀报办理。

卑职等业于十月初三日（11月18日）由湘东回县。除再由卑县移会邻封营县，借一体严拿逃匪孙绍山等片单内有名各匪，一并务获究办。一面讯取秦黄氏并唐桂庭等，务获究办；一面讯取秦黄氏并唐桂庭等确供，开折禀请核示惩办外，合将访拿会匪办理情形，缕析禀报大人，俯赐查核，并请宪台咨会湖南巡抚部院，札饬查拿蔡绍南即绍蓝，务获究办，以杜党祸而遏乱萌，实为公便。

## 二 萍厂林道电赣抚②

沁电谕敬悉。念一日（1906年12月6日）三更陡闻上栗市失

---

① 原文如此，疑有误。

② 选自丙午十一月初五（1906年12月20日）上海《时报》。是萍乡煤矿总办林志熙给江西巡抚吴重熹的电报。

守，张令立催将路矿洋人送往长沙。职道一面遣护洋人登程；一面饬路矿各处照常办事；一面出示谕矿工安心；一面禁止员友工人搬家。比及天明，布置粗定，照常工作，照常出煤炼焦，处处力持镇静，若稍涉张皇，则早已偾事矣。盖办事宜镇静，而电禀则不能不据实直陈，以免远道误会。

袁蓝亭在湖南水师营段弁缉拿，刚解至醴而矿工群起，力言袁已改邪归正，力求释回，其情形言语与平日大异。当时胡营官应龙不在安源，兵力又单，不得不相机速行，即电醴陵将袁解回，交萍令收押，始行安定。

以上皆实在情形，一一可根查者。

袁统领赴前敌，即调胡营官回安，知该营早已电禀。总之，萍醴至宜万一带，到处皆有伏莽，平日倡言无忌，兵到则散为民，兵去又结为匪。所最难者，善后永逸之计。若不乘此时搜缉根株，将来仍恐乘机窃发。事关地方全局，越俎直陈，不胜冒昧。志熙禀。艳。

## 三　萍乡知县张之锐和团防局绅李有如会禀电[①]

抚宪、兵备处宪、铁路总局李同鉴：浏醴各匪股现虽溃败，尚复夜聚昼散，时出抢劫。湘赣大军趋往萍北、浏南，栗市、桐木一带，目下安靖无事。惟安源工匠处十余里、七八里之恂及、宣风、萱溪一带，叠有抢劫。此等地方向多炭井，匪类云集。浏醴揭竿，咸往附从。自栗市残破，闻矿井辞工者每日以百数计，溃败潜归。游手无赖啸聚打劫，势所必至。

顷据路矿长六十一图团防局绅周文略等来函言：醴东境毂岭

① 选自丙午十一月十八日（1907年1月2日）上海《时报》。

地方几无人，匪与该图只隔一山。此次匪乱，毂岭张姓即由祠堂竖旗。浏南溃败，今皆回家，夜出肆抢。幸团勇竭力防御，未蒙其害，咸获安平。

七四二图团防局龙耀正等言，该图有匪首陈仃初者，未乱之前曾往攸县约会起事。攸在醴南，萍之西南皆壤地相接，不能不先事预防。

今我大军初到，偏重萍北。目下既无成股大匪可以痛击，自应分扎要隘以堵窜逸；另以两三队作为游击，到处搜剿跟踪追捕，并择各县适中之地，两省会议妥筹办法，联络声气；布置安定，然后各县团防办理清查，仍须同时并举，使匪徒无立足之地方，能一劳永逸，绝尽根株。

今大军陆续新来，张道宪到县匆匆即行，一切布置尚无头绪，清乡之举似乎太早。卑职锐与敝局绅有如等筹商再四，谨将地方现在情形略陈管见，伏乞察夺电示祗遵。萍乡县锐、团防总局李有如等禀。支。印。

## 四　醴陵平匪日记①

**九月初二日（1906 年 10 月 19 日）**

奉檄权醴陵县事。

**初四日（10 月 21 日）**

协防营获匪张折卿，系庞蘧帅饬拿匪目之一，巨匪李金奇之副也。

**十四日（10 月 31 日）**

晚谣传安源矿窿有匪众集议，谋劫醴狱出张折卿。调查火车

---

① 选自丁未正月十八日至廿一日（1907 年 3 月 2 日至 5 日）上海《时报》。作者是当时的醴陵知县汪文溥。

客票，数倍往常，其事有征。因电省请将张折卿正法。

十九日（11 月 5 日）

省檄至，张折卿狱成。

查醴陵与江西之萍乡唇齿，地处湘赣孔道。醴东则萍之上栗市、浏之金刚市，素为匪薮，蔓延于醴之普口市、白鹭潭等处。醴之多盗，其远因固已然矣。近年，萍属安源煤矿大开其窿，工数近万人，内地匪会渠魁窟穴其中；加以萍潭铁道通轨，游匪络绎，项背相望，以交通之。近因复为匪巢之加厉。而本年春夏之间被水成灾，民穷食艰，相率为盗。游匪乘间煽惑，变良生莠，十室而九，其势殆如厝火积薪，爆裂之期固知不远。于是传集士绅，授以表册，谕令清查户口，按户派丁，分段联甲，实行保甲之旧法，创置警察之始基；而士绅惮烦相顾，均有难色，意图苟安，不知其事之已亟也。

二十日（11 月 6 日）

出示严禁匪会，解散胁从，令已入匪会者速缴飘〔票〕自首。设自新桶悬渌江桥，许具悔人自投名条（其时匪势早经团结，竟难遽解，十月二十以后叠经剿捕，始争来投首）。

十月初十日（11 月 25 日）

密移防营管带，请督勇清查东乡。

十三日（11 月 28 日）

酉刻风闻有土匪起事，当传警务传习所潘绅昉查其事。

十四日（11 月 29 日）

据潘绅报告：闻之文绅俊铎，确有乱党谋叛，大股在西北乡一带，合安源一股，定于十五日夜扑醴陵。因沩山碗厂工人多有入匪，为华昌土磁公司侦知以告铎者。

其时防营巡防第十队赵管带春廷已先移请下乡清查，城防空虚。度安源火车十五停轮，煤窿匪股必以今日第三四次车分次来会，即驰电安源代办铁路局林总办嘱停车。电文："探确醴匪拟合安源匪起事，醴已严备，请停车严查。"利用明电，意在使匪知我悉其谋，又已有备，即起事，当稍迟回，一转折间，即可自立不败矣。

十五日（11月30日）

晨，派差协赵营唐哨弁赴北乡一带搜查。

十六日（12月1日）

唐弁回，称团保皆言无匪，盖无人敢言也。

十八日（12月3日）

傍晚赵管带回，亦言醴人好谣，恐不可信。溥谓："有备无患，即不实，不可不查。"二鼓后潘绅复报告：李绅隆宪、萧绅泽云来传习所言，确探匪已制旗帜号补；板山铺、邓家渡均有匪日夜制刀。因再函请赵派勇协差往。四鼓后抵邓家渡，查至刘王寿铁店，正淬刀。勇推门入诘，而取刀之罗良初适至，人刀并获。

十九日（12月4日）

讯罗良初。据供，乱党头目，湖南之长沙、湘潭、浏阳、醴陵、湘乡，江西之萍乡、万载、宜春所在多有。此次约萍、浏、醴三处于本月二十日左右同时起事。大头目在萍乡安源，伊隶醴北板山铺陈姓等语。斩之。

出示：除头目外自首者一切勿问，以散胁从而安反侧。派差十名随赵管带再搜邓家渡，又派十名随段把总搜板山铺，均不获匪。又十名赴沩山获易开清。是时，赵营除分防茶陵州等处外，只百三十人。溥九月初到任，即虑醴陵伏莽为患，购九响毛瑟枪二十杆，募亲兵二十名，至是又添募二十名。

颁要塞戒严令，城乡饭铺烟馆一律封禁。商请路局停安源下行、株洲上行火车，只载兵而不搭客。

二十日（12月5日）

商赵管带坐火车再赴板山铺。既行，复电嘱必烧屋斩匪而后返。烧陈屋，发现巨大之地窖，起获手铳、刀矛、号挂、圆补；擒匪陈显龙、谭初景、袁兆丰、胡星全，与昨获之易开清悉斩于市。

连发两电请安源戒严，并电嘱该处防营胡管带应龙勿来醴。安源属萍乡，距醴百里，火车两小时可达。煤窿工万人，湘潭人萧克昌为各匪会总理，匪中呼之为老龙王，久居安源，能左右窿工。若萧一动，足覆安源防营，掳快枪驰下，则醴陵立糜烂。防安源者防萧克昌而已。

是日电省请援，募土人伪为投匪者侦匪。

**二十一日（12 月 6 日）**

侦者报：沩山等股合于神福港为西路一大股，伪总统李香阁有随兵千余。随兵者如护兵。其左军伪统领湘潭之株洲人殷子奇，右军伪统领渌口人廖玉山，各有匪兵三千。水军伪统领刘泽春，绰号鸭婆子，亦株洲人，自长沙、湘潭上至萍乡水路均属之。至东路则普口市、白鹭潭、潼塘、富里、峤岭合于官寮为一大股，伪前军总统官寮人瞿光文，绰号老师傅，号有匪三四千；伪后军统领普口市人王太云，号有匪三四百，约今夜会扑醴陵。

同时萍乡警报：萍匪已于醴、浏、萍三交界之麻石及萍之上栗市起事，上栗防营二十人掳于匪，枪械悉为匪有。上栗市在醴城正东，安源在醴城东南，此三处相距各九十里，为三交角形。于是谣传浏阳、万载已失守，浏万匪亦以今夜会醴城下；侦差宋发为李香阁部匪杀以祭旗。

日晡，侦者复报：西路匪股独李匪率众约千人已向城。因商赵管带分兵守东路卡，而以全力防西路。缘西路神福距城近于官寮，匪必先到，破其一股则余众自败。夜半登土阜，了望远处火光闪动不定，知匪已行，复撤城队益赵兵。四鼓后西匪李香阁与赵遇，一击而溃。东匪不至。

二十二日（**12 月 7 日**）

赵管带追匪神福港。

昨夜以专车载株洲杨哨弁所率勇六十人四鼓至，今日令东赴官寮驰剿。

二十三日（**12 月 8 日**）

昨夜四鼓省援巡防第一队吴管带廷瑞率二百五十人至，即商于今日分队接应神福、官寮。

二十四日（**12 月 9 日**）

电萍约赣军夹攻。

二十五日（**12 月 10 日**）

商援常备军第一标吴标统绍麟所部崔朝俊率六百人至，下车即东径由官寮追捣麻石、上栗市。官、麻、栗相距各十余里，均在醴东。麻石为醴、浏、萍三县分辖。上栗市为匪总头目龚春台即谢再兴根据地。指定此点，剿醴、援萍、顾浏一举而集。与诸将商兵行所向，坚持此议。

二十六日（**12 月 11 日**）

军队先后到官寮、麻石、上栗市，匪股先已赴浏，直追至浏属金刚市、文家市、澄潭江等处，与零匪小股遇，略有捕斩。

二十七日（**12 月 12 日**）

昨夜侦者得一匪函，系谭石基与陈增连伪统领者。函言：清汪令而荡赵么麽，战醴陵直走长沙云。

晚，果得北路官庄警报，商赵管带立拔队驰击，四鼓遇贼芦福岭，生擒伪哨弁周青同、伪粮台杨年丰，斩于军前。旋又续【擒】伪后军分统王开彬，亦正法。谭石基湘乡人，伪后军总统，北路匪首谭为大。初，破匪由北路，谭仓卒逸，至是窥官军大队东出，乘虚图再举，击破之。自此醴无大股。

二十八日（**12 月 13 日**）

机关炮队至，赴安源援防。

**十一月初十日（12 月 25 日）**

鄂军斩萧克昌于安源。

**十八日（1907 年 1 月 2 日）**

获东路伪军分统王太云。据供：十月二十一日（1906 年 12 月 6 日）渠带三百人先到，距城约十里，匪探告军来甚众，援军大至（所见即株队六十人，火车驰骤有气势，匪不测多寡），渠率众先退。是日东路伪总统瞿光文奉匪首龚春台调，改赴浏阳、万载，匪亦为赣军所絓，以致失期等语。与袁南亭同斩于市。

袁南亭者株洲人，十月十二日伪左军统领殷子奇嘱持函赴安源，约萧克昌于二十二日带千人由安源下，殷带千人由株洲上，夹扑醴，萧未允轻动。俄闻醴停火车，知有备，惶惧蜷伏。二十二日湖南飞翰营勇六人入安源捕萧克昌，有王姓一勇识袁，嘱侦萧而袁不允，因捕袁至醴。萧挟窿工大哗噪，矿局不得已，电索袁回萍。至是，始索回正法。

**十二月初五日（1 月 18 日）**

斩伪右军统领廖玉山。

匪头目以龚春台为大，萍、醴、浏、万、宜五县匪均隶其下。其计划：自率醴伪前军，合萍、万、宜、浏匪扑浏，而令李香阁总统伪左右军、水军与谭世基等之伪后军谋醴。其营制：六百人为一营，三千人为一军；补号白地饰黑字，圆式，有"革命先锋"、"后军汉勇"、"革命左军汉勇"、"革命右军汉勇"数种，而各军均有随兵。旗帜写"汉命"或写"洪命"。龚春台本谢再兴，号月楼，长沙人。从前变姓名为龚春台，至是始改用真姓。然江湖言龚春台则无不知者，言谢再兴则或知或不知。伪官衔："洪命督办民立自志社会总统全军谢"。伪年号："汉德元年"。伪关防："统领革命马步全军"、"总督革命军之关防"，均横径二寸，直径三寸。另伪方印一，径二寸又半，文曰："洪福齐天"。其军械则抬炮、来复枪、鸟铳、刀矛，快枪不多见。龚谓王太云："吾众多官兵数十倍，官兵毙我一排，我有二三排再接再厉，复一营则借兵可以横行矣！"然其目的只一达上栗市，得快枪十八杆，仍无济云。

匪军皆裹白巾，识者谓与已死昆仑匪首李金奇挂孝。然据王太云、廖玉山等供，则言龚匪与李匪素不协，龚匪蓄志谋乱，李匪则鼠窃而已。龚之不丧李明甚，其用白殆取五行相克之意云。

醴既破匪较先，匪仓猝裹胁，是以务结民心，所至不烧掳。萍醴交界处所，如萍之上栗、浏之金刚均破，而醴界独完。又醴军神福、官庄两役以外，其防剿均在境外，是以境内安堵。又以重兵扎浏阳之澄潭江，地在浏南醴北，又系由浏赴萍醴要道。时萍醴匪均聚浏，既败而归路已断，不能回窜萍醴，故出浏北而向平江也。醴境毛贼万余，用兵数月，始终无尺地寸土之糜烂。

醴当匪最盛时，只有兵百数十人。十月二十二日，株队六十人至，则赴官寮。二十三日吴队二百五十人至，则分赴福寮。二十五日崔营六百人至，则径捣麻石、上栗市，嗣入浏扎澄潭江，迄未旋醴。吴队后亦赴攸。十月二十七日以后醴已无大股。十一月初十日安源杀萧克昌，安亦大定。十九日安源分鄂军两队扎醴。十二月初四日复分鄂军两队至。于是醴城大兵云集，十里内外军乐鞮鞳，士马腾骧，异于昔日矣。

自设改悔局后，投首者日以百计，今已四千人以外。当匪初起，有捕即斩，以寒匪胆，能使少起一股，即可少杀数百人。嗣后则一以哀矜出之，非头目不使死。匪号称革命军，而头目尚不知革命作何解，无论胁从。蚩蚩者民，盲从附和，可胜诛哉。毋宁以诚感之，一方面用猛；一方面用宽，亦使反侧子自安也。

九月间初到，即以伏莽游匪逼地，势如厝火，发议清查户

口，而绅民畏难。方逡巡间，匪果起，今始实行清查。然以后欲
图永定，则表面上之安宁必在遍设警察，根本上之安宁则在普及
教育。其事谈何容易。二者不举，则虽已清已查，不数日又不可
问矣。请兵易，撤兵难，撤兵之后醴陵他日请念。

# 风雨楼痛语

秋宗章 撰

**编者按**：秋宗章，为秋瑾异母弟。该文记述秋瑾史事甚详，可供参考。本文系绍兴葛玲琍同志由家藏资料中抄出。

先君居官，以清廉著，鹤俸所积，原非丰裕。脱令子姓力保先畴，兢兢业业，犹可毋虑冻馁。既丁和济之变，则一败涂地，资产荡然，异地不可久留，乃摒挡作归计。罗掘所有，得数百金，挟先君灵柩于癸卯五月旋里。犹忆成行之先日，予偕侄辈往王宅谒姊辞行。姊虽不作儿女子〔之〕态，顾骨肉远离，相逢无日，亦不禁黯然。临歧，丁宁频数，予辈惟含泪应之。归途道经湘潭厘局，追惟先人宦辙以及儿时游钓之所，益为怅触。今兹事隔三十年，回首前尘，犹恍然在目也。

自予家归里后，姊婿子芳入资为小京官，携眷北上。当是时，清廷失纲，亲贵用事，值甲午、庚子两次丧师辱国，赔款兆亿。累卵之危，岌岌不可终日，而君酣臣嬉，泄泄沓沓，犹不知振作。姊目击心伤，思以改革为己任，新书新报，靡不浏览。所受刺激既深，持论亦益烈。稠人广坐，议论风发，豪情胜慨，不可一世。尝摄舞剑小像，又作宝刀歌、剑歌以见志。和者甚众。桐城吴芝瑛女士者，挚甫先生汝纶犹女，为梁溪廉惠卿德配。惠卿官户部郎中，偕居京邸。女士幼承家学，尤精八法，诗文转为书名所掩。于时人少所许可，邂逅论交，独倾倒于姊，结金兰之契。女士稍长，姊之。两情爱好，不啻同怀。居处密迩，过从酬唱无虚日，惜随手散佚，稿已不可得见。姊之思想既甚变迁，乃首创男女平权之说，尝语女士曰："女子当有学问，求自立，不当事事仰给男子。今日志士倡言革命，吾谓革命当自家庭始。"女士然之，惟以凡所云锋芒太露，足令腐儒掩耳，骇世警俗，时时戒以慎言。姐曰："吾所持宗旨如此，异日女学大兴，数十年后必能达吾目的，然不有倡之，谁与赓续也。"女士深佩之。

于是有东渡留学之志，而子芳不善之，靳弗与资。姐遂脱簪珥，谋学费，勉强成行。京师相识诸姐妹，先期置酒城南陶然亭为祖帐。此光绪三十年秋间事也。会宁河某君（疑即王照，字小航，宁河人，戊戌以礼部主事言事，超擢候补四品京堂。政变避日，复潜行归国。在京闻沈荩被逮而死，虑亦不免，乃至步军统领衙门投案，下刑部狱）以戊戌事自首，系刑部狱。姐闻之，乃分其金以应急。辗转达狱中，属勿告姓名。迨宁河遇赦出狱（西后下诏赦党人。王照出狱，复原官）始知之，而姐已东行。宁河寓书谢之。事后语人曰，辄为流泪。然姐与宁河初不相识也。某女士赠诗有云"隐娘侠气原仙客，良玉英风岂女儿"二语，为能仿佛其生平云（见芝瑛女士撰《秋女侠遗事》）。

姐抵日本后，初入预备学校补习日文。以资斧未充，利在速成，故所习倍常程。明年乙巳，考入实践女学校肄业。是夏，孙中山先生赴日，夏正六月二十三日，东京留学生开欢迎会于富士见楼，到者甚众。旋开同盟会预备会于饭田町程家柽寓宅，以"驱逐鞑虏，恢复中华，建立民国，平均地权，矢信矢忠，有始有卒"为誓词。次日开成立会于赤坂区桧町内田良平之宅。越数日，又在灵南阪子爵阪本金弥宅开干部选举会，推中山先生为总理，黄兴为庶务（其职权如协理），汪兆铭为评议部议长，邓家

【彦】为司法部总长。各省分会置分会长一人。姐被推为浙江分
会长（见《太平杂志》田桐撰《革命闲话》）。事为清廷所闻，
与日政府交涉。由文部省颁布留学【生】取缔规则。留学生群
起而争，陈天华以蹈海死，众人益奔走相告，相率罢课。一部归
国者，在上海创立中国公学。而驻日公使收买若干不肖学生为间
谍（时公使为杨枢），刺探学生虚实。姐既深憾帝国主义之压
迫，又亟欲返国为革命实地工作，乃于丙午春间归国。道经上
海，晤吴芝瑛，述其留学艰苦状，出新得倭刀示之曰："吾以弱
女子只身走万里求学，往返者数，搭船只三等舱，与苦力等杂
处，长途触暑，一病几殆。所赖以自卫者，惟此刀耳。"俄而行
酒，酒罢，姐拔刀起舞，唱日本歌数章。芝瑛之女以风琴和之。
歌声悲壮动人。翌日别去。两人自此遂不复见矣。

　　姐留东时，不废吟咏，然遗稿流传不多。所曾见者，惟《中
国女报》所载五七律数首而已。如《感时》云："祖国陆沉人有
责，天涯漂泊我无家。"《黄海舟中》云："驰驱我梦中原马，破
碎山国〔河〕女儿羞。"《感愤》云："搏沙有愿兴亡楚，搏浪无
椎击暴秦。"均脍炙人口。又日人石井君索和，即用原韵，有句
云："漫云女子不英雄，万里乘风独向东。"亦足觇其胸襟。创
办《中国女报》以前，曾与留日同志创《白话报》于东京，月
出三册，每期约四十页，委托日人代印，鼓吹排满，论调最为露
骨。与同盟会机关报之《民报》殊途同归。他人作品，类皆记
名张禄，惟姐所撰白话论说，则直署真姓名，不稍隐讳。出版十
余期，姐即回国，箱箧满贮是报。丁未之变，悉付丙丁。惟予髫
龄好弄，爱其封面图画，曾向姐乞得数本，今犹存在。盖亦足为
中国革命史中之纪念品矣。

　　清代光绪三十年，科举停废，各省广设学堂。然风气闭塞，
人心顽固，不为社会所信任。且戊戌政变，一现昙花，新党撄祸
至烈，前轸未远，可为殷鉴。是岁改革，疑非西后本意。事变以

来，未可逆料。故子弟之入学堂者，不无戒心。予及两侄初就外傅读于私塾。姐闻之，不谓然也，自东贻书，命予入会稽县学堂，长、次两侄则入徐伯荪烈士手创之东浦热诚学堂。岁时通问，督趋甚至。原札均毁，今所存者，惟致大侄壬林之函（按此函为各文献所未收），虽非全壁〔璧〕，犹为手泽。今附后，以供众览。吉光片羽，弥足珍已。

附函原文。

壬林贤侄：

入春接汝手书，尚为清楚，阅之甚喜。惟有白字，亦因中文程度尚浅之故。但虽入学堂，中文亦宜通达，断无丢去中文专学英文之理。但凡爱国之心，不可不有者。不知本国文字历史，即不能生爱国心也。尚有两月之久，可专注意于中文，进学堂之后，即不能专集也。吾侄既兄弟二人俱喜进学堂，性情尚宜改良，不可如前之竞争。兄弟务必互相亲爱。待尊长须有礼。勿事游嬉。学堂之规则当遵守。若能循良勉学，为秋氏争荣光，方不虚生于人世。况侄年已成童，并非幼小。当知家计艰难，入不敷出。（下阙去）

姐就义惨状，知者甚多，毋庸殚述。且涉笔至此，心烦意乱，罔知所从，亦不忍追忆也。然自此案发生后，越中人士明知贵福之倒行逆施，大都噤若寒蝉，不敢仗义执言。而贵福则犹未悔祸，欲兴大狱，按照大通学生名册，命山、会两县一体查拿。或派差访饬，责令家属交出。又委山阴知县李君来余家搜查军火（事详后）。闾阎骚扰，群情惶惑。城内居民稍有资产者，惧祸至之无日，相率迁避乡间，市廛银根，异常紧迫，钱业向杭垣调集现银十万元，以备缓急。浙抚张曾敭听信金壬之惑，复檄委候补道陈翼栋抵绍，会同查办。翼栋亦卤莽灭裂者流，据匿名揭帖之言，带队擎枪，捣毁绍城同仁学堂，乘机抢掠，历二小时。搜无实据，乃将堂中董事拘至府署，将穷治之。于是教育界人士大

哗，联名电讦。上海《中外日报》于此事曾加以评骘，颇能鞭
辟入里。略谓："同仁学堂事，由吏役诬诈而起，非若妄杀秋某，
枪毙学生，事关人命，激动公愤者可比。乃越人舍大而遗细，置
豺狼不问，而问狐狸。即此以观，绍郡绅士之无人，更甚于他
府矣。"

同时某报有署名佩韦者，致浙省绅界书，责备甚至。谓：
"公等中于惧罹祸累之一念，而卒不敢异议。是不惟无义气、无
热血，亦且眼小如豆，胆小如粟矣。是天下可鄙可怜之人，莫公
等若也。"

又某报撰《卖友者之将来》一文，对于某某等之告密，冷
嘲热讽，词严义正。略谓："秋某之死，不死于侦探，而死于告
密；不死于渺不相关之人，而死于素号开通、昕夕过从之人。彼
其所以为此者，以畏株连之一念。故不惜牺牲一弱女子，以自丐
其生，在彼固宜以为得计。虽然，彼其将来果能见赦于官吏与
否，殆尚有所不知。"舆论之激昂，可窥一斑。因摘录之，以见
公道之未泯也。

浙抚张曾敭，既为满奴所蒙蔽，铸此大错，颇为舆情所不
满。曾敭患之，乃于六月八日捏词电奏，略云："获到金华、武
义匪目，供出系大通学堂学生勾结起事。当由该府嵩守禀请札
查。旋据绍兴府贵守禀称：大通学堂系逆匪徐锡麟所办。查阅江
督、皖抚电钞徐匪供词，情节略同。当饬贵守星夜来杭，面商一
切，并札派常备军两队赴绍兴，会同贵守查办。又据绍郡绅士密
禀：大通体育会女教员匪党秋瑾、吕鸿懋、竺绍康等，谋于六月
初十日左右起事。竺实党首。闻已纠约嵊匪万余人来郡，乘机起
事等语。贵守当于初四日傍晚，率领军队，前往大通学校及嵊县
公局搜查。该匪党胆敢开枪拒捕，兵队即开枪还击，毙匪数名，
并获秋瑾及余匪十余人，起出后膛枪三十支、子弹数千粒。讯据
秋瑾供认不讳，并查有悖逆亲笔字据。匪党程毅，亦供出秋瑾为

首，余系胁从等语。由该守电禀，当即复电饬将秋瑾正法，仍搜
捕未获余匪。其嵊县、金华等处军队后到，亦格毙匪首多名，捕
拿匪党二十余名。余匪星散。杭州省城近已解严，目下尚称安
谧。请代奏。皦。庚。"查是年五月中旬，金华、武义等处，有
九龙党刘耀勋开堂，乘机抢掠。驻衢巡防副将沈琪山于十八日率
巡防队抵武义，二十三日与匪激战，拿获头目聂李唐、李嘉宾、
李好江、李良金、李维伦、李何齐、陶思乾等，会同武义县知县
钱宝镕禀报。初与大通学堂无涉，张电所谓勾结起事，诬陷罗
织，不足为信。惟谓绍郡绅士密禀云云，则即前文所记之劣衿某
某等十人所为，确系实事。惜辛亥光复时，府廨档案已无此函，
坐令反革命之土劣得以漏网，有余憾焉。

　　同时贵福亦有所谓安民告示，云："大通学堂体育会事，前
奉抚台密札：据金华府电禀：'武义县获匪聂李唐等，供出党羽
甚众。内有赵洪富，缙云人，在绍兴体育堂司帐，勾结大通学堂
党羽，希图接应起事。'饬即密拿。当时密访，果有女匪秋瑾勾
通竺绍康、王金发等图谋不轨消息。禀奉抚宪，派兵拿获。而秋
瑾竟敢开枪拒捕。又在学堂内搜出九响快枪四十余支、十三响快
枪一支，夹弄内搜出弹子六千多颗，又有悖逆论说及伪造军制单
字据。当堂提问时，秋瑾已承认不讳，并认竺绍康、王金发亦曾
相识。拿获秋瑾时，在其手中夺得七响手枪一支，装有子弹。续
奉抚台电：准安庆电：'据徐锡麟之弟徐伟供：徐锡麟与秋瑾同
主革命。'可见秋瑾图谋不轨，在在确有证据。此次正法，并无
冤枉。民间均多误会意旨，合再明白示谕。现匪首秋瑾已经正
法。竺、王两匪在逃，如有能拿获竺绍康、王金发两匪，每获一
名，赏一千块洋钱；如有来府报信以致拿获，每获一名，赏五百
块洋钱。至于学堂乃是奉旨开办，学生乃国家所培养，断不能因
大通学堂之故，概以大通学堂例之。如有不肖之徒，敢与学生为
难，一经本府知悉，定当重惩不贷。"凡所云云，桀犬吠尧，阅

之令人发指。沪上报纸，如《中外日报》、《时报》、《文汇报》等，大声疾呼，昌言无忌，指斥贵福罪恶不留余地。贵福欲以一手掩盖天下耳目，故有此示。惟是民喦可畏，虽在专制时代，防民之口，甚于防川。

张曾敭与贵福内惭衾影，外顾清议，卒致不安于位。未几曾敭调晋，贵福亦调安徽宁国府。

皖人习闻贵福之悖谬，一致拒绝，不克履新。卒清之世，蹭蹬终身。顾犹不自咎责，强颜语人，憾及秋氏。入民国后，易姓名为赵景祺，钻营入仕。此獠不杀，诚不能不疑于天道矣。

六月六日先姐就义之耗既播，桐城吴芝瑛女士首为作传。旬日后又记其遗事。且谓："罪人不孥，古有明训。吾与女士有一日之雅，又能道其平生。愿以身家性命保秋氏家族，望当道负立宪之责任者，开一面之网，伤属保全无辜，勿再罗织，成此莫须有之狱，诬以种种之罪状，使死者魂魄尚为之不安。此余既为之传，而又纪其遗事之微意也。"

所撰祭文，亦极沉痛。其辞曰："呜呼！君之死，天下冤之，莫不切齿痛心于官吏之残暴也。吾意大厦将倾，摧楹折栋者，又嫔然交错于其间，其非一人所能支者，明矣。尼父以至圣之才，怀济世之志，尚不能挽衰周风靡势削之运。今时已将矣，澜已洌矣，君固英杰，奈之何哉。设不幸微斯阴霾惨毒之冤，恐数载后，同是奴虏耳。生人之类，修名讳恶久矣。浙帅甘冒不韪，完志节，成其千秋不朽之名，虽曰害之，其实爱之，此仁人之用心也。反常移性者，欲也。触情纵欲者，禽兽也。以浙帅之贤，岂嗜欲之流、禽兽之类欤？意者，抑君礼祀以求之哉？"

此外，徐寄尘女士之祭文、天戮生之哀词，均传诵一时，文长不录。

尔时民间传说一异事，迹近误会，而言者凿凿，一若信而有征。据谓姐被逮后，系于请室。有某妇者，作奸犯科，禁锢终身，已不作重睹天日想。惟居狱中久，与狱吏渐习，狴犴以内，行止亦甚自由。所居适与姐为邻室，悯姐遭遇，调护甚至。相处两日，姐即就义。某妇闻之，哭失声。一夕，忽见姐入室，不言不语，厥态甚庄，良久始隐。狱中人皆亲见之。予谓此事或由心理幻化，要难凭信。厥后又闻湘潭王氏，亦闻堂屋发巨响，且有革履橐橐之声，终宵不绝。王氏大惧，百计禳解。其时甥男女辈，均为伊大母所抚养，乃抱两雏默祷之，请顾念襁褓物，勿为已甚。自此遂寂然无声。而姐婿子芳已先期辞官归湘，因悸致疾，翌岁捐馆。由斯言之，风车云马，英灵倘在，招魂剪纸，神其来归乎。

初，皖江发难之耗传至越中，人心惶惶，不可终日。先姐逆料势将波及，亦曾早为之所。余家旧宅之西南隅有小楼，废置杂物，其下为姐卧室，平时扃键，人迹罕至。室后扶梯，隔以木板，有扉可以启闭。推去木板，则梯下黝黑，终年不见天日。而姐之秘密册籍以及往来函电，靡不贮藏于此，虽家人亦弗知之。比事亟，浔溪女学学生吴珉女士犹居予家，乃助之移出，悉付丙丁。故后此满奴搜索，一无发现，惟以莫须有之事，锻炼成狱而已矣。

予五六龄时，先君官桂阳，闻哥老会有攻城之讯，先君已拼与城共存亡，惟念孺子无辜，不忍同归于尽。又以公然出走，民心惶扰，乃制黄布之袋，命予及诸侄各据其一，虱处其中，臧获辈作负米状，深夜肩之而出。既而事定，终亦无恙。此予命宫初次所遭糜蝎也。

复次则为丁未六日〔月〕之事矣。予家所藏革命文件，既已尽数销毁，先姐以为脱然无累，犹存万一之想。且以光复军草创伊始，基础粗定，即此些微胚胎，萌发已非易易，雅不欲萎于俄顷。抑先姐生平胆大气豪，尝喜冒险，以是迟未果行。藉令畏葸苟全，洁身以去，则徐烈士皖江发难之日，以至六六之变，相距一旬，时日从容，早可就道，宁致构会乎。

是岁六月初三，阴雨未霁，予家方有私奠，姐亦与焉。饭后围坐晏语，不殊畴昔。俄而先兄招余入密室，诏之曰："少顷予往峡山村张时帆家（时帆为先兄之妻弟），汝第言乡间集资报赛，亦欲偕行，余佯未许，汝则固请，然后同往。顾情景宜逼真，毋留罅隙，致滋疑窦，否则不汝贷也。"予闻言大震。盖先兄性严重，曾授予读，凤畏惮之，亟唯诺如命，颇讶是事之突兀，亦不解胡由出此。既退，兄遂扬言命仆夫雇小舟，将往峡山践观赛之约。予知旨，立请同行。兄初弗应，予请益力。姐佯为缓颊曰："弟方暑假，家居无事，童年好嬉，毋拂其意，盍破例挈往一游乎！"兄闻语勉诺，予亦雀跃。嗟乎！同气女兄，此别遂成永诀。追维畴昔，有余恫矣。

予既偕兄乘舟以行，风雨凄其，相对默默。橹声欸乃，若助太息。天夺其魄，局中人犹不悟大祸之迫于眉睫也。

峡山村距郡城二十里，日晡而至。嫂氏挈侄辈方归宁母家，睹予兄弟不速而至，良以为怪，兄亟与耳语，嫂亦无辞。翌日，延一乡人何姓者，晋城探音耗。始知大通学校被抄，姐已就逮，且有收系家属之谣。事不可测，兄既惊且痛，苦无术营救。吾侪居此，复非安全之所，即晚匆匆他适。此一页奔波小史遂初展序幕矣。

距峡山村八里，有镇曰漓渚，为山阴、诸暨两邑往来孔道。人烟稠密，市集繁盛，称越郡西乡巨镇。离镇三里许，有宝寿禅寺，建于林莽间。自镇遥望，有山屏蔽，峰回路转，乃睹寺门。住持僧增法，年五十许，生性孤僻，不乐与人周旋。香火浸衰，赖有薄田百亩，山产称是。每岁所入，勉足自给。当光绪中叶，寺宇日就衰颓，先兄之妇翁曾为创议鸠资复修。故张氏遂为是寺护法檀那也。吾侪既审峡山不可以久留，亟思迁避。顾满眼荆棘，无地容身，莽莽红尘，桃源何处，迟回审慎，行止未由自主，忽忆及宝寿禅寺，差可安顿。是日晚间九时，乃雇一脚划小船者往漓渚。舴艋一叶，共载兄嫂侄辈佣妇暨予凡七人。舟小不能回旋，局促若辕下驹。幸为途匪遥，历一小时抵埠。适遇大雨滂沱，都无雨具。除嫂氏及佣妇抱幼侄分乘肩舆外，诸人皆昏夜冒雨步行。道滑泥泞，不敢携烛笼，暗中摸索，逾越田塍，颠踬者屡，衣履尽湿。鼓勇前进，久乃得达。剥啄寺门，则已闻讯前候。住持所居禅房，较为幽邃，昼间扃闭，谢绝游观。是晚迁让余等下榻。明旦晨兴，履湿不可纳足，姑着先兄庞大之黄色军履，履底缀蹄形之铁，着地橐橐有声，趑步不容妄动，先兄心绪拂逆，性益急躁，尝怒目斥责曰："吾家遭兹奇祸，若曹未知死所，犹复泄泄沓沓，何无心肝乃尔。"坐是予及侄辈动辄得咎，噤不敢声，几如待决之囚，静待运命。

六月六日旁午，予家遣人来寺，密报先姐就义之耗。予侪童骏，初犹未审，既而睹余兄及嫂氏之饮泣，乃知已罹奇祸。于是兄哭，予及侄辈亦哭。又虑声闻于外，不敢号咷，但有呜咽。顾已为住持所闻，亟遣徒来告："顷有客来寺随喜，察其形迹，疑是官中役吏，请稍留意。"兄闻之惧，亟强予等屏声静气以待。良久良久，始闻游客已去，喘息稍定。实则此寺为越郡大丛林之一，平时游人孔多，是日会逢其适，遂致自扰。然住持僧终以寺近市廛，不能终秘，脱有变故，悔将奚及。乃别为介绍，迁避于平水镇之广孝寺。

在起程以前，予短衣窄袖，犹作学生装束。兄甚以为虑，为予假一土布短衫，袖长及膝，着之良不称体。俟黄昏人静，仍步行出寺，雇舟前往。同坐者，除兄嫂及一佣妇外，幼侄尚在襁褓，不能离母。长次两侄，则已别往诸暨避难，故未偕行。

漓渚距平水镇可七十里，一棹容与，舟行奇缓，乌篷不启，蒸郁异常。数日以来，予惊惧失态，几同傀儡。拳曲舟中，倚舷假寐，鼾声甫起，而蚊蚋扰人，俄即惊寤。少顷入睡，复知

〔如〕之。一宵之中，精神肉体两受痛苦，为毕失〔生〕所永不能忘。颠沛流离，一至于此，谁为为之，孰令知〔致〕之，非贵福所赐欤！

夏夜苦短。昧爽，至平水镇，舍舟而陆，又步行十余里，乃至广孝寺。住持僧雪莲，慰藉良厚。寺有上下两院，下院爽垲，布置亦稍整洁，雪莲自居之。惟以渠有眷属，且生平好客，座上常满，良非善地。既为逋客，则入山唯恐不深，入林惟恐不密。倘有人迹罕至之所，日与猿鹤共处，乃为得之。职是之由，则上院适符其选。两院相距才数百步，极为隐僻，中惟一龙钟老僧卓锡，盖即雪莲之阿阇梨也。此老僧者，自炊自食，既耄且聋，鲜与人交接，人亦遂淡忘之。予侪既至，辟室于东偏小楼，明窗净几，足慰日来奔波之苦。自先兄以次，人各茹素，食脱粟饭，以山中苦笋佐餐，间或易以腌蔬。论其甘美，不异梁〔粱〕肉。播迁之际，随遇而安，有此享受，已为乐土矣。

且住为佳，惊魂甫定，人亦劳止，迄可小康，逝者已矣。惟一念及予家近状，则为之杌陧不安，又苦无从刺探。数日后，来一寄书邮，其人为城东某庵之带发修行女尼，法号德圆，年事已高，更不暇作他语，亟询消息如何。乃知贵福自围搜大通学堂后，犹复包藏祸心，疑军火别有藏匿之所，檄委山阴县知县李钟岳来予家抄查。番役密布，户阈为满，前后逻守，毋许出入。此辈倚势横行，视为利薮，耽耽欲逐，乘机乾没。赖李令贤明，躬亲弹压。每至一室，督同搜检，翻箱倒箧之际，仍守秩序，故无丝毫损失。时余家守宅者，胥为女流，惊惧失措，疑为籍没。李令睹状恻然，屡以温语慰藉。约炊许顷，迄无违禁证物发见，遂徒手去。或疑吾家门首将有发封之条，遣人密觇，则亦无有。于是家人咸颂李令贤明，感叹勿置。予兄闻之，稍以为慰。

惟贵福则因先姐系狱时，李令不能刑迫，抄查军火又劳而无功，憾其怙恩市义，将假他事严劾，以泄其忿，一面拟别遣酷吏来吾家再度搜检，必获证物乃已。卒以人言籍籍，慑而中止。

李令目睹贵福之横暴，欲平反此狱，虑非其敌。居恒郁郁，卒未能平。未几，忽投环自尽，以谢邑人。居官清廉，几至不能归榇。噩耗既传，闻者太息。今西湖秋社，为设栗主附祀。崇功报德，俎豆馨香，灵爽烟煴，庶几来格乎。

于此有一事，今日思之，犹不幸中之大幸，向使当时发觉，则李令亦未能左袒，而予家毁矣。其事惟何，盖当李令搜查时，他室遍至，虽佣所居亦难幸免。而西南隅之一角小楼，凤为先姐卧室者，则以地僻，独未□临，此中殆有天焉。姐平时有倭刀一柄、勃朗宁手枪一枝，晚间置枕畔，昼则随身佩带，不须臾离，亦从未弃置，自无大碍。尚有莲蓬式九响手枪二杆、子弹数百发，藏于姐室衣橱内。又日文书籍及留东时所寄家书，均杂贮一藤箧，搁置后厢垂圮楼上。侥天之幸，均未败露。非然者，瓜蔓之抄，贵福益当振振有词矣。

予家搜查，既无实据，方谓事态可渐和。讵杯蛇市虎，谣诼孔多，盛传官中将两次光顾。明知里巷谰言，未可据以为信，要不能不预筹防范。于是将莲蓬式之手枪埋于后厢，掘一深坑，覆之以土，上植蔬菜，略无痕迹。其余书札函件，则黾夜焚毁，数宵乃毕。先姐手泽，遂悉付祖龙一炬，绝少留存。予尝于书笥寻捡殆遍，惟留东时寄壬林大侄之函（已录原函文于上）硕果仅存，然原书两纸，只得其半。

最可惜者，姐所撰《精卫石》弹词手稿四本，初意在《中国女报》出版两期，费绌停刊，搁置勿用。原稿第三本，遂亦误历此劫，余幸完好无缺。是或灵爽式凭，乃得幸免。予近发一宏愿，拟将所焚之稿，别为撰补，俾成完璧。异日付之剞劂，即以真迹上石，庶广流传。

凡稍谙清代掌故者，于康、雍、乾三朝之文字狱，类多谈虎色变。盖明代遗民，眷怀故国，心伤左衽，既无力光复神州，其愤懑不平之气，一以托于著作。不幸事发，则严刑峻法，处以重典，牵累子姓，无或幸免。甚至文人学子，偶然吟咏，失于检点，触犯忌讳，往往为捃摭以闻，动膺惨戮。此种先例，指不胜偻。

嘉道以还，士子深中科举之毒，无人敢蹈禁网，文字之狱渐罕。降及光宣之交，孙总理组织同盟会于东京，公然排满，不稍隐饰。其初清廷颇思绳厥祖武，穷治反侧。既而默察大局，知非压制所能奏功，则又翻然改图，力示宽大。自预备立宪之诏下，狐埋狐搰，益不能不有所顾忌。故徐烈士皖江发难之役，张之洞、袁世凯等皆尝力主严办，科以极刑，并夷九族，以为惩儆；独肃亲王善耆力争不可，庆亲王奕劻、醇亲王载沣、贝子载振和之。徐之亲族遂得从宽免议。以此因缘，张曾敭与贵福于大通一案，纵有株连之心，而环境万难允许，虎头蛇尾，但能不了了之。脱令兹事发生于数十年间〔前〕清室鼎盛时期，吾族宁有噍类乎。

尔时，有一困难问题，耿耿于怀，不容恝置者，先大姐之灵柩是已。

当六月初旬，吾兄弟颠沛造次，已为亡命之客。慑于淫威，不敢前往收尸，但由善堂草草成殓，藁葬于府山之麓，掩蔽无具，听其暴露。此则先兄引为大戚，而又责无旁贷者也。

会贵福去官，过去事已为社会人士所淡忘。先兄遂密雇夫役，移榇于常禧门外严家潭丙舍暂厝焉。

明年戊申，桐城吴芝瑛、石门徐寄尘两女士推故人之谊，为窀穸之谋，卜兆西泠，营建茔地。董其事者，为芝瑛之夫无锡廉惠卿先生。先兄至杭会葬，于灵榇过断桥时，及安窆后，各摄一影，留为纪念。墓成，芝瑛女士自书"乌乎！鉴湖女侠秋瑾之墓"，镌勒贞珉，立于墓门。寄尘女士撰墓志铭，亦由芝瑛女士书之，石印成册，分贻朋好。论者谓其事其人及书法足称三绝，盖非过誉也。

崇阡卜吉，奉奠礼成，久〔入〕土为安，永固魂魄，意谓可以无事矣。讵知轩然大波，转瞬即起。有满御史常徽者，忽奏请平墓，词连南中首事诸人，吴、徐两女士均未能免。两江总督端方，于惠卿伉俪夙相推重。芝瑛女士知其人有金石癖，赂以初拓牌〔碑〕板数种，值价巨万，为外间所不经见。端方大悦，力任昭雪。而美国传教士麦美德女士，尤为奔走斡旋，幸未根治，惟平墓则事在必行。先从父青士公方官黑龙江提法司，先兄以迫于境遇，往依之谋升斗。浙抚增韫，故与从父有旧，贻书龙江，促家族迁葬。先兄不敢抗，间关万里，遄返浙中，仍移厝严家潭丙舍。①

招魂致祭，设座荐亡，孀妇孤儿，凄惶可想。大侄壬林，童年失怙，星速奔丧。次三两侄，虽有〔在〕髫龄，如雪麻衣，亦知哭父。斯时吾家猝遭变故，家运艰危，自顾不遑，奚暇及他。湘中所遣干役，在势不能不令其暂待。行期屡易，直至九月中旬，始克扶輀起程。辞灵祖奠，草草举行。追维两三年间，兄姐相继物故。在逝者一棺附身，万事都已。而生者自念，情何以堪。李后主有云：此中日夕只以眼泪洗面。亶其然乎。

邑人阿金、嵊人阿富，佚其姓氏，均大通学堂工役。阿金掌舟子。畴昔先姐自堂返宅，间亦弃骑而舟，胥由阿金执役。自丁未之变，两人均乘间遁免，不知流离何所。宣统二年秋间，忽偕至余家候起居。语及前事，于邑不胜。此辈细人，忠款乃尔尔，以视得鱼忘筌者，诚有间矣。

辛亥八月，武昌起义，浙省相继光复。缅怀死难诸先烈，愿捐顷踵，誓扫妖氛，或丧先轸之元，或埋宏袤〔苌弘〕之血，见危受命，视死如归。不有表彰，奚资矜式。于是浙省当道徇地方士绅之请，有营建秋墓之议。派员往湘，专司其事。湘潭王氏初以惊动先灵为辞，拒绝迁葬，浙中人士则以先姐归正首丘，宜瘗故土，争之甚烈。几经平定，卒得启穴归椟，仍就西泠桥旧址筑茔安葬。三尺桐棺，迁徙频数，至是乃佳城永固焉。

湘人刘典，咸丰间以诸生从戎，随左宗棠转战皖赣有功，官至广东巡抚，卒谥果敏，建祠西湖。光复后，刘典过去历史与革命旨趣不合，未便崇祀，没收入官。海盐朱介人（瑞）都督浙江，以刘祠适近秋墓，乃拨给秋社，改为鉴湖女侠祠。社长徐寄尘女士擘画经营，规模粗具。当齐耀珊长浙时，刘氏子姓夤缘北政府内务部，咨请省署发还。惟以祠旁隙地已建秋墓，视为刘氏捐助，仍从其旧。浙人闻之大哗。赖省议会诸议员提案力争，始得打销。孙传芳据浙，又一度归刘氏。直至民国十六年国民革命军底定东南，复得收回。

予客皖江十稔，居乡之日至罕，于此事【底】蕴不甚了了。曾以询之徐女士，然女士当时适有粤东之行，据友人告及，方悉其事。亦无案牍可稽，爰就耳【闻】所及，志之如此。至于详细之记载，当俟诸异日焉。

西湖秋社甫经成立，而鉴湖秋社亦居然接踵而起。局外人观察，以谓越中为先姐桑梓之乡，又为成仁之地，神州光复，革命告成，邦人士追维先烈创业之艰，死事之烈，千秋禋祀，礼亦宜之。庸讵知内幕实为一滑稽可笑之剧，其作用迥非若是之简单也。

先是漓渚镇之宝寿寺，即吾侪丁未岁六月一度避难之所，寺产无多，而觊觎者大有人在。果焉民元之夏，有人假借佛教会名义，图谋兼并。事机不密，为住持僧增法所闻，既惊且惧，丐诸镇中诸檀越为助。有张某者，夙工心计，阴念此事非出奇制胜，决难瓦全。彼辈既挟佛教会名义而来，在法，此间当以更大名义拒之。以子之矛，攻子之盾，庶其有济。遂号早〔召〕于众曰：昔秋女侠尝游宝寿禅寺，爱其景物萧旷，流连不忍遽去。雪泥鸿爪，大是有缘。设为人攘窃以去，非唯住持僧之责，抑亦护法者之羞也。为今之计，宜于寺中附设鉴湖秋社，纪念先烈，即所以保存兹寺。一举两得，无逾于此，诸君以为何如。众拊掌称善。议遂定。实则先姐生前游踪曾否至寺，既未能起九京而问之，亦只能任若辈假名以行己耳。

增法于兹事有利无害，自所乐从。乃由地方绅士联名呈请官厅立案。仓卒筹备，瞬即就绪。于寺中左偏僻静室正中设一神龛，位置栗主。先大兄徕绩、前任山阴县知县李钟岳、河南烈士程毅均附祀祠焉。

夏六月六日，迎主入祠，巡行全市。一切仪仗，悉仿丧葬。突梯滑稽，直同儿戏。绍兴民团统带何悲夫（旦）率部一排、军乐一队，前往参加。增法节瓶钵余资，备素肴款客，所费亦达百金。席间，悲夫质发起诸人曰："越郡创设秋社，不让西湖秋社专美于前，诚为当务之急。顾社址宜居城市，交通较便，庶使四乡人士之来祠崇拜者，无跋涉之劳。曷为附设于此荒僻之禅宇，致令游人裹足。事先又无宣传，不容他人妄参末议。草草成礼，终嫌亵渎。不佞景仰先烈，虽明知之，亦复躬预其盛，不知诸公何以教我。"主其事者闻之，顾而言他，乱以他语。悲夫遂置之不问。然而寺僧之计，则已售矣。

栗主入祠典礼告成，寺门乃悬一铅质黑底白字之牌，大书"鉴湖秋社"，借为护符。事果奇效，彼垂涎寺产者，已杜妄想。然赵孟所贵，赵孟能贱，原为人之恒情，比丘何知，胡能例外。彼其立社之初，无非借秋社之名为保产之计。事过境迁，于清净佛地，设此不伦不类之秋社（僧人势利，固有此想，非笔者厚诬也），已极痛心疾首；且增法为人异常怪癖，于兴建水陆道场，在他寺借此沾润，求之不得者，而增法拒之惟恐不速。个性如此，则秋社之难持久，早在吾人意计之中。

翌岁六月六日，为先姐就义六周年纪念。鉴湖秋社诸社员，已淡然忘之，不再举行祀典。顾名思义，立社之本旨云何，恐亦将哑然失笑。后此吾尝往寺诇察，所设神龛，蛛纲〔网〕密

□〔布〕，尘霾积封，已如荒废古刹，终岁不见人迹。寺门所悬秋社之牌，久为住持撤去。所谓"鉴湖秋社"，固已形存实亡。增法圆寂，继承衣钵者为其再传弟子，恐无几时，此社将自然消灭。数方粟主，或将视为舆薪而拉杂摧烧之矣。可慨也夫！

当吾越光复时，嵊县王季高首先率部入城，易帜响应。事定，遂为绍兴军政分府都督。有邑人章某者，挟申韩术，曾居浙抚张曾敭幕府，微闻丁亥大通之狱，实左右之。事无佐证，章固弗承也。季高既主越政，籍没其家。章机警，先期免〔免〕脱。季高因于入官之产，拨回二十亩，为先姐永久祀产，由大侄负责保管，永以为例。

未久，季高下野。越年而有二次革命，时局变迁，祀产幸尚无恙。民国四年，章某以袁世凯之力，获充财部秘书，权势炙手可热，旧产先后璧还，惟祠田则颇难借口。值先从父青士公方任约法会议议员，侨居燕京。章乃挽乡人关说，愿为大侄谋一善地作交换。侄初不许，继念彼居要津，势不能敌，国民党方为袁氏非法解散，党员星散，无可诉语，只能勉诺。章既踌躇满志，所谓交换条件，则已食言而肥。大侄本无意于此，任其玩弄手法，第一笑置之而已。

叙述至此，忽忆尚有数事，为前文所未及，因补志之。

先君好饮，予兄弟姐妹四人秉此遗传，亦恋良酝。乙丙午之冬，岁已云暮，大雪竟日，积至盈尺，室内呵气成冰，冷不可耐。姐温酒消寒，独酌无俚。瞥睹予及一侄午桥在侧，因笑谓曰："尔辈能饮乎？"曰："可。"姐戏取案上二巨盏，各容酒半斤许，引满之，命予等作鲸饮，一吸而尽。姐莞尔曰："犹有余勇可嘉否。"予年少奸胜，强应之，复浮一大白，幸无醉态。而午桥则玉山颓矣。后此每举以为谐谑之资云。

先姐赋性质直，胸无宿物，眉宇间含英气，双瞳尤奕奕有神，待人接物，必信必忠，生平不尚狙诈，亦不乐人诮谇。予幼时与侄辈嬉，间作妄语，辄遭呵斥，以故綦畏惮之。

犹忆河南程烈士毅，时任职大通学堂。某日来予家，不知是何过失，为姐所责。严词诋呵，不留余地。烈士唯唯引咎，不敢辩白。及午餐后，携余手游于户外，谑浪笑敖，犹有童心，前事俄已忘却。固由烈士天性纯挚为不可及，抑亦先姐胸襟坦白，所以感人也。

予于烈士最为审熟，尝见其着黄色斜纹军服，镀金之钮，熠熠生光，剪发畜小髭，肤色黄黑，身材中等，声容笑貌，宛在目中。丁未之变，烈士禁于囹圄，闻耗较晚，惊起跳浪〔踉〕若中狂病，不食不饮，卒致瘐毙。今"西湖秋社"奉其栗主附祀。社会鲜知其人，因纪其崖略如此。

贵福知绍兴府，山阴县知县李钟岳既怦以旨被迫自尽，而会稽县知县李瑞年，则于大通之狱实终始之，能得贵欢。李福建建瓯人，在沈金鉴长浙时，檄委为萧山县知事，沈剑丞先生（定一）通电反对，指为秋案祸首，未克履新，调任富阳。泊革命军底定东南，曾一度归籍。未久，复还寓武林。闻官囊充纫，已于杭市置产，作终老是乡计。此君于清室为忠臣，于民国为能吏，浮沉随俗，出处何〔无〕常，诚识时务之俊杰矣。

先姐平时手不释卷，著作等身，然经丁未案后，散佚殆尽。王芷馥君编先姐诗词，仅收诗八十七题、词三十八阕。龚味荪先生之编虽云较多，然亦只收诗一百零九题、词三十八阕、歌一首而已。长沙秋瑾烈士纪念委员会于民国二年在长沙刊先姐遗稿，多于龚编诗一首。即王灿芝编本，收诗一百十一题、断句十一、词三十九阕、歌三首、杂文八篇、译文一篇，虽云大备，但亦阙失者多矣。故予近二十年来，随处索求，复得先姐手稿弹词精卫石一篇（此文曾于坊间见刊本，然非先姐原稿，系知其事而伪撰假托先姐所作也）、信札十三通、诗卅八首、词廿阕、歌三首、联语一。仅〔谨〕将原稿什袭而藏外，又录副以附本书之后。全璧之求，当俟之于他日焉。

民国廿年四月秋宗章脱稿于和畅堂

# 吴芝瑛夫妇致徐自华的十二封信

周永珍 整理

说明：秋瑾的留学日本与从事革命活动，其盟姊吴芝瑛与挚友徐自华（寄尘）多有助力。1990 年，承蒙徐自华的甥女林北丽将吴芝瑛夫妇致徐自华的 12 封信捐给了中国革命博物馆。笔者对这 12 封信进行了初步鉴定。现参照有关资料，按时间顺序分别录出并加以介绍，为诸位学者提供一份史料。

周永珍

关于安葬秋瑾，从现有史料看，此事最早由徐自华提出。在徐自华于光绪三十三年十二月初四致吴芝瑛的信中曾提及："十月初五，曾由爱国女校小淑舍妹处寄呈一函，为秋女士葬事，约姊同为发起开会登报。初八日，得姊复舍妹书，喜表同情。"按此信于光绪三十四年二月发表于《神州女报》第二号上，当为可信。此后，徐、吴间书信往来，诗文载报，引起了社会的关注。十月十三日，吴芝瑛发表《论秋瑾案与黄崖教案之比较》一文，文末云："今闻秋瑾之死，一棺厝野，家族畏罗织，不敢营葬，日炙雨淋，将有暴露遗骸之惨。至今浙中无人敢出议论此事。芝瑛窃痛之，行将力疾赴山阴，为之营葬。"十月二十三日吴芝瑛作《哀山阴》诗二首发表，末云："时将赴山阴为秋女士营葬，故作此诗。"

—

　　据十二月初四徐自华致吴芝瑛信中所言：十月二十二日，徐自华到上海住开泰栈，拟与吴芝瑛面商营葬事。越二日，接家书以其女危病促返崇德，遂委其妹小淑于十月廿五日谒吴芝瑛商谈有关事项。二十三日临行有信致吴芝瑛。吴与徐相约：一人购地，另一人任营葬事。此约定，有十月廿六日吴芝瑛致徐自华信为证。此信写在一张小万柳堂手制写真邮片的正面，邮片正面上中有横行左起明信片的英文字，右上角盖有方形阴文"小万柳堂"印章，左下角横行右起有仿宋"小万柳堂手制写真邮片"印字。信文即分别写在此面的左、右及右上方。邮片背面右侧为吴芝瑛携女在竹亭阶下的盛装像，左侧印有《剪淞阁并序、南园并序》二诗的吴芝瑛手书墨拓一方。此信未署时间，亦无邮戳可证。但从十二月初四徐自华致吴芝瑛信中所述："倩舍妹小淑，廿五日亲造尊府，面告一切。嗣后叠得两书，命妹预为购地，地成，再图会葬。"又吴芝瑛此信中所言："昨令妹过访，具审姊因女病遽归……"可证此信写于十月廿六日。此信内容竖行右起，全文为：

　　（左）前奉手简至慰，企叩。因闻令妹言，姊不久当来沪，故未裁答。昨令妹过访，具审姊因女病遽归，不知日内已全愈否？甚为忧悬。秋女士葬事，妹愿与姊两人任之，惟妹久病，西医戒远行，故至今未能首涂。望姊预为买地，地成，再图会葬。一切费用，亦吾两人筹备，何如？复颂
寄尘吾姊曼福！

　　　　　　　　　　　　　　　　　　　妹芝瑛上言

　　（右）此片将发，始接读廿三日开泰栈所寄手笺，本埠邮便

转迟误，往往如此。失之交臂，怅怅惘惘。如妹竟不获前来会
葬，姊能偏劳否？买地及葬事，共需款若干，望示及。妹有联
语，拟刻诸墓门，何如？又白。

（右上）此狱一日不平反，妹心事一日不了，想吾姊亦有同
情。此时开会无益，妹所汲汲者，惟葬事耳。其子女如在母家，
亦望示及，妹拟接来，以教养自任，不知其家许之否？

## 二

　　徐自华因女病自沪返崇德，此事即由徐蕴华（小淑）居间
联络，传递信息。吴芝瑛在十一月初二日再致函徐自华，谈及移
棺购地事。此信写在小万柳堂影笺上，正面左侧印有吴芝瑛盛装
半身椭圆形影像，像左侧竖行为年月日，其"光绪三十年月日"
为仿宋印字，左下角于"上言"二字之上盖一环读之"吴芝瑛
印"阴文印章，像下横行右起有仿宋"小万柳堂影笺"印字。
背白。据十二月初四徐自华致吴芝瑛信中所言："嗣后叠得两
书"，当指前此十月廿六日与十一月二日两信而言。

　　十一月七日，吴芝瑛得西湖大悲庵尼慧珠函称：愿献地三亩
为秋瑾营墓。当日，吴芝瑛即致函徐自华，告之得地消息。此信
未见原文，见在十二月四日徐自华的信中述及。徐自华因吴芝瑛
的附葬之议须与秋家协商，故二日信未复。徐自华之女梅蓉，因
患白喉症，救治无效夭亡。葬女甫毕，徐自华于十一月廿五日，
携女仆狄亚华风雪渡钱塘，赴绍兴与秋瑾胞兄秋誉章（名徕绩，
按吴芝瑛信中"兰绩"系音误）协商安葬事，获允，并同赴西
湖勘地。事后于十二月四日致函吴芝瑛，除追述往事外，告之墓
地选在苏堤春晓处，并请从初议，由吴芝瑛任营葬，速派人来杭
料理造墓事。十二月七日，吴芝瑛复函徐自华，表示践宿诺，将
由其丈夫廉泉赴杭料理。此信由褚谨翔先生提供手迹，发表于

《书法》一九七六年六期上。信竖行右起，全文为：

寄尘吾姊英鉴：

　　顷闻刑名家言：秋妹之枢，未经家族认领，则此时发封厝坛，尚在地方官权力之下，他人不得移动。昨已托志成先生函商乃兄秋兰绩先生，在该县具禀领枢，以便吾姊前往即可扶之而行。买地以吴氏出名者，妹拟自营生圹于中，使众周知，一无所疑，再葬吾妹于其旁。如此，则吾姊妹生死不离，亦一快事。异日发表后，官场见在吾生圹界内，或碍难干涉。区区苦心，望姊再函达兰绩，预将妹枢领出为幸。此颂

潭祉！

　　　　　　　　　　　　　　　　妹芝瑛上言

　　　　　　　　　　　　　　光绪三十三年十一月二日

　　令爱清恙痊除未？念念。


## 三


　　十二月廿二日，秋誉章偕大通学堂工友运秋瑾灵枢至西湖，会同廉泉安葬。徐自华于新正之初致函吴芝瑛，商会祭时间。又于正月十五元宵节再致函吴芝瑛，告之墓表已写就，并请名家刊刻，已择正月廿四日会祭。两信全文刊载于光绪三十四年正月廿五日的《时报》上，信未注日期，但从徐自华的信与吴芝瑛于正月廿一日给徐自华的信中，可知为正月初及元宵节。

　　正月廿一日吴芝瑛复函徐自华。此信由两张明信片组成。主要内容写在一张日本邮片上，正、背两面竖行右起写，背面为上下款相联的全信，右中盖有椭圆形阳文"小万柳堂"印章，左边中盖有方形阳文"桐城吴芝瑛印"章。正面写三段附言，左边中盖有方形阴文"小万柳堂"印章。另一张明信片为小万柳堂手制写真邮片，正面上中为明信片的英文字，右侧竖行右起写

《文孝女庐墓图》说明，左下横行右起有仿宋"小万柳堂手制写真邮片"印字。背面为文孝女庐墓全景照片。信全文为：

（日片背）寄尘吾姊赐鉴：

前读浔寄手札尚未作答，昨又奉元宵节惠函，敬承一一。廿四会祭，只好偏劳吾姊一行，略尽招待之谊。妹病甫愈，家中又到有远客，至早须二月初方得来西泠一恸也。妹因葬秋事，无识之亲友，群相疑忌，恐有不测之祸。平日缓急相恃者，皆一变而为债主，至有挟洋势来迫债者，客腊几至不能卒岁。世情如此，可为一叹。今将上海住宅抵出，而西湖新筑，拟草草了事，为移家之计，不知能如愿否。秋坟种树立碑等事，已函托刘庄马先生赶办，恐月内尚难竣工。以后如何布置，容妹移家后，随时量力为之。墓表刻成，乞拓数十份见惠。妹急欲一读大著，能否录示，俾得先睹为快乎？余容日后面谈，不尽所怀。复颂

曼福！

妹芝瑛上言
正月廿一日

（日片正中）墓碑刻成，已拓二百份，因有人议称"山阴女子"为大方，故重刻之。此时恐尚未得。前拓本在刘庄马卓群先生处，如尚未寄沪，请持此片去索若干份，先分赠会祭诸君也。妹欲为一文，至今未脱稿，恐不能成矣。会祭时，请嘱"二我轩"摄景寄示，以为纪念。片底请索回，交刘庄马君收好，妹拟来时手制邮片也。

（日片正右）春阳社员铁侠著有《轩亭血传奇》一书，文笔极佳，惟于事实有不符处（如葬秋事发起于吾姊，一书西泠之地由姊购得，彼皆不知，属瑛妹身上），日前已函告之，属改正出版，以存其实。

（日片正左）文孝女寓茅家埠大方井之南，其志行极可钦敬，吾姊至湖上，可往访之。妹拟为之募田，使衣食有资，得竟

终身之慕。尽吾心力为之慕化，不知有应之者否？姊见孝女，乞先代达企慕之忱，容二月初来湖上当相见也。

（写真片正右）《文孝女庐墓图》在西湖茅家埠，门额"了性兰若"四字，孝女自题也。墓即在门内，四面皆稻田。

# 四

正月廿四日，徐自华等四百余人，于西湖秋瑾墓附近的凤林寺召开了追悼大会，会后成立了秋社。吴芝瑛因病未能出席，徐蕴华于廿九日到上海，向吴芝瑛报告了大会盛况与秋社成立之事，并送去了秋社同人给吴芝瑛的信。当日，吴芝瑛致函徐自华。信写在一张白色洋纸上，因年代久远，折叠处现已断裂。此信未署年代，从内容可知为光绪三十四年。信发后二日，吴芝瑛有诗寄徐自华，序曰："余因病不能至，以诗哭之。"信竖行右起，写在一面上。背白。全文为：

寄尘吾姊赐鉴：

顷间令妹过谭，并读秋社同人惠函，敬承一一。惜妹因病，不获躬与盛会，至为歉怅。同人发起秋社，此诚豪举。初意只吾姊妹以个人之力为之，不复在外募款，故墓工不敢求备，容妹移家湖上，随时量力布置。今既得同人之协助，则盖亭建坊等事，可一气蹴成。四面围以铁栏，多植花木，尤足以壮观瞻。（前托马君先种两丈外之松树廿四株，余俟妹到后再添种，今须扩充墓工，则种树似宜从缓，恐有碍工作也。）墓工照此办去，约须二千元外，不审一时能募足否？妹近为债主所困，有"一钱逼死英雄"之慨，亟欲将住宅鬻以抵债，倘得善价，于偿债外略有余资，当再尽棉力相助也。墓碑原题"鉴湖女侠"，因千秋之事，不敢轻率，就正有道，佥题"山阴女子"为大方。故去冬碑成，又复重刻。今同人主用旧碑，当日四五百人大会，一体赞成，自以从众为宜，请致意社中，选石另刻，因原碑已磨过一次，石已薄，不堪用矣。惟既用鉴湖自号，于例不应书名，此碑大名欲垂示万祀，似又不可不大书特书，鄙意又欲定为西泠十字碑，于圣湖中添一故实，则必凑足十字。妹于金石体例素未研求，请姊与同人细考之，勿为识者所议便得，妹无不唯命也。妹本拟月初来湖上，因尚畏寒，医戒远行，以此一时尚难定期。墓工扩充，与敝处前议恐有须改动处，请姊介绍同人与刘庄马卓群君一见，以便酌改。若前工已成，则以此为一结束，前账概由妹处核算（已函托马君如数照付）。此后布置，由秋社同人公决行之，何如？文孝女已相见否？妹病愈，当出为募化，以二千元为额（必募足不已），刻下只得二百元耳（登报募化，应者只得两人，此可叹也）。此问

无恙！不尽所怀。

妹芝瑛拜启

正月廿九日

秋社同人前乞代致候，恕不另复。

摄景底版寄到，当为精制铜版，以便多刷广传也。

# 五

二月十二日为花朝节，吴芝瑛到杭州，于是日祭扫秋墓，并有诗《戊申花朝西泠吊鉴湖女侠》四章。次日，有信送徐自华，信写在小万柳堂手制写真邮片正面，右、中为信，左为诗。邮片正中上为明信片的英文等字，左下有横行右起仿宋"小万柳堂手制写真邮片"印字，信末日期处盖有椭圆形阳文"紫英"印章，背面为吴芝瑛盛装半身像。全文为：

寄尘吾姊青鉴：

妹初十与刘、蔡两家眷属来湖上，故过石门时，不克奉访。

私冀吾姊或尚在省，可藉以一见，乃到刘庄问马君，答以徐女士前日甫回石门。昨在秋坟祭扫，归见城中来人，据称：初十日尚在大井巷见姊往清波门去，随一长工，手携一篮，不知信否？果尔，则姊尚在此也。妹住刘庄，约留四五日即返。今日姊能来此游览乎？（能移居此间尤妙）如不得暇，明日妹当来城奉访也。此问

无恙！

妹芝瑛上言<br>十三日

大樽放饮尔如何，回首江亭老泪多。今日西泠拌一恸，不堪重唱《宝刀歌》。

忍忆麻衣话别时，天涯游子泪如丝。独看落日下孤冢，别有伤心人未知。

独荐寒泉证旧盟，可堪生死论交情。罪名莫更王涯问，党祸中朝尚未平。

不幸传奇演碧血，居然埋骨有青山。南湖新筑"悲秋阁"，风雨英灵倘一还。

戊申二月十二日西泠吊鉴湖女侠四首呈教。

# 六

徐自华接上信后，即会同吴芝瑛再祭秋坟，并有和诗《西泠吊秋和吴芝瑛女士原韵》四章。此事在三月初三吴芝瑛复徐自华信中有所表述。信写在八行红格信纸上，竖行右起，五张相接。全文为：

寄尘吾姊如握：

湖上一别，忽忽兼旬，驰仰之怀，唯日深剧，即辰侍奉万福为颂。回沪读月初惠翰，昨又拜读大著，秋君墓表，纵横矫悍，

如见其人，一结尤得史法。今日扶病写之，书迹寒劣，嫌与高文不称，是否可用，乞酌之。碑额题字，排列似舛，请查古式裁粘。刻石倘用拙书，望属精拓百份寄我，该价核示尊缴。钩摹上石后，原书仍乞掷下，妹拟藏之"悲秋阁"中也。承和吊秋四章，深情惋郁，声带余恫。七绝最易滑，又忌生涩。至于气势雄浑，复能词意隽永，抗首三唐，百难一见。吾姊此诗，足以惊风雨而泣鬼神，断非劣吟所能仿佛十一也。抛砖引玉，欣赏靡穷。某君来函附还。秋坟之事，妹终不以男界干预为然。盖此时，是非未明，社员人多，品类不齐，万一为怨家所持，即贻反对者口实，使秋氏魂魄转为之不安。若吾姊妹一二人为之，不过尽赤十字社义务，收拾遗骸，以免日炙雨淋而已。至善后事宜，吾两人正可以个人之力，徐徐为之。妹移家湖上，即为此事。一息尚存，必将此狱平反，方为不负死友。想吾姊亦表同情。此时不愿他人过问，恐一涉张皇，于已成之局无益有损也。姊不见贵省官场所捏造之罪状与亲笔字据乎？属某某仿其笔迹而为之（见上年六月某日《时报》绍兴访函云云），自以为逼真矣，凡与秋氏相识者视之，到眼即知非秋氏笔迹，且无一毫之近似，而官场且公然宣布之，其不顾清议若此。日后党祸正未有艾，吾姊妹对于此事，不可不慎之也。妹小心太过，然区区苦衷，实求秋氏魂魄之安，故不觉言之详尽，尚希垂察为幸。复颂

文祉不宣。

妹芝瑛上书

三月三日

附呈手制景片三纸。

伯母大人慈躬想已健旺，乞代请安。

# 七

上信后，两月内未见徐、吴间来往信函。至五月上旬末，徐自华曾致函吴芝瑛，并寄秋坟景片。五月十二日，吴芝瑛有信致徐自华。信分别写在两张小万柳堂手制写真邮片上。邮片正面设计如前所用者，背面一片为小万柳堂全景摄影，另一片为该楼之局部人物摄影。信写在正面，信末月日处盖一方形阳文"鞠翁之女"印章。全文竖行右起两张相接。内容如下：

寄尘吾姊如见：

昨承手示，并秋坟景片，敬承一一。芬芬黄尘，晌周星矣。列楸郁翠，寒芜罗青。轩累亦自千秋，鉴湖大书十字。人谁不死，魂归来兮。怒潮撼江，骇万马之齐发；流云吐月，有独雀之与飞。乌乎！鉴湖此间，乐可以托些。书至此，不知涕泪之盈我怀也。墓工美好，吾姊与秋社诸君子血忱，当同兹不朽矣。妹久病未愈，终年不治笔砚，联语写上，手震目眩，颇自恶不成笔画，不知可用否？倘得良工模刻，或稍能增色也。墓表如已刻成，乞属精拓百份，该值当照缴，至盼至盼。率复。敬颂

唫祺！

妹芝瑛再拜

五月十二日

# 八

上信后，至宣统三年夏季，未见吴、徐二人有往来之记载。此信所写之当年秋季，清御史常徽奏平秋墓、缉拿余党。吴芝瑛与徐自华遭通缉，分头避难。秋誉章被迫迁秋枢回绍兴，仍厝严家潭殡舍，后由湖南秋瑾夫家运回湘潭。秋瑾安葬之事遂遭

破坏。

宣统三年夏，徐自华得知吴芝瑛夫妇到杭州避暑，有信寄杭州。闰六月十三日，廉泉、吴芝瑛夫妇复函徐自华。此信未署年代，只署"闰月"。据信中所言："增中丞以七千元浚治，南湖一片空明。"考民元后吴芝瑛信中，以贬语称满清，定不会以"中丞"誉称增韫。可见此信应写于民元前增韫抚浙时，即光绪三十四年至宣统三年武昌起义期间。又信内有"日内湖上暑湿不可耐"之句，时间当为夏季。查增韫抚浙期间，有二个闰月之年。一为宣统元年，闰二月，非暑天。又宣统三年闰六月，为暑天，应"湖上暑湿"之时。据此，此信写于宣统三年闰六月为是。

此后，推测徐自华当还有信寄上海致吴芝瑛，惜未见信及资料引用。信写在一张东洋白纸上，竖行右起。背白。全文为：

久别驰仰无任。顷奉手书，欣审起居万福为慰。泉等去冬北上，前月南归，昨来南湖小住。增中丞以七千元浚治，南湖一片空明，顿还旧观。惜先生不能来此同游，至为怅惘。日内湖上暑湿不可耐，泉、芝到此，皆患红痧，延西医梅滕更诊治，已遍体发出，惟尚未退耳，明日拟回沪调理，秋凉时再来，当图良觌也。吴布衣为当代老画师，《悲秋图》以惨淡之笔出之，似尚不恶。璇卿诗词昔曾阅过印本，皆原作也。拜觌，谢谢！拙书墓表原本，当日模刻后，曾托将原纸收回，想尚存尊处，望即邮寄曹家渡敝宅，拟再用原本石印一份也。芝近年多病，久不治笔砚，故所属书件尚未报命，殊抱愆愧，秋凉时或有以应教。兹寄上墨拓楹帖二副，敬乞正碗。力疾率报。即颂

寄尘先生安和不宣。

廉泉、芝瑛拜上

闰月十三日

# 九

一九一二年，民国初定。徐自华于元旦发布了《西泠重兴秋社并建风雨亭启》。一月十三日致电孙中山，请重兴秋社。一月廿六日，偕陈去病赴绍兴，假大善寺开追悼秋瑾大会，并携"秋案全卷"归杭州，寄存于兴业银行杭州分行保险箱中。三月一日，秋社设事务所，徐自华任主任，开始修茸秋祠，并建风雨亭。同时发起迎秋枢重葬西湖。为此事，徐自华于二月致函吴芝瑛。三月十日，吴芝瑛复函徐自华。此信未署年代，从信文所述建碑题额可知为民国元年。信写在一张印有吴芝瑛手模"李后主澄清堂残刻"的信笺上，竖行右起。全文为：

寄尘吾姊如握：

前月读手简，敬承一一。妹春来患咯血，今甫愈，尚未健，有稽裁答，歉悚奚如。秋妹墓碑，宜大书革命，不必仍用旧式，今写上，以便模刻。文曰："第一革命女子秋瑾之墓"，仍可名曰"十字碑"也（上用二月十三日者，以清廷逊位日为纪念也）。尊意如何？"秋心楼"、"风雨亭"二额一并写奉，乞觅良工模刻（用本色灵眼版，黑漆字，最古雅）。率报。即颂

时绥，不尽悚悚。

妹芝瑛谨白

三月十号

# 十

一九一二年七月十九日为旧历六月初六日，是秋瑾殉难五周年之纪。时秋祠及风雨亭已先后建成，由秋社发起，于是日召开纪念大会，并发出"征求鉴湖女侠遗物"公告刊诸报端。吴芝

瑛于七月十四日接徐自华函，告知祠、亭落成，并邀参加追悼
会。次日，廉泉致信徐自华。信笺如前信所用者，竖行右起，二
张相接。全文为：

寄尘先生伟鉴：

　　昨奉诲帖，敬审。秋祠及风雨亭先后落成，于阴历六月六日
奉主入祠，并开会追悼（是日在敝庄招待来宾，已函嘱陆君树斋
奔走唯命，想已与之接洽矣）。泉因芝瑛病甚，届期能否前来观
礼，尚不可知，以视先生与秋社同人经营数月，克竟厥工者，对
之有愧色矣。捐册今日已收回，应者寥寥。因亲朋窘状，一致有
自顾不暇之势，故不能襄此义举也。此册由吴惠秋女士交来时，
首二页已写有廿八号，计洋三十九元三角，其款想已经缴贵社核
收矣。敝处自第三页马幼眉起至锡山荣氏六号，共募洋玖拾元正
（荣氏索芝瑛书有年矣，今允病愈后为写若干件，故欣然写四十
元）。绵力所及，止此而已。该款容交卜君松林带上，捐册及收
据簿今先邮缴，乞即察入。折扇力疾涂奉，病愈后当再写一楹联
承教也。率复。即颂

安和不宣。

　　　　　　　　　　　　　　　　廉泉再拜　芝瑛仝叩
　　　　　　　　　　　　　　　　　　七月十五日

秋社同人前均此致候。

# 十一

　　七月十七日，廉泉再托卜松林带交一信并所募捐款。信笺如
前信所用者。竖行右起一张。全文为：

　　昨寄捐册，想可达到。会期已迫，芝瑛尚在病中，寝食俱废
者已六日，泉须在家调理医药，不克趋前观礼，歉怅奚如。秋社
捐款玖拾元，今托卜先生带缴，望即核收示复为幸。此上至贵重

之寄尘徐先生。

　　　　　　　廉泉谨启　芝瑛仝叩

　　　　　　　七月十七日

秋社同人前均乞致候。

# 十二

　　七月十七日，吴芝瑛见报刊秋社征集秋瑾烈士遗物的公告后，于当夜致函徐自华，并附秋瑾盟书一通、遗衣二袭带往西湖应展。信笺如前信所用者。信封亦保存完好，封面为小万柳堂印制"邢太仆旧签李主澄清堂残帖之墨林星凤"字样。信与封均为竖行右起。全文为：

寄尘吾姊英鉴：

　　顷阅报纸，知贵社访求秋烈士遗物，将陈列会场，以示纪念。芝瑛于甲辰正月为烈士筹划学费，以便东游，烈士于人日写盟书一通以来，曰："吾欲与姊结为兄弟。"芝瑛亦写盟书一通应之。烈士次日作男子装过我，并赠诗一首，以自用之补裿一、裙一见贻，曰："此吾嫁时衣，因改装无用，今以贻姊，姊不欲，则售之他人，否则留为别后相思之资，可乎？"遂相与痛饮。烈士时寓北京丞相胡同，吾寓北半截胡同，相距咫尺。从此无一日不相见，见辄酹酒，不醉不休。此八年前事也。烈士自改装后，即摈满清礼服不御，今此物尚存，足为烈士脱离满人羁勒之纪念。盟书一通，赠诗一首，为吾"悲秋阁"之纪念品，今交卜松林先生一并奉上，届时陈列会场，可藉知烈士之家世，不独其墨妙令人望而生敬也。烈士原名闺瑾，自东渡后，改用单名，删去"闺"字，此亦足资考证。芝瑛病甚，不能前来观礼，敬乞吾姊将此函所述在会场代为宣布，感悚无任。夜深率报。即颂安和，不尽偻偻。

妹芝瑛谨启

七月十七日

盟书横镜，事后仍交卜君带回，妹病起拟识数语其上，置之"悲秋阁"中也。

信封为"秋烈士盟书一通、遗衣二袭，敬求卜先生带交徐女士寄尘察收。吴芝瑛拜托。七月十七夜。"

笔者所录此信为徐自华所存卜松林带交件。吴芝瑛另有原稿自存，后此原稿与秋瑾盟书由廉泉装成卷子，并由李蓬庐题跋。此信稿在吴芝瑛誊抄时，有几处修改，但主要内容依旧。此卷子现存浙江省博物馆。

以上录吴芝瑛夫妇致徐自华信十二封。二人此后友谊仍笃。如一九一二年十二月九日孙中山赴杭州秋祠致祭时，合影中即有徐自华、蕴华姊妹与吴芝瑛侍立于侧，可证。

这十二封信，原由徐自华收藏。一九三五年徐自华病逝秋社，遗嘱由其妹蕴华整理诗稿并撰行述，所藏信函为蕴华继承。虽经战乱，徐蕴华家财诗稿毁于日寇战火，奔波浙、沪、台诸地，避难多年，但仍能将此信妥藏保存下来，确属不易。一九六二年徐蕴华病逝上海，此信由其独女林北丽精心收藏，又经"文革"抄家之灾，仍得保留，实为幸事。

笔者非专题研究，舛误之处，请读者指正。

# 记徐寄尘女士

秋宗章

**编者按**：秋宗章为秋瑾烈士异母弟。《记徐寄尘女士》一文对徐寄尘生平作一简括介绍。徐寄尘为秋瑾生前挚友，秋瑾牺牲后，她与吴芝瑛冒清廷迫害的危险营葬秋瑾于西泠桥畔，并亲撰墓表。稍后，积极营建秋社。秋宗章称她："女士身任社长二十余年，辛苦经营，心力交瘁。"因此，徐寄尘的生平，实际也是研究秋瑾的资料，兹刊出，供参考。

西湖秋社常务委员徐寄尘女士，于本年①七月十二日酉刻长逝。革命同志又弱一个。识与不识，同此莫伤。女士为两次营葬先大姊璿卿首事之人，又于光绪戊申首先创议组织秋社。几经颠沛，矢志不渝。比年颓景渐侵，养疴湖上。甫逾下寿，遽谢尘寰。薄海兴嗟，岂惟私恸！爰为选言录行，笔之于书，文不足传，聊代哀诔云尔。

女士名自华，字寄尘，号忏慧。浙江崇德县（现称桐乡县崇

---

① 据本文作者云，徐寄尘生于同治癸酉（1873年），享寿六十三，据此推算，其卒年应为1935年。

福镇）人。生于同治癸酉岁。幼颖慧，从其舅马彝卿先生读，十岁即解吟咏。稍长，博通经史，为诗文，词特工。光绪壬辰，大父亚陶公官安徽庐州府知府，女士随官，每代阅童生试卷，品评等第，罔不惬当。亚陶公尝叹曰："是女倘投身作男儿，必木天中人也！"时女士年才二十云。《忏慧词》有《巢湖舟中守风》调寄《菩萨蛮》云："连潮怒吼东风急，推蓬倚处愁如织。两岸苇萧萧，乡关望眼遥。石龙何太苦，抵死留人住。更有助凄清，江洲寒雁声。"又《连日守风·寄书乏便》调寄《城头月》云："浣花戕写簪花寄，欲把离愁寄。可奈迢迢，东流不断，一碧庐江水。无由觅个传书鲤，又是黄昏矣。几许乡心，满怀诗思，笛声吹起。"虽为少作，其才情已可见一斑。越二年，于归南浔梅氏。生男子子一，曰馨，女子子一，曰蓉。梅于南浔为巨室，阶籍门荫，席丰履厚。梅君才不及女士，嫁后，不无天壤王郎之感。顾闺房静好，琴瑟犹未异趣。婚七载，不幸梅君捐馆，寡鹄孤雏，形影相吊，因作悼亡诗如〔若〕干首，以抒其怨。又有满江红词，题为《雪夜课儿，感从中来，爰赋长调》，词云："大地茫茫，看白战，终宵未歇。帘卷处，彤云密布，朔风凛冽。世界三千都变玉，霜闺一色空疑月。唤娇儿且读旧楹传，柔肠裂。熊丸课，期望切，三迁教，惭难及。叹凄凉身世，那堪重说。旧事已随流水去，新愁只付鹃啼血。刺寒宵百感上心头，乾坤窄。"盖把玦不开，剔目见志，人生之厄，亘古难俦。言为心声，每于不觉中流露也。

女士天性纯挚，尤服膺旧礼教，躬行实践，不稍缅越。君勇疾笃，尝刲股和药以进，浔人竞颂其贤。寻以尊人吉伯先生晚岁多病，母夫人又早衰，终鲜兄弟，温情有亏，由是归宁，奉亲守节。光绪丙午春，浔绅张弁群等创为浔溪女学，聘女士主校务。时先大姊璿卿方归自东瀛，道出沪江，以嘉兴褚慧僧先生之介，往执教鞭。女士一见如旧相识，同事两月，雅相怜爱。尝读先大姊诗稿，有"如何谢道韫，不配谢参军"①，戏质其悃，姊太息不语，女士亦为怃然，亟命酒共酌。女士量窄，不能胜蕉叶。醉后姊歌，女士和之。缅怀身世，弥怜同病。自此遂订生死交，亦加入革命同盟会。《忏慧词》有《感怀用岳武穆韵》一阕，调寄《满江红》云："岁月如流，秋又去，壮心未歇。难收拾这般危局，风潮猛烈。把酒痛谈身后事，举杯试问当头月。奈吴侬身世太悲凉，伤心切。亡国恨，终当雪，奴隶性，行看灭。叹江山已是金瓯碎缺。蒿目苍生挥热泪，感怀时事喷心血。愿吾侪炼石效娲皇，补天阙。"慷慨悲凉，不亚武穆原唱。出诸闺阁中人，盖尤为仅见也。

是岁秋，先大姊与女士游杭，同泛西湖，因结埋骨西泠之约，后死者任其役。当时第为戏言，亦不计及后此之践诺否也。女士有从弟景卿，于杭垣大井巷口开设悦记衣庄，女士至杭，即下榻于此。先大姊尝往访晤，酒酣耳热之际，议论飚发，辄惊四座，庄中执事伙友，习闻革命之说，渐亦倾向排满。会女士丁外艰，仓卒返崇。先大姊则去沪，创办《中国女报》，原拟筹集万金，自办印机，以期永久。讵事与愿违，款难猝集。女士闻之，慨捐千金。其女弟蕴华，为先大姊执教浔溪女学及门弟子，亦出私蓄二百金为助。《忏慧词》有《送秋璿卿妹之沪，时将赴扬州》调寄《金缕曲》云："送子春申去，好无聊做愁天气。风风雨雨，萍梗江湖成浪迹。十事九回意忤，谁解得用心良苦。仆仆尘劳嗟不已，问今宵别后何时聚。君去也，留难住。"

光绪丁未春间，先大姊为光复军事，奔走甚劳。又以运动金、处府属之秘密会党加盟，业已成熟，与徐伯荪先生约皖、浙两地，克期大举。布置就绪，而费用无出。且以孤注一掷，成败

---

① 据《秋瑾集》此诗应作"可怜谢道韫，不嫁鲍参军"。

未易逆睹。苕岭之契，不可不作最后之诀。爰迁道至崇德女士家，小作勾留。谈次深以饷绌为虑，女士私倾奁中饰物，得黄金三十两，悉以持赠。姊感甚，濒行，脱玉条脱一双，留为纪念，慨然曰："此别茫茫，良觌无日。脱令事败，必以身殉。倘逢枫林月黑之时，姊其为我呼大招乎！"女士闻言，为之惨然。顾义不能留，相与握手珍重而别。事详女士所撰《返钏记》，予已采入《六六私乘》矣。

是岁夏正五月二十六日，徐伯荪先生发难皖江，事败死之，虏酋电伪浙抚张曾敭，转饬伪绍兴府知府贵福，查抄徐氏所设绸庄，又拘禁伯荪先生尊人梅生先生于会稽孙〔县〕廨。绍兴劣绅某某为虎作伥，上书告密，遂有围搜大通之祸。先大姊被逮，于六月六日昧爽，就义于轩亭口。先是，寄尘女士应女友之约，避暑西湖，贻书于先大姊，促即至杭晤言。书发而噩耗踵至，女士恸哭致疾，为文祭告，结尾数语，最为沉痛，如云："子固先逝，我定长存，何敢不达，涕泪纵横。惟其文字之契，相知之沈，感念平昔，不能忘情。子生明敏，死必英灵。魂兮归来，以慰余心。"全文曾刊沪报。此外又有《明月生南浦》词一阕，系以小序云："中元之夕，独坐望月。家妹既病，又闻侠耗，怆然感怀。回忆前游，恍若梦寐，即寄巢南。"词云："莲衣初褪秋光早，云破长空，又见蟾光皎。别后益怜相怜好，西湖放棹烟波渺。黄昏庭院忧心宵，剩得而今，独自伤怀抱。回首前游如梦乡，画屏倚看疏星晓。"

先大姊既被难，遗骸由善堂草草收殓，槁葬于卧龙山麓。三尺桐棺，凄凉野祭，鬼雄不灭，毅魄难安。先兄徕绩伤之，以重金雇夫役数人，潜移厝于常禧门外严家潭丙舍。初意稍稽时日，即当卜穴祖茔之侧，永固佳城。事未果行。女士忽于暮冬之月，风雪渡江，枉过寒舍，具言已约桐城吴芝瑛女士，购地西泠桥畔，为营兆域，漆灯留待，抔土以书，庶几赵氏冬青，忽伤暴露。先兄诺之，克日遂发。女士与余家初无渊源，即与先大姊谊同骨肉，家人亦茫然不知。今兹冲寒跋涉，孜孜焉惟夙诺是践，凡有人心，自无不怆感。予时年才十二龄，忆女士来越，一主一婢，间关西度，勾留三日，一轲〔舸〕赴杭，当时情景，犹历历在目也。

芝瑛女士宿疾未痊，淹留海上。营葬事者，除予兄及寄尘女士外，芝瑛女士槁砧无锡廉惠卿先生，实始终其役。女甥王灿芝辑《秋侠遗集》，附印先大姊灵枢停厝时摄影，圹前左立第一人为惠卿，次即先兄徕绩，右立三人，则已忘之。墓成，寄尘女士撰表，芝瑛女士书丹，今树立秋祠左壁，犹完好如此。墓碑亦芝瑛女士所书，初题为"山阴女士秋瑾之墓"，延刻石名手蒋品三镌镂贞珉，既成，弃置弗用，别书"呜乎鉴湖女侠秋瑾之墓"，立诸墓门。此事最触满奴之忌，不一年而祸作矣。

光绪戊申正月，女士创议组织秋社，被举为社长。尝假西湖凤林寺开会，杭州驻防闻人贵翰香闻讯，亦往参加，起立演说，对于先大姊颇有微辞，女士抗辩甚烈，不欢而散。六月六日，为先大姊成仁周年，女士拟集同志二十余人私祭，事泄未果。是岁夏奇热，女士与同怀女弟蕴华、从弟景卿，赁西湖刘果敏公祠（即今秋社）临湖小楼避暑。大通同人竺酌先、王季高（即王金发）、姚勇忱诸君，尝往晤谈。先兄徕绩，则别赁孤山民居下榻。相距咫尺，踪迹尤密。讵因此谣诼纷起，为官中所侧目。浙抚密遣差弁数人，佯为游客，至祠侦察。适竺、王诸人俱未来，景卿旧有烟霞之癖，高据一榻，吞吐自如。侦者睹状，语其同侪曰："误矣，岂有革命党而腐败若此者乎？"回院复命，事遂获解。翌日，朱介人来，笑谓女士曰："昨日大险，君等知未？"女士愕然，请曰："子言胡指？"介人因俱言颠末，盖彼有友供差抚院，与闻其事，故知之甚悉也。越三月，遂有满御史常徽奏请平墓之事，并下通缉吴、徐之令。女士得讯较早，避地海上，密遣女弟蕴华返杭，晤同志朱瑞人，收藏秋墓之碑。而先大姊灵榇，先由吾兄迁越，既而湘潭王氏专丁运湘，与姊婿廷钩合葬。初以为埋骨西泠，将成虚愿矣。洎辛亥武昌起义，浙省相继光复，王季高任绍兴军政分府都督。十二月中旬，女士与吴江陈去病至绍，假大善寺开追悼会，素车白马，备极荣哀。去病登坛演说，对于丁未告密之劣绅某某等数人，大肆讥弹。闻者鼓掌和之。女士濒行，访季高及军政分府总务科长黄介卿，搜集旧府廨之档案，所有大通全卷四宗，俱携归秋社保存。中有先大姊手书《光复军军制军规》、《革命论说》，尤堪宝贵，今犹什袭珍藏。翌年，民国纪元仲春之月，秋社同人会于湖上，陈英士先生首创重营秋墓之议，女士力赞其成，询谋佥同。遂委托家二姊珮卿赴湘迎榇。西湖凤林寺僧自愿捐地亩许为茔域。平墓旧址，则构风雨亭，藉供凭吊。

　　会浙江临时省议会议决，抗拒太平军之满清功臣刘典专祠，应没收充公，由浙江都督蒋伯器先生核准，改为"鉴湖女侠祠"。屋宇废旧，拨公帑千余金，鸠工庀材，量加修葺，其临湖小楼五楹，改为"秋心楼"。秋社即附设于是。民国二年，先总理（注：孙中山先生）与陈英士先生来杭，躬亲莅临致祭，题赠"巾帼英雄"匾额，并面允担任秋社名誉社长。嗣又撰题楹联，属胡汉民先生书之，现在秋祠悬挂。

　　是冬，女士赴沪，创办竞雄女学，为先大姊留永久纪念。所聘教师，如胡朴安、叶楚伧、庞蘗子、陈匪石、陈去病、满更生诸先生，皆一时胜流。癸丑，二次革命失败，诸同志亡命海外，资斧无出，女士量力倾助。虽脱簪珥不恤。姚勇忱先生为浙督朱介人所害，陈尸市曹，无敢收殓。女士遣许君去杭，经纪其丧。其任侠好义类如此。民国五年，洪宪僭号，滇黔起义，浙省亦为变相之独立，惟苏督冯国璋则首鼠两端，犹奉伪朔。民党同人极为愤慨，群聚竞雄女学集议，图占苏州，以胁金陵，女士与陈去病实为谋主。辟室苏台旅馆，发纵指示。苏州警察厅长某，事前已有默契，既又悔之，知会军警，围苏台旅馆数匝，将加逮捕。

去病籍吴江，能作吴语，乔装遁去。女士几不免，赖有急智，藏图记、旗帜于亵服，自侧而出，亦获兔脱。以受惊过度，后此遂成怔忡之疾，终身不瘳。

民国九年，先总理复返广州，应非常国会选举为大总统。女士与去病亦偕同赴粤，旋奉总理之命回杭，为苏曼殊大师营葬孤山，其基地即由女士捐赠。时秋祠已为刘典子侄所管，官僚军阀狼狈为奸，女士虽太息痛恨于先烈不祀，顾力勿能敌，但能隐以竣事。积忧多痗，抑郁寡欢，坐是气体亦稍稍衰矣。

民国十六年春，国民革命军底定东南。女士亟集社员，联名呈请恢复秋祠。当经浙江政务委员会令行杭州市政府查明发还，由公安局派员于六月六日会同接收。此事原可定局，讵刘氏犹未折服，一再渎呈政府，为万一之想。其呈文措词不检，诬女士为霸占。官中以某种原因，亦有为左袒者。女士愤曰："青天白日之下，脱令先烈祠宇弗克保存，则革命之谓何？"因尝询问社友，最高当局有无来杭确讯，届时当负秋侠栗主，晋谒层宪，为先烈请命，必得当乃已，不则宁与祠共存亡，任听若辈所为，拼以颈血溅阶石，庶足对故人于地下。年逾六十，死不为夭，更有何事不能勘破乎！闻者或婉词慰藉，而女士义愤填膺，终非口舌所能解。初拟力疾晋京，以屡躯不支而罢。复遣亲信为代表，伏枕上书，致行政院长汪精卫、中委叶楚伧两先生，请予主持公道。会今浙省府黄主席视事，遍查档案，衡情酌理，于刘氏所请严予驳斥，秋祠幸得保全。予得讯较早，亟飞函相告。时女士已病榻支离，犹强起展读，为之开颜。自是日渐沉笃，药石无灵。延至七月十二日，遂至大渐。是日气候甚热，上午犹命侍儿扶掔，倚卧藤榻纳凉，午后忽剧变，至酉刻而长逝，享寿六十三岁。临终神志清朗如常，嘱咐身后未了之事，条理井然。兹录其亲笔遗嘱如次：

生圹于民国四年做在孤山之麓，近复修理，早已舒齐。自民十八年省府议决，此地为禁葬之处，发生重大问题矣。虽云已做者不迁，但究不知余柩能葬否？此事务祈秋社诸社友联名电行政院力争，或上呈文，并信致叶楚伧、柳亚子两君，务恳鼎力帮忙。能达到目的，始慰余魂于地下。否则无钱再营坟墓，只有火化余棺在生圹前，此坟作为衣冠墓矣。

墓碑上可写"忏慧词人徐自华之墓"。墓志铭已面恳柳亚子先生椽笔，柳君已面允。并亲奉三羊开泰端砚一方，贻为润笔也。如柳君文迟迟未来，可着亨利催之。

余之墓志铭已请定柳亚子大笔，但半生历史惟吾妹小淑知之独详，请其亲撰行述，并由妹氏出名。

余之诗稿，归小淑收去整理，寄与柳亚子收藏。诗稿下边有《九成宫帖》一部，赠与马达生倅作纪念。

女士文稿无专集，散见南社丛刊。就中以《鉴湖女侠墓表》[①]、《祭秋女士瑾文》最为脍炙人口。《听竹楼诗稿》已见遗嘱。惟其女弟所裒集者，俱为女士三十七岁以前旧作，近三十年所为诗文，殆已随手散弃，无法搜寻。又有《忏慧词》一卷，光绪戊申避祸海上时，由吴江陈去病校订付梓，刊入《百尺楼丛书》中。综其一生心血，所留仅此而已。

西湖秋社之成立，远在清季光绪戊申。惟以专制政体，禁止集会，秘密组织，知者甚稀。自入民国，始公开进行。女士身任社长二十余年，辛苦经营，心力交瘁。今年夏间，女士自念年力就衰，不欲独任其难，爰提议改组为委员制，于六月六日召集社员大会，推选执行委员、监察委员各若干人，又互推常务委员五人，女士亦与其列。两次执监联合会议，虽弗能扶病出席，然仍亲笔签到，会后询问决议各案。迩来秋社预定计划，拟筹集巨款，创办女子图书馆。女士闻之，极为赞同，犹遗书留致王孚

---

① 应为《鉴湖女侠秋君墓表》。

川、褚慧僧、姜心白诸先生，首先助款，以促其成。清季平墓故址，于民国初年营建风雨亭，年久为白蚁所蚀，致遭倾圮及痪莩。数年前女士发起募捐重建，以款难猝集，迟未兴工。女士已独立募得三百余金，专款存贮，留以有待。自上年冬间秋祠发生纠纷，函电交驰，派遣代表，舟车邮电，耗费不资，不得已暂挪此款济急，原拟事定别筹抵补。讵自入春以来，女士病日益亟，此事遂成虚愿。虽以公济公，情有可原，而女士则自谓三十年来，经手秋社之事，一无瓜葛，留此痕迹，人纵不我责，于心终不无耿耿。故弥留前数日，犹举以语舍侄壬林云。

女士同怀姊妹凡二人，俱颖慧能诗，有不栉进士之誉。其尊人杏伯先生，风流蕴藉，有名士气。尝于所居月到楼中援〔授〕女士以昆曲，杏伯先生挟笛，女士与义妹吕韵清合谱"赏秋"等阕，丝竹达旦，不亚霓裳风景。女士从姊兰湘，为从父蓉史先生季女，长女士一岁，从妹学诗，互相酬唱，年二十一而亡。遗集《度针楼诗稿》，经女士手订，附《忏慧词》后行世。女弟蕴华，有《双韵轩诗草》，亦清丽可诵。适闽侯林宜碧，婚无几时，宜碧在沪江马霍路为汽车所撞，伤重殒命。姊妹身世，如同一辙。岂红颜薄命已成公例，抑清才如许，丰兹啬彼，理弗能双软？问天不语，此恨绵绵。言为心声，诗以言志。以《忏慧词》、《双韵轩诗草》，所以多苦语，而出于不自觉也！尤不幸者，其爱女蓉，智慧早殇，女士哭之恸，晚年犹未忘情。哲嗣馨，供差无锡县政府。虽隔衣带水，交通颇便，而老年念子綦切，不忍远离，沈〔犹〕冀就近获一枝栖，俾便定省。数以此意浼中委某公道地，诺之而久未报命，及女士疾笃，哲嗣先期假旋，送死大事无缺，意者此即所以弥补缺憾软？

综其一生遭遇，在在拂逆，几非恒人所能堪。幸天性旷达，不欲效寻常儿女子态，用能参加革命，奔走国事，苏台旅馆一役，尤卓卓可传。爰为诠次如右，以备异时史官之采择焉。

# 秋瑾成仁经过

王璧华

**编者按：** 王璧华，秋瑾女友，时为上海女子师范学堂教师。该篇资料详细记载了秋瑾牺牲的经过，是研究秋瑾史事的重要资料。

绍兴为徐锡麟烈士的家乡，大通、明道两校又为革命党所创办，秋瑾为负责人，为当道所注意，恐遭波及。我乃托上海女医生张竹君转请李平书与法捕房联系，使秋瑾避入租界，以免危险。疏通就绪后，由杭州女师同学胡踵秋到绍兴通知秋瑾，劝即离绍赴沪。而秋瑾毅然拒绝说："我怕死就不会出来革命，革命要流血才会成功。如满奴能将我绑赴断头台，革命成功至少可以提早五年，牺牲我一人，可以减少后来千百人的牺牲，不是我革命失败，而是我革命成功。我决不离开绍兴，愿与男女两校共存亡。你回去同我们妇女同志说，要求男女平权首先要做到男女平等的义务。我不入地狱，谁入地狱。"彼时绍兴知府为满人贵福，其幕僚中有一徐某为秋瑾的表兄，秋瑾由他介绍得与贵福相识，过从甚密，秋瑾借此以掩护革命工作，并窥探绍兴军政情况。贵福本未决意捕杀秋瑾，乃商于绍兴巨绅汤寿潜。汤寿潜恨秋瑾主张男女平等，是破坏伦常，反提出秋瑾所做的诗词里的"男女平权一杯酒，责任上肩头"，"大好头颅求善价，不知谁是估屠人"，"山河破碎我无家"几句，作为她从事革命的证据。贵福乃捕秋，讯问口供。秋瑾洋洋千余言，痛骂清政府祸国殃民，并骂汤寿潜吞没沪杭路款，欺骗国人。汤见供词大窘，对贵福说："这种供词如发表，不仅不能镇压革命，反要促成革命，可照曾文正改李秀成供词的办法，伪造口供。"竟以"秋风秋雨愁煞人"为她造反的罪状，促使贵福杀害了她。

# 共进会的源起及其若干制度

邓文翚

**编者按**：共进会是 1907 年在东京成立的一个秘密革命团体，在辛亥革命时期，对革命曾起了很大的作用。作者为共进会创始人之一，记述自该会成立至武昌起义前后的革命情况，当较真实可靠。惟文内所引"我们不但要平均地权，而且要平均人权"；"收回租界，取消租借法权及领事裁判权等一切不平等制度"，在其他史料中均未见到（各种记载均言共进会把"平均地权"改为"平均人权"）。其余记载也和各书略有异同。这些记载提供了新材料，对我们研究共进会问题，当有很大的帮助。据作者来信谈："解放后武汉共进会同志要我对于共进会发起的源起写点笔记，要对于这种历史考核名实，因在东京共进会当时组织情形，无第二人详悉，各省同志多半牺牲在革命战争中。恰在彭素民家中得到共进会前半节笔记，遂于今夏（1955 年）在庐山休养时根据此前半节稿子，点点滴滴继续追忆。自知其中失枝脱节，年序错乱，多所不免，还望多赐改正。"

清朝末年，西后垂帘，朝政日非，文武百官昏庸腐朽，外人称我为"老大帝国"、"东亚病夫"，列强窥伺已入腹心，瓜分之祸迫于眉睫。公历一九〇六年，正清帝光绪三十二年，清朝政府派遣各科学生分赴各国留学，其中以派赴日本东京的人数为最多，我也是其中的一人。当时被派定的各学生正预备动身向各国进发，不料法国天主教神父王安之刺死南昌知县江召棠，激起民愤，以致打死教士，烧毁教堂，巡抚司道忙于招待外人，对于被派遣的各学生动身一节无人过问，延至翌年四月，方得成行。

我们同伴共有一百六十余人，同船的有湖南黄小山，广东熊越山，清江彭素民，吉安廖荣先，峡江曾堪宇，新淦邓曾绪，萍乡汤增璧、文群，鄱阳何犹兴，余干潘力行，南昌张惟圣等数十人。我与黄小山连床接坐，相隔甚近，听其语言知是湖南口音。他身上穿的是蓝呢军服，头上还盘着个小辫子，自云在吉安新军当队官，去年到过一次东京，今次再去补习。我的卧铺与他的卧铺贴近，初不大敢与他接近，后见他处事接物和蔼可亲，对于朋友很具热忱，遂放心与他攀谈。谈得入港，渐及世事。他忽然用江湖上哥老会的手势敬我香烟一支，我不懂，我常听得江湖上有哥老会、三点会等名目，敬茶敬烟都有暗码手势，我不好说我是初出茅庐，江湖上一切规矩未曾学过，我只好依样画葫芦，仿照他的样子敬还他一杯茶。他看见我翘起两只大拇指送还杯茶去，他就叫我"邓大哥不用客气"，我也说"今日得见黄大哥，三生有幸"，都认为是自己的人。后此越谈越起劲，越感兴趣。他又介绍我认识他的本家黄自强，也是同伴赴日本的。黄自强手中拿着一本小册子，不轻与人看。我向他借阅，他随手给我。册子表面印着"孙逸仙"三个大字，揭开看时，所说全是民族痛史，扬州十日呀、嘉定屠城呀、留发不留头呀、生降死不降呀，大声疾呼，说满洲人入关时的惨无人道，认贼作父，恨同胞们之忝颜事仇。阅未及半，忍不住使我流了几滴民族的泪。于是三人商量到了东京，马上就去拜访孙文，加入同盟会，投身革命，并建议加强组织，使光复事业早日实现。从此我与黄小山、黄自强三人亲同骨肉，无话不说，无说不是组织团体进行革命的事。

到了东京，黄小山与黄自强两人各自搬到他的同乡陈天华、焦达峰、陈亦新那里去了。我也与我的同乡彭素民、张惟圣两人将行李由火车站搬到小石川东乡旅馆居住。东乡旅馆附近即是民报社。民报社者，即以孙文先生为首所创同盟会的机关报也。孙先生此次由欧洲到日本不久，结合同志，组织一个革命总部叫同盟会，其机关即设在民报社楼上。我们到了东京安置行李，当天晚上我与彭素民、张惟圣等数人，即由黄小山带领前去民报社拜访孙文。进门在楼下遇见宋教仁、吴寿天二人，述明来意。宋领导我们登楼到孙先生卧室门口，脱履入室与孙先生握手问好，并告以同愿参加同盟会，献身革命的意。先生极表欢迎，即在房内窗口填写愿书，举行入会仪式。举手宣誓后，孙先生谈话极端鼓励，晓以国际形势和民族自决的义，口若悬河，分析详尽，语毕告退。嗣是日与彭素民、张惟圣诣孙先生处，与宋教仁、吴寿天同志等讨论发展革命的计划。

此时在东京的留学生将逾二万人，加入同盟会者亦不下二三千人，留学生中已成了一种革命风气。人人谈革命，人人不革命，空谈无补者到处皆是，实际去干者百无一二。因为革命不是在同盟会上挂一个名字专靠口谈所能完成任务的，所以当时一派积极分子皆主张组织一个军事学校，先培养一批革命人材。但是办一军事学校，必要得到日本陆军部和参谋本部的许可才能开办。当时留学生能入日本海陆军肄业者，只限于清朝政府派遣来留学的陆海军学生，其余私费公费一概不许。因此一般同志商请日本友人表同情于中国革命的寺尾亨博士和宫崎寅藏（白浪滔天）、山田、萱野等几位日本同志，向陆军、参谋两部疏通。好在日本政府对中国革命党的办法正是采取双面政策，一面是采取拒绝革命和监视革命；一面是利用革命，借革命党以要挟清朝政府，从而施其敲诈的手段。所以经寺尾亨等向日政府游说后，竟能得到日政府的许可，答应由寺尾亨出名设东斌步兵学校，以寺尾亨为校长，专收中国学生。报名入学者即有二百余人，内中都是各省有志之士，以湖北、四川、湖南、江西人为多。开学以后，每日上数小时正常功课以外，即研讨革命，校中各队各班皆有革命组织，固俨然一革命专校矣。

校中私费生占百分之九十，皆来自各省，知清政府的垂亡已近，多与内地各秘密结社暗通声气，如陈涉、吴广之流闻风而起，人怀光复的心，士有澄清的志，非一般普通陆军学生可同日语也。故东斌陆军步兵学校的成立，实于中国革命史上，进一步加紧了速度。

校中人数虽只二三百人，但多数都是曾经参加实际革命的人，早已加入同盟组织，大家都认为一个革命伟大事业，尤须经过多少艰苦，多少牺牲，才可望其逐步发展达到目的。今既有宣传鼓吹的机关，更应有实际行动的队伍，所以当时同学中无不主张于同盟会外极须另组一个秘密机构，专以发展革命推翻专制为职志。"共进会"三字是合各党派共进于革命的道路，正适应于此时的号召，正是汇万派以朝宗，可以使革命潜伏的力量扩大，更可使革命团结的声势提高。其中主张尤力者以四川张百祥、江西邓文翚、湖南焦达峰、湖北刘公等数人。于是同学提议张百祥、邓文翚、焦达峰、刘公为发起人，组织共进会以促进实行同盟会的宗旨。当时有人怀疑共进会与同盟会是分道扬镳，宗旨不同的，其实不然。同盟会以民报社为机关，挂起招牌为公开的宣传；共进会半属秘密，内含军事，在各个不同的形势下和各个不同情况中秘密进行，分头活动，以推翻清朝政府为惟一的目的。此类秘密结社，自满人入关以来，即广泛地布满全国各省，凡江湖码头到处皆是，共进会即利用此类秘密团体，扩大机构，使内地各处容易发展，共进会谓为同盟会内部的行动队可也，谓为同盟会的实行者可也。

费了张百祥、邓文翚、焦达峰、刘公等的两个月奔走团结，乃于丁未秋即公历一九○七年八月□日开共进会成立大会于东京的清风亭。到会的人数以东斌学生为最多，会员即以东斌学生为基础，亦以东斌学校为大本营。先是云南吕天民亦是最初提议组织共进会的人，他编办《云南》杂志颇具热心，众议欲推他为临时总理，张百祥副之。是日开成立会，吕天民书生胆小，怕公使馆派有侦探到场，临时爽约不到，一般同志颇不愿意，于是改推张百祥为临时主席。张在东斌学校与我同房，自习室又与我同桌，凡关于共进会一切，均由我二人商议定然后当众发表。他密向我说："黄小山已回国，我不久也要回四川，若任了共进会总理，恐路上不便，共进会总理一职请你担任。"我未答应。临到开成立会他在主席台上说得激昂慷慨，滔滔不竭。他说："国家兴亡，匹夫有责。我们的祖国危殆到了今日，不但是人人要尽匹夫的责，更须人人要合群众的力。我们今日共进会的组织，即是合群众的力。合群众的力，就可以救目前的亡，合群众的力更可以创百年的基。我们的责任很重，我们的前途很远，我们的事业亦是很艰苦的。古人云：'匈奴未灭，何以家为！'这两句话不啻就是专为我们今日弟兄来说的。我们须万众一心，不顾一切，献身祖国，献身革命，我们伟大的祖国只须群策群力，伟大的革命一定成功。我今天有一个提议，要求各位大哥同意，就是我们共进会的总理问题。前次开座谈会时，有些同志推举兄弟为总理，但是才不胜任，况且我不久要离开东京。总理人选我认为须具备四个条件：第一是要有胆；第二是要有识；第三是要有义气；第四是更要有热忱，具此四个条件方能服众。我的意见江西邓文翚大哥正合此选。他去岁曾参加过萍乡革命，此次发起本会尤为出力，请同志们改选邓大哥为共进会正式总理。"邓即起立再三推让云："仍请张大哥负责，勉为其难，因张大哥资望高，力量大，我的经验不够，恐不足以负此责任，还望各位大哥斟酌。"大家说："不必再推。"遂散票再选，比即通过邓文翚为共进会正式总理，统筹一切。总理以下，设内政部、外交部、交通部、军务部、参谋部、财政部、党务部、文牍部，部长各一人。即由总理推举居正为内政部长，张百祥为外交部长，刘公为财政部长，焦达峰为交通部长，彭素民任文牍部长，孙武任军务部长（是时孙武刚由内地逃亡到东，他熟悉武汉新军，因任他此职），潘鼎新任党务部长，陈兆民任侨务部长（因为他是华侨），所提的人——通过。各部已定，分头任事，力求发展。不久在青山麻布区赁得一屋，署名华群舍，作为共进会本部办公之所。是时黄兴同志亦在牛込区租得一屋，署名勤学社，负责的是宋教仁、谭人凤、刘揆一、吴寿天等几位同志。凡同盟会一切由勤学社主持，共进会事则由华群舍各部接洽。

　　自华群舍成立以后，共进会对内对外从新整理，各处联系日益加多，内地各处来函加入者络绎不绝。人才既多，规模更大，已具备一临时政府的雏型。邓文翚即以共进会总理的名义发表宣言，宣言有两种：一种白话，一种文言。（关于共进会组织情形及宣言等，本来留有笔记。因上海"一·二八"日寇之乱，房屋悉毁，所有书籍二万余卷化为灰烬。其时仓卒避难，全家光身逃出，一切文卷笔记荡然无存。是时我以为湖北同志彭汉遗与刘公家中总有笔录，托人访问，也因去世多年，完全遗失。去岁闻彭素民同志尚保留一点，只有前半节记到共进会宣言（文言的）为止，以后之事，他已回国，自不明了。文内白话宣言，系汉口李白贞、李春宣等同志处抄写寄来略事修改的）文言略述如下：

　　呜呼！吾同胞苦于祖国沦亡，呻吟于异族专制之下，垂三百年矣。以四万万黄帝子孙神明华胄之多，而屈辱于区区五百万腥膻之鞑虏，其可耻可哀为古今天下笑，孰有过于此者，凡有血气皆当奋起，以雪此累世之深仇。此共进会今日成立的原因及其宗旨意义之所在也。共进者，合各党派共进于革命之途，以推翻满清政权光复旧物为目的。其事甚光荣，其功甚伟大，其责任亦甚艰巨也。吾同胞甘心忝颜事仇，认贼作父，则亦已矣；若不然者，自抚胸臆犹有热血，则杀吾祖宗者即在眼前，当必愤火中烧，挥刀直往矣。齐桓公复九世之仇，宿恨方消；伍子胥鞭平王之骨，英雄吐气，吾同胞其念之哉。今日之事，无论男女老少，不问士农工商，以迄江湖卖技之流，军旅荷戈之士，皆宜负弩前驱，灭此朝食。太平天国讨满清檄文有云："忍令上国衣冠，沦于夷狄；相率中原豪杰，还我河山。"何其壮也！功虽未竟，亦人杰已。我共进会当继承其志，以竟此未竟之功，然后可以上对祖宗，下垂后人，以齿于圆颅方趾之俦。皇天后土，实监斯言，弟兄袍泽，有如此约。

另外还有白话宣言如下：

我们这个会为什么叫做共进会，这是很有个意思的，这共字就是共同，单就我们这个团体说，是要在会的人，个个都同心合力，共做事业。再就本会以外说，凡与我们同样的团体，不论他叫什么会名，我们都要联合起来，结成一个大团体，共做事业。所以这个共字，就是合我们全国中各种的会一同去做事业的意思。至于这个进字，就是要长进我们各会员的智识，把从前那些做偏了做小了的事丢开，寻一个正正大大的题目去做。我们要从智识上认定了一个题目，就赶紧去做，是不容观望、不容丝毫懈惰的。那题目好比射箭的垛子，我们的眼睛要把垛子看准了，就要把身子像一枝箭如飞的一般钉在那垛子上，若是稍微有一点躲闪，那枝箭就会半路落下来，或从左右偏过去，不会中垛子的。所以这个进字，前一层是长进我们的智识，后一层是长进我们的身子，去做那智识上认定了的事业。我们中国自黄帝轩辕氏以来，都是汉人居住，由汉族人做皇帝。到了明朝末年的时候，那东边的夷狄满洲的鞑种忽然强起来，趁我中国有难乘虚侵入，把我们汉人任意奸淫掳杀，无所不至。扬州十日、嘉定七天，真是惨酷得无以复加了。从此并做了中国的皇帝，把杀不尽的汉人当作他的奴隶，随便地虐待，把那些鞑子贱种当作贵族，世代封爵。又派些贱种分驻各省要地，叫做驻防，防着我们汉族好像防贼一般，还要吃着穿着我们的。又放一些贪官污吏替他们来收粮征税，我们辛辛苦苦以血汗换来的东西，送给他们还不够，有时随便加上罪名，就会残害身体，牺牲性命的。这种鞑子贱种不赶紧排逐出去，汉族人是一日也不得安身的。

这个鞑子贱种侵入我中国二百多年，到了现时，朝政已经紊乱达于极点了，他却变得来奉承洋人，情愿跟洋人做奴隶，把我们汉人来给洋人做三层奴隶，又把我们的疆土，今天割一块送给这个洋人，明天又割一块送给那个洋人。如果我们老百姓与洋人发生什么纠纷事件，他不但不替老百姓说一句公道话，反而要压制老百姓，杀老百姓来帮洋人的忙，助洋人的威，动不动又弄得承认赔款，或租借土地，铁路送给洋人，关税也送给洋人。你看各种东西都越来越贵，老百姓的生计是一天比一天困难，不是一些钱财与产业都被洋人搬穷了么？这满洲鞑种只顾奉承洋人来保住他们做皇帝，哪里肯管汉人的死活，我们若不早点把这满洲鞑种排出去，他就会把我们中国全盘送给洋人。鞑虏徐桐说过"宁赠友邦，毋给家奴"的话，我们如果失掉了主权，那些洋人的手段又狠又辣，我们汉人的性命财产真是要到极危险的境界了。但是我们不要怕，我们要起来革命，一来是为的要替祖宗报仇，二来是要准备免得子孙受祸。所以我们都要晓得同是黄帝的子孙，合中国四百兆人都是同胞，好像一个大家庭。我们立这个会，要取共进二字，长进我们哥弟的智识，共拼死力，有进无退地去驱逐满洲鞑子，还我河山，恢复我们的主权，仍旧由我汉族做中国的主人，做革命的英雄。我们不但要平均地权，而且要平均人权的。还有一句话要说的，我们革命不必打教堂杀洋人。洋人到中国来没有安着好心，这是很明显的，但是我们把满洲鞑种排逐出去了，我们中国就会得到安定。我们革命是英雄的事业，是有世界眼光的，是明了国际一切情况的，是正大的，是一定要成功的。我们哥弟大家都起来罢！我们这个共进会已经在日本东京组织成立了，先后选定邓文翚、张百祥、刘公、居正、彭素民、潘鼎新、孙武、焦达峰、陈兆民分别负责主持。并派人回国，分向各地开始组织秘密运动。登高一呼，万山响应。我四万万同胞重见天日的时不远了。特此宣言。

发出这两个宣言之后，并拟定了法规十条，布告内外：

一、国体问题，首先推翻帝制，效法共和，如欧美各国建立共和政府议会制度。

二、限制资本，私人资本不得超过百万，超过百万者，以其超过之数充公，收归国有。

三、平均地权，取耕者有其田，仿三代井田之法，由公家授给，不准私人买卖。

四、平均人权，男女平等，取消娼妓奴役等阶级，严禁贩卖猪仔等种种腐败恶习。

五、民族平等，不得分汉、满、蒙、回、藏大小优劣的歧异，养成天下一家的风气。

六、遵守国际公法，外人来我国及居留我国者，一律平等待遇。

七、收回租界，取消租借法权及领事裁判权等一切不平等制度。

八、建立征兵制，凡一切雇佣招募等旧法及巡防营腐败制度，概行逐渐改良。

九、保护外人资产及教堂住宅和一切居留民妇孺老幼等，铸为法令。

十、保护一切丛林、庙宇、历朝敕封建筑等物，不得无故毁坏。

一九〇八年秋，西后、光绪二人突然一时并死，宣统襁立，朝政更乱。留东同志看此情况，知革命机会之快要到来，纷纷密赴内地，从事活动。加以广州的铁路纠纷，四川之保路风潮，无不风起云涌，各走极端。共进会对此紧张局势所抱的态度不完全一致，而主张派人分赴各省加紧联络，扩大组织，以待事变，则无不合口一辞。即日在华群舍开会讨论，各部意见以为共进会宗旨系在推翻清朝政权，想推翻清朝政权，必先联络各处军队的力量，组织各党各派的团结。因为军队分子多数是各党各派的分子，故欲从军队入手，又必须从各党各派入手，欲从各党各派入手，必仿照其仪式，如开堂、烧香、结盟、入伙的办法，按其习惯方能顺手。凡会党内部的仪式有山、水、堂、香等四种名目。我们共进会的山叫中华山，水叫兴汉水，堂叫光复堂，香叫报国香。每字系以打油诗一首。

中华山诗：神明华胄创中华，凿井耕田到处家；锦绣山河万世业，子孙相守莫相差。

兴汉水诗：一水源流万里长，汉家兴复起中央；自从派衍分南北，气势奔腾不可当。

光复堂诗：堂上家家气象新，敬宗养老勉为人；维新守旧原无二，要把恩仇认得真。

报国香诗：香火绵绵未敢休，祖宗一脉自千秋；腥膻久困庄严土，待买名香祓九州。

凡会员在内地要拜各处码头者，先要记熟本会山水堂香，能够记熟山水堂香，还要记得念山水堂香所系的诗，然后可以得到一切的帮助和照顾，否则认为是假，不能得到各码头的帮助照顾。清末凡常备军、巡防营以及警察、新军各色人等，若属于各党各派分子方好立脚，如两广军队内的三点、三合会；长江上下的哥老会；四川的袍哥、孝义会；山东、陕西的八卦、大刀会；河南、河北的红枪、天地会等，军队兵士均是此类分子居多。共进会仿照此种仪式，于是会内议决着手派人分赴各省运动军队，组织会党，请孙武、焦达峰担任两湖军事党事，张百祥担任四川会党兼军事，夏之时担任重庆军事，杨锡庶担任湘西军事，聂荆担任广东军事，张丙担任广东会党事。湖北交通码头，军队最多，孙武近从军队出来，仍请孙武先行衔令密返湖北，焦达峰先衔命密返湖南，刘玉山先返广西，聂荆先返广西〔东〕，联合内地各派，组织各种力量，乘机发难。同时邓文翚即与刘揆一讨论将来革命军起，成立交战团时，所采用旗帜印信，须先事规定约好，以免混乱分歧。此时在东京的革命组织共有三个：一个是同盟会，一个是共进会，一个是光复会。刘揆一是同盟会的干事，湘潭人；陶成章是光复会的会长，会稽人；邓文翚为共进会的总理，峡江人。邓主张征求大家意见，遂发起约刘揆一、陶成章二人来华群舍讨论旗帜、印信、幡号问题，经过几次协商，规定以五色代表五族共和为国旗，以青天白日代表风日晴和为海军旗，以九条十八星代表九州十八省为陆军旗。辛亥光复时，各地所采用的青天白日、五色和十八星陆军旗，即是当时所拟定的。

　　一九〇九年在东京的革命党人鉴于内地举事屡次的失败，如云南河口之役，熊成基、秋瑾、徐锡麟安庆之役，广东潮州黄冈之役，萍乡醴陵之役，不下十余次，起来不到几时即成泡影。一般消极分子对于革命前途多抱失望，在东革命分子除同盟会黄兴赴香港，宋教仁赴东北密谋活动外，陶成章亦赴南洋群岛筹款去了。陶成章在新加坡因筹款事与孙黄派内筹款的胡汉民、陈其美等互相攻击，互相破坏，结成深怨，以致日后民国元年陈其美做沪军都督时，使蒋介石将医院内卧病的同乡友人陶成章刺杀。此等处可见蒋匪之残忍，而毫无道义也。陶成章刻苦耐劳，刚强独断，章太炎先生常笑他为"陶皇帝"，陶亦称章先生为"章菩萨"。他与我特好，时相过从，特具肝胆，至今思之犹惘惘也。刘揆一，湘潭人，前与马福益在内地举过事，此时任同盟会干事，喜吟咏，与余亦相得，常来华群舍与熊越山围棋。他的爱弟刘道一，号锄非子，寓《汉书》非其类者锄而去之意。萍醴革命事败被执，逮至浏阳门即遇害，斫四刀头始断，亦云惨矣。我当时有诗二首哭之云：

无端狂刮落前麾，正是男儿报国时；两字锄非民族史，四方喋血党人碑。冲霄剑气虹千丈，满地胡尘酒一卮；天为英雄悲惨别，浏阳门外两迷离。

生小豪情侠恨多，锥秦心思未销磨；风寒易水临歧宴，梦冷咸阳去筑歌。杜宇三更燕市月，鸱夷万顷洞庭波；九嶷碧色苌宏血，后死谁人夜枕戈。

道一未婚妻曹守道女士，留学东京习师范，闻道一耗即辍学回乡，未几亦忧伤病死。内人哭以诗云：

红颜曾上望夫台，台上红颜去不回；衡狱黛低云压恨，湘江声咽水流衰。山深兰芷无春到，客后莲瀛有梦来；我欲哭君君未识，泪珠成血血成灰。

刘道一遇害时才廿一岁，在同志中与邹容、史坚如、方声洞三人堪称四美，同归于尽，闻者无不痛惜。其时共进会的青年同志中有潘的恒、胡元辐、彭树军等，皆青年积极，对于四烈士的惨事，更激发其革命的意志，遂决计请求回国投考新军，便于军队中联络同志，乘机活动。会内各部极表赞同，以为各省各处都应采用此法。不久孙武即从东京衔命动身，绕道由东三省、香港一带密回汉口，专用此法使同志投入军队，加入革命。共进会对上述计划决议之后，并主张焦达峰亦宜早日回湖南，着手布置，以待时机。会内遂发起公饯孙武、焦达峰于富士酒楼，当时余有赠孙武、焦达峰归国诗云：

危楼送客此登临，私憾公仇似海深；握手两行宗国泪，凭栏一片故园心。潮声欧亚翻新旧，王气江淮变古今；胜有腰间长剑在，五更风雨作龙吟。

共进会自孙、焦秘密回国后，同盟会黄兴同志已有攻打广州督署的计划。共进会亦有部分同志参加广州之役，因广州之役酝酿很久，以黄兴为主，熊克武、喻培伦等为副的早在香港买进军火，密制炸弹，将近一年，至一九一一年春才着手将东京一部激烈分子秘密运港，混入广州。我与熊越山因要安置一切共进会代理的手续交与刘公，故动身最迟，延至旧历三月廿八日（4月26日）才到香港。到后即闻广州的事已经失败，广州日在捕杀革命党人，我与熊越山得此消息，即日仍由香港买舟渡海而东，经过台湾，再还东京。

到东京后回到青山华群舍，与刘公、居正、陈兆民、潘鼎新、彭素民等开会讨论，认为广州的事虽然失败，但清朝政权已成尾声，早晚灭亡亦时间问题耳。我共进会须继广州事变之后，准备第二着再接再厉，方不愧共进会三个字和宣言上所说的合各党各派共进于革命之途的一句话。下手之处，还要从两广、两湖、四川数省着手，多方运动，多加联络。两湖军队中素多同志，更多会党，广州同志虽一时挫折，必然卷土重来，四川赵尔丰不得人心，一有事变必四处蜂起。我会前次所议决的，我们各人须担负各该省党派与军务的责任，我们就应该大家分头归国，冒险入内。语有之："不入虎穴，不得虎子。"欲得虎子，还须要自入虎穴。况且孙武、焦达峰已回两湖，聂荆、刘玉山已回两广，张百祥、夏之时已回宜昌、重庆，对于军队会党必然做了很多工作。我们何不大家回去，在本省各地极力布置，达成一气，以便指挥。各部同志皆以为然，遂决计暂将华群舍取消，把共进会一切文件、印信及规定的三等九级海防军制、十八星军旗与入会愿书等，随会所移至大森体育会和田屋交何庆云、舒祖勋两位同志保管。

刘公、居正先回武汉与孙武取得了联系。然后由刘公筹了一笔款子，设了几个机关，联络军队中代表季雨霖、邓丙三与军队有力分子李春萱、李白贞、熊秉坤、余育之、杨时杰等介绍大部分兵士加入了共进会。湖北共进会的发展，此为开始。潘鼎新已回了岳州，陈一新亦回去长沙，陈兆民、温而烈已回广东，傅亦僧早回金华，与王金发、陶成章合作去了。

邓文翚最后亦由章太炎、刘光汉的介绍信，与彭素民回南昌。（刘光汉给我的介绍信，记得是戊申年（1908 年）西后、光绪死的那一年。此时他的妻子何殷振编一种《天义报》，还是鼓吹革命。及我己酉年（1909 年）回到东京，即闻刘光汉变节，他的妻子何殷振与端方暗通线索）因江西新成立新军一协，吴玠璋任协统，林之夏任五十四标标统。吴玠璋与太炎先生原是同志又属同乡。林之夏福建人，是章太炎、刘光汉在上海办《苏报》的老友，又兼文字道义之交。五十四标共有三营：第一营管带董福开，第二营管带李烈钧，第三营管带是欧阳武。我与董福开原是旧识，也是老同志，到了南昌先去看他，问他当地情形及军队内容、各同袍志趣等等。据云：军队新成，尚未发枪，吴、林二公都是好人，也是同志，惟林较有胆识毅力，有话都可细谈。三个管带中欧阳胆小，李亦滑头，董本是林的旧人，此次随来南昌担任管带。当晚我与董福开去会林之夏，交上章太炎、刘光汉二人的信，寒暄后他问及东京一班同志近来情况，对于广州事件的失败颇为扼腕。我问他吴协统处要去看他否？他云："不必，他每天必到我处来，你也不必多找朋友，董管带处不便住，即歇在我处亦可。"他又问李烈钧、欧阳武都认识吗？我说："都是熟人。"他又问："见过他们吗？"我说："李管带处我打算明天去看他一下，看他什么态度。"果然第二日我一个人去看李烈钧，他看见我满面春风，问我何时归国，有何要事，问了几句漠不相关的话。我知此人不可以语心腹，不敢再往下说，即敷衍了一顿，握手辞出。后去寻董福开商议办法，到了董福开家正在用晚饭，我即加入。用过饭后，我极力劝董福开先将共进会江西分会成立起来，然后再由会中组织同志加入军队，再吸取军队加入革命，一旦有事必然发生伟大作用，董亦深以为然。次日我即召集同志欧阳豪、蔡森、刘奇、蔡锐霆、蔡伟东、邓九初、熊公福、潘力行、欧阳盾、邓守益、姚敏、彭热诚、吴楚藩等数十人成立了江两共进分会，推董为分会会长。即日组织了数十人投考新军，好在标统、管带早已说通，故均得录取。此次我与彭素民到南昌一趟，收获甚大，后来辛亥光复南昌，此数十人的功为最多。

辛亥南昌光复时，李烈钧早赴北洋观操去了，欧阳武已被群众赶走，董福开调升贵阳标统，吴玠璋光复时本是江西都督，后因故辞职回原籍去了。

本来南昌光复，在外是受武汉光复的影响，在内还是受军队内共进会暗伏同志的鼓动。因刘奇队官与蔡森兄弟等得武汉光复消息，即磨拳擦掌在内鼓动。遂于十月十四日夜扒城而入，向抚院衙门开枪。巡抚冯汝骙正在睡梦，听得枪声四起，仓惶逃遁，被新军队官蔡森兄弟等捉住。我此时正在香港陈兆民家中作客。先是我在南昌成立了共进分会，组织了一部分同志投入了五十四标新军以后，同志劝我暂且离开南昌，机会到了再来。我亦认以为是，遂与彭素民回至樟树，在他的药店彭仁和住了三天，然后由樟树经由萍乡至浏阳。到了焦达峰家中一问，始知焦达峰已去长沙，乃折返萍乡，在同志彭镜吾家中住了二日，然后与彭素民同回峡江我的乡村家中。到家时已是腊月廿四日，正是乡下过小年的时候。乡俗凡地主家中均于腊月廿四日杀鸡为黍，祀神请客，并请一班帮助收租的人，作为一年酬功之意。此时距旧历除夕不远，因留彭素民在家过了元旦，再行定夺。

一九一一年宣统三年，我在峡江过了旧历新年，初四日偕了彭素民由峡江家中动身到吉安；又由吉安到赣州，在同学刘子虔家中盘桓了数日。过了元宵离开赣州，不到几日走到大庾，在同志赖伯玉家中留滞将近二月。乡人见我久住在此，非工非商未免怀疑，赖伯玉作了一封介绍信，要我们到广州寄住江西会馆之内。拿了书信走到粤赣交界盗贼出入之处，近南雄境，风鹤频惊，当时口占一绝云："龙蛇大泽乱如峰，鼙鼓声中路不通；胜有宝刀能壮胆，漫天荆棘过南雄。"到了广州寻到江西会馆，投了书信，寄住了数月。将近中秋接到陈兆民由香港来信，叫我即日赴港共商要事，因他接到孙武、刘公已到武汉的消息。我到香港初住陈兆民家，后以房屋狭小不便久住，乃迁至东方台邓次乾家中居住。邓次乾系天福银号的东家，因友人的介绍，并本家的关系，其妻周淑芬曾留学日本早已认识，故招待殷勤。一直住到秋末，武汉光复时消息传到香港后，便向周淑芬借得路费，即刻买了船票赶到上海，由名利栈接客的招待。行装甫卸，即看见马伯援同志亦携行李进门，他正由汉口来沪，手提德华银行钞票一大包袱。问他何处来何处去，他说："汉口军政府专派我来欢迎各位同志去武汉的，你既住在该栈，即烦你将此项钞票代为收起。"我亦不理，遂将包袱往床上一丢，随手带拢门外出看朋友去了。晚上回了客栈，床上一大包数十万元的钞票原封未动，亦可见此时的人心颇有一种开国淳朴的气象。次日与马伯援即乘招商江新轮往汉口，船上遇见王正廷、宋教仁、刘揆一诸同志，亦有经商的，到了武昌军政府即有人在码头欢迎，我与素民当晚即住在刘仲文家中，刘公即已由湖南到此同住一处。次日我与刘公同赴军务部，向孙武建议共进会须赶快着手训练新军十师，以备应付将来。而孙武大不谓然，眼光近视，以为革命已经成功，无须再练军队，傲视一切，恃功而骄。我两人看此情形，以为说亦无用，不如各打主意，各自回省。

焦达峰回湖南组织队伍，光复了长沙，不久即被反动派谭延闿部下的梅子羹（梅馨）所杀。我回江西组织北伐军开驻南京，不到半年和议告成，临时政府取消，军队即被遣散。

此后放怀山水，避嚣吴市，共进会一切动静久已不相闻问。今所述者，不过在东京发起之原委与开展过程中诸同志一部分措施的掠影而已。至武汉以后开始的共进会，则尚有武汉当时的同志，如董必武、李春萱、熊晋槐、熊秉坤、余育之、丁笏堂、杨时杰、李白贞、向寿荫等，他们当日躬与其事，当有详细的记载，与开国的历史可征，无俟再作蛇足之赘述也。

附录东京共进会发起时会员概略（当时会员不止此数，因记忆不清，挂一漏十，知所不免，阅者谅之）：

| | | | |
|---|---|---|---|
| 张启善（百祥） | 彭汉遗 | 宋镇华 | 张次青 |
| 邓文辉（文翚） | 居 正 | 袁麟阁 | 李国骥 |
| 刘 公（仲文） | 舒祖勋 | 郑江灏 | 张公道 |
| 孙 武（尧卿） | 冯振骥 | 向寿荫 | 何枢垣 |
| 张 智 | 陶成章 | 邓鸿绪 | 李策安 |
| 秦遂生 | 曾小岩 | 聂 荆 | 张大义 |
| 薛晋贤 | 覃 振 | 徐 超 | 张 丙 |
| 李 蕚 | 董祖椿 | 熊公福 | 杨时杰 |
| 彭惠群 | 吴文叔 | 杨铁山 | 张 恭 |
| 邓鸿绍 | 刘锡华 | 熊克武 | 黄格鸥 |
| 熊越山 | 赵 声 | 李肇甫 | 郑 臣 |
| 程 豹 | 谢和山 | 罗 杰 | 吴永珊 |
| 黄自强 | 彭树军 | 李基鸿 | 何庆云 |
| 陈一新 | 傅亦僧 | 黄 镕 | 胡香白 |
| 雷柱臣 | 彭素民 | 王文华 | 王 武 |
| 白 坚 | 喻培伦 | 文 群 | 黄宵九 |
| 方汉臣 | 李寿泉 | 钟剑秋 | 蔡凤权 |
| 许汉武 | 刘 铁 | 漆硬心 | 刘玉山 |
| 李香山 | 瞿蓬仙 | 龚铁铮 | 金 鼎 |
| 黄毓英 | 苏理成 | 晏祥五 | 卢式楷 |

| | | | |
|---|---|---|---|
| 孙光廷 | 孙作丹 | 张治祥 | 黄小山 |
| 蔡锐霆 | 黄德凤 | 焦达峰 | 冯亚佛 |
| 谭嗣黄 | 周稻荪 | 张知竞 | 熊　毅 |
| 龚味荪 | 刘月清 | 尹　侗 | 何其义 |
| 邹怀渊 | 夏重民 | 杜姮甫 | 谭　公 |
| 潘鼎新 | 蔡　蕙 | 张惟圣 | 吴永枏 |
| 刘　英 | 王炳楚 | 李宗常 | 王正雅 |
| 邓恢宇 | 王　军 | 邓鸥群 | 佘尧成 |
| 黄晓辉 | 汤增璧 | 陈兆民 | 杨鸿昌 |
| 唐　教 | 杨晋康 | 陈小珍 | 何天炯 |
| 李家沣 | 宁太一 | | |

# 共进会宣言书

张静庐 整理

　　**说明**：邓文翚的《共进会的源起及其若干制度》一文，内录宣言两种：一种白话，一种文言。关于白话宣言，附有小注云："系汉口李白贞、李春宣等同志处抄写寄来略事修改的。"《支那革命丛报》第二号、第三号合刊本，在专件栏载有《共进会宣言书》全文，经与核对，发现删节之处很多，增添文句亦不少，似非原《宣言书》的全貌了。为此特抄录原文以供参考。

张静庐

　　我们这个会，为甚么叫做共进呢？这是很有个意思的，等我先把这字面说明了，然后再说其中的道理。这共字是共同的意思。单就我们立会这个团体说，就是在会内的人，个个都要同心合意，共做事业，不可一人别怀他样的异心。就本会以外说，凡与我们这个会同样的，不论他叫甚么会名，我们总要联合起来，结成一个大团体共同去做事业。所以这个共字，就是合我们全国中各种的会，一同去做事的意思。至于这个进字，就是要长进我们各会员的知识，把从前那些做偏了、做小了的事丢开，寻一个正正大大的题目去做。我们的知识就是要认真这个题目，把题目认真了，就赶紧去做，只有进无退，不许有丝毫怠懈的心。这题目好比射箭的垛子，我们的眼睛把垛子认真了，把我们的身子就当作一根箭，如飞的一般，务要钉在那垛子上，若是稍有一点儿躲闪，就半路落了下来。所以我们取这个进字，前一层是进我们心中的知识，后一层是进我们的身子去做那知识上认定了的事，这是我们取共进二字字面的意思了。如今字面说了就要说其中的道理，这道理说来很长，请你们安安地静坐，听我说来。大家想一想，我们这些会党，虽说名字不同，各有各堂的名目，但是从普通一般合拢来说，不是都叫做汉流吗？这流字就与党字相同，倒没有深意。究竟为什么要取这个汉字呢？说起这个汉字，我就先要流下眼泪来。是甚么缘故呢？原来这世界上的人，种族是不同的，分成黄、白、红、黑各样颜色的种，我们就是黄种。但这黄种中间又分了几样，就是汉种、满种、日本种、朝鲜种等类了。我们中国自从盘古以来，就是汉种人居住，汉种人做皇帝。到了明朝崇祯的时候，那东边狄夷满洲的满种，忽然强起来，趁中国有难，就乘虚杀进来，把我们汉种人杀得尸骨堆山，血流成海，奸淫掳掠，无所不至，就做了中国的皇帝，把杀不完的汉族，当做他的奴隶，随便他虐待。那个时候，我们的祖宗，伤心惨目，要想报仇，把满人除掉，怎奈没有力量，才苦苦地想个法子，暗中立一个团体，叫做汉流，是叫我们做后人的，想到这个汉字，就想起我们是个汉种，就想到那满人做皇帝的不是汉种。中国既是我们汉种的国，怎么该让满人来享受，我们受他的管束呢？所以因这一个汉字，才能够发动那报仇的心。又如我们内中有个能干人，就叫做好汉，也就是说这个人是个好汉种，必定能做报仇的事。所以晓得汉流，就晓得我们不是满流；要当好汉，就不要扶助那满人，变成一个好满去了，这就是我们祖宗立这个会的宗旨，要望子孙入会的就实心去做。谁知到了后来，倒忘了本，把正大宗旨时（原文如此）开一边，倒去做些小事，把会也说成匪党去了。到了如今，我们好哥弟，多半去赌博，或是去抢劫，那些满奴才狗官，说是匪徒，捉去不装站笼，就破脑袋，把一条性命送了，还丢不脱匪徒二字。若是守我们本会的正大宗旨，去驱逐满人，世界上就称我们为革命的英雄。事成了，固然要立铜像，扬名千载，万国皆称赞；事不成死了，也落得一个英雄的名称，比被那狗官捉去整死了，成一个匪徒的名词，不更划得来么？我们不拿正大的宗旨去做英雄，倒去做那抢劫的生活，成一个匪徒，真正是错到底了。所以我前头说做偏了、做小了，要增进知识，这知识不是要到别处去找的，就是要明白我们会中本来的宗旨罢了。有些人说这满人虽是鞑子，但他已经在中国做了二百多年皇帝，只要相安无事，何必定要排他呢？这个话是大错了。怎么说呢？他来的时候杀我们的祖宗，奸淫我们的祖姑、祖母，占了我们汉族的江山，把他那些贱种，当作贵族，世代封王。又派些贱种，分住各省要地，叫做驻防，防着我们汉族，好像防贼一般，这就已经可恶了，他还要吃着穿着我们的哩！有时享受得不安分，他还要生许多事情，欺虐我们。又放些贪官污吏，替他来收厘征税，我们辛苦赚点儿钱，白白送给了他还不够，或者加一个罪名，还要断送我们的性命。这样看起来，满人倒相安，可是汉人一日也不得安啊！况且他到如今，朝纲紊乱，只有奉承洋人，作洋人的奴隶，拿我们给洋人做三层奴隶，又把我们的地土，今天割一块来送这个，明天割一块来送那个。若百姓和洋人闹起事来，他不但不替百姓讲一句公道话，到〔倒〕要替洋人杀些百姓出气，动不动又讲要赔款多少，铁路也送给洋人，矿山也送给洋人，税关也送给洋人。你看近来各项东西，都越过越贵，过活又一天难似一天，不是一些财产都被洋人搬穷了吗？这满人他只顾请洋人来保住他做皇帝，哪管得汉人的死活。只可怜我们汉人，白白替别人做世界做不了！我们若不早点把这满人打开，再过几年，就会把我们的中国和盘送给洋人；到了落在洋人手里，那洋人的手段又狠又辣，我们还当得住么？还能够把中国拿得回来么？请看现在洋人对中国人，就是这样利害，将来若让满人把中国送给他，难道不把汉人斩尽杀绝吗？这个中国，本不是满人的，满人拿去给把洋人，日后好留一条生路，也是人情落得做的。只是我们的国家，给他做了一个礼物，他使用了不足，还要引得那些豺狼似的洋人来糟蹋我们，实在是划不着。所以我们革命，一来是要替祖宗报仇，二来是要早点预备，免得子孙绝种，这岂不是光明正大的道理吗？我们会中人，既然把这题目认定了，就该去做。但是这满人既占着皇帝位了，又有这些汉奸扶助他，他的势子管多少大哩！我们不把全国的会汉合拢来，怎能够成功呢？所以我们要劝告我们的同党，不同分门别户，说你是哪一个码头的，他是哪一个山堂的，某个是上牌，某个又是中牌、下牌，自己先分了界限，把团体离开，那就是自取败亡了。须要晓得：我们同是汉人，同是轩辕黄帝的子孙，合中国四百兆人都是同胞，好像一个大家。而且我们的会，都叫做汉流，都是要杀满鞑子的，怎么不团结起来，同心合意去取回我们的中国，倒来闹这些小小儿的界限，这见识岂不太小了吗？所以我们才取这共进二字，增进我们哥弟的知识，共拼死力，有进无退地去杀满鞑子，取回中国，仍旧汉人作主人，免得偷偷缩缩，好像出洞的老鼠一般，才算得是会党中的好汉，才算得是英雄！哥弟们仔细想一想看，该也不错吗？还有一句要紧话：我们革命，切记不可打教堂杀外国人。本来这外国人到了中国没有好心，但是我们只要把满人杀了，把中国整顿好了，那他也就不敢欺凌我了。若是起革命军的时候，就先打教堂杀洋人，他就会满盘领起兵来，帮着满人杀我们。若我们不惹他，他就也没有话说。是甚么缘故呢？因为如今外国人商议了一个通行的规矩，叫做国际公法，这公法有一条载着道：无论哪国起了革命军，别国人不准插进来多事；但是革命军若伤害了别国，别国也就要多事的。所以我们切记不可损害他们，免得惹起大祸来，弄成个寡不敌众。革命本是英雄的事业，应该要合着大家定的公法，才算得英雄的本领哩。但有一桩事，哥弟们切莫会错了意：凡外国人到了某国的地方来住下，他遇着这一国有革命军，他就要派兵来保住他的百姓，哥弟们切莫认做这兵是来打我们的。比方上年湖南、江西两处起革命军，外国人也派过兵船，但是我们没有损害他的百姓，他也不来坏我们的事；若是你要损害他，他也就要来打你，这也是公法上载着有的。所以我们起了革命军，只要拼命去杀那满鞑子，不要惹起许多洋人来，讨个没趣，那么事就容易办了，等到这事办成了功，再来打算办那洋人的事，也就不消费多大的力。以上说这些话，都是大略，若详细说来，恐怕要说几十篇。但是说了这些话，哥弟们也大概明白了；既然明白了，就要大家赶快去做，再等些时候就来不及了。

# 镇南关起义回忆

梁烈亚

编者按：本文写于 1962 年。作者梁烈亚在镇南关起义时任交通联络工作。文中记述了作者的亲历见闻。

## 一　前言

一九〇七年农历十月二十六日子时光景，在中国革命先行者、伟大的孙中山先生的领导下，一批革命党人，其中并有越南、菲律宾、日本、法国籍的党人，由越南边境疾进国境之险要关隘镇南关，占领了镇北、镇中、镇南三个重要的国防炮台，举行起义。这就是有名的镇南关起义。

孙中山先生于翌日酉时左右由越南河内来到镇北炮台。这是孙中山先生领导历次革命起义中唯一亲历战地之一役。我那时在做交通联络工作，这天适在镇北台上，因获与其他同志一起见到了孙先生。现在把我在此役中的所见所闻写出来，供中国近代史研究作参考。由于年日过久，如有遗漏差错，希望参加此役者匡正。

## 二 起义前党人在各方面的活动

一九〇三年冬季，清朝的两广总督岑春煊因与广西提督苏元春有隙，借故奏革苏官。所有苏所统率之部队如毅新营、熙字营、镇南营，一概拨归陆荣廷，与原有的建字营合编为荣字十个营队（约四千人左右），统由陆统带。但仍分别驻扎在镇南关、水口关、平而关、凭祥一带的边防要地。

在苏元春的营队里，尚留有一些官兵，曾参与一八八四年抗法之役。他们对清政府向法帝乞和，签订割地赔款之《天津条约》，本甚愤慨，这次苏元春的撤职和充军，更使他们感到不满。

一九〇六年，因日政府接受了清政府驱逐孙中山出境之要求，中山先生遂偕胡汉民、汪精卫、黎仲英等离日去新加坡，转赴越南西贡（汪精卫留在星岛未去），再到河内（黄兴随后也到），特设机关于甘必大街六十一号。又嘱华侨党人杨寿彭、黄隆生、刘岐山等开设日新茶楼一所，作为各地党人来往之联络机关。通过党人的活动，有不少清军官兵参加了中国革命同盟会。如苏元春的旧部毅新营管带梁蓝泉、刘永福的旧部队长梁亚珠（广西南宁扬美村人，抗法勇猛，屡受重伤不死，头颈都有伤疤，故号疤颈梁。与越南爱国抗法的游击首领黄花探友善）、冯子材的旧部何伍，及在龙济光边防军任哨官的韦云卿（南宁人，壮族，后来参加广州三月二十九日起义成仁，为七十二烈士之一）等，分别由党人王和顺、关仁甫、梁植堂、曾汝景、黄明堂之介绍入盟，并先后谒见了孙中山先生。

那时，陆荣廷已得岑春煊提拔，奏升为左江镇总兵，兼荣字营统领。他的统领部设在凭祥，帮统陈炳焜驻在镇南关附近的隘口。陈的直属部队帮带黄福廷的营本部设在镇南关。黄的直属部队的哨官李福南（号李矮子）和姚子安的队伍则分别驻扎在镇

北、镇中、镇南等险要炮台。（当时每营建制有五个哨——中、前、后、左、右，每哨约八十余人）

曾汝景，广西靖西人，壮族。陆荣廷投清时，曾驻扎在靖西，曾、陆二人由此相识。后曾氏留学日本习法政，由其同学马同（即马君武，桂林体用学堂同窗）和邓家彦两人介绍，谒见孙中山先生，参加了同盟会。追毕业回国，庄蕴宽聘之为龙州法政学堂监督，暗中奉孙中山先生之命宣传革命，招集同志。又重与陆荣廷秘密往来，策动陆氏恢复旧日反清之面目，在镇南关、龙州（现龙津县）一带反清驱龙（龙济光），共图大事。陆答以龙部驻龙州之兵力甚厚，不易动手；如在镇南关起义，愿作响应。曾氏尝据以报告孙中山先生。后来曾氏在法政学堂的言语行动，为龙探所注意，龙氏将有所图。庄蕴宽将此项消息转告曾氏，曾遂辞职潜到河内。

关仁甫和李佑卿与驻扎镇南关的黄福廷有旧。关、李二人由越南入关与黄联系，黄一口答应：如革命军在龙州起义，当即归附。关氏又秘赴龙州，运动边防军统领总教官易世隆、龙州厅幕僚陈晓峰游说驻龙州的军队，作为起义时之内应。不幸易、陈二同志竟被敌探捕杀，成了镇南关起义前之烈士。关闻风避回越南，途中遇着法帝之巡防兵，疑是越南反法的革命党员（越南光复会会员），押入监狱。后得华侨联保，才获释放。

孙中山先生策动军人革命之计划，一向注意在下级官兵中争取同情者，以便一旦发动，作为战斗之主要力量。当时驻守镇南关最险要、最坚固的镇北、镇中、镇南三个炮台的哨官李福南和姚子安，都是梁蓝泉、梁亚珠的旧部，下级官兵亦是两梁昔日的队伍。李佑卿也与李、姚所部军官多数相识。中山先生遂令两梁与李佑卿一起入关，同他们秘密商议。李福南因早具反清反帝之志，即欣然加入同盟会。守台的官兵亦踊跃随从，誓同生死。只有姚子安态度暧昧，故不与联系，但其部下则已秘密与革命军结盟了。

孙中山先生接到这个消息，非常兴奋，亲到文登、文渊，交予两梁、李佑卿、黄明堂等一宗款项，嘱先行发给守台官兵每名二十元至四十元，作为起义的准备金。同时，黄明堂、何伍、李佑卿、刘梅卿、李辉堂等已先期住在越南靠近镇南关之同登、文渊、那浪、那模等地，各自召集自己所联络的同志听候行动。梁亚珠和越南潘佩珠也暗中召集黑旗军余部与越南光复会的同志在大沟村准备一切。李福南又时常派出守台之官兵，借口出关到文渊、同登购买日用什物，与党人互通声气。

孙中山先生重视以宣传为摧毁敌人之利器，在镇南关起义以前，即派出邓睿臣、林高等数人入关，假扮为讲圣谕专员（这是专门演讲清廷"圣旨"的奴才。此种"专员"可以仗势四处乱走，官厅不得干涉），或充军佬（清代以广西为边远地区，以之作为充军之地带。充军佬也较便于到处行走），或扮为小贩，往来出没于镇南关、凭祥、宁明等地的村庄墟市，与农民群众接近，一有机会，便宣传革命道理，尤多阐述"平均地权"、"建立民国"等主张，甚受群众之欢迎。所以后来镇南起义时，有的农民投入革命军，有的为革命军传递消息，帮助运输。

此外，又派出同志多人沿着左江主支流两岸，向疍民（即船家）宣传革命。内容大要是：他们原是明室朱姓后裔，被清廷放逐而改姓沦为疍民，在政治上受到永远不许应试做官当兵的歧遇，并以清廷卖国殃民之罪状及革命党主张"建立民国"和"平均地权"等纲领加紧宣传，意在激动疍家参加革命，不为清军运输军饷。

### 三　王、黄、关、梁在扬美之集议

王和顺在孙中山先生亲到文登、文渊视察并见了李福南后，便积极与黄兴、胡汉民等重新订定起义大计，约略如下：
（一）分水陆两路进军。水路由龙州下达太平府至三江口。陆路由凭祥、宁明、上思至宣化的迁龙司、大塘，会合十万大山、钦州各地的民军袭取南宁。中途各地区由梁植堂（花号相貌四，运输工出身，在三点会任堂值事，会众呼为值堂，遂以植堂为名，与王、黄、梁结为兄弟）、黄简初（罗阳司官）、韦云卿等招集民军响应。（二）取得南宁后，即建立中华国民军军政府，以孙中山、黄兴为正副大元帅，宣告中外，并行使军用券。（三）在南宁、武鸣、上林、贵县、太平、果化、平马、隆安、钦、廉等地广招民兵入伍，扩大武装力量。（四）由南宁分兵袭取桂林、梧州，入湖南、江西、广东，与各省革命军会合，推翻清廷，成立民国。

议定，当即电召在香港的田桐、谭人凤、何克夫、谭剑英、黎仲英等到河内，作种种准备。

上项计划的关键是在取得南宁，为此，黄兴又于九月下旬偕同王和顺、黄明堂、关仁甫、梁蓝泉携带款项到左江下游的扬美村（在三江口上游，扼左右江三角水陆交通）梁亚珠、梁植堂家，召集进袭南宁路线上的各地同志，如黄简初、杜少庭、许四功、黄百良、陆醒、李十、蓝其宣等十数人商议，要在新宁州、隆安、上思、绥禄、永康州，集合往日壬寅、癸卯大起义之役的旧部，由梁植堂、梁亚珠、黄简初、刘辉廷、杜少庭指挥，大约有新旧枪六百枝，为主要民兵。任务是扰乱清兵，等候镇南关、龙州方面之革命军开封，即出来响应，占领南宁。

## 四　黄明堂改任南军都督

孙中山先生原以王和顺任南军都督，起义前又新派黄明堂为副都督，同负策划龙州、镇南关起义之责。

王于一九〇二至一九〇四年间，曾与梁植堂、闭云培、韦五嫂、唐弟等同陆亚发（即萱花发）、苏亚八、欧四、白毛七等在南宁、柳州等地区组织农民起义，称大明天国军，屡挫清军，占了许多府县城池，声势浩大。清廷极为震惊，深恐再酿成太平军之局势，遂令七省防军作四面八方的大围剿。陆荣廷亦带兵加入为清廷卖力求功。陆亚发、王和顺、白毛七、梁植堂、韦五嫂等亦四出游击，抗击清军。陆亚发不幸被擒，不屈，在桂林遭岑春煊杀害，挖出心肝热血，在法场上当着大众与陆荣廷、龙济光、黄忠浩（清廷驻防湘省之军官）等和酒啖饮。王和顺、梁植堂、韦五嫂、闭云培闻此恶耗，悲愤万分，遂与农民军全力出击，在隆安之马鞍山把陆荣廷昔日之上司和把兄弟、清廷悍将马盛治（陈炳焜也在马处当过哨长）击毙，消灭其所部清军千余人（日后岑春煊奉清廷命令，与陆荣廷、陈炳焜在南宁为马氏建筑了一座极为辉煌的马武烈公祠）。一九〇七年七月，王和顺、刘辉廷、李辉堂、唐浦珠等在防城起义，陆荣廷又带队到防城与王等作敌，可是王等已退入十万大山，无从接仗。由于这些历史，王、刘、梁三人与陆氏结了深仇。此时，党人既在争取陆荣廷，而陆的真实态度又尚未暴露，故王和顺认为自己如继续当南军都督，将不利于争取，遂向中山先生恳请辞去南军都督之职务。中山先生采纳其意，乃改派黄明堂、李佑卿为南军正、副都督；另派王和顺为中华国民军前军第一司令，负进袭平而关、水口关、考利隘之责。外间不明底蕴，说是王与李佑卿所部不协，因而才有这样的变更，并非事实。按李当时所召集的同志仅六十余人，有枪支者只一半。而王在防城起义，进攻灵山不克，带上十万大山的队伍，则有三百余人枪。彼此力量大小悬殊，自不至因所传与李部不协而小题大做也。

## 五　革命军占领炮台起义之情形

镇南关附近各炮台均建筑在山顶上面，用大石块砌成。山路陡峭，易守难攻。故革命军用内应外合之计，来收占领之功。守炮台之官兵，早已暗投革命，只静候龙州方面之策动有成，即定期起义。那时，有些兵士领得孙中山先生发给起义的准备金后，便用来向龙州街市购买平日喜爱的龙州刀（龙州刀背厚口薄，锋刃锐利。中法之役，法敌死于此刀之下者甚众），因而惹起龙济光之怀疑。事为梁蓝泉、梁亚珠侦悉，深恐龙氏为此加强控制，更动守台官兵，于是与黄明堂、李福南急向孙中山先生请准，于任何有利之时日，得随时确定发动日期，以免失去机局。

正巧，李福南得到情报，知道守镇北炮台的哨官姚子安定于一九〇七年农历十月二十五日要离台回关前隘住宅过夜，即急行决定于二十六日子时举行起义，并于二十四日分派人员至越南之文登、文渊、那模、那浪、大沟村等地约定黄明堂、李佑卿、关仁甫、盘公仪按照时间入关上台。二十五日下午四时，姚氏离去后，李福南、梁蓝泉、梁亚珠等就先上镇北炮台作准备。黄、李、关等人亦如约率领在越南境内等候参加发动起义的同志，计有铁路、商店、工厂员工和做小贩之华侨二百余人，以及国内失地农民、失业手工业工人、苦力等约一百余人。另有由盘公仪率领、潘佩珠领导的越南光复会会员八十余人，菲律宾独立党（反美独立）彭西约来的菲岛同志三十余人（菲岛同志皮肤黄中带黑，和我们相处十分热情，领队人姓名已记不清），总计约共四百余人。携来有比制的荷包枪，法制的七响针，德制的木壳枪、无烟大枪、毛瑟枪、锁头枪以及炸药、鱼眼灯、大光灯等各种作战用具。先行会合于越南卜溪，然后分别进入国境的弄怀、弄尧。将到炮台附近时，梁蓝泉已在路上迎接。大约于二十六日子时，第一队首先占领了镇北炮台，其余由梁亚珠、关仁甫、李佑卿分别率领上了镇中、镇南两炮台。到了曙光初照，清兵望见革命军的旗帜在高空飘扬，才知道镇南关最险要的三座炮台已入革命军之手了。是时，我们还看见镇中、镇南炮台与镇北炮台的旗手同庆胜利之旗语，不禁也欢呼起来。

镇南关的镇北炮台地位最高，亦最险峻，可称各炮台之首。它的武器数量，计有德制十二生的大炮一门、七生的半野炮四门、七生的大炮一门、四响机关炮一门，此外还有臼炮六尊、小机枪四挺、步枪五十余杆、炮弹数千发，步枪子弹不详。

起义以前，梁蓝泉、梁亚珠等原已约定驻镇南关的营长黄福廷于起义时率部反正，但候至午时，尚未见黄氏有何动作。故派出梁锡彩、吴有新与兵士数人携带革命军旗帜和军饷，直向镇南关黄营本部交给黄氏，促其起义。讵料黄氏以屡次受陈炳焜个人之恩德赏识，交谊又厚，竟将梁、吴和兵士六七人杀害，更以革命军之秘密报告陈炳焜转达陆荣廷。

是晚近黄昏时，有马骝山上的炮台派人潜来镇北炮台表示反正，黄明堂即派员前往接收，树旗起义。

# 六 孙中山先生由越入关和回越的经过

孙中山先生在河内接到黄明堂、李佑卿、李福廷等的起义电讯，喜悦非常，便急于筹办饷械，又因情绪过于兴奋，奔走指挥，忙个不休，终夜未寝。翌日（二十七日）早偕同黄兴（更名张守正）、胡汉民、胡毅生、何克夫、杨寿彭、谭剑英、谭人凤、（田桐因携带军用券案，留在海防）、张焕池、黄隆生、农士达、日友池享吉、法友狄氏等约二十余人起程入关。关仁甫、韦云卿前往文渊迎迓，大约在下午酉时左右来到镇北炮台，受到革命军列队鼓乐欢迎。孙中山先生与同来的同志趋前和革命军官兵握手，随即向全队作简略的讲话说："感谢大家此次奋勇举旗起义，同全国同胞一起把满清皇帝民贼推翻，建立新的富强的共和国，四万万同胞都成为国家的主人翁，享受独立自由之幸福，外国人不敢欺侮我地了，大家都有田地耕种了！同志们！我们就要直向南宁、广州，北出长江，和全国同胞打到北京去！革命军是救国救民的军队，是最得民心的军队，到处都有人民来帮助，力量最大。贼军必败，我们必胜！兄弟此次入关是和大家一起奋斗，把革命革到成功！"孙先生态度和蔼可亲，说的话，深得人心。因此，全台气氛热烈，达到了高潮。

第二日一早，中山先生与同志们又先后到镇中、镇南炮台联欢，也对官兵讲了话。旋令人将带来的饷械交给黄明堂、李福南等收用，即出台下山到附近山地视察地形。途中入农家访问，并在某姓民家邀农民共进午餐。有些小孩误认中山先生与随从同志们是"老番"，先生乃用两广白话向一群小孩说："我们都是中国人，来推翻清朝皇帝和打老番的。"孩子们就亲热地靠拢来。先生还叫农民们上炮台去看看。约在未时左右，先生一行才回到镇北炮台。不久，清军由大连城方面发来一炮（试探炮），因当时正有人由台肚（即炮台下面的地窖）到台上观览，因而受轻伤者五人。中山先生用望远镜观察，即令炮手还一炮，击中镇南关的大营。法国同志得到先生的许可，再加发一炮，也中大连城渠沥的敌营（据云是陈炳焜、曾少奎打先锋的营地），敌炮遂哑然不敢回答。天刚黑的时候，孙中山先生接到陆荣廷的来信，说是他往日由反清而投清，乃出于不得已，故时思反正，惜无机缘。今得尊座由越入关领导，爱敬莫名，一俟准备完毕，即投拜麾下，恭听指挥等语。党人疑信参半，有的同志认为他在日本东京加入过同盟会（陆曾奉清廷伪谕到过日本观操），因而对此信信以为真；有的说，陆氏是个契弟反骨仔，醉心名利，丧尽良心，杀害了许多同门兄弟，那能来和我们一起革命，不要乱猜，上他的当。我当时是附和后一说的，更不相信陆氏曾入过同盟会。因为王和顺和我的父亲梁植堂早已加入同盟会，都是陆氏的对头，他如果也是同盟会员，为什么还要坚与为敌呢？到了辛亥革命时，我才知道陆氏加入同盟会投机的始末，正如他入三点会反骨一样。中山先生亦以陆氏来信没有具体表示，因而认为不能置信。

翌晨，忽有陈炳焜部二百余人要向炮台冲来，为炮台下面的守卫同志喝止，并对敌人叫话说：我们都是同胞兄弟，同胞兄弟是不打同胞兄弟的，我们欢迎你们兄弟一起革命推翻满清等语。敌军也回话说：我们大家不要打，我们回去起义等语。随即退去。中山先生对此情况，疑是陆氏有意归降的样子。旋又接到附近热心农民数人（与中山先生见过面的）之紧急报告说：陆荣廷自凭祥带来的三营兵，已在大青山、小青山、凤尾山、摩沙等要地与龙觐光所部会合，实行围攻，并由陈炳焜、黄福廷、曾少奎担任打前锋等语。大家才想到早晨敌人之动作，是来探虚实的。午刻接到越南刘岐山同志急信说："运来的大宗粮食、枪支、子弹，在文登被法军扣留，交涉无效。"中山先生料到革命军与陆、龙必有一场大战，如缺乏粮械补充，必遭困难，乃决意于是日下午五时与胡汉民、黄兴、黄隆生及日、法同志暂时出关回越，向法军力行交涉妥当后，再回炮台继续作战。并留下胡毅生、谭剑英、何克夫等数人在炮台上与黄明堂、梁蓝泉等同志商议作战的计划。

## 七　革命军坚守炮台屡败清兵之进攻

清廷接到革命军占领镇南关炮台起义之消息后，急电两广总督张人骏、广西巡抚张鸣岐，限龙济光、陆荣廷务必于一周内克服炮台，否则便将陈炳焜、黄福廷处斩；陆、龙褫职解京论罪。

陆荣廷奉电后，因贪心富贵，忧惧万分。他见革命军的人数薄弱，急趁革命军大宗军械未到之前，于二十八日夜七时亲自督战，派陈炳焜、黄福廷、曾少辉为先锋，用大炮密集轰击，配合竹梯队、马刀队、药包队等向炮台作肉薄冲锋。清军以为革命军不堪一击，但进攻了两夜一日，不仅被革命军勇敢机智的击退，并被革命军依靠农民的指引，占领了镇北炮台后面的重要据点弄尧屯。这场战役，清兵先后曾作肉薄冲锋六次，被杀死杀伤二百余人。黄福廷的大腿也受了重伤。陆荣廷以首次与革命军交战即遭惨败，更以所部兵士在作战时不愿开枪，甚至有三十余人投奔入革命军，因而心神惶惧，竟向隘口伏波庙祈祷求佑。

龙济光前因怀疑陆荣廷与革命军有往来，特派龙觐光、萧顺洪带领队伍二营到南关闸一带驻扎，用意在观察监视陆氏之行动。后来看到陆氏亲自到炮台面前督战（廿八九夜间），卖力非常，疑心始释。龙乃率领亲兵营急来同陆氏合力作战，并重新拟定作战计划：首先要占领三个炮台外围要地摩沙、弄尧、渠沥等地，然后向镇南炮台进取，意在取得南炮台，用来掩护进攻镇中、镇北两炮台，作各个击破之战法。可是，当清军进攻南台时，便被镇北炮台居高临下的用大小炮配合南台轰击。清军强迫所部向炮台冲击，由于无处掩蔽，故死伤甚多，狼狈逃下。这是清军第二次所吃的败仗。

陆、龙两次惨败，益恐违误清廷的限令，因又改变计划，合残部与新增援军共约五千余人，在三个炮台附近之马骝山、四方岭、隘口、凤尾山、尖山、大青山、小青山等山上加添与新架各种大炮，龙济光、龙觐光、萧顺洪由大小青山方面，陆荣廷、谭浩明由弄尧、摩沙方面，陈炳焜、曾广义、林少斌由尖山方面，还勾同一些土豪劣绅之乡团，对三个炮台作三面包围（另一面靠近越南，清军怕惹起交涉，不敢在这方面作战），用各种大炮、机枪密集攻击。革命军奋勇战斗，也用大小炮、机枪向清军猛轰。清军曾屡次冲近炮台，但伤亡很大，总计在十一月初二三四间，由于革命军反击，死伤约四百余人，军官死伤者也不少。清军后来只自认有古景邦、黄端兴、马朝甫等受伤，其实还有陈炳焜、曾少辉、萧顺洪也各受了轻重伤。

## 八　革命军出关赴越

双方交战至十一月初三日，革命军因食粮与饮料已将告竭，本想于初四早离台入越，但全军为了要龙、陆误限受处，都表示愿忍饥渴再打两三天。可是到了初四日，饮料已尽，又值冬季雨少，无从得水，而粮械亦已不济；十万大山之援军又难以急速到达，认为即使全军牺牲，亦无裨于大局，遂决定于初五日子时出关入越。

当革命军决定离台的时候，有些同志由于对龙、陆两贼怀着深恨，曾主张将定时炸药配好留下，把炮台上的一切设备炸毁，以免再供敌人使用。后经大众认为我们革命军是革专制政体的命，革卖国殃民的清廷的命，不应把国防重要设备毁坏，所以没有实施这个计划。革命军悄声离台后，清军于是日晨向台上数次开炮，见没有回击，到了中午，才用小队前进试探，小心翼翼地一步一步爬上了炮台。

十一月初七日，两广总督和广西巡抚会衔奏报克复镇南关。夸大其辞地说"由龙济光、陆荣廷在前线督战七昼夜，于初四日申刻（有意提前一天以便邀功），陈炳焜跃登石垒，手砍中台匪纛，匪队纷驰垒南逃溃"等语。这一报告，乃是天大假话。其实革命军离台时，已将北台、中台的革命旗帜收去，只有南台一面尚未收下，后由何伍的小徒弟冯细，年仅十二岁，自告奋勇，奔上炮台，收旗而回。他的智勇，大受全军赞扬。

革命军到了越南那模、那浪、文渊、大沟村一带，旋即集合于燕子山，沿途受到国内外农民的帮助。孙中山先生亦派黄隆生携来粮食、款项向各同志慰劳。大约休息了二日半，这数百英勇之革命军，有的随盘公仪所带的越南同志深入越南村庄，由潘佩珠领导进行游击，后来参加了河口之役；有的则至河内、海防，或在文登、谅山等处，听候中山先生的命令，待机继续革命。革命军在此次起义斗争中成仁的计有梁群学、张云田、黎荣伍、农叔、祝称、梁锡彩、吴有新、向大义、邓雨霖等二十余人，受轻重伤的约六十余人。

## 九  孙中山先生的豪言和被迫离越

黄明堂、李福南、潘佩珠、梁蓝泉、梁亚珠、李佑卿、关仁甫、何伍、盘公仪、韦云卿等到了河内，向孙中山先生报告守台离台之经过。中山先生对他们慰勉有加，谓："此次起义，我们以少数同志占领了三个炮台，与龙、陆数千人奋战七八天，已经显示了我们革命军人的大无畏精神。此次革命还有外国的革命同志同我们在一起。从表面看，好似我们遭受了失败，其实胜利仍属于我们。因为此次起义已震撼了满清王朝，中国专制政体不久一定会被我们革命党推翻。这不是胜利是什么？我们革命是合乎世界潮流，顺应全国人民期望的，所以一定会成功。我们要乘此胜利声威，继续不断地革命。这就是我们今后的责任。"孙先生讲完话以后，还同他们一起到日新茶楼吃饭。

清廷对孙中山先生在河内领导中国革命，忧惧难安，便向法国驻北京公使交涉把孙先生逐出越南。法国政府允所请，通知越南法国总督不许孙先生再居留河内。中山先生不得已，于一九〇八年阴历二月去星加坡。临行时，再向在越的同志们说明：中国革命经过此次镇南关起义，已深入国内外同胞的心里，为四万万人心所向，革命胜利快到了，希望各同志继续前进。

于是黄兴率领越南华侨，包括镇南关起义的和新加入的党人，共二百余人，于一九〇八年阴历二月二十五日在钦州马笃山起义。王和顺、黄明堂、吴仁甫、梁植堂等于是年阴历三月二十九日在河口起义。在不断展开的革命浪潮冲击下，中国的最后一个王朝——清朝终于被淹灭顶。

## 十　清廷之清乡大残杀

在镇南关起义之革命军出关入越以后，清廷即令广西巡抚实行清乡大屠杀，妄图以恐怖残杀手段来消灭革命力量。陆荣廷、龙济光、丁槐乘此机会对镇南关附近的隘口、弄怀、弄尧、渠沥等地村屯之农民，凡投入革命军的，为革命军运输粮食饮料的，或为革命军通信息的，都要加以屠杀，并要铲村（即烧光、杀光）以示威。当地农民闻讯后，纷纷逃避，但泥墙茅屋均遭烧光、捣光。

先是，驻在南宁之丁槐曾奉清廷命令派兵驰援围攻镇南关之清兵。当丁部船只正在开上龙州时，曾被梁植堂与黄简初率领榨油、榨蔗、运输工人和昔日参加壬寅、癸卯两役之起义人员，以及罗阳司之民丁，约二百余人，在三江口附近之鸡笼山、那左、狮子口、老口渡等处，乘夜截击，打沉兵船三艘，并占领三江口关帝庙之炮台，缴了守台官兵之枪。故至此时，丁槐对上列地区的农村也执行铲村之暴行。农民妇女虽已逃避邻村，但留下的家园则尽被烧毁。

镇南关起义之后，壮族人民对此役讴歌不断。在文艺创作里出现了描写镇南关起义军英雄事迹的《攻打石顶山的故事》，用优美的语言，无限的热情，歌颂起义军勇敢机智的战斗精神。同时，对于追求利禄、残害同志、投降清廷之"反骨仔"陆荣廷，则以朴素的壮语歌谣《广西贼头陆荣廷》来加以挞伐。

## 十一　孙中山先生建议设立纪念碑

一九二一年十月下旬，孙中山先生亲率在粤之粤军、湘军、滇军、赣军取道广西入湘北伐，曾由梧州转上南宁，劝导陈炯明要坚信革命真理。时马君武任广西省长，黄明堂任粤军第四路司令官，我任邕宁县长。某夜（廿七或廿八），我和胡汉民、邓家彦、黄明堂、马君武等五人，与孙先生晤谈。在谈了一些有关北伐和广西军政等事后，孙先生又谈及往年镇南关起义革命军以少胜多之英雄事迹，并提议要在起义处建立一座"镇南关起义纪念碑"，以志纪念。当指定黄明堂和我与马君武三人负此责任。

但当时镇南关附近一带，陆荣廷的残部谭浩澄、谭浩清时常出没，还待肃清，因而不能前往鸠工建筑。而孙中山先生在离邕到达桂林时，即在丽泽门外蒋翊武（湖南澧州人。辛亥武昌起义之重要人物。癸丑革命失败，路经广西全州，为袁世凯、黎元洪、陆荣廷合谋杀害于桂林）就义处，建立了一座纪念碑，并亲自书题曰："开国元勋蒋翊武先生就义处"。这座纪念碑于解放后经我人民政府加工整修，现仍巍然屹立。镇南关起义纪念碑则从此无机会建立。至今回忆，犹以辜负了孙中山先生的委嘱而遗憾不已！

# 锡良镇压河口起义来往电文选

## 金 宇 整理

**编者按**：锡良，字清弼。同治进士。先后任山西、湖北、河南等省巡抚。1903 年调任四川总督，1907 年任云贵总督。这里选辑的是他初任云贵总督时的来往电文，内容主要为与清廷密谋镇压黄兴等人领导的云南河口起义的经过。抄件存中国社会科学院近代史所。

## 致外务部

光绪三十三年十二月十三日（1908 年 1 月 16 日）

顷据河口副督办王令镇邦电称：探闻匪首孙汶暨梁、关等仍在东京，复集得快枪二千余支，欲图再举，并遣小股头目张晚、梁金秀、谢亚南、李二、吕二等，各率党百余，伏于越界之龙鲁、旁坡、芭蕉、平隆巷各处，均距河口不及三十里。现在昼夜戒严，如匪偷渡，即行截击等情。查河口现虽添兵，素无高台坚垒，良到任后，曾迭饬相度建置，尚未成就，而沿边数郡山径，皆处处可通，尤有防不胜防之势，已一再严饬各该文武，加意防缉，勿稍疏虞。至居中策应之兵，亦已开拔新军一营前赴蒙自。顷又电饬魏关道酌度，拟再派一营前往。此滇省现筹防务之情形也。然祸根匪源实有隐忧甚大者，前电业已具陈。滇自法路雇用两粤工人，其招致之初，既不问来历，其罢退之工，又不予资遣，麇聚路段，历来工次盗窃之案，多即若辈所为。前月接粤督电，又有梁匪拟招在滇苦工之说，爰婉商阿总领事，允饬公司将此项退工游手资送回粤，并由洋务局遴员前往清查料理，甫有端绪。而昨据魏关道电禀：本月初八日，有声称系作苦工者一百余名，坐火车入河口，到桥头并不换车，该员弁等喊令查验，竟不遵照，径自开行等情。同时并据龙道济光自龙州来电，谓风闻有镇南关败匪七十余名，经法人截送滇路充工。据此则形迹益觉可疑。查法公司路工应由我国官员查看，以免匪徒潜来，此系路章订有专条，法人如此举动，未免违背。

再，匪情极为诡秘，沿边亦伏莽未清，首宜严禁军火。查凡有违禁之物，不得装载，此尤路章关章所同。河口为入境之第一处，自应加意切实稽查，以杜私运。除饬魏道确查此次新到路工踪迹并知照税务司外，谨此密陈。惟祈大部照会法公使，嗣后公司人工暨一应装载货物，凡抵河口，务须照章停车，听候查验，是为至盼。

## 外务部来电

光绪三十四年四月初二日（1908 年 5 月 1 日）

据裴署总税务司称：接河口税司初一电称，乱党攻击河口，已获大胜，盟心不犯洋人，但华人被杀者有之，昨夜攻战甚剧等语。法使亦来告，大略相同。此事是否属实，有何乱党，因何起事，希将详细情形即行电复。如有其事，务速派兵剿办，毋令蔓延为要。

## 致外务部

光绪三十四年四月初三日（1908 年 5 月 2 日）

　　顷奉初二日电敬悉。同时据蒙自增道电称：河口线阻两日未接。该处副督办王令镇邦来电：今晨据河口由香港转来东电，廿九夜有匪来攻，经官军奋击，毙匪十余名，匪始暂退，我军亦有阵亡。现在军情万紧，乞援等情。查此股乱匪，即系潜伏越南之孙逆革党，势极狂悍。河口地方原驻有两营队，自去年闻警后，又经添驻一营。据报前情，已电饬增道、白镇飞调各营，分道驰援。一面仍饬确探，俟探到，再即电闻。

## 致军机处

光绪三十四年四月初三日（1908 年 5 月 2 日）

　　窃查孙汶逆党潜伏越南边境，屡谋内犯。滇省沿边千有余里，兵单地广，防不胜防。锡良自去冬以来，迭饬各路边军严密戒备，一面调拨新军一营开赴蒙自，居中策应，添募游击营队一营往来梭巡，并饬开化等府整练民团以辅兵力之不足，均经奏咨在案。复以河口为滇南门户，与越南保胜仅隔一河，地方尤关紧要，当于原驻两营队外，又经添调一营，饬由派驻河口副督办委员、知县王镇邦督率，昼夜严防。兹据蒙自署关道增厚电称：因河口至蒙电阻，接据王镇邦初一日由香港转电禀称，前月廿九夜一点钟，逆党分股来攻，经激励弁勇奋力堵击，毙匪十余名，天明匪始暂退，我军亦有阵亡，军情万分紧急，请速援应等情。查该逆匪蓄谋煽乱，党众械精，匪势极为猖獗，现竟窜攻河口，设致不保，大局堪虞。顷已电饬增厚、开化镇白金柱飞调蛮耗、开化防营分道星夜驰援，一面递饬近边各营衔接进扎，并饬白金柱及临安府知府王正雅招募惯战土勇数营以为之继。蒙自为居中要区，仍饬新军一营，分段扼扎，以备该匪乘虚别扰，随时夹击援应。除俟续据禀报再行具陈外，合先电闻，谨请代奏。

## 外务部来电

*光绪三十四年四月初三日（1908 年 5 月 2 日）*

初二电计达。顷准法使送来河口法领电，河口附近炮台，初一日被逆党攻据，守台官兵未敌，倒戈奉迎，外人似可无虑。惟近闻枪声，该处副督办被亲兵谋杀，首级悬挂河边，传闻蒙自亦被逆党盘踞等语。此项乱党挟有枪械，究从何处起事？共有若干？既经实有其事，尊处何以尚无电报？副督办系何衔名？官兵是否确有通匪情事？蒙自是否被匪盘踞？该省沿边空虚，山径丛杂，附近有无可调劲旅前往迎剿？希迅即遴派知兵大员，假以事权，相机剿办，并将境内洋人妥为保护，毋任匪徒滋蔓，致贻边患。即将筹办情形详细电复。

## 致外务部

*光绪三十四年四月初四日（1908 年 5 月 3 日）*

昨日据署蒙自关道增道厚电报，河口匪警，当经撮要电复钧部，并电奏大概。顷奉江电敬悉。查河口地方与越南保胜仅隔一河，原驻有两营队，自去冬以来，又派添驻一营，均归副督办委员、知县王镇邦督率巡防。该处向设有电线，自蛮耗以达于蒙自。现蛮耗以下线阻，初一日王镇邦之电系由香港转来，电文简略，但云廿九夜一点钟，革党分股来攻，经奋力毙匪十余名，枭首示众，天明匪始暂退，我军阵亡哨弁林胜安等，祈速派营援应；并称内有第二营之后哨及警兵约共数十人临战溃散等语。当经一面派营援应，并赶修电线；一面仍由香港电转王镇邦，饬先固守，并续报匪情，今日尚未得该令复电。惟顷阅商帮自香港所来私电，据称河口事平。兹承示法领所电河口各情，恐非无据，正在确查。但蒙自以迄蛮耗一带，则现皆安堵如常。此股匪徒即是孙汶逆党。该匪自镇南关败退后，始终迄未解散，分股潜伏越南，屡在河口界外盘踞窥伺，曾经电陈在案。器械既精，党羽尤夥，兹遽敢公然攻垒，来去皆由越界，防剿两难。钧电谓滇省沿边空虚，山径丛杂等因，洵为明见万里。现在既须急援河口，仍应兼顾各边，昨已电商增道暨开化镇白镇金柱飞调蛮耗、开化两路防营，分道星夜驰援，一面递饬近边各营衔接进扎，并饬白镇及临安府知府王正雅招募惯战土勇数营以为之继。至于统率调度，查增道本系南防营务处总办兼统下段铁路各营，事权不患不一；白镇尤骁勇善战，夙著勋名；王正雅亦熟悉边情，朴勇任事者，均属堪期得力。蒙自为适中要区，前已调有新军一营驻扎，其余各处洋人教堂等，亦已严饬加意保护。惟增兵增饷，边瘠尤费腾挪，殊为焦灼。除俟续得确报即行电陈外，谨先电复。

## 致军机处

光绪三十四年四月初四日（1908 年 5 月 3 日）

昨据署蒙自关道增厚电报，河口地方被孙汶逆党窜攻，当将派营分道驰援并布置接应各大概情形电奏在案。河口至蒙自电线，现尚阻隔。顷据增厚电禀，转据驻阿白防营管带黄新春专报，初三早接到河口副督办委员王镇邦飞檄内称，革匪千余人自越边来扑，鏖战一昼两夜未退，乞速援应。又据驻糯姑防营管带杨光宸飞禀称，初三五钟，雷领事由河口乘火车过营，称王镇邦业已遇害，匪分三路进扰。又据蛮耗来电称，派援之李美一营，已与匪在河口附近接仗，岑得贵等营亦已在铁路等处交战，并闻外人铁路火车，仍照常畅行各等情。查核来电与外务部录示法领电语大致相同，是河口被陷，王镇邦遇害，事属不虚。刻已飞饬前敌各营拦头痛击，并催饬招募各营迅速成军继进，由增厚会同开化镇白金柱督率调遣，务期迅扫边氛。蒙自为适中要区，前已调驻新军一营，兹复添调新军前往，以厚兵力而资接应。惟河口为滇南门户，虽迭经先事严防，竟致不守，实由锡良调度无方，应请饬部严加议处，以为各边将士之鉴戒。除俟将匪情战状随时电报外，合先电陈，谨请代奏。

## 致外务部

光绪三十四年四月初五日（1908 年 5 月 4 日）

革匪窜陷河口警报，昨已电陈。查此股匪首为关芇臣、黄〔王〕和顺，皆孙汶所领头目。关芇臣者，本曩年滇边著匪，逋逃越南，去年法人曾将该犯与梁兰泉一犯在越同时拘获，经桂、滇两省一再指索交犯而法人始终未允者也。前据王镇邦探禀，关芇臣仍在越边纠党图犯，复又专告法领事，嘱电越督查办，佯诺而不理。此次雷领事过河口时，已经匪占，关、黄〔王〕二匪首公然致给一函，该领事亦公然以之示人，是其有意纵匪，已属显然。该逆党于去腊即已盘踞越边芭蕉坪等处，距河口不及三十里，曾据探报电达钧部在案。河口与越南保胜仅隔一河，不过数丈，王镇邦虑匪偷渡，恒彻夜带队梭巡，其防备不为不力。讵意顷得确报，此次革匪数千，乃系由保胜直过铁桥而来，竟是明目张胆。况土客民之在越者例不得携带寸铁，该匪精利枪炮，又从何来？凡此心迹，路人皆知。昨电示有"外人无虑"之言。今据迭次禀报，该匪现虽分股沿铁路上窜，而不扰铁路，外人火车照常畅行，雷领事即系乘火车而过，与钧电亦正相同。要之，此时匪已内犯，自惟有奋迅用兵拦头痛击。然匪党虽悍且众，果能由我兜剿穷追，竭桂、滇两省之兵力，未必不能扫穴擒渠。无如有人阴实助之，非但坐观成败，直惟恐其患之不深，祸之不烈，出界一步，匪可逍遥，我难过问，匪之来防不胜防，匪之退剿无可剿，势成束手，祸已噬脐，此固不仅桂、滇之边患，实全局莫大切近之忧也。至滇省尤处其难者，莫如外人之铁路。现火车仍照常通行，铁路亦未遭匪毁，然兵匪交战之区，即在铁路线上，且更难保该匪不从火车运械运兵。此时若商令停工停车，又虑别启要索。以前种种重要内容，不敢不据实密陈，务祈钧部如何衡夺主持，一面示教，以挽危局而杜狡谋。再，承示须遴选知兵大员假以事权一节，查滇省知兵而又熟悉边情者，凤推前藩司刘春霖、调补广东臬司魏景桐。刘已去矣，魏臬司刻尚在任，派往本极相宜，惟该司前为法人所嫉视，恐派令督师，犯其所忌，转致暗施狡计，别生枝节，用是踌躇中止；在省密商方略，深资赞画。现在前敌事宜即责成白镇金柱及王守正雅二人，战事皆属所长，已具前电。总办南防营务之增道厚，调度悉见精慎，尚能竭力图维，合并附陈。

# 军机处来电

### 光绪三十四年四月初五日（1908 年 5 月 4 日）

奉旨：开缺云南布政使刘春霖，前经降旨来京陛见，计其行程，当抵湘、鄂。现时云南边境匪党窜扰，势颇猖獗，锡良正在派兵防剿，刘春霖著加恩以三品京堂候补，派令帮办云南边防事宜，所有派往前敌各军，均归节制调遣，会同锡良妥筹防剿事宜，遇有紧要军情，准其专折奏事。该员未到差以前，仍责成锡良督率各将领认真筹办，勿得稍涉迟误。并著陈夔龙、岑春蓂查明刘春霖行程，传知该员，无论行抵何处，迅即兼程折回滇边。至应取道何处，暨应如何招集旧部，并著该员筹酌情形，由电奏闻，请旨遵行。钦此。

# 军机处来电

光绪三十四年四月初五日（1908年5月4日）

奉旨：锡良电悉。越边匪警前曾窜扰桂边，势颇猖獗，滇省近在接壤，当已闻之甚熟。乃锡良增兵设防，共计不过两三营，未免兵力太单，奚能抵御悍寇。昨闻税务司暨法员电传，河口业经失陷，蒙、开虑将不保，若不迅速扑灭，恐匪党根据渐固，势将滋蔓难图，该督讵能当此重咎？著即严饬白金柱亲率所部克期赴援，并由该督明定赏罚，激励将士，其首先立功人员，准其破格优奖；如有退缩情事者，立即治以军法。所需粮饷、军火、赏项，由该督源源接济，勿得稍有贻误。白金柱素称善战，惟所部营队无多，防范恐难周密，应就原部各营酌量增募，增足五千人为一军，责成白金柱统带巡防。除原食底饷仍由云南照数筹发外，所增之饷，著度支部迅即指拨，以期士饱马腾，固我边陲。锡良受国厚恩，责无旁贷，自当振刷精神，立即分别妥筹，迅赴事机，务须早日戡定，用副朝廷顾念南服之至意。钦此。

# 致外务部

光绪三十四年四月初六日（1908年5月5日）

昨已将法人助匪各情，密陈钧部。良正以铁路火车为匪运械运兵为虑，然犹谓彼国与我外托和好之名，公例所在，或不至悍然罔顾也。乃顷据增道厚电禀，转据自河口退回之电局委员等报称，匪粮系自越直运而来，匪之枪械往来，法人亦复任听，此为该员所目睹。又闻尚有匪党数千，自东京连夜开来等情。据此情形，是该匪有至便至利现成之铁路，添兵、添粮、添械不竭之来源，反客为主，著著占优，以滇省之转输极艰，饷械两乏，即勉集多师，以与匪角，有此强大阴为之主，实属牵制多虞。查原订滇越铁路章程第二十四条所载甚明，惟有仰恳钧部迅速向其诘问禁止，以挽垂危之局，无任迫切吁祷。再，据探匪攻河口营垒时，有法国四圈官入王镇邦营劝其降匪，王令不屈，遂被匪害。又雷领事自对人言，有洋员底波阿在革匪党内云。情节尤堪骇异，不敢不以附闻。

## 致军机处

光绪三十四年四月初六日（1908 年 5 月 5 日）

承准歌电，奉旨：开缺云南布政使刘春霖著加恩以三品京堂候补，派令帮办云南边防事宜等因。钦此。仰见朝廷南顾殷优、注重边务之至意，钦佩同深。该帮办未到差以前，锡良决不敢稍涉逶误。惟该帮办即兼程折回，总须四十日方能到滇。现在匪势猖獗日甚，军情瞬息万变，不容稍误机宜。据增厚报称，该匪分股上窜，已扰及南溪及坝洒地方，该处防营均接战失利，前敌万分紧急等情。查滇边本极辽阔，地广兵单，平日营队皆系分扎，虽经调集各营，分路衔进驰援，迄无大枝劲旅。总兵白金桂及知府王正雅，固皆能战之将，而究系新募之军，枪械尤不应手。蒙自为居中最要处所，派出扼扎该处之新军又未能饬调远离。该逆匪党羽众多，根底深固，迨谋成事集，粮足械精，而后悉锐内犯，其逆谋之狂妄，匪势之鸱张，实与图扰一隅之丑类迥异。锡良虽外示镇静，思之焦灼莫名，筹计再三，伏查署广西提督龙济光，生长滇省边地，迭建奇勋，其所部精锐，亦皆滇人，惟有仰恳天恩俯赐敕下张鸣岐咨派龙济光挑拨一军，亲率由桂边径趋广南府界，以达开化边境，横扫而前，断匪后路；一面由滇军迎头痛剿夹击，庶足净此边氛。锡良亦知匪虽趋重滇边，桂防仍不能稍懈，但滇情尤为危迫，桂省统将尚有陆荣廷足资倚任。调滇之军，饷由滇给，兵额亦可另行募补。以张鸣岐等夙著公忠，必能力维大局，并顾兼筹，无任吁祷之至。再，滇省贫瘠情形，早在圣鉴。此次防边剿匪，军需浩繁，并恳敕部迅拨的速巨款，俾应急需。迫切专电密陈，谨请代奏。

## 致军机处

光绪三十四年四月初七日（1908 年 5 月 6 日）

昨电奏后，复承准电传歌日谕旨，仰蒙天恩，训勉备加，指授方略，跪诵之下，感悚交萦。锡良既疏误于先，惟有奋励于后。连日审度形势，诇察匪情，该逆既分路上窜，我军自应分头迎击，而尤在一统将之事权，侦逆谋所趋重。查开化府南界处处被边，饬由白金柱亲率新旧各营，由古林箐地方横截而出，以当匪冲。路工重要，由知府王正雅统领各营，由中路沿铁道而下，遇匪痛击。同知贺宗章统领各营，专剿西路蛮河一带窜匪。前敌凡分三路，其中、西两路均归白金柱总统，随时与南防营务处蒙自关道增厚会商机宜。蒙自已调拨新军扼扎，并征募四营，由署粮道方宏纶统扎阿迷州，备作后路策应。以上均经逐节布置，务期力遏凶锋，迅图克复。倘蒙俯允前奏准调龙济光一军来滇，则匪众虽悍，更可收夹击之功。至白金柱所带原系六营，前已饬招募数营应敌，兹蒙朝廷眷重南陲，准予新旧募足五千人，应于原带六营一千五百人外，再饬照数募足，新〔薪〕饷均由部给，一面先由锡良将饷械设法源源解济，遵已恭录谕旨，电饬该镇。并遵旨通饬各军，明定重赏严罚，俾将士咸知怀畏。纶音所播，壁垒一新，用纾宸廑而清边患。惟滇省饷械两乏，昨已请拨部饷，并恳饬下两江、湖北各拨适用新式快枪三千杆，多配子弹，派员迅速押解来滇，以应急需。理合电陈，谨请代奏。

## 外务部来电

*光绪三十四年四月初七日（1908年5月6日）*

初五、初六两电均悉。本部已即切照法使从速分电法政府及越南督严饬在越法官，认真禁办，并查明纵容知情各员从严惩治。现行滇境火车，准中国官兵随时登车检查，如将来查确法人有隐助或纵容情事，则云南此次损失，当由法政府负其责任等因。除俟复到再达外，希由尊处派专员查明法官纵容知情各证据，以便照诘。

## 致军机处

*光绪三十四年四月初八日（1908年5月7日）*

昨已将前敌布置情形电奏，并请饬部筹拨饷需，江、鄂解济枪械，以滇省之困绌异常，久荷圣明洞鉴，所请各情，度必仰邀俞允。惟现值前敌吃紧，新营固需赀招募，旧军又亟盼馈输，文电纷来，急于星火；而库款既早悉索，商借亦已再三，非但供不逮求，直将立致匮绝。惟有仰恳天恩饬下度支部先就距滇较近之四川省，在该省应行解部款项中划拨二三十万两，电令迅即解滇，俾得暂先应急。滇省幸甚，大局幸甚！谨请代奏。

## 度支部来电

*光绪三十四年四月初八日（1908年5月7日）*

查白金柱所部人数、饷数未电复，兹先由镇江、芜湖、九江、江汉、宜昌等关电拨二十三万，以应急需。歌电仍希速复。

# 军机处来电

光绪三十四年四月初八日（1908 年 5 月 7 日）

奉旨：锡良电奏悉。匪股上窜，防营节节失利，倘竟长驱直入，滇境何堪设想。署广西提督龙济光，忠勇性成，胆略素优，籍隶滇边，情形熟悉，所部素多，著张鸣岐传知该署提督挑简精锐，亲自统率，由桂边星夜驰赴开化边境，察看匪情，相机进剿，或横击侧面，或断匪归路，总期会合夹攻，当可聚而歼旃。广西边务粗定，惟须加意防范，著张鸣岐飞饬黄忠立统率所部，酌量添募数营，集成大枝，兼程迅赴龙州一带，扼要填扎。张鸣岐仍当暂驻南宁，或相机进扎距边关较近地方，就近督率，以期周密。龙济光带去各营，如另须增募，统由该署提督酌办，应需饷项运费，著度支部迅即筹拨，未领到以前，由广西、云南藩库先行垫发，务须随时接济，勿得贻误军需。龙济光应用军械，先由广西精择拨发。云南防剿各军应用军械，著张人骏、陈夔龙、端方迅即设法源源输济。锡良奏请敕部迅拨的款，著度支部速议具奏。龙济光准其带印出境，提督事务由张鸣岐暂兼代理，遇有紧要急军情，准龙济光专电奏闻。其滇、桂、越南边境地势，龙济光自必熟悉，即著该署提督先行绘图贴说，飞速进呈。该督抚、提督等均受恩深重，务当不分畛域，共靖边防。锡良疏于防范，失守要隘，本应交部严议，姑念滇省兵单饷绌，暂事宽免。倘再不知愧奋，无功自效，亦不能为该督宽也。蒙自为滇省商民财产所萃，务须竭力防护保守，倘涉疏虞，定惟该督是问。河口失陷暨连日接仗情形，著锡良迅速查明，详晰电奏。钦此。

## 致度支部

*光绪三十四年四月初九日（1908 年 5 月 8 日）*

前奉歌电，正饬查问，适准庚电，敬悉。查白镇原部南防五营，嗣经奏明添募铁路游击一营，共六营，每营正勇二百五十人，月共需饷八千余两，应再募十四营，方合成五千人之数。计添募十四营，月共需薪饷银二万之谱。南防瘴重食贵，各营均另加津贴，随粮价高下酌定，多寡实难预算。肃复。

## 致军机处

*光绪三十四年四月初九日（1908 年 5 月 8 日）*

窃前敌剿匪事宜，业经奏派总兵白金柱为总统，会同南防营务处署蒙自关道增厚办理。惟现值明定赏罚，命将分路进剿，自应由锡良亲出督师，以作士气而便调度。现拟带印出省，先驻适中之通海县地方，督署一应公牍，檄委布政使沈秉堃代拆代行，遇有紧要事件，仍随时电商行营。现任按察使、调补广东按察使魏景桐，深谙韬略，尤熟边情，饬令随同前往，与道员赵上达总办行营兵备处事务，以资臂助。理合电陈，谨请代奏。

## 致军机处

*光绪三十四年四月初九日（1908 年 5 月 8 日）*

为电报剿匪获胜事。窃逆匪分路内窜，因知西路蛮河一带尤为地广兵单，纠合大股疾趋而入，冀以绕袭蒙自，窜踞个旧锡厂。查西路以蛮耗为扼要地方，原驻仅柯树勋所带一营及曾国桢护商一营，兵力太薄。经督商增厚先饬马廷芳一营驰援，派贺宗章为蛮河一带统领，募军继进。嗣告警益急，增厚复饬驻蒙之新军步队营管带周国祥带队飞往。顷据增厚电禀，转据周国祥电报，该匪果直扑蛮耗，势极凶悍，枪炮尤烈，经柯树勋、曾国桢、马廷芳等奋力堵剿。初八日午刻，正在鏖战，适周国祥率新军驰到，会合过河痛击，得获大胜，生擒悍匪十余名，枪毙者不计其数，并夺获枪枝数十杆，现正向前进击等情。又据电禀，转据南防副营务处、护开化府知府陈先沅报称，由河口正路窜犯之匪，经营官姜含章由开化古林箐地方率队迎击获胜，匪已失险。现在白金柱之新募胡兴等营，亦已到古林箐、八寨等处，稳扎会击等情。据报情形，是西路既力挫凶锋，而开化一带亦已渐臻稳固，俟白金柱亲临前敌，会合各营，放手兜剿，可期迅奏肤功。谨先撮要电报。再，日前河口失陷情形，迭据探查，该处副督办委员、知府用、在任候补同知、开缺云南宜良县知县王镇邦与匪力战一昼两夜，被围后匪劝其降不屈，力竭遇害，其余两营弁兵颇有溃降，营官岑得贵、黄体良不知下落。除俟再行确查失事员弁，暨随同王镇邦殉难各弁兵奏请办理外，应恳天恩饬部先将王镇邦照知府阵亡例从优议恤，以慰忠魂。合并附陈，谨请代奏。

## 致军机处

### 光绪三十四年四月初九日（1908 年 5 月 8 日）

顷承准电寄庚日谕旨，敬谨跪诵。以锡良失守要隘，调度无方，乃蒙逾格矜全，暂予免议，责令立功自效，且荷俯念滇省困绌情形，所请调将征兵、拨饷济械，悉邀俞允，凡属稍具天良，敢不力图愧奋。矧锡良受恩深重，奚恤捐縻，自当殚竭血诚，用期稍资自赎。现在前敌军情渐形得手，本日已详晰电陈在案。顷据白金柱电称，定于十三日亲督新旧各营，自开化进扎拦击，一面赶将饬添之新军募足，以厚兵力。中路铁道各营，亦经调集递前，先以严守为主义。其西路蛮耗各营，据报昨日战胜后，复经追剿，颇有斩获，并夺取匪首关萧臣伪职纛旗等情。已饬各营务须奋进严防，稳扎硬打。俟续报再行电闻。至蒙自地方实为至关紧要，现虽将匪击退，仍饬增厚等加意扼守，并随时查缉奸宄，保护洋商，以固要区而弭隐患。所有叩谢天恩，暨具报前敌各情，理合电陈，谨请代奏。

## 外务部来电

光绪三十四年四月初九日 （1908 年 5 月 8 日）

初七日电计达。顷准法使复照，于越督纵匪各情，□驳甚力，而归咎尊处有心诿卸，肆其诋毁。并称河口营内有党羽煽惑兵丁情事，亦□查缉。至会泛章程，法官无不遵行云。另单开，据保胜来电，河口尚有逆党约五百人，另有逆股二千，沿南狄河上窜；又有他股进蛮耗，戮红河沿岸坝，华泛归服逆党各等语。该法员为本国越官回护，自不能不是己非人。惟所称逆党煽惑兵丁，暨华泛归服逆党各节，乃裴税司译送河口来电亦曾提及，究系如何情形，希密饬各管带官严行查办，即电复。

## 军机处来电

光绪三十四年四月初九日 （1908 年 5 月 8 日）

奉旨：张鸣岐电奏悉。滇边军情紧急，昨已降旨饬派龙济光统兵赴援。兹据该抚奏称，已派龙裕光统领四营，即日亲往滇边，足见该抚力顾大局，殊堪嘉慰。但滇边兵力太单，匪势甚炽，除龙裕光先行开拔外，仍著龙济光钦遵前旨，迅即料理，陆续继往，以期厚集兵力，早奏肤功。钦此。

## 军机处来电

光绪三十四年四月初十日（1908 年 5 月 9 日）

奉旨：锡良初八电奏悉。度支部现筹拨银五十万两，因云南市面乏银，如电汇过多，恐致牵动市面，已先汇银二十万两，仍备三十万两，正在设法拨发。著度支部电令四川迅即划解，以应急需。钦此。

## 致军机处

光绪三十四年四月初十日（1908 年 5 月 9 日）

承准电寄青日谕旨三道，遵即饬筹银三万两解赴前敌，专备立功赏需。锡良定于十一日出省督师，先驻通海。昨据白金柱电称，赶将应添之军招募足数，定十三日亲率各营前进。顷据增厚电称：中路统领、知府王正雅，西路蛮河一带统领、同知贺宗章，均于本日由蒙自进发。现在布置情形，王正雅先率新旧三营，以所募五新营继进，由糯姑地方会集原驻铁路三营，扼要驻扎，以战为守；贺宗章先率新旧四营而辅以现驻蛮耗之三营及新军各营，沿蛮河进剿；统俟白金柱一军由古林箐横截而出，三路会合痛剿，务期聚而歼旃。至近日匪踪，蛮河一股确经我军在蛮耗击退逃奔，中路则仍踞南溪地方，在铁路上下时有出没。综观前敌，各路已可渐期稳固。其方宏纶所统四营，仍饬驻扎阿迷以顾后路。并饬昭通镇总兵张嘉钰募军，在省城训练数营，用固根本而资策应。理合电陈。

正发电间，复奉本日谕旨，饬由四川拨解饷项，朝廷眷注南陲，俾收饱腾之效，逆匪早灭一日，即可省一分饷需，敢不力图奋勉，以期迅蒇厥功。谨请代奏。

# 致外务部

光绪三十四年四月初十日（1908 年 5 月 9 日）

青电谨悉。查滇越铁路火车到河口后，不愿照章停留听候查验，暨路工多广人，虑有勾煽，迭经向其交涉，并陈明钧部在案。此次匪犯河口，王令镇邦于前月二十九日夜奋力堵御，毙匪十余名，我军阵亡哨弁林胜安等人，天明匪亦暂退，此有该故令生前电禀可据。是我军未尝不力战，无如兵只此数，匪来无穷，我之援兵尚远，匪之来路仅隔一河。迨至王令阵亡，河口被占，其余岑得贵、黄体良两营弁兵，颇有被匪胁裹，两营官尚不知下落，昨已据实奏陈。要之，匪从何来，匪粮、匪械又从何运至，且匪党攻占河口之时，正雷领事由彼经过之日，又何以坦然无疑若此？凡此皆彼国所万难狡辩者也。然彼果尚知此为背理违章，以后不再运匪党、匪械、匪粮，则于目前战事亦深有裨益。应如何交涉，以杜积久之狡谋且占后来之先著，伏惟钧裁。

顷据增道电称：匪党在南溪一带，火车仍有载运情事。当经函诘苏领事，接复信仍是力白其无，而允为查办，未知能实行否？至法使另单所开匪情，查该匪沿河上犯蛮耗一大股，已于初八等日经我军痛剿获胜，匪均退窜，昨亦电奏在案。合并陈明。

# 军机处来电

光绪三十四年四月十一日（1908 年 5 月 10 日）

【奉】旨：锡良初九电奏悉。该督出省督师，士气当为一振。惟距前敌不宜太近，恐护兵须多而战兵转少，或于战事有妨。且匪众新集伙悍，当不致甚□，现分三股上窜，主持者必有黠魁，阴助者复有狡□，凶谋诡计，尤须慎防。三股中尚有正兵、奇兵之分暨主力、辅力之分，该督务严戒各军广布侦探，□察匪情，知彼知己，乃可言战。匪之设伏击截后各〔路〕包抄，尤须时刻探访，万勿稍涉大意。官军现分三路抵御，不无备多力分之虑。必须三路呼吸相通，声势联络，相机趋利，勿执成见。或审明匪势，合力先挫其一股，他股自将披靡；或分兵扼守要隘，阻其来路，而潜以精锐直捣河口，匪无归路，势必瓦解。惟军情多变，非朝廷所能遥制，只就奏报情形略授机宜。著该督督饬各路将领，妥筹办理，仍将情形随时电奏。至应如何整饬驿电速通军报，著该督一并妥筹。钦此。

## 军机处来电

光绪三十四年四月十一日（1908年5月10日）

奉旨：锡良初九、初十电奏悉。滇边窜匪，势甚猖獗，现经西路各营迎击获胜，正在向前追剿，开化一路，亦有捷音，使匪失险，办理尚属得手。在事之营官曾国桢、马廷芳、周国祥、姜含章、柯树勋，均先传旨嘉奖。出力弁兵，由云南藩库拨发赏银二万两。仍著锡良查明尤为出力人员，奏请奖励。一面督饬各将领，乘此兵威，鼓励士卒，迅速荡平，早靖边陲，同膺懋赏。王镇邦著照知府阵亡例从优议恤。该部知道。钦此。

## 致军机处

光绪三十四年四月十二日（1908年5月11日）

顷在途次承准电寄初十谕旨，仰蒙圣明洞鉴万里，一切行军方略，训示周详，跪诵之下，莫名钦佩。遵当秉守宸谟，并随时审察机宜，妥筹办理。锡良行营现拟先驻通海，该处地居适中，便于调度，亦尚非逼近前敌。历来诇得匪情，大抵所分三路，一欲循铁道由中路上窜，一欲从古林箐等处东犯开化，一沿蛮河深入图扰西路。今白金柱自开化募集各营，亲率以出古林箐，遏匪东窜，即以横截中路之冲，与王正雅等会剿，得手后，扫荡而前，直攻河口。是白金柱一军，实为全省之正兵，亦即各军之主力。中路为铁道所在，关系重要，由王正雅率新旧各营而下，饬先扼要严防，步步审慎，俟白金柱到中路时，再行夹击。西路蛮河一带，匪自蛮耗败退后，闻沿河尚有匪踪，已由西路统领贺宗章由蒙自带兵直趋新现地方，与原驻蛮耗之陆军步队营官周国祥等并力搜剿，即递前与白金柱大军及中路之师约会痛剿。查蛮河直通河口，若以精锐水陆顺流疾下，可以径捣匪巢，断其归路。增厚曾建此策，然必须西路后顾无虞，方可迅密从事。已饬增厚妥慎审度，届时电商。此又西路一军虽正兵而兼备奇兵之布置也。其余开、临、广各属之近边者，均已分饬该文武添募营团，扼守城隘。白金柱离开化后，有该知府陈先沅早经督营驻守八寨等处，可期得力。顷据白金柱电称，初八九两日，匪犯古林箐，经营官胡兴等鏖战获胜，同时该匪另枝旁窜大吉厂地方，亦经派堵该处之营官赛家斌奋力截击，两处均有斩获，匪已暂退等情。现在白金柱又指日亲临，自可迎头痛剿。至军报驿电，前已派员添丁专以巡获杆线，加紧驿站。现在三路呼吸相通，并无滞碍，尚足仰纾宸廑。

再，顷准度支部电咨，两次拨解银五十万两，作为白金柱、龙济光饷需等因。查前因匪情万紧，乞援桂军，原冀龙济光挑简精锐，亲率驰援，以掩匪之不备。兹经查明所派知府龙裕光，现本在籍，前由增厚饬募团营，是桂省奏拨之援军，仍即滇省饷募之土勇，自因该省边防未松，无从抽调，若待另行募集前来，实不如滇省自募之为便，应请饬下广西抚臣，无庸另行派援。至龙裕光本系隶滇土绅，该营应仍由增厚等督率调遣，以一事权。抑锡良更有请者，此次军务，除白金柱一军自行遵旨募足外，其中路、西路及后路方宏纶等军，皆多新募，各处边要防守营团，又不能不酌准添募，军需既繁且急，所有此次部拨银五十万两，惟有审酌缓急，匀计迅解，俾前敌无哗溃之虞，势未能专以某款为某军之用。合先陈明，伏乞饬部立案，无任吁祷。谨请代奏。

## 致军机处

光绪三十四年四月十五日 （1908 年 5 月 14 日）

窃锡良在途次承准电寄十一日谕旨，饬将前敌击匪获胜各营官先行传旨嘉奖，出力弁兵拨发饷银二万两等因。仰见朝廷有功必录，激励戎行，俾得迅奏肤功，歼除丑类，钦感同深。遵即恭录传知，加以策勉，并饬将赏银迅解蒙自，由增厚查明酌发矣。锡良于十四晚已抵通海，暂即驻此调度。计白金柱今日亦可抵古林箐。据报，十一等日该匪仍分股猛攻古林箐并附近要隘，经驻扎各营团分头严堵奋击，均小有斩获。白金柱到后，自可督率全军，拦头痛剿。中路兵力渐厚，王正雅已扼扎阿白地方，并先派两营沿铁路而下，遇匪截击，局势可期稳固。西路前犯蛮耗之匪行疾众多，其锋锐甚，既大受惩创，且闻有匪首经我阵毙，匪胆已寒，然现仍伏踞沿河之新街等处，并以零股狂窜山僻，不时出没，冀我备多力分。其行径颇类游匪，必须将此路匪踪兜剿净绝，乃可会合中、东两路之师，或竟以奇兵直捣河口。已饬增厚督饬贺宗章，会同原驻蛮耗各营，合力剿办。惟此路尚觉兵力稍单，倘决策用奇，尤须精锐。查滇省新练陆军一协前派救援蛮耗之营，已著成绩。兹又酌调该协步炮各营队，由兵备处提调赵金鉴率领驰赴西路，随时秉承增厚，会商贺宗章，以定分合奇正之用。此为日来前敌军情大概。俟得续报，即再电陈。谨请代奏。

# 致军机处

光绪三十四年四月十五日（1908 年 5 月 14 日）

顷据增厚电报，转据中路统领知府王正雅禀称，中路匪股前已窜踞铁路第五十一启罗三岔河地方，十一日悉锐上犯至第七十四启罗之白河地方，该统领督饬先派救援之谢逢春、李德泳二营暨自带之新募一营，会合该处防营，登山占险，奋力鏖战，匪渐不支，且战且退。我军跟踪截剿，复激励将士决荡而前，匪遂大奔，于十二日穷追直抵三岔河，当即收复。匪退至第四十三启罗打拉山，凭险自固。能将此处攻克，下可进逼南溪，东可会合古林箐横出之师，自与西路亦声息相通，已督各营力图进取，仍步步审慎以顾后路等情。查西路蛮耗及东路古林箐等处，我军均已迭获胜仗，惟中路匪盛兵单，先饬慎固守局，兹得一战而捷，奋将要隘夺回，从此节节扫荡，可以联络东、西两路，痛剿来攻。除将此次出力将士查明分别记奖并酌赏外，理合先行电陈，谨请代奏。

# 军机处来电

光绪三十四年四月十五日（1908 年 5 月 14 日）

奉旨：锡良电奏悉。古林箐、吉厂等处，均有斩获，著该督查明接仗情形，分别奏请嘉奖给赏，以资鼓励。匪势日蹙，当无固志，一俟三路各营会齐，迅即督饬白金柱等奋力剿袭，勿使匪党余烬再振，多延时日。部拨银五十万两，准其审酌缓急，匀计动支，无庸指定龙济光、白金柱两军作为专饷。龙裕光现既在籍招募团营，自应仍由增厚督率调遣。张鸣岐所奏由广西抽遣四营遣龙裕光统率援滇，事出两歧，殊不可解，著张鸣岐明白回奏。钦此。

## 外务部来电

光绪三十四年四月十六日（1908 年 5 月 15 日）

　　法使照称，滇省责赖越督、蒙领事电，据该督等复称，革匪由保胜过铁桥一节，出自虚构；若奸民单行路过，与久在河口之匪党结合，难保未有，惟无数千即成队前进之事。雷领并未与匪晤面。该匪函系执照，曾由该领示蒙自署道。再，匪党中或有他国无赖串通一气，滇督指为法武员，实出情理之外。至越督一面无不设法襄助，现又调兵二营，驰赴滇边备补增该处捕匪之泛巡等语。该使既一再声辩，无非为卸责地步。除添营备捕一节，本部仍照复致谢外，希将越界前后实在情形，详查电复。

## 军机处来电

光绪三十四年四月十七日（1908 年 5 月 16 日）

　　奉旨：锡良电奏悉。知府王正雅督会各营截剿获胜，收下三岔河，将士用命，尚堪嘉慰。现三路均已得手，正可逐节扫荡。著锡良督饬王正雅等迅即简拨精锐，重悬赏格，将打拉山奋力攻克，以便各路会合，聚歼丑类。此次出力将士，即由该督查明分别记奖酬赏，用资激励。钦此。

## 外务部来电

光绪三十四年四月十七日（1908 年 5 月 16 日）

　　十六日电计达。顷准刘使电开，法外部复称，匪攻河口，并非由保胜铁桥，且数仅百余人，因兵民暗助，边备空虚，致被袭据，北圻境内实无啸聚接济情事。现越督已添兵严防，如败匪窜入，定拘拿圈禁。至滇督认派员登火车稽查，于路工行车无碍，甚愿婉商公司照允，以示坦白而表睦谊等语。派员登车查匪一节，法外部既允商公司照办，于清查外匪较可得力。此事尊处现在如何办理，希并电复。

## 致外务部

光绪三十四年四月十八日（1908 年 5 月 17 日）

十六、十七两电均敬悉。法人虽不承认，而于奸民之结合，河口匪党及匪党中或有他国无赖，固不能悉诿为无□。钧部谓其无非为卸责地步，具征明鉴。其实匪之所从来，为自河口退回员丁所亲见，即匪党中有洋员底波阿，亦系据雷领事自对人言，故敢密达。近日所闻，则非但有洋员在匪党内，并设有洋员数人在河口为匪监造炮台。粤中所探亦同。然究以事无实在证据，未便遽以交涉也。钧电嘱再查实在情形，容俟收复河口后，再行确查密闻。惟以良之愚见，彼既一再声辩，是尚知助匪之为背理违章，与其执彼既往之隐谋，觅证据以相诘难，不若先就其现时所许可，更推进以事挽回。查法在越境所办警察最为周密森严，华人往来向不准携带寸铁，更何论枪枝子弹。若能于海防到埠暨河内居留以及在越境往来之华人，凡带有枪械概予查禁收回，则匪党自无从混迹，既可保两国之治安，且藉释滇人之疑谤，实计之至得者。可否即就其应允查车之言，将此再与切实磋商，伏乞衡核。

匪入越边收械拘留一节，越督对世臬司言亦属如此。其调兵赴边，想系专为防匪败入越境起见。一切知钧部自有权衡。至派员登火车稽查，去年曾以商明阿领事，兹又得其外部承允，实属大有裨益。现在铁路一带为兵匪交战正线，委员尚难前往。昨据世臬司自河内来电，谓据越督言，保胜已停车，未知确否，又未便向问，致别生枝节。俟事稍定，即当派员按照实行。谨专肃缕复，余再随时电闻。

## 军机处来电
光绪三十四年四月十九日（1908 年 5 月 18 日）

奉旨：张鸣岐电奏悉。龙裕光由籍赴广南统带广西原派四营援剿，距滇较近，应飞饬该员兼程前进，作为到防。现值边防多事，锡良、张鸣岐素顾大局，仍当和衷协力，共济时艰。钦此。

## 致军机处
光绪三十四年四月十九日（1908 年 5 月 18 日）

承准电寄十五、十七两日谕旨，遵再传布各军，并重悬赏格，以期早日殄寇，迅蒇厥功。近日前敌军情，自白金柱进驻八寨，即派营进扎普元、水碓湾、大木湾三处，以进规南溪，仍留营扼守古林箐以接应中路。十四日，匪众猛扑水碓湾，经我军接战获胜。同日分犯大木湾，亦以严堵不得逞。至中路王正雅一军，据增厚电禀，转据报称，该军收复三岔河后，当合各营进取打拉山。讵匪首黄和顺即王和顺，率众竟先上犯，其党至悍且众，枪械尤精，十四五等日，迭次鏖战，经各营奋勇将匪击退。适白金柱所部古林箐之营亦越山横出助战，匪益不支，已逼匪退至老范寨地方，距打拉山已仅数里。惟该处地极险歧，攻克不易，现正设法分路兜抄等情。查该匪攻踞河口后，即连陷南溪及坝洒地方，以该两处为巢穴重地。南溪系铁路第廿三启罗，距河口约六十里。日前匪已窜至七十四启罗白河地方，经一再击退，若攻克老范寨则已抵四十四启罗，距南溪亦不过五十余里。现在中路与东路之师既可会合，俟白金柱募营到齐，并力进攻，得能收复南溪，即可直指河口。至坝洒地方，系在南溪以西，地滨蛮河。前者匪由坝洒沿河疾趋田房、南屏、龙膊、新街等处，直犯蛮耗。幸我军于蛮耗大捷，匪始败退，西窜三猛地方。龙裕光带团追击溃散，经饬会合各土司，办理清乡，以免蔓延。蛮耗以下，沿河仍有匪踪。现赵金鉴已率陆军营队续抵蛮耗。由增厚饬商西路统领贺宗章，抽拨各营，由赵金鉴率领直取新街，节节扫荡而前，俟克坝洒，我军即可三路会齐。谨先将近日战事暨前敌布置，撮要以闻，得有续报，即行电陈。再，蛮耗至河口电线，前被匪毁，现已饬西路之军随地递前设法赶紧修接。其中、东、西路战地，则向不通电，须递开、蒙电局转报，此后军报不免稍迟。合并声明，谨请代奏。

## 外务部来电

光绪三十四年四月二十二日（1908 年 5 月 21 日）

刘使电开：法外部面称，已与大理院商定，准华员在滇境登车查匪等语。特闻。

## 军机处来电

光绪三十四年四月二十二日（1908 年 5 月 21 日）

奉旨：锡良电奏悉。从来匪乱初起，利在迅即扑灭，免其蔓延愈久，纠合愈众，而剿办亦因之愈难。前次镇南关失事，不过七日，即行克复，深合治匪机宜。此次滇边匪乱，事经两旬，虽经连次获胜，而匪仍分股上犯。悍党既众，枪械尤精，是该匪未受大创，官军亦未能十分得手，已可概见。若滋蔓再久，恐啸聚益多，将不可收拾。著锡良严饬各路将领，审察敌情，将所陷地方，迅即相机规复。白金柱身膺总统，责无旁贷，本部各营尚未与大股匪徒接仗，务即简练精锐，奋力图功。至现驻地方，尤应竭力防守，勿得稍涉疏忽，倘任匪徒进占一步，定将该承防将领按军法惩处。据奏，水碓湾、大木湾、老范寨三处接仗，未将详细情形叙报，究竟剿匪有无斩获，官军有无伤亡，查明复奏。三路现在匪势地形，白金柱当能周悉，应令其会商各路将领，现筹方略，拟先攻何处，次取何处，以及如何分合援应各节，电禀锡良，明晰奏闻。钦此。

## 致军机处

光绪三十四年四月二十三日（1908 年 5 月 22 日）

窃锡良于十九日电奏后，迭饬前敌各军迅审机宜，稳进猛击，以图会合扫荡。昨据增厚电禀，转据王正雅报，中路老范寨等处之匪，自知情势日蹙，凭据该处地险，誓死抗拒，每战凶猛异常。十七等日，各营奋勇进剿，虽屡有斩获，限于节节险峻，未能一鼓攻克。经营官王桂安选募勇敢泗河与各营夹击，毙匪四十余名，始将老范寨附近最要之桥头夺回。当时杨光宸营枪毙匪目一名，验系匪首黄〔王〕和顺之副头目黄东成。该匪目最称狡悍，去年匪袭镇南关炮台时，闻即伊首先冲锋。兹经阵毙，匪为夺气。现仍督饬各营冒雨奋攻等情。已饬将毙匪弁兵从优给赏。白金柱一军，据该镇自行营转由开化来电，据称东路守局已稳，中路匪势方盛，踞隘仰攻不易，议由东路派营自小南溪兜剿，俾中路悍匪有后顾之虑，不能固守，较为得势。定于廿一日亲赴古林箐督率，派分奇正两路夹击等情。屈计廿二日以后，白金柱与王正雅两军，当已在会合痛击，得有续报，即再电闻。至蛮河西路，前饬赵金鉴率领新旧各营直取沿河之新街，即由龙膊、南屏、田房诸要隘进薄坝洒匪巢，业经奏明在案。兹据电称，已于廿一日收复新街，廿二日收复龙膊。查龙膊距坝洒九十里，坝洒距河口五十里，收复后与中、东两路兵势联合，即可会攻河口。惟探闻匪踪麇集下游南屏、田房等处，且于坝洒扼据险要，筑碉安炮。该军定于本日水陆疾下，务期激励士卒，奋力攻取，以赴戎机等情。是西路一军，亦颇得手。理合先行电陈，谨请代奏。

## 致军机处

光绪三十四年四月二十四日（1908 年 5 月 23 日）

昨承准电寄廿二日谕旨，仰蒙训示殷殷，于策励备至之中，仍勖以战守兼筹之义，敬谨跪诵，感悚莫名。遵即恭录传示白金柱暨前敌各军，务须迅赴戎机，同心敌忾，将所陷地方克期规复，以稍纾朝廷南顾之忧。其责在力守要隘者，亦经申敬再三，许以事平一体论赏，违则按律治罪，俾咸知感奋，早奏肤功。至白金柱所部，前因兵力未集，先主堵遏。现该镇已亲赴古林箐，调将督师，力图进取。昨据电禀，定先兜剿中路之匪，再行会攻南溪、河口，业经奏陈在案。一得续禀，即当电闻。再，奉饬查明水碓湾、大木湾、老范寨三处接仗情形。查前据白金柱电报，水碓湾之战，胡得胜营当敌，而赛家斌营为之援应，自十四午前交绥，至申刻匪始败退。大木湾之战，系胡兴、安荣绥两营进扼险隘联扎，俯瞰南溪匪营，匪出大股来争，势甚凶悍，为该两营击退。该处山沟复杳，跬步崎岖，轰毙之匪，无从夺级夺械计其成数。其中路追匪至老范寨之战，匪凭地险，力抗轰击，历十四五两日，又经东路白金柱派马发材、白映庚两营，越山横出助战，击毙不少。匪党抢尸护伤，是其惯技，未夺级械亦成数难举，惟遗弃牲畜、粮食多起，不能后顾，受创甚巨。是役我军弁目受伤一人，兵丁伤亡各一人。合并据实陈明，谨请代奏。

# 致军机处

光绪三十四年四月二十四日（1908 年 5 月 23 日）

　　本日拜发电奏后，接据西路前敌赵金鉴电禀，该军既收复新街、龙膊两处，即于廿三日率师疾进，先将南屏地方收回。探知田房踞匪甚众，当由曾国桢、柯树勋两营各简精锐百人为前导，赵金鉴亲率陆军步队周国祥一营，暨陆军伍祥征营步队为中权，马廷芳一营为后劲，整队而前。是日午初将抵田房村口，该匪即出数百人来扑，并先占据村前之左右两山险要，势极凶猛。经我军曾、柯两营奋攻左山，周营前、右两队奋攻右山，中路全师继进，猛战至两时之久，匪始败入村内。经我军右路之师跟追入村，仍分周营左队等及曾、柯、马各营队抢扎各山险，以防窜突。包抄时，陆军炮队亦赶至，并饬登扎村边左山助战。乃匪仍抵死分路抗拒，复鏖战两时，匪始由村后左山败退，然随退随抢山险，随拒我军。经周营前、右两队奋勇当先，且追且战，直追至十余里，匪乃狂奔，立将田房地方收复。各营计苦战四时之久，共毙匪百数十名，并击毙洋装匪首一名，姓名尚未查悉。周营前队擒获生匪二名，夺获快枪五杆、首级二颗，兵丁受伤三名、阵亡一名；左队夺获快枪一杆、首级一颗；右队获首级二颗，兵丁受伤三名；伍营获首级一颗；曾营兵丁受伤一名，柯营兵丁受伤二名，当经分别赏犒恤养。讯据获匪生供，该匪首黄和顺即王和顺，此次系在河口挑选最悍先锋三百余名，率同匪首王宝才、王文波等纠合坝洒踞匪多人，迎战田房，凶焰甚炽。经赵金鉴督率各营奋勇搏战，获此大捷，计三日之间，收复要隘四处，计二百数十里，此战厥功尤多。伏查西路前次蛮耗之捷，已奉谕旨饬令查明出力人员，奏请奖励，应饬并同此次尤为出力员弁，查报衔名，俟报到先行奏恳天恩给予优奖，以酬劳勋而励军心。至田房既克，距坝洒仅三十余里，已饬乘势进攻坝洒。该处倘能得手，即可东会白金柱等进规南溪之师，下捣河口之匪，不难早日荡平。理合电陈，谨请代奏。

## 外务部来电

光绪三十四年四月二十四日（1908 年 5 月 23 日）

顷据法使节略内开：近据越督函称，迩来迭有中国请将匪党查拿驱逐之事，法官甚愿相助。然匪党入越时，多系改易名姓，致难捕获。可否请由中国凡有在越应行查拿匪犯，除指明该犯姓名外，另将该匪身格面容及一切显著残疾各情，详细开明以告，易于查缉等语。希查照电复。

## 致军机处

光绪三十四年四月二十五日（1908 年 5 月 24 日）

窃新授云南按察使世增，前经航海赴任，适值河口匪阻，暂寓越南河内。新授临安开广道高而谦亦将抵河内。查该司道均系熟谙外交，业经锡良电饬就近与越督商办交涉要件，一俟我军克复河口，即由前敌统将从保胜电告该司道迅到河口，会同办理善后交涉事宜，以期妥慎。理合陈明，谨请代奏。

## 军机处来电

光绪三十四年四月二十五日（1908 年 5 月 24 日）

奉旨：锡良电奏悉。中路地势险峻，官军仰攻进取匪易，纵能克复，伤亡必多。现西路尚称得手，东路业经会合，如西路直抵坝洒或东路抄击匪后，约期令中路由前夹攻，匪徒腹背受创，当不难一鼓聚歼。著锡良飞饬白金柱等相度地势匪情，妥筹决胜方略，以期早克肃清。此次在中、西两路接仗将弁，由锡良分别查明出力等次，先予记奖给赏，以励士气。钦此。

## 致军机处

光绪三十四年四月二十六日（1908 年 5 月 25 日）

承准电寄廿五日谕旨，仰蒙训示方略，以中路进取匪易，饬由东、西两路夹攻等因。宏远圣谟，明鉴万里，钦佩莫名。查中路军情，昨据增厚电称：该统领王正雅因知西路已长驱进兵，该匪必潜分精锐往救，亟应乘此力拔老范寨。爰亲率十余骑驰赴前敌指挥，分三路进攻，以一路从上游渡河沿山击贼，一路绕后山抄出，一路以正兵直进；并约白金柱派营分路策应。匪仍死守，经该统领躬冒矢石而前，各营勇气百倍，匪遂不支，当将老范寨克复。匪由右山斜径退窜卅五启罗泥巴黑地方，据险抗拒。现仍约会东路兜剿等情。是中路一军，近日亦颇称得手。理合先行撮要电陈，谨请代奏。

## 军机处来电

光绪三十四年四月二十六日（1908 年 5 月 25 日）

奉旨：锡良电奏悉。赵金鉴督率各营转战三日，收复要隘，洵属异常奏功。赵金鉴著先赏给靖勇巴图鲁勇号，以示优异。尤为出力各将弁，准其查明奏请优奖。并著锡良严饬赵金鉴等乘势长驱，先复坝洒，以期与白金柱两路会合，早奏肤功。现值溽暑伊迩，滇边烟瘴素恶，士卒冒暑苦战，朝廷轸念殷殷，特颁发痧药、平安丹各三十匣，回生第一仙丹十五匣，由驿发交锡良，分给各路军营，以资调解。钦此。

## 致军机处

光绪三十四年四月二十七日（1908 年 5 月 26 日）

窃中路前敌收复老范寨，昨已奏陈在案。兹据西路赵金鉴电称：自田房大捷后，审察地势，以田房、坝洒之间小龙膊地方最为险要。廿五日率队进取，沿途见有伤毙贼尸。并据探询，匪首黄〔王〕和顺于田房之战，系受枪伤而逸。我军到小龙膊已无匪踪，尚遗有宰食牲畜。当即于廿六日进薄坝洒，该匪未敢接仗，先已狂奔，即又跟踪追剿，是晚进扎曼莪地方，距河口约仅三十里，拟即直攻河口等情。锡良查该匪在田房既受大创，且中、东两路方紧逼猛攻，机势万不可失。惟匪情狡诡，偏师直捣，仍饬加意审慎，一面约会中、东两路之师。至中、东两路现已将次并为一路。据南防副营务处、护开化府知府陈先沅报称：廿四日中路进攻泥巴黑踞匪，白金柱派军接应，该府亦自古林箐督率保卫队营官金殿举、周顺轩助战，经分头痛击，是日立将泥巴黑贼垒攻克。现拟会攻第二十九启罗车河地踞匪，倘将车河地收复，距南溪不过十五六里等情。旋据白金柱报同前情，并声明所部督带官赛家斌生获悍匪一名、快枪一杆，营官马发林夺获首级二颗、快枪一杆，帮带白映庚亦夺取该匪号衣，均经验明给赏。现以一路会攻车河路，另分两路径攻大、小南溪等情。惟中路如何接战，详情尚未据该统领王正雅报到，自因战事方殷，且地不通电之故。理合先行电闻，以纾廑注。谨请代奏。

## 致军机处

光绪三十四年四月二十七日（1908 年 5 月 26 日）

窃本日拜发收复坝洒电奏后，承准电寄廿六日谕旨，蒙恩先赏赵金鉴勇号，饬令查明尤为出力将弁，奏请优奖；并以前敌将士冒暑苦战瘴乡，颁赏药品。圣恩优渥至此，凡属身隶行间，敢不激发天良，争图自效。锡良待罪疆圻，尤宜感奋，谨即恭录传示前敌，并叩头代谢天恩。查尤为出力人员，迭经锡良遵旨随案随时存记。惟因此次变起仓猝，匪踪飘忽上犯，亟饬诸统将等各举所知勇将，分起募兵应敌。边隅民气夙强，授械即能击贼，本为滇省特色，甫克成军，随督接仗，电文呈报，仅具姓名，履历既未赍到，无从查悉底衔。虽其中旧将多有夙知，而一体立功，未便稍区先后。现正飞饬指查，一俟到齐，拟奏先行悬奖一次，余俟河口收复，再恳汇案分别予奖，以作士气而励将来。理合电陈，谨请代奏。

## 致军机处

光绪三十四年四月二十七日（1908 年 5 月 26 日）

前据白金柱电称：派营会攻中路车河地踞匪，一面分路径攻大、小南溪，业经奏陈在案。兹据电报，探悉匪在马革寨、谷拔寨、马多衣、大小南溪等处，据险各建碉垒为死守计。当于廿四夜，经督带官胡兴乘夜派胡得胜营趋袭马革寨，沈正朝营趋袭谷拔寨，皆穿箐越山潜伏而进，马文仲等营则由竹瓦房地方以奇兵先机马多衣等处贼溃去路，该督带自率王洪顺、马世珍、李国治及保卫队李朝云等营直进小南溪。时天尚未明，各路匪党惊觉力拒，经我军奋勇兜击，该匪再却再前，卒乃大溃，争奔渡河，复跟追痛剿，计攻平碉垒八座，淹毙匪党二百余名，枪毙一百余名，又枪毙伪统领熊达卿一名，从该尸搜有逆信伪令等件，生获悍匪二名，割获首级十六颗，并夺获旗帜、枪械、马匹多件，立将大、小南溪地方一律收复等情。理合电陈。正译发间，复接西路赵金鉴本日捷电，据称我军已克复河口地方。惟电文甚略，尚未得悉实在详情，特先报闻，以纾宸廑。谨请代奏。

## 致军机处
光绪三十四年四月二十七日（1908 年 5 月 26 日）

顷据蒙关道增厚转据西路前敌赵金鉴电禀：廿七日收复河口，扼险立营等情。除查详细情形电奏外，谨请先行代奏，仰慰宸廑。

## 致军机处
光绪三十四年四月三十日（1908 年 5 月 29 日）

窃廿七日据赵金鉴电报收复河口，当即据电先行陈奏在案。兹据白金柱电称：廿五日，东路之师既克南溪，适是日中路王正雅各营由泥巴黑追剿而前，节节迭有斩馘，并获该匪遗弃粮食等件，立将车河地收回，仍跟踪搜击。余匪百余人，知我军已复南溪，要其去路，歧趋僻径，恃险力抗图脱，各营阵亡哨弁一名、兵丁二名，受伤兵丁五名。将士愤甚，奋勇兜围，歼之殆尽，遂与东路之师会于南溪。护理开化府知府陈先沉率团亦到。由该镇督派会合，于廿六日进攻蚂篁坡踞匪。该匪仍以死拒，经我军并力痛击，斩芟尤多，复沿途搜山而进。时西路赵金鉴已于廿七日由蔓莪径取河口，匪先空壁逃奔过界，未便往追，截获渡河零匪，讯明立予骈诛，一面扼险稳扎。旋该镇与王正雅、陈先沉亦即驰至，当先出示安民，将逃避越界保胜之商人悉数招回，照常复业，路工、洋房一无损坏。其窜逃王布田之匪，亦经龙裕光督率游击两营搜捕拴斩、狂奔出界等情。

除办理善后暨购缉未获匪首各事宜俟另行具奏外，伏查该匪突踞河口后，连陷南溪、坝洒两处，倚为巢穴，即分三路上犯，党众械精，势极剽悍；复敢到处张贴伪示，投递逆函，希图煽我兵民响应助乱。匪踪所窜，战线袤延数百里，每股辄号数千人，几于全省动摇，不可终日。经锡良督同司局及南防营务处增厚，仰秉宸谟，广咨方略，审察形势，诇探匪情，分路命将征兵、运粮、授械，不旬日而筹办粗备，各路新旧将弁，或千里赴援，方喘息之未苏，即血肉以相薄；或以仓猝召募之师，甫隶戎行，即当狂寇。适值暑雨时行，瘴气盛发，各军皆能奋不顾身，冒险遄进。幸而西路蛮耗战捷，枪伤匪首关莆臣，图犯蒙自及个旧锡厂之匪，自此不振。中路复捷于白河，直驱贼至三岔河以下。而东路白金柱本军及陈先沉之保卫队，当贼氛方炽，独能稳扎硬打，遏其东趋。于是各路局势日臻稳固，乃迅饬进取。白金柱亲临前敌，决纵指挥，未几而有田房之捷、南溪之捷，匪首黄〔王〕和顺、熊达卿或伤或毙。中路亦在老范寨枪毙匪首黄东成，自泥巴黑、车河地等处扫荡而下。南溪之役，毙匪尤多。于是余匪逃死不遑，甫数日而即将河口克复，同奏肤功。

综观战事始末，此次猝遭匪乱，实由锡良防范无力。各将领以迄偏裨士卒，罔不感戴圣恩，忠勇勃发，直前决荡，合力歼除，匪患得免蔓延，成功尤极迅速，允宜渥邀懋赏，用励勋劳。谨先择尤请奖，其历次存记前经奏请先予优奖一次各员，自无庸分作两案，谨遵旨并同酌核特予从优。至总理兵事枢纽，运筹决胜，与夫力筹饷械迅赴戎机者，亦自应先择其尤，一体酌请奖叙。兹查有记名堪胜提督、云南开广镇总兵、强勇巴图鲁白金柱，拟请赏给头品顶戴，并赏换清字勇号。二品衔、广东按察使、署理云南按察使魏景桐，拟请赏给头品顶戴。二品衔、署理云南临安开广道增厚，拟请遇有应升之缺开列在前，并赏给头品顶戴。奏调云南差遣、江苏候补道赵上达，二品衔、补用道方宏纶，三品衔、补用道王赓虞，均拟请仍以道员交军机处存记，赵上达并请赏戴花翎，王赓虞并请赏加二品衔。三品衔、云南候补知府杨福璋，拟请免补知府，以道员仍留原省补用，并赏加二品衔。中路统领、盐运使衔、敏勇巴图鲁、在任候补道、临安府知府王正雅，拟请在任以海关道记名简放，赏加二品衔，并赏换清字勇号。西路统领、云南补用同知贺宗章，拟请免补同知，以知府仍留原省补用，并赏加盐运使衔。代理陆军标统、留滇补用直隶州知州赵金鉴，拟请免补直隶州知府，以道员仍留原省补用，并赏加二品衔。在任候补知府、护理开化府知府、准补大关厅同知陈先沅，拟请俟补知府后，以道员在任补用，并赏加三品衔。分省补用知府龙裕光，拟请免补知府，以道员分省补用，并赏加二品衔。云南陆军协统、候选内阁中书陈宧，拟请以京职擢用。陆军步队营、候选知县周国祥，拟请免选知县、直隶州，以知府尽先选用，并赏给勇号。管带蛮耗保商营、同知职衔曾国桢，拟请以同知分省补用，并赏加四品衔。云南候补知府高培焜，拟请免补知府，以道员仍留原省补用。候补知府黄宝贤，拟请补缺后以道员用，并赏加盐运使衔。在任候补同知、准补晋宁州知州叶大林，拟请免补同知，以知府在任补用。拔贡、知县朱勋，拟请免补本班，以同知仍留原省补用，并赏加四品衔。补用同知李荫栿，拟请免补同知，以知府仍留原省补用。候选知县赛家斌，拟请免选知县，以直隶州知州分省补用，并赏加四品衔。分省县丞柯树勋，拟请免补县丞，以知县分省补用。补用游击胡兴，请免补参将，以副将尽先补用，并赏加总兵衔。补用副将李德泳，请免补副将，以总兵记名简放，并赏加勇号。补用游击马文仲，请免补参将，以副将尽先补用，并赏戴花翎。补用游击姜德兴、武成彦，补用都司马廷芳、杨光宸、马文星，均请免补游击，以参将尽先补用。补用都司张鼎甲、宋魏龙、陈万林，均请以游击尽先补用。补用守备王洪顺，请免补都司，以游击尽先补用。补用千总马云山、白映庚、谢逢春，云骑尉世职赵勋泰，均请免补守备，以都司尽先补用。补用千总刘沛连，请以守备尽先补用。五品军功邓云广，请免补千把，以守备尽先补用。五品军功刘凤朝、蒋振彪、马朝先、李廷蔚，武生金殿举，均请免补把总，以千总尽先补用。陆军步队营管带伍祥桢、炮队营管带彭毓崇，均请补授协参领。督队官沈秉忠，队官董成顺、赵瑞寿、孔繁锦，均请补授正军校，并以协参领记名。队官李名山、王太潜、熊鸿钧，均请补授正军校，并加协参领衔。督队官杜正才、队官余骧腾，均请补授正军校。排长胡长标，请补授副军校，并加正军校衔。州同职衔黄锡元，请以州同分省补用，并加五品衔。巡检姜含章，附生张凤元、田金树、陈其杕，均请以府经历分省补用。已革花翎、三品衔、捐升四川试用道、前四川长寿县知县唐我圻，请开复原官衔翎，仍归原省补用，并免缴捐复银两。以上各员弁，实系尤为出力，合无仰恳天恩俯准照拟给奖，以昭首功而资劝励。其余全案出力人员，俟查明分别异常、寻常专折开单具奏，并将武职千总以下各弁兵咨部请奖。所有阵亡员弁目兵，亦俟查明再行奏咨。理合电陈，谨请代奏。

# 一九一○年广东新军革命纪实

## 莫昌藩　钟德贻　罗宗堂

**编者按：** 1910 年广州新军起义，过去记载不多。据广州市文史研究馆介绍，本文作者莫昌藩先生和钟德贻先生为起义参加者，罗宗堂先生"久居广州，对过去各役革命情况，亦多亲见亲闻"。三位回忆过去的事实，记述虽不够详尽，但对于研究辛亥革命前的革命史实提供了可靠的资料。

## 一　庚戌首义的重要性

一九一○年广东新军起义是中国人民革命运动史上的重要事件之一。中国同盟会成立以来为使华南方面革命运动得到顺利进行，便在香港组设同盟会南方支部，加强策划和联系。当时广东新军驻守在广州东北郊燕塘的有步兵第一标，炮兵第一营、第二营，辎重兵一营，工程兵一营。驻守在北较场的有步兵第二标和学生营。统计兵官人数有六千余人。军队方面的革命运动，巡防营由姚雨平负责，新军由赵声、倪映典负责。并且在省城——广州城内清水濠设立机关，派庄汉翘女同志伪装住眷，担任和香港支部联系。朱执信、陈炯明、何克夫等经常来往省港两地，互通消息。又另在城内雅荷塘组设机关，由谭瀛挈眷居住，做新军标营目兵班长和兵士会集场所。初时运动进行目的在目兵，还没有注意到官长。工作也很严肃，运动口号各守秘密，所以进行顺利没有泄漏。

倪映典是安徽省人，为人慷慨激昂，做事勇敢，常自誓为革命牺牲。到广州后因为语言不通，革命活动很感困难。那时他正充任新军炮兵二营右队二排排长。当他知道右队有队官钟德贻、左队第一排排长莫昌藩已在姚雨平处加盟为同志时，因之便开始共同商量革命活动的进行办法。钟和莫是比较多了解当时新军情况的。因为新军目兵通通由征兵而来，文化程度相当高，爱国思想很浓厚，如果先进行宣传教育，鼓动他们的爱国热情，运动进行自易。大家商量过后，乃相约先做宣传工作。过了几天，倪映典给《洪秀全演义》和其他爱国故事交钟德贻选编用作宣传资料。钟遂选出洪秀全、岳武穆、韩世忠和满清入关、扬州十日、嘉定三屠、两王入粤残杀民众等等故事，共编成三十多章，每章预计讲述一次。开始时每周讲述二次，以后每周讲述一次，叫做"讲古仔"。这种"讲古仔"由倪映典和官长中的同志们主持。那时各标营每天晚饭后，高级官长已驾马车回城里家中去了，驻营的目兵，只剩下队、排的官长率领到营外去散步，"讲古仔"最为目兵所欢迎，倪映典便借这个机会来宣传革命。倪映典因为不懂广州语，于是选派忠实同志或代表来以广州语传达。开始时倪映典只向自己右队里目兵讲述，可是没有到十天的功夫，炮兵二营全营、炮一营全营目兵都来听讲了。继后工程营、辎重营和一标各营目兵也来了。范围扩大，倪映典恐有疏漏，于是改变方式，先向各营队代表讲述，再由各代表向各目兵传达。因为那时的革命运动已经组织起来了，营有营代表，队有队代表，甚至排也有代表，负责传达指挥和联系。倪映典这种先向各代表讲述，后由代表传达的办法，有减轻目标分散注意的作用。宣传工作做了三数月后，时机逐渐成熟，即进行加盟工作。加盟的目兵十分踊跃，而加盟手续也很简单，只不过打一个指模，各代表也各守秘密，不相闻问，所以不至泄漏。可是问题来了，一九○九年（宣统元年，即己酉年）五六月间，因人多加盟，同志中无从识别，乃人各发布票一方以为符号。怎料布票一发，一标官长发觉了，马上革退目兵十余人。九月又第二次发觉，见习官和目兵八九人竟被扣留查办。牵涉到倪映典，他的排长室被搜查，可是没有什么可疑之点，不能固入人罪，但对倪终觉可疑，即调任左队二排排长职务。左队队官孙寅昶是一个反动分子，倪调左队恐为他所算遂不到差，不久请假辞职专心从事新军革命活动，并在省城南关余庆里租屋居住，秘密进行。那时省城尚没有办理户籍，而且来往的人尽属新军武装人员，巡警也不敢干涉，所以始终能够保守秘密。在新军标营当局方面，自从布票事件发生后，即知内部军心有异，遂加紧防范，并千方百计破坏革命的进行。原日新军储存枪炮子弹不少，如果放任不管，则为革命党人所利用；如果立刻迁移别处，恐为革命党人所醒觉事有未便，于是在一九一○年一月，即己酉年阴历十二月初旬，新军当局突然下令实弹射击演习，把子弹尽数搬出，一连数天，任由挥霍，事后不作补充，使新军弹药数量减少，以至士兵守卫也仅得子弹五颗。这一套阴险手段，革命党人也不察觉，遂种下首义时因弹竭援绝而致失败的根源。

## 二　从首义到失败

一九一○年一月下旬（己酉年十二月中旬），倪映典告诉钟德贻说："现在新军加盟的人数统计有八成以上，拟在二月中旬（庚戌正月初旬）或下旬举义。赵声已往香港商定日期，我本人也将于数天内往香港决定。"倪果于二月五日（己酉年十二月廿六日）往香港。怎料在二月九日，正是阴历十二月三十日除夕正午十二时左右，有驻北较场新军二标目兵，因刻图章事，在城内城隍庙附近跟人争执，为巡警干涉发生冲突。巡警不敌，逃回巡警局报告，警局即派警协助，将目兵拘囚。那时正是放年假，新军目兵入城的很众，知道目兵被拘事，互相传说，咸抱不平，纷纷到警局要求放人，但被警局拒绝。目兵大愤，包围警局，人数愈聚愈众。警局闭门严阵以待，并放枪示威。各目兵更怒不可遏，有些目兵跑回营部携械到警局准备厮杀。二标官长亲到警局调解也不得要领。后来，两广督练公所知道了，即派教练处长吴晋、新军协统张哲培到警局劝谕各目兵，并将被拘目兵带回二标营，包围警局的目兵们始逐渐散去。被拘目兵回营后，各标营目兵多往探视慰问，并询问被拘情形。被拘目兵尽将到警局后怎样怎样的被凌辱，怎样怎样的被殴打受伤，一一诉说。到探目兵闻知大愤，第二天早上（十日即庚戌年正月初一），即自动携枪入城，逢警即殴。路遇各标营入城目兵，即诉说巡警欺侮凌辱新军必须报复，各目兵听后也愤不可当，自动参加殴警。巡警被殴，不敢站岗，至是日下午滋事警局即被新军捣毁，事情乃扩大。

正当北较场二标目兵被殴辱事件发生时，驻燕塘各标营新军即已消息传遍，各目兵交头接耳，纷纷议论，激愤异常，军心震动。恰遇十一日早上（庚戌正月初二日），吴晋、张哲培率宪兵到二标营召集目兵离营到大操场训话，实则暗派宪兵会同官长将二标营枪械收缴，运入省城。同时清朝官吏也派出旗兵闭城防守，严阵以待。二标目兵听讲完后，回营看见枪械收缴去了，敢怒而不敢言。新军当局更下令停止放假不准离营。可是收缴枪械消息，不一会便传至燕塘一标各营，各目兵闻知愤不可遏，为预防宪兵到来收缴枪械，便纷纷自动携枪离营，到沙河马路择要防守。并声言如宪兵敢来燕塘收缴枪械，即予迎头痛击，并禁止官兵入城。各营营长无法制止，也没有权指挥，指挥的权已属于各营队革命党人代表。那时大家都感觉起义的日期接近了，各目兵自动向第一标部和各营搜缴枪弹，更联合炮、工、辎各营向协部搜集，这个时候已形成起义的前夕。当时目兵多有在大操场、沙河桥头和沙河墟内放枪示威的，情形颇为混乱。下午二时许，新军学兵营管带黄士龙到一标和炮、工、辎各营集合目兵训话，劝谕目兵静候解决，他即入城进行调解。各目兵于是暂无活动，黄也入城。怎料黄到小北门（今登峰路口小北花园）为守城满旗兵所拒绝，并放枪射击，士龙受伤。燕塘新军各目兵闻知，更为激愤，誓和清兵不两立。右队钟德贻见事机已迫，急派黄洪昆、徐礼、何其昭、钟善全、谭瀛、冯德辉分别入城打听倪映典消息。根据他们先后回报，倪映典准今夜十二时来燕塘，可是候至夜深十二时以后，仍不见倪来。夜间钟德贻、罗炽扬、张军、陈本一、莫昌藩等偕同目兵黄洪昆、徐礼数人前往沙河视察，见防守极严，前线步哨分布到牛王庙（今黄花岗附近庚戌烈士墓址），而附近沙河墟、沙河茶亭（沙河路沙河附近）均驻有相当兵力。除外荷枪巡查的目兵也有数队，联络也十分周密。后又转到第一标各营视察，见各目兵纷纷荷枪出入，并整理武装，待命出发，而以一标二营林子斌等队最为踊跃。十二日早晨，即庚戌正月初三日，天还没有亮，黄洪昆等即来报告，约晨四时许倪映典已到达，并说倪昨夜深二时绕道东山到沙河墟和代表商量决定今晨起义进攻省城。天明（约六七时）又来报告，倪已到炮兵一营发动，并枪毙管带齐汝汉。不多时倪已到炮二营集合目兵讲话，管带林金镜也同来，倪大声问林："今天新军起义革命，你赞成吗？"林连声答应："赞成赞成。"倪随即离炮二营到工、辎各营发动，林金镜急从协部后门遁去。不一会儿大操场上即发紧急集合号，各代表和官长纷纷带队到大操场集合。到场参加的有步兵第一标第一、二、三营官兵，第二标营代表和官兵一部，炮兵一、二两营，工程营和辎重营共约三千余人。倪映典乘第二十五号棕色骏马巡视一周，并向目兵讲话。大意申明新军革命，今

天举义，旨在推翻清朝专制，勉励各同志努力杀敌，之后又集合
官长和代表讲话。那时钟德贻即向倪密告子弹缺乏，并建议选热
心革命目兵数百人编为先锋队，至于未经战阵胆气不足的编为后
队，以后队子弹先给先锋队使用。倪映典接受钟的建议。倪讲话
完毕，即令各营队散队回营食饭，听候出发。各营官长和代表正
拟着手收集子弹，忽又发出紧急集合号，报告清军李准部队已向
沙河进发来犯，越过了东明寺（今寺已毁，昔在沙河茶亭附
近），我军应战，不能一刻延。乃以炮、工、辎共四营为基干本
队，向沙河马路前进（工程营为前锋，炮一、二两营为中队，辎
重营为后队），迎击清军。以步兵第一标各营为侧面纵队，于本
队联络前进，从左翼绕道竹丝岗（今日广东省女子中学附近，属
东山区域）袭击清军后方，并侧击沙河马路前进的清军。部署就
绪，分别出发。基本队伍进至沙河桥头，复遣大排哨由沙河茶亭
侧北较场小路搜索前进，以作右翼。本队到了沙河墟，前哨已到
达沙河茶亭，即接前方报告，说清军派代表多人，到茶亭竹林山
地要求我军对话，请派代表接洽。倪映典即率罗炽阳、陈钟英、
汪象斌、莫昌藩、鲁排长等前往。钟德贻也和各营代表数人随
行。到达那边，清军已派代表唐维炯、童常标、太永宽、李景濂
等候。唐、童二人是倪映典同乡，见倪即劝收队回营听候解决，
倪也要求唐等附议反正，协助革命推翻清朝。李景濂则扬言新军
虽众，可是子弹缺乏，不堪一击，叫倪及早回头。那时山地和马
路上已有清军一排，而新军前哨也在竹林内及茶亭前马路握守。
最后唐维炯请倪同到教会山见吴宗禹（督练公所的提督）面商。
倪一面令本队前进，一面偕同罗炽扬等前往。倪等到达牛王庙侧
教会山脚，倪一人上山晤吴宗禹，而番禺县令周汝敦也在山下。
我军基本队伍也已到达牛王庙前马路，清军则占据教会山，利用
铁丝网布置阵地，严密握守，见我队前进至牛王庙，即喝令我军
本队不得前进，我军即暂停马路侧候命。倪到教会山不一会，便

飞马回阵指挥我军本队散开攻击。教会山上清军居高临下用机关枪扫射，枪弹密如雨下。我军也利用地形，沉着应战。不一会倪映典中枪堕马毙命，我军前队工程营数十人已冲至半山，也被清军以机关枪扫射死伤遍地。炮一、二营在牛王庙前山地接战，也被击毙数十人。不一会，我军子弹罄竭，无法抵御，一标步兵侧面纵队也没有赶到救援，本队辎重营已纷纷溃退，情势危急。钟德贻见无法支持，不得已绕道白云山脚退回燕塘，相随的仅得二十余人。清军方面枪声仍很密，可是不敢进入沙河。至下午三时许，见我军沉寂已久，开始带队进入燕塘，纷纷将营内公私物件用马车载运回城。入夜，燕塘一标营房给清军放火烧毁。我军失败后分向龙眼洞和石牌退走，军纪肃然，不侵犯乡民一草一木，乡民很赞许，煎茶、煮粥、收留住宿，目兵感激万分。当时舆论对新军的起义多表同情，而对他们的失败则表示惋惜。是役革命队伍死伤官兵三百余人，倪映典、鲁排长、盛排长和不知姓名一人共四人，均被割取首级，黄洪昆、王占魁也在阵上被擒斩首。另被生擒官兵数十人由张哲培押解请示李准严办，已判处斩首，即将行刑，幸官吏中有人出头请示粤督袁树勋宽免，着解回讲武堂收容，才得免于难。

## 三　事后的处理

是役牺牲诸烈士尸体，由人民团体收拾，藁葬于牛王庙侧山岗上。辛亥革命成功，广东光复，各界人士以新军为革命而牺牲，乃指定在牛王庙附近建筑庚戌起义新军坟场一所，把这一役诸烈士骸骨移葬。复在坟旁建设校舍一幢，开办庚戌中学，以留纪念。这一间中学，至抗日战争时，还迁地西江连滩上课，抗战胜利归来，校舍全毁，遂停办。

# 结　语

新军庚戌起义虽然失败，而影响人心大变，昔之恐惧和怀疑革命的人们转而增加勇气，信仰革命。最显著的如华侨以后为革命捐输特别踊跃。一般民众对溃败的革命队伍能够秋毫无犯，也发生了一种新的印象。这些事情，我们认为对革命事业都有不小影响的，现在把这一役的始末细述如右，以供研究中国革命史的史学家参考。

# 广州起义报告书

## 黄　兴

**编者按：**黄兴于辛亥年三月二十九日广州起义失败后，在香港养伤，曾与胡汉民联名发表广州起义经过之报告书。该报告书早已流传，且有影印本。本文为第一次报告书，约为辛亥年四月初所写。原件原存谢良牧手，黄一欧据原件摄影七帧。文中所叙事迹，与黄、胡联名的报告书颇有出入，叙胡毅生等的行为出入尤多，本文直斥"毅之无良"，联名报告书则无此语。本文对于研究同盟会辛亥年三月二十九日广州起义，颇有帮助。今由黄一欧校注标点，以供参考。谢良牧跋语说明本文的来源与保存经过，亦附于文后。

良友尽死，弟独归来，何面目见公等！惟此次之失败至此者，弟不能不举（胡）毅生、（姚）雨平二人之罪。

毅生所主张用头发公司之陈镜波，据现在事实观之（昨新闻纸已载有用头发运枪弹之说），陈实为大侦探。弟到省时，毅生即言：陈自云曾充李①之哨弁，毅是以不敢【将】前寄之子弹取出（共计十包），以致临时无多子弹分配；其已储于石屏书院

---

① 系指李准。

者，又临时畏惧，云："有警查〔察〕窥伺。"取出与姚雨平，致雨平有枪无弹，不能出队。（所谓警察窥伺者，皆自相惊扰之词。以彼方张罗，任其投入，为一网打尽之计，必不为小破坏以惊吾党。故司后街、小东营、莲塘街一带，至廿八九，更为注意。然听吾人自由往来，如取如携，绝不查问。有一次，老喻①搬炸药入屋时，李应生之弟闻警察自相语云："此物想又是那东西。"据此，则亦何惧之有）

又廿八之期，原毅所主张；及弟到省，公议廿九，即电告港部。而港见龙王庙添兵，即运动竞存②、执信提议缓期。健侯③亦忧不敌，赞同其说。（后雨平到，甚反对改期。然伊亦要枪数在五百以上方允办。此刻枪所到者不过七十余支，而弟上期尚未取出，不敢作必得之数，是直不办而已）

弟见各部如此，所谓改期者，实解散而已。弟之痛心，当何如也！故弟当即决心愿以一死拼李准，以谢海外助款之各同胞，而令各部即速解散，以免搜捕之祸。（当即与宋、周二君商量，先将伯兄④部全数返港，随即遣回籍）一面保存已到之枪支，留与公等作后图。此即缓期之一段落也。

后林时塽、喻云纪两君到弟处，云：不但不能缓期，且须速发，方可自救。此巡警局早四五日已有搜索户口之札饬，旦夕必发也。（河南巡官系四川同志，报告于喻者）弟以两兄之决心，欲集三四十人以击督署。议亦决，毅闻之，又运动林时塽兄将已到三十人遣归。喻闻之愤愤。（喻是日自来搬炸弹二次）适李文甫兄来，多方劝慰，喻尚未允，而陈、姚偕至，云：顺德三营之同志皆归，现泊天字码头，即可乘此机会。（喻闻，即三跃，携

---

① 即喻云纪。
② 陈炯明字。
③ 即宋健侯。
④ 赵声字伯先。

弹以去；李文甫兄亦返港报告）陈遂往与其人商定，不久即回复：其人已决。当即电港：定期二十九。弟意此三营若能反正，不患余营不降；现有新军以助之，事必可成。即定计划与竞存兄。弟即召集余人，以当督署。意欲督署一破，防巡即入，李准不难下也。孰料事竟相反，死多人以攻入督署，空洞无一人。观其情形，有如二三日前去者。报纸所云藩司、学司适在开审查会者，皆是捏词。如两司在，必有轿及仪仗各物，今一切皆无。此中非又有一最密切之侦探报告，不能有如是之灵活。吾党头脑既多，姚又逢人运动，以巡防为最可恃，使弟部牺牲多人，姚之罪亦不少减。

又可愤者：既约定时刻，陈破巡警局，毅率陈二十人守大南门。（毅自云：欲驳壳十余支，只给弟部六支，后毅亦不知何往。若当时自己不出，多给弟十余支，则殪贼必多，或全部击出城外，亦未可知。弟思及此，尤叹毅之无良）姚部既不能出，则驰往新军，必可成功。何姚并此不为，徒作壁上观耶？是可忍，孰不可忍也！

呜呼！闽友四十余人、川友十五人，战时无不以一当百。林时塽兄在西辕门（当攻卫队时，兄当门投置炸弹，虽弹如雨集，屹立不动，无人能当其勇者），当街中招抚李准之先锋队，脑中枪以死；余在卫队门首死者多。

方声洞兄偕弟往夺大南门时，与巡防遇于双门底，首先开枪，击毙哨弁，并伤多勇，闻于南门口就义。弟归途觅其尸首，无着，不知果在何处。

喻云纪兄当攻龙王庙时，一人当先，抛掷炸弹，巡防见之，无不披靡。昨报纸所载：某米店叠米为垒，与敌鏖战，三十余人尽被其焚毙者，弟料必喻兄所率诸人。

朱执信兄当攻督署，奋勇争先，迥非平日文弱之态。在督署二门时，为后到误击，伤其肩际，当时顾坐地，告以伤处。弟慰以勉忘其痛苦，则立起如前，其勇有加。后偕弟往大南门时，弟与方君稍前遇敌，遂不知以后事。昨闻得养伤于陈村，是亦不幸中之一幸也。

李文甫兄亦奋勇向先，当攻卫队不久，即不见其人，弟料其必死于是间。昨晤徐维扬，云"往小东营处"，不知确否。

何克夫兄本率弟部攻督【署】正门，后转攻其侧门。至收队攻龙王庙时，闻不见其人，想亦死于是中。

弟旧部得生还者，仅刘梅卿一人。此人屡战向先，临机敏捷，竟不带一伤，尤为可喜！郑坤闻带数伤，脱险返来，思之凄然！闻两人有入舍杀人事，惟属自卫，情尚可原。郑坤，请给资就医为要。

此次攻督署者，共约三十人左右，内有徐维扬约十余人，刘古香十四人。徐、刘部稍弱。徐部由督署分队时，即驰向小北门去。是时城门洞开，城上亦无守兵。此约七时二十分顷。弟往南门时亦然。当时巡防新军若能入城，必无阻者，且有弟等往大南门，徐往小北门，亦足资接应。惜皆虚伪，徒陷弟部多人，岂有人心者出此！

呜呼！吾不为我众死友哀，吾为生友哀，吾并自哀！且寄语仲实、璧君、毅生诸人：兄等平日所不满意之人，今竟何如！毅生平日自诩一呼即至者，今竟何如！廿八晚，劳朱执信驰往该处，廿九日午后三时归来，云："有十人来至莲塘街头发公司。"比朱兄往视，则弟部李群带来有十人，朱兄始恍然曰："我受其骗矣！"噫嘻！此"骗"字，朱兄言之，恐毅生此刻还不言之，反为辩之，其愚有不可及者矣。

弟本待死之人，此等是非本不足表白。惟此次预备时期，推弟为统筹部长，事之成败，非可逆料；而事之实际，不可有诬。以前屡次革命，伤吾党人材，未若如是之众。今若聚闽、蜀之精华而歼之，弟之躬虽万剑不足以蔽其罪矣。今手足虽疮痍，大约两礼拜即可就痊，报吾良友之仇亦近。今乞少助药费，以往【便】即往医院疗治。并乞展兄①向仲实兄假三千元，为弟复仇之资。将来用去剩余，还上就是。因出血过多，头部时为昏眩，不能多书，勉以左手拈笔。②

## 谢良牧跋

此辛亥三月廿九之役，黄克强先生之第一次报告书也，为先生走出香港，蛰居养伤时所作。经同志传阅后，即留余处。忽忽十余年，以国事嬗变，忧患迭乘，未遑顾及。今岁黄花节，同盟旧侣曾与是役者，闻书尚在，多来索观。余惟后死之责，并循诸友命，因付装池，期垂久远。横流未艾，谨志此以贻后贤。

民国十七年十月一日，谢良牧记于广州

---

① 胡汉民字展堂。
② 原无称呼和落款，亦未署日期。

# 黄花岗起义

编者按：本文辑录了有关辛亥年三月二十九日黄花岗起义回忆录八篇，原刊于台湾出版《中华民国开国五十年文献》一书。这些回忆录多系现国民党中央党史资料编纂委员会所藏原稿，为当事人所撰写，具有一定史料价值，其中有关起义时新军情况，以及惠州革命党人的活动，可补以往史料之不足。篇目加有"＊"者为国民党中央党史资料编纂委员会藏稿。

## 三月二十九日之役与广州新军＊

马锦春

自上次新军失败后，同志星散，赵声、黄兴来信嘱予无论如何总须保留管带地方，以为他日号召地步。缘新军同志中级军官只予一人与士气有关也，至下级军官及目兵，已另有同样通知。故失败之余，士气绝不颓丧，而坚忍且过于前。不过清吏侦探严密，时有戒心，而侦探又贪功造谣，常作无谓之密报，幸宪兵均属同志，凡有拿办之人，常预通消息，使之潜逃。

至于稽查军火、邮电，固属应有尽有，及出入城门，上下火轮渡之人，亦须一一检查，可谓密矣。然于最密之中，党人视若无事。通信与军官职员者，则由陈炯明、朱大符等；通信与目兵及游散人员者，则由罗声、邓明德等。盖其时陈为谘议局议员，朱为报馆主笔，且均为士林有声望之人，而罗、邓前在新旧军皆当过兵士，人均以营混视之也。军火大半由发篓之内运送，缘香港理发店积存剃落乱发，运至省城及内地可为肥料及什物之用，污贱之货置于船上污秽之处，人不注意也。又各女同志置械于下衣之内，往来运送，亦不在少数。至于运入城内，有假式茶壶、假式秤锤内置炸弹，公然携于手中而行，亦未为人识破也。

同人后又计议中级以上军官同志只予一人，其余非同志者，势力甚巨，恐予一人不足以制之，因派邓明德、褚银山、罗声三人来省，专事运动上中级军官之马弁护兵，使有事时，即以其人之弁兵而对付其本人，较为直截了当。

未几，罗声、褚银山、邓明德皆被清吏捕获，迭次严讯，均甘受刑，不肯实供牵累同志，可谓硬汉矣。最后邓判永远监禁，至辛亥八月广州将欲光复时，清吏秘密杀之；罗、褚判令递解回籍，至中途一并脱亡。自罗声等案件发生后，党人工作略为停顿，而清吏乃派陈□□至香港，希图暗算赵声。盖陈前在赵之部下为队官，与赵熟习也。在港同志何□又复与陈勾结。幸由宪兵探出实情，密报于赵，始免于祸。赵密嘱予在省设法除去陈、何二人。予因诈言已保准该二人为本营排长、司务长，嘱其来营供职，二人狡猾不来。及光复后，该二人又自称革命要人，获居高位，殊觉可笑。

又可笑而可怜者，侦探往往诬陷平民为革命党。予每见报纸之登记，或同事传言某某日拿获革党若干名，心颇悬悬，及经调查，乃知大都虚构。盖由兹而冤死之人，不知凡几也。

报纸宣传之职，则由朱大符、邓慕韩主之。《平报》仅发行一日，即被封闭。盖该报首页登载之论说，为革命党之大文章，故为清吏注意也。然封闭自封闭，而宣传自宣传，未数日《可报》又发行于市。曾记该报插画，画一人抡拳怒目，其冠离头上飞。题其上曰："问天何事？有三光不辨华夷。把腥风吹向人间。看中原变了黄沙地。蓦冲冠怒起，蓦冲冠怒起。"藉录旧词，宣传巧妙，极见心思。

私运军火不足，陈炯明乃运动瓦木匠人，嘱其于修理军械局或子药库时，随身偷带子弹出外，不惜重价收买。匠人贪利照办，其事既密且微，亦始终未为人识破。

以上各节均庚戌秋冬之事，因系三月二十九日事前之预备，故特记之。

辛亥正月，陈炯明、姚雨平、莫纪彭皆假贺年及春宴为名，来私宅晤谈。予即不在，亦必留信约时再来。因赵声、黄兴等已与孙中山先生及各同志决定广州起义大纲，凡同党负望之人，均陆续集中于港，协力办事，故其时接洽之事较多也。

一日陈炯明寻予不见，留信在家，灯后再来。灯后会见时，陈出赵声手书与予，并言日间因赴粤督张鸣岐之宴，急欲先将此信交予，及未会见，只好转至督署，因藏信在身，心颇为危。盖信中所云，均直言无隐，如军事方略，后更大书而特书曰"扫除余孽，还我河山"等语。

一日李竟成来云，赵声嘱其寓于予家，如举事，赵来省时先至予宅。此事甚密，余人均不知。并嘱予本营兵力不可无谓损失，待赵来时生死共在一处云云。嗣后李竟成往来省港，予与赵之关系事件皆由其口达。

正积极进行时，忽有温生才刺杀孚琦之事发。缘孚时为广州将军，温居南洋，受党人宣传，种族观念极深，此次回国，单独以旧式手枪邀击孚琦于东门外大道之上。按孚琦是日阅飞机，于燕塘阅毕回城，护卫颇盛，温以个人向前攀轿，枪声甫发，而卫士已弃轿四散。孚死，温从容向西南行约二里余，四望无人，乃弃枪就水塘洗身上血迹。讵有警察暗随其后，致遭擒获论死。当温案发见后，省城戒备非常严密，同人举动极感困难，于是通告同志，各宜忍耐沉著，不可徒泄小忿；又命机关报纸暂停宣传；军械由胡毅生专管，不奉总部命令，概不发给；及军营运动、军械运输，亦暂持冷静。

新军及在省城各同志，均以消息沉滞，迹近消极为疑。其实香港主要同志已举定赵声为正司令，黄兴副之。赵因省城熟人太多，一时不能即来，委托代表宋玉琳驻省城内马鞍街，随带敢死之士及军械若干。黄兴亲自来省，驻城内司后街横巷内，亦随带死士军械。此外各机关分驻各处，不能详记。又原定计划各机关地点、责任彼此均不得而知，恐一处失败，牵动全部也。惟总计人数，初定八百人入城决死，后竟增至千六百人以上。另有妇女，膂力不足，不能应战，派在城内临时放火者，尚不在其内。

省城稽查素严，凡无铺保、无家眷者，概不租屋。铺保早有同志预备，并临时开设店铺若干处，可无顾虑；家眷固以女同志假装充数，并有临时设法雇用者。城内同志究属散居各处，军械又多半手枪、炸弹，临时恐不敌大炮、长枪，故亟筹新军入城之法。陈炯明主张雇定船只，由外县装载柴草来至附城河下，伪作售卖，临时即以柴草和泥带水堆放外城根，以便进城。陈说明时甚为得意，云柴草便于堆高，和泥带水则可不怕枪火。胡毅生则云彼运大炸弹数个，已在城外附近，临时用以轰毁城门而有余。予则云广东居民各家均有上神龛梯一具，若将多数梯子酌用麻绳捆缚，沿东北角城外攀跻而上，入城最近之屋，即为飞来庙军械局，既入城，该局即为我有，转将局内子弹系出城外分配新军，更为便利。后决议三计并行。

又议赵声攻取水师行台，缘水提而兼陆提之李准氏兵力最强也。黄兴攻取督署，陈炯明占领小北门，洪承点占领大北门，予则在城外指挥新军沿东北角入城。其余各有职务，最主要者计分十三部分。

又议赵声于发难之日始来省城，同行随带有军械者三数百人，由港附轮抵省后，即不受检查，整队登岸，遇清军或阻挠者即杀之。

又命令各党员，事前总以沉着为是，即被查获，亦不用武力抵抗，以免浪费武器，且引起清吏注意，拼得个人以成大事；况举事在即，坐数日牢，或尚可生存无事。新军固以予之二标二营为革军主力，奈其时标统陶懋榛竭力破坏。因陶本主张革命，早年多与同志往还，自为标统后，忽变初志，对于一般军人，固极尖刻，对予尤为严虐，盖素知予与革党之关系也。予营队官、排长等，皆与予一气呵成，毫无隔阂，陶乃密保其私人吴文华充予营前队队官。吴常语人云，陶统带嘱其转告各官兵，予之命令可听受，可不听受，当视统带之言为标准。又予之行动语言，吴皆密报于陶。一日野操，经过大北门外东西炮台，予所属略谈清军国初入广东城占领此处而制胜，其作用自系暗示种族主义，而兼为临事时我军进攻之一点也。吴又密报于陶，陶唤予至标部。陶持手枪佩军刀，声色俱厉，罚予立正。其余藉故为难者，不计其数。其初新军防范，只将兵棚内枪弹取去，各营本部尚存子弹若干，陶则并营部之子弹一律取去。最严重时，又将士兵枪机、刺刀搜去，可谓无微不至矣。然标部完全，军械子弹存积，过于平时数倍之多，予使右队队官吴庆恩，诈与吴文华交结，得以与陶亲近，盖临时欲藉此抢夺标部军火也。

陈炯明、姚雨平知予营内详细，约定将伊等所存军械酌分若干与予，俟予营排长轮充全标卫生长时，嘱同志军官伪作私人衣箱，携带入营。其所以如是者，因不论官兵，凡携箱物入营者，皆须一律检查也。又宪兵队在予营部之后身，仅隔大操场一所，所有军械，尚属完全，予已暗嘱各宪兵临时由标部后门来营会合举事。届时予任全部指挥，北校场二、三标新军交吴庆恩办理，燕塘一标及炮标等，由苏慎初办理，并有遣人持陶标统首级至燕塘，苏即动手之约，后惜未能践言也。

又予之私宅略藏军火，李竟成、冯锦富等住予宅内，以待赵声来省。又赵光率领余鑫涂、石国庆、马守东、韩天慰等若干人，并各带军械寓于予宅附近之张成衣铺内，亦专待赵声之来者。各事布置粗具，专待起义时期。事前本有四月初一日之说，惟未曾正式通知耳。三月二十六日，予至司后街四十六号陈炯明寓，及清海门外嘉应会馆姚雨平处商量事件，研究地形，尚无变更。及回私寓，李竟成忽自港来，口称事又停顿。因昨夜今晨清大吏忽将外县巡防营纷纷调省，赵、黄决议已令在省同志回港取械，其实藉此退却，以免涣散及横议之弊而已。本晚多数同志皆回香港，果如其言。二十九日下午六时，予以公事之余返至私宅，正拟脱去军衣改换便服探访同志机关，俾知究竟，因同人虽有退却之举，而清吏戒备愈严，谣言亦颇众也。其时李竟成去港复来，声称仍旧四月初一日为起义确定时期。询其何以先后反复？李云前次退却者，外县防营来省也，此次复行原定计划者，因巡防营来省之数不及十营。据姚雨平云，其间已过半数可为我所用也。

予在私宅正与李竟成谈话时，营内护兵忽来请予回营，言系陶统带嘱人来请者。言未毕，营内迭派人来，或言标统立待，或言协统已至标部，或言城内火起，城门紧闭。予即著军服快马入营，讵至营内不见一人，询知系陶统带嘱予营前队队官吴文华鸣号集传全营，口称奉统带令本营归渠率领出发，即予来有所命令亦不可受云云。

予转至标部时，协统蒋尊簋已先在座，对予言词尚和平得体，而陶标统则以军刀撞地作声，詈予荒谬；继又转拍予肩，连说数句事全仗予。予实无以为对，惟询知予之全营由吴文华率领向白云山而去，即因退出标部，仅嘱马夫徐乐文备马，随予向白云山方向而行。未数里，过一深密竹木之林，忽遇有多数士兵阻止去路，下马细视，知为予营右队队官吴庆恩率本队止于是处，探予行踪，并告知吴文华为难情形。除右队外，前、左、后三队皆随吴文华前往，离此北行不及十里即是。惟全营官兵皆切望予来，吴文华不足虑也。予即与吴庆恩率队前进，未几与前、左、后三队会遇。予一面派人监视吴文华，一面召集吴庆恩及后队官沈葆华，本营排长何振、韩福祥、吴楚等会议办法。佥以看城内火光为进止，相率登高探望火势，略大为之色喜，略减为之不悦，如此数次，火竟低灭，各皆丧气，而回至平地。

二十九日之事，予事前固无闻，即前约以衣箱运送子弹之说，亦未实行，且下级军官及目兵同志多半逃散不见，一无准备，为之一叹。

越日，探悉二十九日下午清吏特派军警多人，由候补州同马镛桂率领，在司后街□号内拿获嘉应州同志饶□□等九人，并有即日沿户搜查之说。黄兴闻讯恐搜及渠之重要机关，遂率所部为先发制人之计，集众持械攻入督署，拟擒总督张鸣岐不果，即纵火焚烧督署其他机关。同志不知此举，未能接应。黄见其势不佳，且已伤折手指，乃以袜裹创，向藩署双门底方面而逃。途遇巡防军，黄诈称革党已受困于督署，当速往扑灭。巡防军不知其计，乃听其直出大南门而去。过此数分钟，各城门均紧闭不开矣。

张鸣岐当事起时，即越墙逃至水师提督李准处，传令闭城，各街口派驻重兵，禁止行人，不必救火，不许喧哗；又令无论何人凡有能杀党人者，以所杀之数计算，每一首级赏洋壹百零二元，盖以百元作赏赐，二元作抬埋尸身之费者。纷纷情实不明，事后传言葬于黄花岗者七十二人实非确数，如吾邑阮德山亦死于是役，而七十二人中竟无其名，可知埋没者尚多也。

是日宋玉琳来晤黄兴，行至中途，事发不能通行，即遭擒获丧命。宋临死时，慷慨从容，并言渠为党人领袖，渠已被擒，余皆无能之辈云云，盖思以一己之死而或宽及同志也。所属马鞍街部分因无主脑，且不知究竟，遂亦纷散逃命。其他机关，亦同此情，不知所措。惟居于城内东西南三区者，逃避尚易，因党人注重大小北门，清吏似已侦知也。城北各街巷居户细密搜查至三数日方毕，在此区域之内党人遭害最多。有十数人事急跳城而出者，均各安全无伤。按广州北门城墙最高，乃一时精神奋发，本领超过寻常。

又宪兵全部及经过教练所之警察均与党人一致，此次逃命党员，颇受其暗中保护。记有一事颇可发笑：有前因革命嫌疑去职之宪兵董希龄，此次亦在城内攻打督署之一人，失败后避于民家，无计出险。适宪兵李江、钟智仁巡查至其处，即设法为董借换华服，雇轿一乘，董乘于内，二人随轿而行。凡至街口及城门兵警询问时，即由二人代答轿内系藩台大人舅老爷，因病出城就医。兵警揭帘看视，董故作病状及官亲身分甚肖，兵警为之行礼，董亦徐徐答礼如仪。

新军皆驻城外北校场、燕塘等处，皆因枪机、刺刀全无，无所为计，各同志又有大祸将临之惧，燕塘同志军官徐维扬、苏慎初等因事急越营出走香港。余如黄埔（陆军小学）同志军官邓铿、张我权等，虎门（武备学校）同志军官钟鼎基等，各受上官监视，不能通讯。予驻北校场，与吴庆恩、任鹤年、沈葆华、刘浩等受陶懋榛监视尤甚，几至不能出本营队一步。其他不在营之军官目兵，陶均禀请通缉。幸协统蒋尊簋不肯照行，且于见张督时声言新军安静。予营见习官雷醒民出外数日，忽又回归。陶闻之，命予将雷拿押营仓。予当嘱吴庆恩自后门送雷逃逸，以未曾来营为复，陶几欲拔枪击予，其怒可知。

粤督张鸣岐素称能吏，见蒋协统面，伪信其言，使人分送米肉于各营，并派候补道庄奕持大令至各营慰问劝导。越若干日，又有分别查明记功奖给之命。其实已派巡防军暗中监视新军，并急调广西提督龙济光带兵二十营来粤增防，命龙兼任新军镇统，藉整顿之名，开除军官多名，重则藉故拿办。未几予即奉命撤职，后又令秘密拿获。盖张鸣岐狡猾过人，阳避拿办党人之名，阴则秘密另设机关，专办党人，至死亦不宣布。有刑人时，加用蒲包覆其首面者，防人认识也。予被拿讯押情形附记于下：

予自新军二标二营管带撤职后，交代欠款不能离省。因予为中级军官，十余年所入，均消费于革命事业，且因二十九日之役，挪用公款甚多，私有马匹、器皿，新任又不肯折价承受。陶统带从中助虐，监视督斥无所不用其极，不得已面求协统蒋尊簋代为设法。蒋云："君之撤职固属一己欠妥，各同寅不肯论交亲善者，亦恐受嫌疑耳。"予即答言："予有何不妥？同事又何必如斯？既有谣言，协统应主持公道，代为辨白，何以亦复尔尔？"蒋言："我何尝不为辨白。"同时以手指虚画桌面作一革字，继之曰："阁下名太大了，我总向新任管带及陶统带竭力说项，你亦尽力筹款可也。"散后，予质物借贷至十余日始清其事。家眷因闻二十九日之事，由江苏赶来视予，所携衣饰为予全数质去，以致生活艰窘，难以成行。

六月初二日上午十一时，予由长堤雇乘小船渡江，拟过河南向亲友筹款。讵船过海珠约半里许，江面忽有水师长龙快船二艘，内乘十余人，各持枪械，追上予船，拘予转上长龙，送至海珠小木屋内，着人看守。予向守者询问缘由，其人摇首不答。直至下午约四时前后，有数人来唤予同行至海珠正厅之客屋内，先有一人坐上座，嘱予在下首坐下，其余人环立。正座之人先向予曰："你能见我，真好采数，到此鲜有不死，更少有见我之面者。你为江苏人，我亦苏州木凟人，随祖父至粤，今已三代，故人皆以我为粤籍。我此时不必与你谈乡亲，先问你与赵声等革命之事，如照实说，或可成全。"予其时默不作答，渠又言曰："我李世桂非欺人者，原可即时杀几个人与你看看，然又何必，我问你，你可是李军门学生否？你赴东洋可是军门助你资斧否？"予思此问实属不伦，然所谓军门，即水师提督兼陆路提督李准也。李正声势赫赫，伪应之似亦无损。李世桂笑曰："你们的事我尽知道，所以知而故问者，看你有改过之心否，今日不必迫你，容你思量三日后再见，见时如再不作切实回答，那时勿怪我了。"转面目视侧立之一人曰："贺队长将他带回去。"予恐受非法私刑，不如速死，因急言曰："公事当在公处了结，了结以速为贵，即请立时解决可也。"贺曰："我是贺文彪，现任西关汛事，与阁下虽未会过，总是同寅，绝不暗箭伤人。"予不待其词毕，即曰："丈夫一言，同走可也。"

事后询之，李世桂为侦缉督办，前系已革副将，由粤督张鸣岐奏请开复原职，专办侦缉事者。贺文彪本西关把总，现为侦缉队长，世桂之心腹也。此项侦缉机关，即专事秘密杀害党人者也。予与贺同走时，四周手枪大刀十余人。由海珠乘船至长堤登岸，入靖海门，穿过街巷数条，至一宽大住宅。入内，见数十人皆手铐脚镣加铁索于颈，然后再分系于巨木之上，另用人持枪往来巡视不断。数十人内有惊呼予之姓名职官者，有面目似曾相识者。其时不能自由与之接谈，默念予与此数十人不久将同为断头之鬼，为鬼时当再把晤接谈也。贺命将予送入后进厢屋。屋内置一板铺，铺上置破席一床，旁有破瓮一口，大小便均在其内。饮食自牖出入，屋门反锁，派人持枪看守。本日及初三、初四共三日，上灯后，贺文彪将予唤至伊之烟榻前讯诘，约半小时，即仍送回原处。予于贺之讯诘时，总请其迅予处死，并言杀头事小，坐牢不愿，余无他词。

初五日上午，忽迁予至一华屋之内，床铺器具均极精致，惟锁门看守如故耳。午饭菜至十余件之多，予私计今日之优待，其为毕命之日乎？于是索酒狂饮，仍回屋内就榻酣睡。睡约二三小时，忽有人来促予起身，引至客室，见李世桂、贺文彪皆已先在斯处。李云："原约三日后会晤，今届其期，本拟邀予〔汝〕仍往海珠，因今晚督师派龙提台传你讯问，伊故特来送信，并将内情告知，你可预备晚上回话，好坏与伊无涉。"继曰："此次你撤职后，本可无事，因你统带陶懋榛在督师前禀辞赴前山防务时，督师面谕前山逼近澳门，各事均当小心。陶答出防之事，谨遵师命，惟省内新军不能兼顾，深以为虑。如马管带虽已撤职，现仍常来省、港，多数目兵与之接近云云。督师据此方密谕叫我拿你，及拿到后我去面禀督师，师谕即时枭首。我奉谕后本拟即回海珠处分，因便道看李提台，提台说你是他的学生，嘱我成全。我今日见督师代为求情，督师不准，后来李巡警道帮同说情，始有派龙提台讯问之事，你可好自为之。"言毕嘱贺文彪好为照料，起身而去。予仍回原屋。是晚饭菜丰美，与午餐同。

饭后约七时许，贺率十余人各持刀枪送予至巡警道署。巡警道李湛阳唤予至花厅内坐下，言貌和平，细询家常身世，未及公务。未几传言龙提台来，予起立迎接，见来者即广西提督龙济光。龙怒目视予，略问年龄、籍贯照例之言，即厉声曰："我在广西杀人甚多，如统领、督带亦常常被我杀去，你知道否？"予即答曰："军门威望素著，学生久仰。"龙闻予言，面色改变，似欲作怒发言。李湛阳即起立而言曰："天气太热，请军门至花园纳凉，此事可交周委员讯问。"同时并向下座随龙来者之一人曰："周委员！你来问他，如说实话，军门总成全的。"言时邀龙同出客厅而去。片刻李独折回向予言曰："为你的事，在督师前几乎撞响头，你不可再负气了。如有人虐待，或叫你难堪，可告诉我吩咐他们优待何如？"予对龙之威严绝无所畏，对李之平和说话愧无可言。李去，周来，询知为云南周子文氏，广东即补县也。周云："大家都是同寅，承审不敢当，惟大家来商量个解释方法耳。"又云："李军门竭力成全此事。龙军门虽无善意，却无恶意，切勿误会，另生枝节。"此后相对无言，即间有二三语亦不过起居琐事。约历三小时，仍由贺将予带至原处看管。

越日，周子文来至予处，略谈即去。晚间贺文彪唤予至烟榻旁从事诘问，经二小时之久。以后每日午后周来，晚间贺问，几如定课。大概周尚忠厚，贺则狡诈，言词不同，而目的则在命予指出机关，供出同党。予则抱定决死之心，不肯以一己之生，而致数十百人之死，并破坏同党全局，只承认与赵声同谋，不知其他。有一次贺传李世桂意旨，嘱予供认蒋尊簋、黄士龙二人为革党之领袖，并言如照此画供，龙军门允许李世桂为协统，予为标统。予以事实不符不能妄供却之。盖蒋、黄与予感情均好，予在押时，二人均尽力营救，予何肯出此。贺冷笑数声而罢，然此后贺言逐渐强硬。

至十七日午刻，贺忽邀予及周子文同桌午饭，菜之丰美超过平时。贺向予曰："阁下来此十余日一无所言，大概系我辈不是，将阁下抓错了。"予无可言，亦即以冷笑报之。贺继嘱将卷取来，从人在旁已携卷立候，予不知也。卷至，交予阅看，予见卷可盈尺一大束，内则三二纸即为一宗。略阅数宗，皆已拿获党人之供词，后判处死刑者。供词涉予之事甚多，大概实事居十分之一，虚言居十分之九，刑讯之下，语言错乱势所必然也。予见其时情形险恶，即笑向贺曰："今日多饮我酒，并备纸笔，俟我醉后缮供何如？"贺亦笑而允之。酒后，予执笔急书，先述身家抱负，次认与赵声、黄兴同谋不讳。书毕，贺、周略阅一遍，即询予曰："既认同谋，何不将现在机关同党供出，以为赎罪之地乎？"予曰："机关在香港、南洋等处，同党即在机关内。如省城之小机关小党人，予因党内身分却处于重大地位，向不过问也。"按当时新军、宪兵、警局等往来同志甚多，此时对贺实虚言也。贺言："阁下如坚执不移，恐祸将立至。"予答："固所愿也。"周有不忍决裂之意，久久向予发言曰："你能劝赵声投诚否？"予曰："能。"按赵声自三月失败后，愤怒过度，痈发于脏，肠裂而死。予曾秘密至香港一次，见无办法而回，当时以"能"字回答者，亦诈言也。周转向贺曰："如照此计议，似尚可行。"贺之颜色始略和缓。散后予遭管押如故，惟传问之繁较前稍好。予偶见周、贺，反转诘其办法。如此约七八日，周、贺又同予吃饭，问予："可有十人以上印结具保否？"予以身遭羁押，一般旧识人情难知为对。踌躇许久，周、贺商量同意嘱予信唤家属前来接洽，予允照办。

次日信唤马锦富、张沐如前来告知前事，盖一为堂弟，一为旧友，其时寄寓予宅也。二人允于外面亲友接洽后再来回复。由此每日二人同来，均云十人尚可设法，惟现任印结确难寻觅。数日后，予思得省城特别区警官吴江左同志似觉可寻，二人前往，果如予言，领衔具保加印于上。贺又派人调查明确，是月二十九日引予至海珠，同见李世桂说明一切。李笑曰："乡台大难不死，必有大贵。"继讯予之家人状况以及仆役几何，甚为详细。予自撤职拿办后，仆役无存，李当荐二仆为予服役。予有难色，李云："我辈创事，住、仆、服三者，万不可不讲究，况不死者贵之说，不过寻常之词，若督师才略盖世，凡当杀而不杀者，必大用之，可无疑义，不有仆从，绝不方便。"即唤二仆见予，而属随予同回私宅伺候，盖仍取监视之意也。予虽明知其情，而不能却，回寓后足不出门，以免疑忌。

数日后，李世桂又唤予去询问劝投诚方法，予伪言自遭管押，赵之踪迹不明，音信不通，俟有消息再报。由此迟数日李必唤予问答，略如前状，计七八次，约历两月。李忽谓曰："你被押时，督师曾三次嘱我杀你，皆未动手，及有劝赵之说，我力求督师，师谕此固是一方法，但谨防受其愚诈，今久久不践而言，我实难说。"予当要求至香港一行，李世桂不准。予继言曰："如虑及借故潜逃，自有保人可寻，如再不见信，容我转求李提台何如？"李世桂始允。此关当时虽然过去，但赵声已死，何处去劝，即再求李提台之说，亦不过空言搪塞，实在亦做不到。盖予前至提辕，阍者拒绝不为通报也。按予前在提台处带卫队八阅月，后见其思想太旧，辞职他去。予在押时，李提【台】托言予系彼之学生，固为顾念前情，竭力营救之一种方法。更兼彼受炸弹未死，心已转移，暗向香港同志胡汉民处输诚，阍者不知，故代为拒绝也。欲作逃走之计，又为李世桂荐来之仆看定，更有同门居住之翁□□，始因边防同事，单独向予借居，后乃携眷俱来。翁为广东候补县，后知其为马铺桂所使，有意来做侦探也。予处此环境，欲逃不能。

某日晨起，翁约予在本宅厅事围棋，内室忽嘱女仆唤予入内。入内后见马锦富、张沐如二人俱在内室，告予云，顷有同志警察送来密信，当道又欲拘予入狱，因新任广州将军凤山适乘舆赴任，行至大南门外被人炸死，查有予之嫌疑也。予因此事与予无关，嘱勿轻信慌张误事，仍至厅事与翁对局。未几，富锦、沐如连番走过予前，暗使眼色，予复入内。据云："警察又来过两次，其事真而且急，奈何？"其时予之妻女在旁，予急嘱其早日设法回江苏。众未及答言，予即急步向外出走，翁仍在厅事，究系文人，不敢阻止，李世桂派来二仆一出外，一仆卧，予故得走出大门也。至巡警送信缘因，因广东宪兵早年系由总参议姚鸿法自日本聘予回国开办者，现有一队计百余人，内除旗籍二名外，余皆革命最热心者。巡警开办教练所请宪兵头目四人为助教，故巡警凡教练所出身者，革命心理与宪兵同，亦多半与予素通声气。予自被拘释出后，因防李世桂派来之仆，嘱马锦富、张沐如分班在大门外出入巷内游戏，凡有消息由其转递，故有侦探在屋不知予之秘密也。

予出门后，茫无所之，后至莫纪彭处商量，莫亲送予至西关第七铺革命机关平民报馆内暂避。该馆主笔邓慕韩，甫开始与予商量，忽报太史公江□□来馆。江为张督之亲信，不居名之高等□□也，邓知之，无可如何，即嘱予暂隐卧铺之上，因馆屋甚浅也。江来，一味闲谈，约一小时余方去。邓念报馆不妥，转送予至长堤珠江酒店。因该店为同志所开设而挂日本商旗，意在可以藏匿。讵入店片时，忽多数巡警来查房间，盘诘旅客，予当时虽混言搪塞过去，然彼究竟为予所欺，或巡警亦为同人故意放过，则不得而知矣。巡警甫去，予又急走西濠顺泰祥酒店暂避。因予前在军职时，常至该处与友人吃酒打牌，多与茶役小账，嘱代隐瞒勿告外人，此人因即利用也。至顺泰祥，亟函莫纪彭、邓慕韩等三数同志前来商量，众以急走香港为是。又以长堤一带及轮船码头军警林立，拟雇一小船停泊轮船外口，俟将开时上轮。予默思约半小时，即对曰："上轮船以即上为是，因其时距开轮船时尚早三四点钟，军警虽多，不大注意，迟则便衣侦探到此，最为可怕。若小船临时由外口上轮，固属不易，又水上警察安知不来查询。"众又以虽上轮侦探仍可往查，因清吏已与外交说通也。予云："如包一大餐间，闭门静卧，有人来查，可买嘱茶房，伪云房内无人，较为可好。"众又计议使二同志伪充予仆，并伪称予为某显者，使侦探不敢入内，如有查询，即由伪仆代答。计决照行，上船后幸未为侦探识破。甫展轮，予卧室外大哗，予又为之一惊。后询知船上有同志数十人，知予在船，见展轮后侦探无可为患，咸来与予一见也。抵港后，至中外日报馆寻晤诸同志，始定攻打惠州及转取广州诸计划，一切情形，当另记之。

## 广州新军之动态
### 何　振

　　庚戌新军之役，第一标虽遭散失，惟吾革命军人咸抱信心，以此为仅系暂时失败，若更继续努力，终必成功。以是当时清吏设所收容，各皆忍辱负重，重为投效。而原驻北较场之第二标犹复完整如初，革命种子不消失，故仍堪为三月二十九之役之骨干。当三月二十九之前一日，新军第二标内部运动早已成熟，一切准备如派谁人围攻标本部，活捉标统陶懋榛，谁杀反对党第三营管带蒋炳隆、二营左队官蒋琦及排长吴文华等，皆已布置完成。盖此次军运有鉴于庚戌之疏，故不论平时或临事，均特别较为严密与专责。平时每营、每队、每排均设有代表一人，以为运动与管理该营、队、排士兵加盟事务。全标总代表则为二营左队班长陈德洪，所有全标士兵加盟管理及官兵上下沟通与乎对外传递等，均其兼任。时余原任二营前队见习官，为便于掩护陈德洪班长工作起见，特商准于第二营马管带锦春同志（别字贡劳，江苏人，由莫纪彭介绍，始知其原为同志），保荐其为左队排长。自此官兵上下（新军纪律严肃，平时官兵不轻易交接）消息更加灵通，而陈班长之出入营门及种种工作，便利尤多矣。又当三月二十九举义未定期之前数日，余尝偕一班同志军官苏慎初、张念雄、赖培基等应此次军运总负责人姚雨平之招，到嘉属会馆内会商举义前应准备各事项，结果决定届时由姚雨平派人来营通知，并由后门接济弹药。至临时军中一切布置指挥，则由余与苏、张等同志分任之，并约定全军由小北门入城。不料三月二十九城内黄兴等同志事起仓卒，至发难围攻督署时，吾等军中同志犹未知之。及知之，而北门城墙上八旗兵已满布枪炮口，且瞄准向吾军营房矣。吾军中平时不发弹药，此时望穿秋水，又不见接济到来，以是各同志只得袖手旁观、相对疾首而已。故说者多谓三月二十九之役所以急速失败之主因，邹鲁所编三月二十九革命史第四章第三节谓，临时得报新军二标兵士之枪枝被收，尚非事实，事实乃缺乏弹药耳。邹鲁于新军之运动，亦与有劳。盖是时邹鲁为省谘议局书记。省谘议局即今省参议会地址，与新军二标为近邻，吾人每于旁晚率士兵外出散步，借以宣传及灌输其革命思想时，邹亦常参与其间演说，或作暗示宣传，而军中一切消息如攻击反对党蒋琦、吴文华辈之稿件，亦多于是时交邹手转登

《可报》。

　　事后清政府虽明知标营中有党人运动，但亦无可如何，只对于余一人借故撤职而已。余离营后约月余，旋往马管带锦春私寓，欲有所商谈。甫入门，则见马之差人以手频作势，暗示意余令急退出，余即转身飞遁。后乃查知马管带此时已在寓受监视，出入已不能自由矣。（马后匿于慕韩所办《平民报》中，由慕韩与佛山轮船买办彭俊生同志设法暗藏，渡往香港。）乃决计逃港，与莫纪彭、庄汉翘诸同志谋再举。后侦知新军二标已移防前山，大喜，以为旧事尚可重提，乃转赴澳门，与林警魂、林君复等同志设立机关，跟踪新军，继续以前运动工作。卒于九月十六晚只身潜入前山，以新军全标首义，乘夜率众光复香山，促使广东提早独立。是辛亥九月所收得之果，仍为三月前所种之因也。语云："有志者事竟成。"又曰："有是因，必有是果。"观于此益信焉。

## 黄花岗同志赴难拾遗[*]

### 李树藩

　　辛亥三月二十九日，黄花岗同志赴难者多，是役除殉难七十二人以外，生还者亦不乏人。吴适、梁栋等，即生还之人也。是役经过事实，虽有几个专著出世，且其中遗漏之处尚多。福建革命纪念品陈列馆主任林逢时，与吴适、梁栋诸同志系属患难之交，询以当时赴难情况，录诸笔记，以征实际，亦将谈话大略，纪载于左，以备一种参考罢了。

　　据吴同志说：黄花岗赴难诸同志由香港到广州后，寓于莲塘街杨公馆。出发时，由吴适、冯超骧两同志督队，林时塽同志在前引导。林同志手执号筒，由莲塘街冲到督署。督署二门开枪还击，不得已退抢军械局。巷窄人多，冲不得入，林同志将汽筒放下，大呼同胞应一致起来，对方亦未开枪，但终不得入。约半小时后，天已渐黑，折回督署。督署军队冲出，党军被其冲散。吴适时与黄忠炳、黄顺基、胡应升等诸同志，寻得剪发空店一所，暂住一宵。次早起来，卓超然死于门口。经数小时后，军队到店搜索，黄忠炳等被执；吴适由窗门跳上，藏匿仰板之上；黄顺基亦跃上仰板，过了一夜。次日军队复至，中有一士兵，仰视仰板上面，板稍倾垂，即向上开枪。吴适由仰板跃下，兵即逃去。后吴由后窗跳出街上，潜在沟中藏匿，至夜间逃上观音山，跳出城外。是时广东报纸登载，吴适被捕时满身泥土，此即藏匿沟中之明证也。吴适跃出城外后，避到草藁盖成之小茶居中饮茶，并求借宿。茶居中人云："你应速去，一小时后军队便来。"吴适即行，未及数武，果有军队头戴竹笠，伏在墓道边，吴适因而被执，即由火车解入水师行营。晚上看见被执同志严刑讯问，吴以一介文人，自分不耐刑讯，因即自认党人不讳。吴以笔谈，书成三纸。当时广州报载，吴适字任之，供词最为激烈。此即供词三纸之证明也。

次日，吴适发入番禺县羁留所，到时见有同志三十余人，黄顺基亦在内。经过数日，闻来时之第二名至第八名均被枪决，惟第一名之吴适得以不死，宁非幸事？后经福州党部中人派遣李榕藩同志到粤探视，并运动吴同志出狱不济。满清政府判决秋审后纠〔绞〕监候处死。未几光复，适遂出狱。计入狱数月，是年九月二十三日，始抵福州。

又据梁栋同志谈及：同时由马江动身，梁同志在马江时实任庶务之职。抵香港后，一般同志，只居湾仔机关所，到粤时住莲塘街杨公馆。二十九晚上，随林文、吴适两同志出发，抵督署二门，梁右腿中弹，仆倒地上，诸同志扶回莲塘街杨公馆。逾二时，军队围捕杨公馆，内部人员一百余人，冲锋而出。大家因不识路，只得追随警察。因警察已被党方运动成熟，一般巡警，均系我同志。警察当前，名为追逐党人，实则引导党人出城逃走。
出城后，到原来时茶居休息，遇郭明亮同志，夜坐茶居待旦。次
早方应团同志到，说大事已坏，大家须预备逃避。大家出走，路
遇同志郑圣应。圣应中创极重，不能行走，众扶其行，遂由郭明
亮同志向某方贷款，得抵香港。计到香港者二三十人，多半负伤
带创。在湾仔机关处过夜。次早方瑛女士来到机关，看视同志，
众同志答以二日未食，方瑛女士便出番饼数元，得以维持食费。
方女士并请医生来诊，诸同志经过几次药水敷洗，创以渐愈。方
女士逐日到所探问同志，创愈后并以盘费、船票分散诸人，即由
港搭轮到达福州，由福州转回连江。是时风声紧急，满政府侦骑
四出，连江已成不可居住之势，梁栋由同志介绍到定海黄传根家
中暂住。

## 广州新军起义与三月二十九之役①

### 朱浩怀

　　广州新军于宣统二年庚戌正月初三日举义失败，倪映典死
之，事详党史。是役，先生（编者按：此指姚雨平）奉派赴惠
州，策动巡防营，共谋响应。甫至惠，闻事败，乃间道至香港。

　　又起义前，朱大符以同盟会会员盟单，嘱先生带至香港保
存。先生身怀盟单，由省垣清水濠机关内，乘大轿，拟到南堤天
字码头，趁船赴港。轿为外省工友代雇，语言或有误会，轿夫抬
轿疾驰，误入巡警道衙署。先生厉声曰："我到天字码头，何以
至此？"轿夫曰："讲到衙门，若到码头，须加轿钱若干。"乃立
许照加，从容退出。警署卫兵，以为某处大官，未加注意，若被

---

① 本文录自朱浩怀《姚雨平先生革命史》（广东文化事业公司 1948 年出版），
　文中编者按及注释，均为原文所有。

盘查搜索，则危虞实甚也。

自新军起义挫败，总理召集黄兴、赵声、胡汉民等，在南洋槟榔屿开会，决定在广州再举，设统筹部于香港，于宣统三年辛亥春成立。黄兴任统筹部长，赵声副之，下设秘书、出纳、储备、调度、交通、编制、调查、总务等八课。先生任调度课长，掌运动新旧军人之事，胡毅【生】任储备课长，掌购运器械之事。

自统筹部在港成立后，原定三月十五日在广州发难。因各方款械未到，且三月初十日，党人温生才刺清将军孚琦事发，全城加紧戒严，党人行动因以迟滞，故省方同志决定展期至二十八日。黄兴于二十五日由港抵省，因二十八日各方之款械仍未能到齐，又展期至二十九日。黄抵省后，先生趋谒于小东营机关内，向其取得一字据，系凭条向储备课领取枪弹者。讵二十七日，有巡防营二营调省，胡毅生、陈炯明等疑官厅有备，主张再展期，先生以为不可。及闻新军二标兵士之枪被当局收去，则亦不复坚持。因此标为新军之中坚，革命同志甚多也。黄兴见各部意见参差如此，于愤激之余，竟下令将各部遣退，决以一人或少数人死拼李准，以谢海外热心出钱之同志。二十八日，复有巡防营三营由顺德调省。此三营经先生秘密运动，加入革命者甚众，正可因其力，助起义之成功。先生以此事报告黄兴，则二十九日发难之议，复趋于积极。惜已遣退者多不及赶回，且港方同志，以种种原因，二十九难以赶到，电请展期至三十日，并派代表于二十九日抵省，陈述理由。而各代表到时，黄兴已不顾一切，整装待发矣。

二十九日，先生集所部于长堤嘉属会馆，面授发难方略。下午，派郭典三赴仙湖街始平书院胡毅生处取枪弹，以备发交所部使用。乃胡已他去，保管人谓巡警甫来查过，挥手阻勿取。典三走告先生，先生急赴黄兴处，见其屋内陈列刀枪武器，整装待发，告以派人到始平书院取枪弹被阻事。黄即加派陈其尤与先生同往。保管人则谓已展期。先生告以："甫由黄兴处来，见已整装待发，何云展期？"① 先生以事机急迫，声色俱厉。保管人乃指示枪弹所在处，盖皆藏于屋瓦之下。先生以方桌层叠而上，将枪弹取下，装入皮箱四口，雇轿四乘抬出，拟至长堤嘉属会馆。以枪弹笨重，轿夫力不能胜，且行且出怨言。甫出门，见街上军警汹涌来往，知事发，已不能通过，仍将枪弹抬回始平书院安置。先生愤激之余，与郭典三、黄嵩南、丘锦芳等数人，各持一枪，奔至双门底，冀与所预约之防营会合。盖调省巡防营三营中之革命同志，经与先生约定，本下午协同举义。五时，该三营借拱卫为名，整队入城，因欲直趋水师行台，生擒提督李准，故未即带白布臂号。行至双门底，遇黄兴、方声洞一队人，彼此误会，互相攻击，故该三营早经散去，先生尚不知也。

有平远人两广方言学堂学生丘徽五者，知党人举义失败，死伤奇重，由惠爱街长兴里丘家祠出门探望，正与先生相遇。丘不

---

① （民国）三十五年五月，编者曾将本书初稿油印本送请胡毅生先生核阅，并叩询三月二十九日一役之实况。胡谓："邹著之党史稿，未曾注意，惟当日情形，须统筹部之干部人员始能明了。当日之干部，现仅存姚雨平、何克夫、徐维扬，与余四人而已。且当时广州市电话仅一百余号，为官厅及大商号所有，党人不敢利用。马路则仅有长堤西濠口一段，并无汽车与自行车，交通困难，消息阻隔，亦为失败之一因。"并承于本篇眉批二段如左。兹照录出，以供参考：

一、余与雨平约，在河南溪峡，交与械弹，盖溪峡过河，即长堤之嘉属会馆也。雨平于二十九早九时，派一人颊间有一黑痣者来取，余乃点交三箱与之。彼随运下，泊于后门之小艇，余即出前门而去。后知所运者二箱，较轻者，皆为枪械，其重者为子弹，竟留在溪峡未运，此运弹之人贻误，非余之责。至始平之弹，乃备他方之用，而非留与雨平者也。

二、二十八日下午有巡防营调回省，雨平谓："有同志在内，乘夜入营接洽。"嘱必俟其亲自回报始可决定发动。二十九午后一时，陈炯明来始平书院云"尚未见雨平面，众议改期"云云。故余信其言，出东门，命选锋之众，暂止入城。

忍先生作无谓牺牲，乃由人丛中强执先生手，引至丘家祠，告以所得失败情况。先生即欲复出，以城门已闭，街上戒严，先生已剪辫，出则必被捕，乃止。且念城外新军，平日当局防范甚严，不发子弹，遇事变，则将枪枝收缴或将枪机取去，今日必难参加。所部选锋虽已集合，但无枪弹，虽参加又何益。其余各部分，则以事前各守秘密，互不相知。先生实迫处此，乃留丘家祠。

翌日仍戒严，不开城。四月初一日晨，闻已开南门，先生装假辫出，至文明门，被巡警盘诘搜查，假辫落地，遂被捕；解至大南门拘押。各同志与平远同乡得知消息，计议营救方法。乃托陈复初之妻陆氏，伪称家属，前往探监，并示意可冒称丘徽五，请陈复初、吴倚沧二人担保。先生会意，故由张鸣岐之特派员审讯时，即自承为方言学堂学生丘徽五，问官不疑，准保。乃函告陈、吴二人，转请方言学堂监督丘逢甲，倘官厅来查丘徽五被捕事，当予承认。吴则以平远留学公所保状，亲往保领，遂获释。

先生虽恢复自由，但不敢回寓，即行至天字码头，趁船赴香港。时有肇庆人陈德洪，任新军班长，已加入革命，是日开南门。陈预知藏匿之同志，必由此脱险，乃至南门口观望，相机救护。先生正彷徨之际，德洪见之，即点首示意。先生乃尾之行，到码头，引登哈德安船，见谢良牧先在，喜出望外，急欲问讯，良牧止之，惟暗示黄兴亦在此船，乃脱险而至香港。

是役也，同志间以发动日期之二三其说，步骤凌乱，先生以领枪弹之耽延，未能依照原定计划进行，各方同志不无误会。四月间，先生与叶楚伧、谢星乔，由香港赴南洋英、荷各属游历，劝请各同志继续出钱，赞助革命。抵新加坡时，始知黄兴、胡汉民致海外同志报告书，对先生未依时行事，误会尤深。乃函约各埠同志，到新加坡开会评判，但为该处同志劝阻。惟将当日实情，函告香港黄、胡诸人。南洋各埠同志，经先生说明经过，众始释然。

# 广州三月二十九革命之经过[①]

### 梁镜球

　　新军起义失败后，姚君雨平嘱余在惠州主持一切，遂与中学堂诸同志各捐款项，组织机关数处于惠州城内，运动防营，经已成熟，只待军械，以响应广州。不料姚君命人运军械抵澳头，为防军截获，并拿去严德明、陈甫仁两人。余等尚不知失事，本约定三月初二运到军械，而逾期不至，风声益紧。正怀疑间，适有亲戚在提督署当差者，暗中通知，嘱余速逃。遂乘夜请求母亲，向店中支得数十元，与李子先君，用皮革袋藏短枪十四支（此械系由同志李勉周捐助），带到广州，报知雨平，连夜用小艇送短枪至花埭培英学校，交一温姓同志收藏。以李君不为满吏所注意，嘱其仍回惠州，与陈经等主持响应事务，余则留省城办事。嗣因到司后街机关处，陈竞存一见，即嘱余速在莲塘街赁一民房为机关，限两日办妥，临时由其派同志百十人前来，归余督队，以遏观音山上之兵。陈与余本素不相识，乃初次相见，即委以重任，绝无所疑。翌日余即赁定莲塘街六十四号门牌，每月租银十六元，内有两厅四房一楼，天井门官厅俱全，足可藏百人以外。是时风声极紧，满吏查察甚严，对于新迁入者，尤为注意。后由陈竞存派来何少卿、胡佩嫄两女同志，乃秀坤学校之校长、教员；又派海丰籍之两壮年，前来相助。报警署则称学界，在门前标一香山梁寓之字条，藉掩耳目。然终以两壮年言语不通，而办理各务，势难独当，因挥函至高等大学，请挚友欧阳俊出来相助，并于亲戚借得一小孩，给以玩品，令其在门前嬉戏。至此表面遂居然一家，专候派来同志，即率队发动矣。后陈竞存又命外

---

　　① 本文录自邓慕韩编《广州三月二十九日革命史续编》。

省同志洪承点至，谓此处由彼担任，临时派人前来，仍责成余带队，余亦允诺。缘余对于省城办事，内里情形，尚不大悉，固不知谁为主动，惟有见一步做一步，求其利于大局者，无不努力为之。惟洪承点见面之后，不知其住居何处，闻彼为吾党健将，故乐共从事，非常满意。随将情形报告姚雨平，彼亦极其奖许，赞为办事敏捷，并切嘱余不可将辫发剪去，以避满吏目标。盖姚君知余此时欲去脑袋上之奴根也。

是时城厢内外，吾党之机关遍布，有假为嫁娶者，有假为办丧事者，各皆临时制变，借掩耳目，而满吏亦已觉之，严行戒备。余以自己任务已妥，只待时而动，暇则助同志运械入城，常以新闻纸裹驳壳枪，公然挟之直入，亦安然无事。嗣闻黄君克强已到，知起事之期迫近，随即往小东营机关谒之，报告余所担之任务。黄君对余勉励一番，立取一时计，及一东洋制之三角形匕首相赠。至二十九早，闻有改期起事消息，特到司后街查问，至则屋内已有百余人，擦掌摩拳，纷纷议论，声势甚壮。惟多是操海丰口音，余不能听。伺间向陈竞存询问，彼谓不必常至此处，免人生疑。至于莲塘街六十四号，届时自有办法，不必多问。余睹此情形，不敢多言，满腹疑团，不知是否。随即回来，先将小孩送回亲戚家中，然后折往大石街庄汉翘女士所办之机关处，见其所雇诸比丘尼，尚开坛诵念，梵腔嘹亮，铙钹齐鸣。诸同志则在内厅谈论，余亦不得要领，坐立一刻，即行回来。

至下午仍无消息，心内觉得十分不安，因往小东营机关打探。一入内面，见诸同志各将枪弹试验，取出取入，以习热手法。内室则卧有一人，遍染鲜血，知为试验失手所误伤。各人又取酒互饮，嘱余速即预备，始知确系发动，遂急急奔回。顺道到司后街陈竞存机关处，讵入去内面，已空无一人，只痰盂上满布纸灰。再登楼上，亦无一人，惟晒台门之瓦坑上，遗有足踏车所用之号筒一具，此物定为吾人带队之用。余取之而下，急急走回六十四号。入门遇庄汉翘女士，对各人饮泣，谓此次恐又失败云云。盖女同志在各机关往来较多，故内情深悉也。吾人向之安慰数语，始告别而去。因将所见小东营及司后街两处主要机关情形，与欧阳俊论之，彼谓果是起事，定必临时有人至，只可安心相待，切莫自作聪明，至误事机。余谓万一无人来此，余有自置之曲尺手枪，子弹虽不多，亦必独行出队。

正谈论间，午餐已备，方欲就食，陡闻枪声竞起，杂以爆炸之声，余急登楼望之，见督署之瓦片，随爆炸之声，高飞空中，知是进攻，心气一时顿壮，高呼曰："是矣！"急忙走下，对各人曰："吾去也！"夺门狂奔而出。走至街外，见行人汹汹逃避，猛忆忘佩符号，急足走回。欧阳俊误会余惊恐不敢前往，欲取余之手枪。此际余心中莫名所以，竟不能作答，只以手示意，急取毛巾，横挂胸前，飞步而出。讵欧阳俊亦追随而至，余见之不觉笑绝，盖其手持菜刀，怒目狂跑也。余一面走一面劝其回去，免为敌人所轻视，言之再四，强挥之，始肯回去。余独自奋力前奔，将近督署时，接着一队同志，约四五十人，中一人向余招手，则李君雁南也。余急问之曰："得手乎？"曰："得矣。"言时以手指北。余会意，遂与之偕行，此时欢喜如狂，心花怒放。行至莲塘街口，忽有一兵由督署后便街转弯冲出，状极仓皇。余眼快急趋前一步，先握其枪，此兵已手足无措，登时双膝跪地，口操外省声音，连称大人老爷，哀求饶命。此时已有一同志夺去其枪，余则以枪拟其额。李雁南在旁，对该兵警告曰："吾辈革命党，是救人不是杀人，以后切不可与吾人交战。"说毕即以枪挥之，该兵遂叩首窜去。余等入至莲塘街，将近余所办机关处，观音山之防营大队冲出，众同志各据街边，向之射击。有一佩刀之官长倒地，为各兵扶去。余认得是友人何荩臣，但转瞬间，即将敌人尽行击退。此际余等阵亡一人，正倒于六十四号门前，又微伤数人。王振国右足受一弹，余扶之入六十四号，交两女同志为之裹扎。诸人亦纷纷入内，有一高长巨汉，击断中指，操北江土音，愤然大骂，谓是自己人所伤。余从中相劝，始知是随徐君维扬之人。其实受伤者，不独此巨汉为自己人所误击，即王振国亦然。盖以短枪弹从后而击入，则不问可知。以余辈平时不敢杀鸡之人，投笔携枪，遽入战场，安能免其绝无失误。徒以今日不杀敌，必为敌所杀，即不为满人杀于此时，亦必为白种人杀于异日，是以决死为吾族请命，以图自全耳。当下各人在屋内，任意饮食，彼此纵谈，有谓总督已杀毙者，有谓不死亦当焚毙者，而计算时间，新军想经齐到，明日全局即可平定。纷纷其说，一似闲常笑谈，全忘此身仍在战斗之中；抑亦以见诸同志，早置死生于度外，故有如是之从容。有时或出街外，或登瓦面，绝不须指挥布置。无何莫君纪彭，高卷裤脚，手握号筒，走入屋内，与何、胡两女士招呼。各人留此约二三十分钟，忽然号筒之声呼呼，彼此互应，纷然并出。欧阳俊已取得王振国之金山劈手枪同来。出至街外，天已入黑，而督署之火尚烛天通红，耳闻似有人呼救火之声。余等抵大石街口，即行折入，实则此时欲达到之目的地点，亦无人知之。此等天兵，不过在人间嬉戏一时而已。正行间，通观音山之横巷，忽有枪射出，余等遂分据巷口，与之对击，但昏幕中不能尽见，只闻声放枪而已。久之忽听前面隆然一声，知是有人放炸弹，继则声音寂然，余偶回顾，后面只余三人，李雁南、欧阳俊均不知去向。东边枪声颇密，间以炸弹之声，余知此时，实分头拒敌也，然又不敢他往，恐横巷房兵冲出。正顾盼间，有两同志由街边之木柱上跳下，一则李雁南，余则不知姓名。此时欧阳俊亦走来，李君方说其在瓦面对房兵施放炸弹，掷个正着之情形。讵言尚未终，莲塘街方面，又枪声顿起，遂以两人守此巷口，余等一行五人，跑向莲塘街。闻枪声起在瓦面，越放越密，街中不见一人。有操东莞口音者，在瓦面上对房兵大呼曰："同胞！唔好打呀！大家争番啖气嗜呀。"其声悲壮，令人听之凄然感慨。此声出后，果然枪声顿止，瞬息之间，又密发如故，知诸同志皆登瓦面，与虏兵对击。适正对大石街口，有一轿馆，内空无人，余等入去，觅得一梯，攀登瓦面，回顾督署之火，犹映人面。越至屋顶时，虏兵已觉，排枪射术，但不能见虏兵所在，只闻弹声呼呼唧唧。余定睛四顾，见有白巾蠕动之处，即知为同志，皆三两分散，伏于各处，即街之对面民房上亦有，究不知何以如此，实属莫名其妙。是时余之枪弹，只余数颗，李雁南则挟有驳壳，外尚存炸弹两枚，因以一枚相给。余得弹，心中益壮，蛇行至临街，俯身下视，并无一人，只得伏下，以伺虏兵，惟见瓦面上枪声接续，时起时止而已。伏伺久之，回顾后面，竟不见一人，默思虏兵不出，伏此无益，与其守株待兔，曷若仍寻同志，对虏兵杀个快活，岂不较为上策。不意昏夜中，已迷来时之路，且白巾悬胸，虏兵易见，迫得蛇行弯至一有天井之人家。见其厅中尚灯火荧然，屋内之人，本在厅上，一见余至，即纷纷走入房内，只得以好声相请，梯余下去。久之始有一妇人，出来张望，余见其状似惊慌，遂柔声与语，并言革命党不怕死，有祸独当，决不肯波累他人，余非欲下去藏匿，不过欲借此出外，与敌人搏战耳。继有两少年，携灯走来，仰面望见，见余为书生状貌，面上似含不胜敬仰之意，旋移一木梯至。余下将去半，各人见有炸弹，纷忙走开，颤声嘱余小心。余急以言语安慰，诸人又走拢前来，向余询问，观看所携炸弹，并以茶相饷，余一一告之。其实炸弹一物，余亦自来未曾试用，不过死志已决，则中无所畏，故亦视如常物耳。当下对此家之人，道谢一过，即启门而出。走至街外，更无所见，即枪声亦已沉寂。默思六十四号，路离不远，莫若回去，再作道理。惟莲塘街直对观音山，恐为虏兵所觉，独自一人，未免吃亏，遂往庄汉翘所办之机关处叩门。久之无人答应，乃走至大石街口，向北一望，绝无动静，然后闪至街边，直跑到门口，呼门而入，则李雁南、欧阳俊，已先我而回。李君左手拇指已被击断，欧阳俊则因穿长衫，登瓦面，折伤右腿，幸均无大碍。各人聚会，悲喜交集，互谈与敌对击之状。欧阳俊问余："何以辫发如此凌乱？"余以手扪之，觉头上有湿，视掌中已鲜红矣，始知余亦被伤。各人忙向余头上查视，见头顶右边一块皮连发脱下，竟全然不知，且心中清朗，毫不觉痛。同人皆向余安慰。此时无事，随将辫发拆开，拭干血迹，始觉微痛，遂再行结回，但鼻腔中亦积有血，则不知何故矣。

嗣闻东方阴沉枪声极密，互相测度，决为新军，因军纪关系，此时方得发动，攻入城中，不觉心气更壮，分整枪械，三人同出，约定不得离开。仍循大石街前进，然东边之枪声，又经停止，街中静寂，人影全无，即夜里寒虫，亦不敢高鸣，以慰吾人无聊之心境，其萧索境况，令人愁闷。余等以此种情形，虽前进又将何往，不啻无的放矢。逡巡间又互相商酌，仍以折回莲塘街机关，再候消息，较为上策，当即决定同回。是时亦颇知事属失败，惟不愿以此两字出诸己口，只谈新军一至，则马上功成之壮语，人人皆通宵不寐，坐以待时。

直至天色大明，闻街外有人足往来之声，余从门隙中瞧去，不觉登时身寒半截，举止失措，盖已满街房兵，往来张望矣！急告之诸人，咸现失望之色，不知如何是好。遂将所有军械及一切嫌疑之物，堕下井中。此际不能不预备房兵查问，先互相认定，假作夫妻叔嫂，以符供证。余则穿回长衣，架起眼镜。王振国身上先藏有长衫，以备失败时之用，将伤脚包好，卧于床中，伪为有病，不能言语。盖王乃赵声先生部下，籍隶安徽，言语不同故也。欧阳俊则自出队至今，未曾卸过长衫，其两海丰籍同志，则作为仆役。惟李雁南已无辫发，指又弹断，最无办法，试以女服穿之，更不僧不尼，反引各人于患难之下，共笑一场，左右思维，惟有密藏不出之一法，或有机缘可待耳。果然不出一刻，外面声称搜查。何女士胆力独厚，先出应门，故意询问一过，始开门纳之，则警察约十人，只在厅上向余盘问，并未入内。彼见对答清楚，毫无惊惶之状，竟不生疑。余反问其昨夜究因何事，彼亦不言。看察一过，在各人身上略摩，即行出去，居然瞒过一时。于是共登楼上，与李雁南坐谈，讨论脱险之法，终无善计可施，不胜愁闷。李君亦自知不免，反嘱各人不必为其个人设想，况来日大难，吾党同志逃出一人，即得一人之用，言下不免洒几点英雄老泪，以祝各人努力前程。是时房兵极力搜索，吾党同志莲塘街一带瓦面伏匿尚多，追杀之枪声，时停时发。陡闻瓦面上一阵呼喝之声，继以枪响，余启楼门望之，见一同志为房兵所迫，走近临街。余方向之招手，已为房兵所击中，辗转堕于街下，更加愤气填膺，中心酸痛。而街外之兵，又大声向余等敲门，喝令速开，各人只得纷纷下楼，仍由何女士出应。此次乃是宪兵，一入屋内，即喝令出去，谓瓦面上有人藏匿云云。此际如釜底游鱼，不得不如其命，遂互相牵手而出，至门首，该兵又不准行，余只得立于门之右边近墙根处。忽有一弹击中余头上之墙壁，碎砂下堕。是时枪声纷起，不知由何处射来，故亦不奇。方举手拂拭头上沙泥，一面转首视着弹之墙，陡觉有人执余胸前，以手枪对正弹来。余闻板〔扳〕机之声，向正一望，不是别人，正是昨夜跪地求饶叩首乞命之兵。想其先对余击一枪，射于墙上，然后走前执胸击之，讵第二枪失燃。余与此君狭路相逢，急以手格拒，一面骂之曰："没良心的！"正是说时迟那时快，余乘势两手一推，即已挣脱，对街钻去，急足飞奔不敢回顾。闯入邻居一巨宅中，走至厅前，独一老人在厅中扫地，非常闲暇，彼不理余，余亦不问，直闯其内室。已闭之房门，为余两肩一推，立即破裂，亦不知力所自来，共破房门两度。走入一房，陈设颇雅，而罗帐低垂，床之面前置一新马桶。此际已无路再逃，立登榻卧下。其实该兵并非向余追赶，不过惊慌之下，故极力狂奔。

当时诸人未知底里，两女同志，以为余无端与该兵纠缠，仓皇独走，竟公然向该兵质问，极力缠绕，勒其交回原人。此时宪兵甚多，见两女界向一穿草鞋之防营士兵，交口责难，反指其躁妄滋事。该兵一时不能分辩，纷乱之下，竟有口难言，大约尚有点天良一时发见，回想昨夜不杀之恩，是以亦不追究，随即窜去。嗣有一宪兵指知余奔入之屋，各人遂互相牵手，联同入去访寻，在厅上高呼余名。余卧于榻上，闻声而出，则扫地老人，已失所在。默思此屋甚奇，家屋齐全，除老者外，别无一男一女，厅房又多，任余奔避，事后思之，不禁好笑。当下步出厅中，与诸人相见，咸问何以如此惊慌，余将冤家路窄之情形，低声告之，各人始为之咋舌。适有一宪兵立于天井中，因许以钱，求其保护出城，该兵点首。余检身上，只余一元多，盖自办此处机关，前后只领过公款九十元，洪承点又不知住何处，以至此时欲求小款赎命，亦不可得。嗣该兵伸两指示意，何女士对余言，适存有纸币二十元。余曰："得矣。"立即给之，该宪兵笑容可掬，接后即藏入鞋内，随对余言，只送回旧寓云（即六十四号），各人始知受愚，然到底心虚，不敢追问，且余此时头上伤口，又有血溢出，以指按之，染有血色，忙即拭净。

继思亦不应撇却李雁南一人，且不卜其生死，回去看视亦可，随令该宪兵送余等回寓。一行人众，仍互相握手牵联而行，乃至入去，则室中各物，为诸兵劫掠一空，但屋内用具，多属赁来，亦无贵品，殊不在意。各人急忙登楼，则李雁南犹在暗处危坐，互道悲喜。随即闭上大门，默念危险之期已过，此际或有一线生机希望。因当下宪兵大队入内搜捕，见屋内无人，遂大肆抢劫，只顾掠物，李雁南得以不为所见，于是各向之安慰。惟通宵不寐，昨日至今，无粒米入口。此屋有一后门，与督练公所只隔一冷巷。余见邻居笼鸡甚多，由冷巷行去，可以取之，遂命何女士往取，如为人所见，即给回相当价值，并诉以无物充饥之苦，余则站于后门以俟。讵何君方伸手入笼，群鸡惊噪，主人闻声而出，大呼窃鸡。何笑而告之，并给以银，遂取其一，欢喜携回。讵鸡之主人，命一佣妇跟踪而至，虽笑容可掬，而左张右望，面带异色，似有意欲看吾人之状，口称主人不愿受酬，喜欢相赠，坚将原银交还，却之，则不顾而去，想其已知余等夜来之举动矣。屋中存米，幸未为乱兵掠去，于是杀鸡造饭，同饱一顿，不啻圣餐也。迨至入夜，不意风雨骤至，天气转寒，所有毡被，又劫夺净尽，屋中八人，聚坐于房内，互相讨论脱险之法。而以王振国、李雁南两君，人地生疏，各将身上存银给之，以为逃难之用，并决定明日，由余先出，觅一假辫，另向商店借灯笼一两具，雇肩舆出城，此计或可瞒过。商议已定，心亦稍安，坐以假寐，直至天明，以何女士送余出门，伪为眷属。

此时街中仍静寂异常，间有兵士往来，并不盘诘。被击毙之同志，约有十人，脑浆渍流，鲜血染地，见之令人心痛。两人直行抵督署前，余展眼一望，不觉顿足愤怒，全身发热，猛然间心雄气壮，直贯九霄。盖辕门之内，尸横遍地，赤血澜斑，始知失败后，诸同志死伤之多，满吏之酷，余自来未尝见过，乃以自己同人成兹惨状，活现于眼帘之中，诚毕生不能忘之事也。旁有闲谈数人，亦在此指手画脚。因行近一步，细心辨认，有无素识，惟一时难以分别。其中已剪发者参半，以枪击为多，间有断首者。惟有一特异处，则死者皆面色如生，两颧菲红，令人见之起一敬而壮之之心，绝不似寻常尸首，色如黄蜡，令人望而生畏也。想死难诸同志，丹心浩气，直薄云天矣！余以心事未了，不敢俄延，随令何女士再行回去相待，急到平时所知备有假辫之友人处（当日已剪发者，恐受革命嫌疑，多装假辫以待留发）借来应用。讵转折至惠爱街，不图与欧阳俊等相遇，后面有一宪兵负枪随之。是时街上行人已众，不过督署后面附近，尚少人来往耳。欧阳君与余觌面之时，即分发该宪兵回去，而以目对余示意，当即领会，诸人遂自行分散。嗣欧阳俊言，当余出门未几，适瓦面上有一同志，为房兵瞥见，遂用大队宪兵围搜，李雁南亦被发觉，同时就捕。下楼时，衣履已剥夺净尽，赤足拥至厅中，亦不言语，只怒目环睁，大有吞噬房兵之慨，对于各同志，则伪为素不相识，其胆力之雄，丹心决死，殊足为吾人钦仰矣！当李君雁南随房兵前往就义之顷，偶遇一宪兵刘焕南（河源人），亦本党同志，且为欧阳君同乡，遂恳其护送出城，于是诸人始得脱险。

后查李君雁南在德宣街督练公所就义。当时雁南交出纸币数十元与宪兵，以为殓葬之用，此事后刘君焕南所言，必非虚语。迨反正后，余与欧阳俊等登报招李君雁南之妻来省。彼携一夫妻共影之家庭乐相片，至辨认无讹，然后接至余家，以嫂事之，互赠以数百金。是时广东都督为胡汉民先生，李君又为其所素知之人，余等遂为之请恤，而送其子入学焉。

# 辛亥三月二十九广州革命之经过
## 王兴中

三月二十九之役，兴中与焉。当时兴中奉命担任接应小北门方面新军入城之联络，谨将经过情形略志如下，或亦有足供于国史之编采也。

兴中奉本党统筹部赵伯先、姚雨平、李济民同志之命，设机关于小北门内三眼井第九号门牌，准备举事；一面召集在顺德潭州绿林同志黄育、孙祺等五十余人来省候命，以便举事时在小北门响应新军入城。至三月二十八日午，黄克强、姚雨平召集同志在长堤嘉属会馆开会，各组首领到者五十余人。当即议决定于四月初一早五时举义，分四路进攻，一路由黄克强统率攻督署；一路由胡毅生统率攻水师行台；一路由姚雨平统率攻新军营巡警道；一路则已有警察所长夏寿华经郑任良同志运动成熟，一同发难，不得临阵退缩。并电赵伯先来省指挥，电文略云："老母病急，速付人参。"至下午二时始散会，后接克强专函报告谓："太平街机关被破，各同志非常危险，惟有改期即刻进攻。盖以其坐而失败，不如鼓勇一击，或可幸而成功，请速通知各同志准备响应"等语。当时同志中仅雨平与丘锦芳及兴中三人而已，然事已危急，即欲通知亦复不及，惟有分头响应。兴中即到仙湖街率同志十余人，携短枪，配炸弹，奔返三眼井，会齐各同志共六十余人，即闻督署炸弹声与枪声杂作，知吾党已经发难矣。兴中即率各同志向小北门进攻，与防营百余人鏖战逾时，彼众我寡，殊无取胜之道，乃暗率同志三十余人分向飞来庙抄击。至小北直街，又遇番禺县亲兵二百余人，扼守街口，诸同志奋不顾身，尽将炸弹轰击，互战许久，敌兵亦不敢来攻。时同志中已被击毙多人，所存者仅兴中等七人而已。乃折回小北门，则枪声已停，只见沿街尸骸狼藉，其未死之同志，想已各自逃生矣。兴中等仍恐清兵来袭，乃避入附近一米店，执枪以待，时已入黑矣。及登屋面察看，只见督署火光融融，别无声息，新军亦不见有所举动，容讵知大事竟一败至此，真愤不欲生也。当此进退维谷，不料清兵竟满街放火。吁嗟！吾民何辜，遭此凶殃！时则满街难民扶老携幼，呼儿唤父，为状之惨，实不忍睹。兴中逼得混入人丛，逃至文明门内织染学校，而校门已闭，幸有陈活民同志在内，始获开门延入，亦不幸中之幸也。

当兴中进入织染学校时，尚藏有手枪两只，因恐一旦被人发觉，则证据确凿，株累于全校学生，为祸更不堪设想，乃将之藏入厨房地砖底内，仍不禁心然惄惄，终恐未妥；旋即将枪取出转藏于校外垃圾堆底，心始稍安，如释重负。避匿几天，已至四月初五日矣，连日俱有人来校询问王兴中是否在此？幸陈活民同志异常机警，以本校并无此人相应。私幸满奴未即派队来拿，益知此间不可再住，即于初六早六时冒险出城。沿途屡被警探盘查，赖有学校假单，未至露出破绽，始得平安趁轮赴港。当时港中各同志咸疑兴中必死于难，及晤面后，悲喜交集，互来慰问。时同志逃难来港者有苏慎初、吴公侠等，按日仍陆续不绝。其中最使吾人哀痛者，厥为赵伯先同志适于此时病殁于香港。呜呼！国难未已；哲人云亡，宁不悲哉！但一念及逃走不及之同志与陈活民并织染学校，则又不免栗栗危惧，诚恐一旦有失，全校学生安得不为刀下鬼？则我虽不杀伯仁，伯仁实由我而死，中心鹿鹿，寝食难安。果也，翌日即得消息谓："织染学校于初六早被军警围搜，幸无违禁物品，竟将全体学生五十余人拘解至行营，逐一由侦探查认，并无王兴中其人，始得释放。"又当兴中方在离校未久，一线一机有如累卵，诚险也哉！事后始悉因三眼井机关被破后，有同屋共住之兴宁人曾某，忘其名，被满奴所拘，彼乃直认为王兴中所愚，并称自愿效力捉拿王兴中以赎罪，乃恍然于织染学校学生之被围拘，实由于此。交人之难，可不慎欤！光复后查得曾某为人所杀，为虎作伥，可谓全无心肝者矣。

## 辛亥三月二十九之役南顺战纪 *

### 邓慕韩

辛亥三月二十九一役，以广州为发难要地，远而联络江、浙、皖、鄂、湘、桂、闽、滇等省，近则运动南、顺、惠州各处相继响应。迨广州失败，各省不能继起，惠州则事未成熟而同志被捕。独南、顺一路竟能奋起与满清海、陆军队鏖战，所向克捷。迨知大势已去，乃旋师解散。然师行所至，秋毫无犯，不特足以寒虏吏之胆，益可见党人之义也，故详纪其事。

起源　粤中自中国同盟会成立后，革命风潮日益膨胀。其始也，会党、教徒、学界、军人陆续加入，继而宣传，潮、广绿林豪客中亦明了种族主义，非行革命，中国无以自存。由朱执信、胡毅生等出而运动，于是广属中如大塘之李福林，上淇之陆领，两龙之张炳、邓江，马宁之麦锡、陈相，高赞之梁壁、联〔耿〕光华、吴勉、吴近，甘竹之冼添、谭滔，容桂之梁敬宽、陈林，新会之谭义，三水之陆兰清、黎义，海洲之袁有光，小榄之李就、伍顺，亦咸来联盟焉。而李福林、陆领、谭义、陆兰清、黎义等，曾于戊申（清光绪三十四年，西历1908年）时南渡星洲，亲谒孙中山先生，商议革命进行。乃归国以后，加强革命运动。南、顺为蚕桑特产之区，人民饶富。陆领者，本该地之农家子，年少任侠，好与绿林豪客游。自投革命后，慨然以军事自任，故党中寄以专责。陆领由是结纳豪客，广购军械，众益归之，以乐从一带为根据地，待时而动。庚戌广州新军之役，原定南、顺出一路以应，卒以新军未届期而骤发，遂败。故该路只集中乐从墟候命，而不果起。

筹画　泊乎辛亥吾党重有事于广州，初定分十路进攻，集敢死者一百五十人为选锋。陆领等闻命愿往担任将军衙门及满汉旗界完全工作。惟全部人众由乡至省，倘被满清军警所疑，卒来阻拒，则事难成；乃筹议乘清明扫墓之期，伪作宗族往省祖茔，混军械于祭品，租赁袍服数十袭，伪为绅耆率领子侄，掩人耳目，封用乡渡，不乘外客，由火轮拖带直驰省垣，停泊油栏门外长堤码头，勇跃登岸。并在油栏城门内先赁一铺，预藏有械者十余人，届时将城门监视，使其不得关闭阻碍师行，径入内城，计诚巧矣。

变计　师期既近，清军已有所闻，于广州附近中流砥柱、车歪炮台派兵搜查来省轮渡。朱执信于三月二十八日亲赴乐从告以省垣近状，以前定计画难以成事，不如改由乐从渡澜石直趋佛山，进逼省垣，进行虽不若船运之直捷，然由乐从至省沿途清兵单薄，党军当之直如摧枯拉朽，此策较为安全，乃采用此策。

发动　省垣二十九起义，乐从相隔颇远，消息未由传达，陆领遂于三十日竖旗举事。先是有清兵一队驻杏市，其管带为魏炎，又有一队驻乐从，其管带为汤贵荣，事前均与陆领等通，发动时陆等乘其用膳，直入其营，故无有抗拒。计在魏部得枪五十余杆，汤部得枪七十余杆（其兵士愿从者，一律收编，共同杀贼），即进驻乐从团练分局为兵营。局中枪械收缴，各警察睹状纷纷逃匿。四月一日占鳌溪公局，收缴枪械，声威大振。对于人民一无伤及，并出有安民告示，且劝人入会及剪辫。

鏖战　粤吏接得警报，即派江巩、江固两兵舰驰赴石湾河面驻守，以防党军过河。初二日晨，党军抵河干，即向两舰轰击，两舰亦还击，相战颇久。旋兵舰无线电天线忽被击断，死带水一人及水兵五人（党军仅伤二人，邹鲁所编《广州三月二十九革命史》言民军被击毙百余名纷纷落水者，实误），两舰迫得斩断锚练向下游而逝，党军遂从容渡河上澜石进攻佛山。李准闻报即派统领吴宗禹及施光廷、李声振督率大队，并带退管炮多尊，由铁路输运赴援。党军进至通济桥时，已有由省赴援之湘军三百名驻于蜘蛛山。赞翼诚善堂正在食饭，忽被猛攻；拒战五小时，阵毙管带马惠中及防勇二十七名，党军方面殉义者只有张朝及不知姓名者二人而已。卒被党军奋勇向前将该堂焚毁，并毁去敌人所存子弹十数万发，省军即退入铙犁嘴、佛山。同知惠某大惊，即偕文案朱、沈二人逾后墙逃走。党军连战皆捷后，闻省垣事败，往亦无济，乃旋即分散各处。其时顺属之容奇、桂州、龙江、龙山、甘竹、马宁，南属之九江等处党人纷纷继起，后知大队已退，因暂驻两龙，然后陆续分别遣去。

舆论　党军进至佛山通济桥时适大雨，向各店购雨帽及床板运回受伤同志，均给以原价。有店主某不取偿，党军云不取偿不敢用，遂冒雨去。军纪之严肃，举止之文明，佛山人至今犹乐道之。其在乐从起义时亦秋毫无犯，对于巡警概不仇视，所有米店皆派人看守，不准居奇。初三日，由佛山退回该墟，将前日所用早晚膳二百七十余席酒菜银，概向原店清结。起事时所缴魏营、汤营警察各枪械，均如数交回（失去防营毛瑟枪亦悉数偿还），其信义如此，各界感动。

余录　三月初旬，党人已有传单印送乐从各户，大致言："瓜分在即，政府无道，须由吾人自起防卫，如遇有事，各人不必惊扰"云云，下盖第某师团之印。事后顺德绅士开列首要名单，禀请清军拨勇搜捕，计开十三名，为陆领、陈耀南、何江、岑太、岑苟、何梦、岑盛、岑甜、岑鉴、霍来、陈少宜、黎杏、张炳南。初一日，顺德东从墟局绅刘济川等到县报称：三十日午刻有剪辫人数名在该墟演说，聚集数十人。约演数分钟时，已有数百人，声势异常汹涌，各铺户纷纷关闭，路上均是党人；遂将该墟各绅拘住，即在水藤乡四处插旗。其旗四面皆红，中作白圆形，四角蓝色云（按即今之国旗）。该县朱令闻报，即邀请顺德协及护沙局龙绅景恺、罗绅豫淞等到县商议防守。

文成，经送与胡毅生、张炳两〔南〕同志核正。慕韩附识。

# 革命党人在惠州

### 林典煌

黄花节又届二十六周纪念矣，吾人追怀先烈，血染黄花，壮烈情形，令人景仰。查当日党员参加者，无虑千人，不意机关迭破，集中不及，迫得仓卒出击，实只百有余人，竟破大敌，终以弹罄援绝，非死即伤，得生还者，为数极微。迨民国成立，军阀擅政，革命事实，人不忍言。直至第十五届黄花节，始由胡汉民、林森、邹鲁、吴敬恒诸先生互相征集事迹，汇成《广州三月二十九革命史》一册。继而革命纪念会邓君慕韩，复搜集前册所不及载者，于第十八届黄花节，汇成《续编》一册。惟关于姚雨平、郭守毅两先生所经办之惠州党务，其活动情形，与攻督署之烈士，具有联贯密切关系，而两册所载均简略不详，是以中央史委会仍继续搜集此种史料，以免遗珠。际兹第二十六届黄花节，国人纪念先烈，允宜增详，兹特录出关于惠州方面情形，以告爱国人士。丁此外患方殷之下，深愿举国俱有先烈精诚团结为国牺牲之志气，以共纾国难也。

一、惠州党务发达之里因　惠州据岭东，为剧郡，实全粤之咽喉，军事所必争。孙总理知其然，故迭次革命军兴，恒以惠州为发动地点，如三洲田之役、七女湖之役，革命风云，震动全国，清吏为之破胆者屡矣。庚戌新军未举义前，姚君雨平曾亲抵惠城，在南门姚屋巷组织党务机关，秘密运动。惟东江方面，当日交通，异常不便，而风气闭塞，地瘦民贫，革命运动，尤多障碍。迨科举将废，学校初兴，始将旧日之丰湖书院，改办一中学，为惠州十县最高之学府。校内诸生，俱舍弃科举，以求新学，识见当然颖异，不啻荟萃十属优秀人才于一隅。适有郭君守毅，应聘于惠州中学，教授理化、体操各科。郭本革命党员之健者，在外洋与总理及胡汉民等，共事已久，因仰体总理革命运动之方策，每注重惠州形势，以为进行根据，遂负党中秘密之计划，屈就教授职务。自掌教后，得悉学生中已有党员在内，因暗中相与联络，果然不旬日间，全校学生，踊跃加盟，争先恐后。以诸生之学历程度，固已优越，今灌以革命新识，则党务之扩展，组织之严密，自必臻于完善。由是诸生成立自治会，一致公推甲班班长梁君镜球为会长，以便布置一切，有利革命运动之进行。旋向学校监督交涉，要求政府拨给新式快枪百杆，以学习兵式体操为名，实则预为革命军起义之用。果然不久，即领到枪械。于是全堂学生，气雄万丈。而郭君守毅，亦精神奋发，每星期均带领全队学生，出外野操，暗中部署。依照革命方略，分别编出列长等名目，以便各人担任职务，指定某枪为某生专用，免致临事张皇。并令有枪之学生，必要出资自购枪弹百颗以上。各生亦忠勇奋发，团结一致，分头预备。郭又选出精细而较热诚之学生，秘密授以酸素化银化碘各种制造法，俾能自制炸弹，以备革命需要。当庚戌初年，新军举义失败后，学校开课第一次出外野操，郭特带领武装学生，至南门外飞鹅岭要隘，对诸生演说，历述新军革命忠勇壮烈情状。各生为之感动，情绪热烈，紧张异常，有握腕狂呼者，有捶胸愤号者，恨不能立时溅热血于虏廷，斩满酋之首领；大有驰志伊吾，牺牲身躯之概，雄气如虹，直冲霄汉。自时厥后，一唯郭之指挥是从，每当出操，步伐整齐，莫与伦比。虽陆军学校，亦不能及。盖精忠所聚，纪律严肃，有不期然而然者。省派视学员，见诸生操演，精神焕发，惊叹无似，竟羡称惠州中学堂之兵式操，为全省第一。而本堂监督，亦以此而获上峰之嘉谕。庸讵知收此良果者，乃孙总理伟大之主义，深入于诸生心窍中，故有特异之成绩，局外人又安能窥其万一耶？

二、民众及军队之活动　当日学制，分为寒假、暑假两期。诸生自加盟革命后，即在假期内，分途运动。惠州十县虽大，各生散布于城市乡村镇里间，怀热诚领导之望，与人民相接洽，成绩遂成特异状态。两期统计，民众加盟入党者，不下万人（典煌为党员注册保管之人，是以详知）。计归善（即今惠阳）一县为最多，数逾过半，其他则河源、博罗、海丰为次，而最少者则为长宁（即今新丰）。以个人运动最力计，则陈经同志为首。（陈于辛亥九月间殉国，事略参阅篇末附说一。）由三洲田至白茫花一带，各乡约民众加盟入会者尤夥。至联络绿林，则严德明、欧阳俊、李子先、陈经等分负其责。而与军队交通往还，则梁君镜球与典煌任之。郭君守毅，以成绩优异，已达到党部所期望之程度，遂将教授职务辞去，以惠州党务发达情形，报告于海外党部诸领袖，俾便筹划；并命吾人与姚雨平同志接洽，随设办事机关数处于惠州府城内。而党务扩展之情状，亦与日俱增，即使三月二十九，党人不在广州举义，则惠州方面，亦必能自动酝酿而起轰烈之革命，以继三洲田之后。自郭君他往，惠州党务指挥，奉姚君雨平为主。姚未抵惠前，则由梁同志镜球任之。盖上级党部与同侪，均认梁君忠实而努力也。嗣郭君守毅，忽假辫发，长袍小帽，秘密抵惠，诸同志乘夜开会以欢迎之。郭称："因汪精卫谋炸满酋失败被困，决定随胡汉民先生秘密前往，设法营救，以期减轻其痛苦。盖党中同志，亲爱逾恒，稍有一线可为之机，亦当尽力，故此行有充分之必要。"诸同志闻之，咸切齿痛恨，愤慨万分，即席捐集款项千余奉赠。惟郭君不受，只取极少数，以见彼此爱护之诚，而对各人勉励一番，并嘱党务数事，即于翌晨悄然而去。不图郭竟从此与诸同志永远告别（永别原因，参阅篇末附说二）。吾人亦于是时，分途购办制造炸弹诸原料，以严确廷同志（黄花岗烈士之一，在广州督署殉难）在水东街开设寿康西药房，购买较易，遂由其代办。各件齐备后，随在塘美街之机关设一化学室，依照郭君所教化学公式构成之分量，秘密制造。初则以锌铁罐为外壳，草创制就，先往西湖外之乡间，在一石壁上试验炸力，强度比例，十分满意。继则觅有铁匠，以造外壳，并辗转设法，觅得信管碰火，细心精装。其碰火难得时，则代以药引，外涂洋蜡，以防潮湿。此处制造所，非工作人员，任何同志，不能到去，亦不得知，管理非常严密。每成一器，即另藏于特别室，交决死之专人保管。并刊大印一颗，文曰："国民革命军惠州司令长关防。"撰定安民布告，以姚雨平名义，预备公布。而增置枪弹，及一切军事，均分别预备。嗣梁镜球、严德明两同志，由广州偕姚君雨平所派之陈甫仁（黄花岗烈士之一，在广州督署殉难）、李杰夫等，乘广九初开之列车到仙村，转雇民船抵惠。巡视诸事之后，即开始运动防军。提督秦秉直所部，有帮带、哨弁数人，同时加盟，寝且大张旗鼓，假金带街东樵书院为军人加盟之普通地点。然运动下级兵士，必须变通方式，要加盟者散开辫发，当天跪下，设誓发愿，然后以药水在其胸间书一"文"字，意即胸内服从总理革命主义之表示。并由吾人面嘱，凡经加盟者，即为革命军人，月饷定为十元（清代是时月饷四两二钱），如遇吾党举义，虽不同时助战，亦须携械来归，每枪一杆，给赏百元，各兵辗转联络，凡介绍有人加盟者，即酌量给予小费，以为奔走之资。每逢星期即有多数兵士，陆续而来，分帮以入，独典煌与梁同志镜球及一李姓同志为之监督。盖决定如有失误，则惟吾三人独自当之。此等虎口危险举动，非决志为国牺牲者，殊不愿他人轻易加入。自此办法行后，寝而至于驻在外属之防营兵士，亦有得问而至，加盟入党者，统计约有数百矣。

三、博罗方面抗战之影响　吾人正当布置一切军事进行之际，姚君雨平忽派丘锦芳同志来惠，传令各处绿林、防军、民团，须一体加紧工作，切实联络，以待后令。当即由梁镜球、严德明两同志，会同丘君前往横沥地方，会晤东江绿林钟、李、严诸头领。乃去后未几，又有曾其光、罗节君（即罗仲霍，黄花岗烈士之一，在广州督署殉难）两同志由外洋秘密抵惠，述及博罗方面，有大帮绿林，要与吾人联络。吾等以两君不惮遥远，冒险回来，更加欢迎。适诸人往横沥方面者，不一日即已妥事，先后回抵惠城。遂乘此时机，又由梁镜球与典煌会合曾、罗两同志先往博罗县城，到李勉周同志开设之永元当押店，假宿一宵，而嘱李转达姚君之意，于已经联络诸绿林、民团，预备布告番号，以便同时举义。吾人随乘山轿，由带路人引至罗浮山下，与谢、苏、陈、李诸绿林头领相见。此辈以吾人半属剪发易服，大表欢迎。附近乡民见有革命党员来到，老幼均出而迎接，喜溢眉宇，争瞻丰采，宰豕杀鸡，殷渥招待。缘满清时代，乡民备受清兵蹂躏，故对于绿林豪客，反为亲切，而视清兵如仇敌。当下诸头领发帖搬马（洪门隐语，即集队之意），招各帮魁首来会，在一宗祠前之旷地上，与诸人轰饮。席间吾等各有演说，咸宣传总理革命主义为救中国之唯一方策。其时妇孺环观，莫不肃穆恭听。乃正当觥筹交错，畅饮欢谈之际，忽有草鞋（洪门隐语，即刺探敌情之人）喘息慌忙而至，口称博罗方面有大队花腰（洪门指清兵之隐语）向罗浮山出动，且夕可到，必向本处进攻无疑。诸头领闻之，似面有惧色，各以洪门隐语互谈，吾人不能解，而喧嚷一时。乡民之看热闹者，聆此消息，纷纷离去。顷刻之间，顿形寂寞。只余数十人，弄枪整械，即赴会头领，亦有不告而去者。吾等从来未经此种阅历，默思此际，归路已断，设使诸头领各率所部不顾而去，则吾等数人必无路可逃，有如瓮中之鳖。于是设法招收散去之绿林，允予补充枪弹，由梁君站立高处，向各人演说，声明合力与战。各头领亦不甘示弱，而居于畏葸地位，咸表示愿听指挥，一转瞬间，竟呈敌忾同仇之状。缘当日社会民情，对于党人莫不坚心信仰，故党员与社会间之交际，极为人所崇重，然亦吾辈党员能切实牺牲身家性命所得之效果，殊非可以幸致者！当下吾人命其敢充前锋者立于左边，不愿者站于右边，于是立于左者约百余人。吾等遂将立于右边之人，摘取其身上所悬之枪弹，纷纷置于地下，有不允者，即驳之曰："已不作前锋，则毋需多弹，况他日必有补回，不过暂时借用而已。"彼辈语塞，而又不便反抗，只得任我等为之。盖吾人终防诸头领借口带来枪弹太少，存恐惧之心，若令其自行分配，则平时帮派各别，又势所不能，故出此临时兼并之举，以壮军心。此皆梁同志一时所摆布之急计。于是立命敢充前锋诸人，如枪弹少者可向地下取之。旋以曾君其光，昔在三洲田之役，随同郑士良、林海山诸先辈，累次作战，见识较熟，因划拨六十余枪，统带五位头领为前队，余下不及百人为后队。惟以诸头领平时不相统属，遂命认定旗帜以分队伍。但乡间欲求数尺白布，亦不可得。辗转寻觅，始得白纸一大张，权充领队旗帜。由罗仲霍分书革命军第一、二两队指挥官，第一队曾其光掌之，第二队梁镜球掌之。果然有此标帜属目，立即自然分为两队。是时曾君已觅有草履，卷起裤裆，手擎纸标，精神焕发。吾人与之约定：第一队埋伏于敌军来路山间之侧，与第二队相距，不可过远，并须听到第二队枪声，方可出而向敌人横冲。随即向前路出发，各头领对于地形，固已了然胸次。前进不久，第一队即有人来报，埋伏已妥。吾等亦择于当路分伏，罗同志并拟半分队伍，以为犄角。梁君谓人数已少，若再行分割，则兵力更薄；今聚全力于此，邀请当路，必获以逸待劳之利。且防军从来未尝被人邀击，吾人此举实出敌人常识之外。两君争论颇久，各具理由。后各头领以梁说为然，各人始纷觅藏身所在，枪口向前，预备射击，静候敌人。讵料候至拂晓，尚无踪影，寝假而东方大白，旭日放光。第一队使人来言："如不见敌，应于何时收队？"梁君坚决声称："必有敌人，切勿大意！须知此处已为大路，每日乡人往来必众，由吾人后面行去之肩挑负贩者，是时已留下十有余人，不准前进。而向此路行来者，竟不见一人，其为敌军所阻止，已属毫无疑义。"吾人以此论断，亦殊有理，只得再待。而全夜不眠，本已疲倦，细思此语，皆信有敌，精神复振。果然俄顷之间，前面枪声陡起，吾人莫明所以，何不依约定计划，由第二队当敌人正面？但隔一山墺，不能目睹。各人皆惊异，谓第一队必被敌人发觉，受困吃亏，吾人严阵以待，再行静听。梁君忽起立高呼曰："此是有枪声而无弹声，显系我军所发射；吾人不必在此呆候，应立即前进助战。"一声号哨，群起跟定白旗而跑，有如虎狼。走至转弯处，则第一队已派人来催吾等前进，始悉敌人大队，竟贸然前来，并无尖兵。我前队早经发觉，各人目击已久，忍耐不得，齐说开火。曾君其光虽欲阻止，亦来不及，只得从而和之。枪声竞发，虏兵措手不及，被击至分为两段，如狼突豕奔，争相溃逃，且战且走。我第二队急足赶上时，前队诸人，已下至山脚田垅之间，向虏兵猛射。我军两队已合，气势益壮，喊杀之声，震天动地。敌人崩溃之下，只顾奔逃，虽有山林，亦不敢据以抵抗，狼狈情形，令人失笑，且队伍错乱，落荒四散，不依原路后退。我军各头领，平日受清兵压迫，积愤已深，此时正其报复之好机会，遂紧急前进，追击不止。我等数人，迭次高举旗帜，口鸣号哨，欲诸人听令，以便相机追击，此际竟不可能。未经训练之兵，实属形同儿戏，危险殊甚，即曾其光此时，亦随同诸人，争先恐后，向前挺进，所执白旗，在田垅间时隐时现。沿途虏获击伤之敌兵及军用品物，各人皆争相夺取，而我军此时，已毫无队伍矣。一气直追至数十里，不见敌踪，我军尚不能完全收集。久之，始纷纷到一乡村，造饭充饥，闻此处已距博罗城不远。此役毙敌兵数十，而所夺之物，有军装及烟具，亦有生猪半截者，想是清兵于路强夺民间而来。我军则幸无损伤，只数名失踪，不知是否尚未归队，抑或被俘。是时急迫饱腹之后，随与各头领约定，暂行分散，候命大举。另雇一乡民带路，由此横越苏村墟之侧面，渡河以达惠州，不敢再经博罗矣。几经艰险，始得平安而回。曾、罗两君，亦自此告别以出香港。不一日即接其平安到达消息，并称已将此后情形，报告黄克强、胡展堂诸先生，且极受嘉勉云。惟此次抗战，原非吾人本意，只以当时归途已断，不获已而出此，且稔知防营情形，故敢于玩弄。吾见吾党人才，以空拳赤手之数青年，随机可以惩创强敌，亦非常举动也。且逆料地方官弁，必不敢据实呈报。迨吾人回后，陆提秦秉直果然出有告示，略称"罗浮山有大股革党，希图起事，经防军发觉，立即剿散，地方又安"等语。吾人见之，只暗笑其上下相蒙之丑态。当日官场窳败状况，于此可见。然自此役之后，地方官吏，咸惴惴于中，旦夕戒备，而于吾人党务进行，不无影响矣。

四、陈严运械失事及审讯情形　　自博罗防军受创后，地方官吏，不知诸绿林已分帮潜伏，以为仍有大股存在，迭请大兵，向罗浮山一带搜剿。吾人只闻时常拿获党人若干之告示，肆行屠杀，而于惠城之内，肘腋之下，竟毫无所觉，方引为幸事，而自鸣能审慎事机。适值东江绿林钟才，派其甥名柳娇者，随严同志德明往港接洽，吾人亦以事机渐迫，因与严约定：所有起义时饷械，由其设法运回。而核计时间，则至迟三月初二，即须到惠。严于抵港后，接洽已妥，由姚君雨平派罗炽扬携带款项，会同陈甫仁及柳、严等，运械至惠州之澳头。抵埠后，各用新闻纸将枪械包裹，陈、严两人先行登岸。防军以其剪发洋服，循例向之搜检，不意全属军器，一声喊起，即将两人扣留。罗等在后面闻之，知是失事，立返船中，不敢上岸，乘原轮回港。幸两人机警，否则不能免也。防军扣留陈、严后，睹此新奇军器，见所未见，不明用法，迭向之询问。盖当日此种盒子炮，即称为最新式矣。两君亦明白为之指示，并自承是革命党员，毫无讳饰，对各兵演说，中山先生为光复中国之独一救星，革命主义为我民族图存之不二方策，凡属党员，以身许国，身家性命，绝不顾及。防军闻之，俱为之感动，对两君异常尊重，备极优待，特让出一室，布设床帐以居之。继而防军班长等，私向陈甫仁询问，此次运械来惠，当在何时举事？陈于无意中，答以时日未定。殊此语一发，竟将良机当面错过。盖防军各兵，已暗中在商，如党人立即起义，咸愿携械随之行动也（此消息系该目兵等被连同解惠时由审讯口供而知之者）。严德明以陈君素性古直，不知变通，毫无机警，失此机会，遂亦不言，而立意自逃，于夜间乘人不觉，从窗口赤足跳出，沿海边行数十里，备尝艰苦，抵一乡间，入书塾中避难，然后雇一渔舟，漂海以达香港。而陈甫仁则已为防军严密看管矣。陆路提督秦秉直得知此事，特派其甥亲军营许管带抵澳头，将陈甫仁连目兵等，一并秘密提解到惠州。秦以其为真正革命党员，特亲自问话。缘秦虽武官，而古学湛深，从来未尝亲讯犯人。因素认革命学理为邪说，欲本所学，以折服党人。其气概抱负，似仿王阳明，立志未尝不伟大，惟性情固执，则与陈甫仁殊无二致。当讯问时，为甫仁引顾炎武、黄梨洲种族之辩，及春秋华夷各别之说，驳至无可回答。继而又以孟子学说相辩论，唇枪舌剑，剧烈异常。及甫仁引诵"纪功勒石张宏范，不是胡儿是汉儿"，而腔调游扬之下，骂及于秦之自身，遂瞪目愠息，气至面红耳热，不能言语。久之，始连呼此辈可恶，用手向案上大拍，致将茶盅碎落地下，侔侔退堂（秦后为党人所俘，参阅篇末附说三）。但陈君甫仁对于同志，绝不扳供，故无从株连。继查得在逃之严德明，有胞弟确廷，在水东街开设西药房，于是严密派人侦查其踪迹。此时诸同志尚无所知。梁镜球、李勉周与予等，因与确廷购置枪弹一事，常到该药房坐候，偶见数次有人来延医生。当下尚不在意，及归至中途，梁君忽以此事，认为可疑。缘严虽称医生，尚未大行其道，平时极少诊症。且来请医生者，何以并无病人同来，又不似延医之人，只问谁为医生，则其中必有原因可知。李勉周犹以为多疑，不肯遽信。予因与梁君共事较多，见其所测度者，均在情理之中，往往见微知著，如响斯应，自不敢不加意将事，步步留神。然而此时吾人以心问心，决不至有败事之错点，即有失败，亦断不在严确廷身上；盖其所办之事，均是居中介绍地位，从无自己经手负责者，又何至有意外之虞？至晚间，梁君坚谓泄漏事机，因回想与严德明临别之约，至迟三月初二，各物即须到惠，即物不到，而人亦应回，否则当有信通知，今已逾期，而杳无消息。此事关系及其胞弟确廷身上，自有一大原因，莫非在广州失事，牵连至惠州亦未可定。吾人如此忖测，抱一疑团，梁君遂乘夜往访其所经手运动加盟入党之哨弁、帮带等人。殊彼辈亦无所闻，只云拿获党人，随时皆有，即连日所杀者，均称是党人。盖清吏用极刑审讯，追认党人以邀功也。此际吾人虽不得分毫消息，亦已将一切军用物品加意

收藏，虽同志中亦无几人能得而知。果然不久，即得防营中人之
详细报告，据称：因淡水秘密解到一党人，不肯扳供，秦提震怒
异常，严令缉拿在逃之严德明及其胞弟确廷，殊连日不获，探知
其家住在东江水口，遂派暗探水陆并进，以防免脱。而诸探又不
识严面，于路逢人询问，伪为延医。适严确廷贸然而行，与诸探
遇，一问即承，乃带之回署。秦提大喜，立即开堂，亲自讯问。
讵秦一见确廷之面，即诧异指之曰："此人不是真正革命党。"
殊确廷答语，尤为奇特，出于一般人意料之外，竟公然高声急应
曰："我正是革命党，何得谓非？"两人先以此互相辩论，一方
面坚不许可其为真正革命党人，一方面则惟恐他人不知其是革命
志士，反将旁观诸人推入五里雾中，无从捉摸。此等审案奇异情
形，实开从古未闻之创举。辩论久之，秦忽指确廷厉声问曰：
"若是真正革命党，何以存有辫发？"严曰："姑忍辱暂存，以办
党务，而易于诛满奴也。"秦大怒喝令跪下作供，严笑曰："士
可杀不可辱，堂堂革命党员，安有跪人之理。"秦聆竟，久久向
之点首，已而自语曰："能说此言，自是人家好子弟，何不巴结
上进，正由途而走，以期荣耀祖宗，乃反从逆作乱？"此时旁立
一刑名老夫子，稔知革命党厉害，恐秦又以孟子学说，为人驳至
面红耳赤，再闹笑话，因近前请曰："军门当休息，交卑职细心
审讯。"于是秦退。而此老巨猾，命人设守座位，延严坐下，细
问同党何人，以作株连之计。并提陈甫仁至。殊两人从未谋面，
素不相识，竟在公堂之上，患难之中，礼貌谦虚，互相请益，雍
容闲雅，各道姓名，彼此始知所以在此会面之由。当下两君均不
肯扳供，备受此老巨猾酷刑拷打：始则以砖将脚跟垫起，执巨木
用力锤之，继则施以所谓吊包袱、抱板凳种种毒烈淫刑，莫不遍
受，终不肯扳供一人。老猾至此，竟无计可施，只得监下。吾人
闻此恶耗，以虽未扳供，仍立即通告诸同志，自行检点。中学堂
内，因前次购有枪弹，各人常在后山树林间，学习射击，立即传

知，切戒停止，免启人疑。典煌因与梁镜球同志身负党中重要之秘密，是时身上不离武器，刻刻警戒，互相约定：倘有不测，当与虏兵抗拒，或同归于尽，以身殉国，决不步陈、严二君之后尘。亡何，确廷之幼弟德辉，在家中已闻此事，惴息而来，访问情状。吾人见其虽属童年，极为活泼，且明白革命真理，遂直言其兄殉党之志已决，不必再望生还，况属同志，比兄弟更加密切，如有可救，自然设法，毋须局外关心。因恐满吏株连家属，命其随即回去，告知老父速避。惟水口距城数十里，是时各处俱无电话、公路，德辉来时，疾步如飞，此际两腿已极疲敝，仍奋然曰："吾足虽断，亦愿听教也。"因此一行，得以救出老父，免其横累囹圄之惨，抑亦幸矣！

五、运军械往广州与惠州城戒严　　自陈、严两同志失事后，吾人处处留神，仍恐其受刑不过，于昏迷中供出同志姓名，不免旦夕悬念。而秦提对于此案，又极端注意，严密推敲，致令欲得此中消息，非常困难，辗转访查，始悉两君并非羁押于寻常监狱中，而发交清军营严密管押。辗转相托，由一已加盟之哨弁，再设词请托，担任血海关系，始得以典煌一人与之见面。当下两君已知吾人来意，开口即谓无论如何，决不扳供，请诸同志放心奋斗，如不相信，可取砒霜送来，当含笑吞服，誓不皱眉，愿诸同志努力前途，不必以彼为念等语。自闻此言，一切悬疑，立时冰释，知两君禀浩气，秉丹心，早置死生于度外，吾辈后死同志，安能不为之五体投地耶？继而探知秦提，以拿获真正革命党，已去电广州报告，粤督张鸣岐命秦将两人解省。吾人聆此消息，认为有机可乘，立即分途发动，决调绿林数十，匿在城厢附近，给以短枪、炸弹，于其落船时，在码头截夺。又恐军警林立之地或无间可乘，不能下手，一面又由陈经等，往东江下游磨盘角地面拦截。不料秦提早电广州，派一水舰抵惠，而用亲军营押解，悄然而去。吾人尚不之知，仍分途进行。诸绿林陆续方到，而城中忽然戒严，各处城门，均有防军检查行人出入。当时以情形瞬息变幻，实属莫明何故。继见军队调动，始知因陈经等统率绿林在下游截江查船，向每船巡视一遍，立即放行，并不劫掠，即行李亦未搜查；独遇当差者，间被殴斥，以此人皆奇之，然亦明知有革命党人在内，故举动离奇，但不知何事耳。城中闻之，以距离不远，是以立即戒严，及调兵往剿，则又散去矣。惟此次吾人所以后期者，皆缘交通不便，用是坐误事机，致丧我两忠良之同志，而莫可如何。吾人于失意之下，只得再行分别安置，以俟广州消息，待时而动。此际风声已紧，而贪功之徒，以害一党人，则官位立至。有黄某者，标营所谓千把总之流也，向秦提自告奋勇，希冀借党人之血，为染红顶戴之需。见中学诸生，出入往来，十九俱已剪发，揣摩秦提心理，以无辫者即是真正革命党，为迎合上官起见，遂向吾人极力侦查，知三江书院，为诸生出入最多之处。而吾人初时，亦曾假此为普通交际地点，因其地方广阔，且有后山，当购得枪弹时，往往在内便于试验，外间亦不闻声，因此各人常有到去。黄自发官梦后，常在附近闲行。吾人本随时留意者，一见其闪缩之状，即知八九，予常对各人言及。陈经同志则谓此等汉奸，非杀不可，决意引之入内，斧劈其首，而消灭之。寝而该探竟在铁闸外，伪售饼果，于是吾人之意遂定，一切均已分配妥备。乃梁镜球同志，主张不同，力加反对，谓其必不止一人，消灭形迹，恐难办到，倘有失误，殊于大局有碍；吾人已无证据，终是学生，彼辈又何从加罪？且惠州府徐书祥，日者曾到学堂训话，谓：外间以本堂诸生，剪发易服，十人而九，多疑为革命党，惟本府则深信非是；但飞短流长，人言可畏，务须少入城、勤求学为要。此件实为吾人最有力之保障。故梁君亦恃此而无恐。殊梁不害人，而终为人所累。彼以连日侦查，不得要领，遂转向严确廷方面设想，终查得梁君与严兄弟出入同行，有特殊关系，遂捏造事实，请陈提下令密缉。幸得有戚属在提署当差者，密告于梁之老太君，吾人遂乘夜互商，要梁速避。偶值是时经费奇困，因近日接二连三，费去巨款，各同志已罗掘俱穷，丁此生死紧急关头，竟赶办不及，无法筹挪。盖吾人自办党务，由始至终，未尝领用分文公款，所有一切购置武器及往来费用，均各人量力自备。而吾人本意，亦以举办各事，必须自行负担，独举义饷款，则由公家拨给。今遇此意外，时间急迫，梁君又不便出入，只得由典煌独自谒见其老太君，且陈需要之由。乃老人聆竟，并不惊异，只嘱小心为国一语，随偕典煌至店号中，取得数十元，转与梁君为避难之资。于是吾人彻夜不眠，议定炸弹制造所暂且停止，以省经费；其联络防军任务，此后交由丘耀西同志负责。前李勉周个人捐购手枪十四支，早经运到，遂决定由李子先同志，伴梁君携带此枪往广州，以应诸同志之用。惟当此戒严之下，出入极难，然为党国，遑计危险，倘能胆定，则事在人为。查大东、大西两门，防兵检查，较为严密，出入必搜，若水门则情形较缓，虽有兵把守，出城则未必搜查，转折而至大东门外，或可无事，且该探必以吾人此时尚不知密缉之令，断不注意及于船上。乃先改去学生装束，于未起程之前，取出十四枝手枪，抹拭一过，验为可用，尽实以弹，入一革囊盛好，由梁君携之先行。典煌与李勉周、陈经、李子先等，俱暗挟手枪、炸弹随于梁后，如有意外，防军一闻炸弹，必四散逃避，大可如在无人之境，决不至有分毫损失。吾人此际，精神一贯，向前迈进，气概雄豪，如龙出海，直过水门，果然一路平安。抵船之际，天色尚未大亮，觅得餐房时，招待人挽革囊入去，觉其重量，误为银元，特开一木柜，为之贮藏，吾等见之，匿笑不已。及船将开行，始互相珍重告别。回来之后，金以少一勇于负责之人，深致叹惜。陈经则以当时梁不允杀此恶探，果贻今日之累，未免过于自恃，然而吾人此后更宜振刷精神，益加奋勉矣！

　　六、中学缴械之风波　　自梁镜球同志被迫他往之后，吾人仍步步留神，惟恐恶探伺隙陷害。迨李子先送梁君往省回来，传命加紧预备，如接到暗码约定之电报，务须依正时间发动，毋得稍误。于是吾人必要入城，预先分配各项武器，以便随时应用。孰料诸人入城后，该恶探不知如何，竟能随之而行。吾人察觉后，低声互商，默念此时不过侦察出入地点，以便忽然搜查而已；因迈步同向三江书院直去，一经入门，恶探随之而入，伪为游览。陈经同志因与答话，延之入室，故与周旋，高声呼茶，虚作款待，随即闲步而出，将房门倒扣。该恶探不虞遽然出此，仍未察觉，典煌立嘱看守书院人一齐出外，要下午方可回去。因此处房门，乃旧时物料，坚固异常，欲在内面启门，殊不容易。吾等遂急足分途，处置自己任务，放胆理妥，而随时可以应用矣。是日该探果待至午后方得出来，已不能图得分毫劳绩，反遭数小时之扣押，心中怀恨，莫可言宣，遂由贪功之念，转增报复之心。而是时广州风声益紧，影响所及，惠州更为加紧戒严，该恶探无可泄忿，竟向城内江家祠、东樵书院、王氏试馆等处搜查，惟一无所获。吾人以其智计俱穷，无能为害矣，不图忽得一恶消息，外间纷纷传言，谓中学堂藏有无数炸弹，旦夕即调大兵围搜。又有谓接得广州密电者，道路纷传，不一其说。而吾人则明知为恶探作祟，互相密议，有主张取制就之炸弹，全数运来，与之抵抗，而随即联合绿林起义者，因防军最惧炸弹，可不战而定也。终于征调不及，力量太薄，不应以有用之热血，洒于不当用之时期，国家大事，岂可负一时之气，仍以静候广州发动，于全局较为有利。惟各人在后山练习射之巨树数株，为枪弹击得斑点如花，遂乘夜雇工锯去，以灭形迹。一面请监督转告府宪徐书祥，设法解救，而免吃亏。原来监督早知此事，已报徐府向秦提交涉，自愿负担缴枪责任，不须提督派一兵一卒，免起误会，发生意外。惟秦提据探报，谓校内确藏有炸弹，非详细搜查，终不能信。嗣由徐府带同监督往谒，当面解释，谓当此戒严时期，人情汹惧，终日惶惶，假使查出炸弹，更骇物听，况监督日夜在堂，又非聋瞆，敢保决无此物。秦提尚在疑虑间，徐府以其终不见信，大有必要派队围搜之意，于是向秦提坚决声明，此事要自己办理。盖当日官场权限，文武两途，界线分明，不能混乱也。徐对学生，平时常称为程度优异，曾以此屡蒙提学使司嘉奖，称为办学有方之能员，居常亦夸示同僚；乃遇斯情况，不能不设法保全，又恐缓则生变，为先发制人计，立即命驾亲往学校。当行抵黄塘桥时（桥为西湖之风景堤，蜿蜒于校前，行尽始达校门），吾人远见一行人马，向本校而来，误为派兵围搜，皆大惊骇，因连日处于风声鹤唳，时刻悬心之下，仓卒间，遂至汹汹扰扰，混乱异常。同志中之热血沸腾分子，大多数倡言抗拒，号哨纷鸣，大呼归队，一时之间，荷枪实弹，纷纷向前警戒，亦有占据后山高地者。盖热烈分子，自加盟革命后，每闻枪炮之声，即怦然心动，满腔赤血，沸如潮涌，确有闻鸡起舞，直捣黄龙之概。此种心理感动，凡属党员，类多如是；况具有主义、正当盛气之青年，又安能免此？当时情形，极为紧张，待其执事员役行近时，忽尔锣声大鸣，始悉驺从之盛，乃徐府与监督同来，于是各将枪械急卸。此次明知不妙，纷纷藏匿子弹。而徐府一到，立即鸣钟，召诸生齐集正中大礼堂听训，其带来之差弁，遂分头将枪械取出，置诸头门树下，有收藏不及之子弹，被发觉一部分。当差弁报告有枪弹时，徐府点首不语，监督反面如土色。吾人知其此时心中难过，因向徐府声言，以少数枪弹，不过闲时取以玩弄，并无他意，想徐亦已知之，而不敢明言，彼此会意而已。看其立即将枪械缴交提督时，并不言及子弹，则袒护之心，已昭然若揭。自此事发生，不啻吾党在惠州方面革命之巨大损失。缘吾人原定计划，可以二十四小时内，将附近之绿林、民军，聚集枪枝逾万，直迫府城，而以手枪、炸弹，占据西门，则学生军数分钟之疾走（吾人曾经当为田径赛跑，以试验之），即能里应外合，将府城占领，以号令各属。今失此基干之武器，不能不变更革命方策，而注意于四乡矣。

七、广州失败消息之传来　学校枪械被收缴之后，吾人以为从此可免恶探之注意，而随时放胆入城，亦无妨碍。不意行近西门，守兵忽散据四面墙隅，提枪相向，喝令站立，然后派一兵来搜查。当下遇此严重情形，只得折回，负气万分，群向监督交涉，始悉秦提以徐府所缴之枪，怪其每杆均磨擦干洁，比军营中所用者，尤为齐整，以此不满，认定有意外作用，仍令随时查察严防。吾人处于势力范围之下，亦莫可如何。适严德明间关秘密回来，欲领炸弹、手枪，先往东江，听候举义。此际吾人以出入艰难，行动危险，只得请保管器械之同志，来校商议。且已变更革命战略，改由四乡发动，各物仍贮城中，自是有损无益。正商议间，姚君雨平又派由日本回国之同志钟作新，赍龙毫券三千元到惠为动员费。于是决定分配各方负责指挥人员，先行出发预备，留丘耀西在城内指挥防营，以戴维基、潘绍勤诸人助之。严德明等往东江，李子先等则往罗浮山一带，陈经、林敏如等往白茫花、稔山。所有手枪、炸弹由城墙上传出城外，分别发给，即时运去。清吏虽名为加紧戒严，但程度低下，吾人日处虎口之中，而安如磐石。防军搜查，固不足惧，即专心一意与吾人作对之恶探，久已暗中互较手腕，相形之下，实亦不足当吾人之一盼。此时除附城存有枪弹外，而城中已一无证据，更加放胆出入矣。讵知吾人到过之处，即有军警入去查询，致令对于被扰之戚友，抱歉无似。可知此时侦探之多，更想见广州风云之险恶。秦提必有电讯，与之息息往还，而责成诸探严查。此辈平时尚且无中生有，兴波作浪，况在加紧戒严时期；但蠢如鹿豕之流，又安有智识与党人较高下哉？此际吾人布置已妥，专候广州消息一到，随时均可发动。至三月末日，忽然发现秦提简短怪告示一通，贴于学堂门首，略称"大帮革党，胆敢于二十九日，向督署猛攻，抛掷炸弹，当即击散，斩获无算，地方安谧"云。吾人立即揭去，以为此乃官样文章，秦提故作恐吓之警告。盖从来颁贴告示，只在城门及大道通衢处，今乃贴于城外偏僻学堂之门前，显系一种特殊作用。迨至夜后，果得广州来电，只"父病故"三字，而无日期，于是咸大沮丧。盖此乃一种暗约，原别为病故、病重、病愈三种，后两种必系有日期，以示发动时间，惟"病故"一种，乃完全失败，无须发动，以存实力之暗约。不图竟得此不幸之消息！诸同志人人丧气，翌日不起床而告病假者，数逾大半，食堂尤为寂寞。各教职员平日亦知，只不便明言而已。盛气爱国之青年学子，无处洒其热血，势必至于如是矣。惟已经出发诸同人，应速通知，俾存实力。独陈经等距离较近，得以立即停止；至李子光等，已在罗浮山集有大队，其余仍在招集中，幸接消息尚早，当即分别遣散。独有一小部开往象头山公干，直至数天后，方知散去，仍不至误事。其严德明等在东江集队，得不幸消息时，严以自身为清吏通缉之人，此际进退两难，当即派人来惠，拟领足枪弹，统率绿林，四处游击，藉作暂时安身之计。吾人亦以严之地位不同，允予照办。此后严在东江一带，与清兵抗拒两月，剧战数次，腿被弹伤，始出外埠。而惠城自四月后，戒严如故，恶探对吾人，尤为注意。忽然又发生秦提移文徐府，勒令本堂交出梁镜球同志之事。盖因严同志德明在东江与清兵作战，皇皇布告，清吏无如之何。谣传梁居中主持，秦提责诸探无用，悬赏购缉，遂媒捏及此，至令监督难于应付。嗣以梁为第一班次，已足十学期，何至留校，在外行动，虽父子亦不知，况属学生。以此详复，恶探亦无从再施其技，惟来日方长，诚恐不害不休，何以善后，且日前已将党人失败之告示，贴诸本堂门首，为从未见之创举，则其心中明指学生即是党人，已昭然如见。倘再不知机，势必酿成惨剧，于是群请监督，提前放暑假以避之。吾人连夕会议，订定各回乡间之联络运动，彼此分负责任，誓下绝大坚决之苦心，传播革命主义，普遍及于民间；监督即不放假，吾人亦自行离校。热血如潮，雄心一致，果得提前放假之愿。至本年九月间，吾人能起兵十万，活捉清提督秦秉直，胥系此次假期之力也。

附说一：陈经，字孝述，籍惠阳，惠州中学乙班生。辛亥九月间，率革命健儿，与清兵混战于马安，进退数日，相持不下。适闻司令长有大队援兵开至，陈心一时顿壮，向敌猛冲，清兵大溃。陈一马当先，几生擒敌将陈德刚，直追至鳗头岭。此时距县城（惠阳）仅十里，清兵见其人少，以大队迫之。殊援军尚未达到火线，不知何故，竟误会退却。此次司令长已非姚雨平，而易以陈炯明，当下遏止不住，迫得仓忙逃遁，偕参谋长邓铿，一直退至淡水墟。而陈经此时，尚与敌相持，见后援不继，且战且退。至夜后，随身只余数人，腿被弹伤，在一土山上略息。因连日战斗，疲乏异常，而子弹又罄，挥令从人先避，独坐于山坟上，清兵合围而前，陈忽发一炸弹，毙敌数人，而自身亦伤，终为清兵拥去，殉难于惠州府城。民国后，军阀擅政，等于遗亡，始由诸同志为之建亭纪念，乃当事人造一洋房于西湖小岛中，不久即圮。直至新旧军阀消灭后，国民党惠阳县党部与地方人士，以陈捐躯殉国，大义彪炳，足以模范后世，不应湮灭无闻，始重建一留丹亭于岛中，以为纪念。此亭与陈求学时之中学堂，隔一风景堤，可以相望。英灵不昧，果为诞生革命之母校，生色靡既也。

附说二：郭君守毅，名公楫，广东大埔人。留学日本时，遵孙总理之训，研究化学，专门制造各种炸药以备用，追随胡汉民先生等办事，一生为党驰驱。民国未成立前，因公由北平抵星洲，不幸被汽车在身上压过，致丧生命，人咸惜之。

附说三：辛亥暑假期间，惠州中学诸生，散处十县，对民众为有组织之普遍宣传，革命运动已达瓜熟蒂落程度。值武昌起义，诸生一致投笔从戎，各起革命军，会师救国。清提督秦秉直，率兵抗拒，我军竟被挫于鳗头岭，陈经同志殉焉。诸同志大愤，再合军力战，奋勇直前，秦遂忙于应付，闭城待救；惟惠州天险，我军虽熟地形，仍难得手。适宋铭璜、梁定慧、麦庆莲三女同志在响水制造炸弹，运交丘耀西、梁镜球、黄宗宪、陈端甫、林敏如、林剑虹等，于东江下游，用计败退清将李世桂由广州援惠之大兵，轰破博罗县城，活捉县官蔡国英及管带多人，调得胜之兵，向惠助战。捷报飞来，我军心更壮，杀败秦之精锐部队亲军营，乘夜以严德明部会合外洋回国之同志，组编决死队，袭破归善县城，据之，与惠州府城距一水东街，隔江相距。秦调炮队猛轰，我军不理，集大队绕攻飞鹅岭要隘。守将洪兆麟，见我军势大，为之夺气，不敢抗拒，立竖白旗投降。秦遥望旗幡已易，惶恐失措，知大势已去，与文案刘某相抱而哭，互约自缢，以报清廷。讵刘缢死，秦竟食言偷生，遣绅耆求降，许之，遂作我军之俘。惟惠州府徐书祥，廉明公正，人皆尊重，派兵护卫，并请其再为地方官，不愿，始赠金礼送出境。秦俘则由司令长给予千元而去。

# 辛亥革命先著记（之一）

## 杨玉如

**编者按：** 杨玉如（1878～1960 年），字宝珊，又名藻香，笔名古复子。湖北沔阳（今仙桃）人。1906 年官费留日并加入中国同盟会。1909 年夏回国，在汉口任教员，并创办《雄风报》，任主笔。1910 年秋加入共进会，为促成文学社、共进会合并曾多方斡旋。1911 年 9 月 24 日，文学社、共进会举行联合会议，推举武昌起义领导人，被推为内务部副部长。旋赴上海购买枪械，运动武昌起义。事泄，避走湖北京山，襄助刘英起事。武昌事起，被委为都督府主任秘书、湖北军政府驻沪代表。

《辛亥革命先著记》一书，记述武昌首义及其前后相关大事，叙事翔实可信，是研究辛亥革命的重要史料。

## 第一章　辛亥武昌革命溯源

### 第一节　辛亥前革命之历次失败

辛亥革命，有两次旋乾转坤之举：一则是年三月二十九日（1911 年 4 月 27 日）各省党人在广州举义，一则同年八月十九日（10 月 10 日）湖北党人在武昌起义是也。广州一役，不幸失败；武昌一役，幸而成功。故首义之名，惟武昌当之，各省莫与争。

然武昌革命成功，并非偶然：其党人在总理孙中山先生领导下，服膺三民主义，亦既有年；闻总理暨同志在边省举义屡次失败，愤慨日深，革命思潮，愈激愈厉。回忆乙未（1895 年）九月广州之役，党中健将陆皓东死焉，此乃因革命而首次牺牲者；庚子（1900 年）惠州之役，师起无继，郑士良苦战月余，终至瓦解；壬寅（1902 年）洪全福、李纪堂谋举义广州，先期事泄，梁慕义等十余人死焉；甲辰（1904 年）十月黄兴与马福益谋举义长沙，事泄，马福益死焉；丙午（1906 年）浏阳、萍乡、醴陵数县起兵，声势颇大，旋亦失败，龚春台、萧克昌、蔡绍南等先后牺牲，其战死暨牵连被杀者，几近万人，此为内省第一次之大流血；丁未（1907 年）四月有黄冈之役（在广东省潮州饶平县）与惠州七女湖之役；七月又有防城之役；及十月复举义于镇南关〔睦南关〕，总理且亲至焉，卒因众寡不敌，血战七昼夜，而仍退入安南；黄兴复率在安南同志二百余人向广东攻入，历钦州、廉州、上思等处，大小数十战，所向无前，虽目的未达，而黄兴名震中外矣！至戊申（1908 年）有云南河口之役，主其事者胡汉民也，统兵者则黄明堂、关仁甫、张德卿诸同志也；是年冬，赵声、朱执信、邹鲁等谋以新军举义广州，事泄，谭馥、葛谦、严国丰死焉；迨庚戌（1910 年）广州新军举义失败，倪映典死焉；至辛亥年三月二十九日，黄兴率各省同志围攻广州督署，事败，七十二烈士死焉，合葬黄花岗，是为著名黄花岗之役，不啻武昌首义之前驱也，可谓壮矣！

由上所述，自乙未迄于辛亥，党人宣传与实行，几二十年，其举义亦十数次，窃叹革命事业若斯之难也。然失败者成功之母，武昌党人以为君主专制已二千余年，清朝统治亦二百数十年，吾党遽欲推翻改造，是岂一手一足所能为力？又岂一朝一夕所克奏功？党中先进与先烈既前仆后继，再接再厉；吾楚有亡秦历史，革命虽艰巨，亦不敢后人，盖摩厉以须者久矣。于是鉴于边疆之屡次失败，乃转从湖北发难，以直捣其中坚；鉴于会党之战斗力弱，乃专向军队着手，以利用其凭藉；所以武昌党人虽无赫赫之名，而乘势待时，筹之有素，其领导与实行者，皆抱一往直前之气概，踏着先烈血迹前进，卒能如出水之龙，不崇朝而云雨遍天下，故曰武昌革命成功良非偶然。

### 第二节　湖北革命之动机

民元前十二年（1900 年）庚子夏秋之间，唐才常、傅慈祥等在汉口创设自立军，聚会党十余万人，分五路密布于鄂、皖、赣、湘各重要地区：以大通为前军，秦鼎彝、吴禄贞统之；安庆为后军，田邦浚统之；常德为左军，陈犹龙统之；新堤为右军，沈荩统之；汉口为中军，傅慈祥、林圭统之；才常自为各军总司令，定于七月十五日（8 月 9 日）在汉口、武昌、汉阳及皖、赣、湘同时起事。此次举动，本系保皇党康有为主动，然其组织扩大，党羽众多，公然与政府恶势力为敌，树长江革命之先声，吾党亦颇为赞许①，无如彼所揭橥者在"讨贼勤王"非"兴汉灭满"，名义不正，故不为人心所归附；且会党未经训练，军队不

---

①　庚子义和团运动时，总理旅日本，特召集同志会议于镰仓，决定在珠江、长江两流域起兵，命郑士良在香港设立机关，史坚如赴长江联络会党。鄂人留日学生有革命思想者若傅慈祥、吴禄贞、戢翼翘等，亦欲乘机起事，谒总理请示方略，总理告以已派史坚如赴长江布置，可共同进行。慈祥等喜，惟经费无出，颇为焦灼；适毕永年谓："唐才常已得康有为款二万元，余款尚巨，可源源而来，余为之反复陈说，才常大为感动，决脱保皇党而同吾辈革命。"慈祥等愈喜。梁启超悉其事，亦意态活动，于祖饯唐才常、林圭、吴禄贞、傅慈祥之日，特请总理及陈少白陪宴，以示彼此一致之决心。然总理只赞助之，终不敢信其真能合作。此革命党与保皇党初期尚有一次之联络也。

表同情，康有为无革命思想，张之洞乃清廷枭杰。唐氏以一时乌合之众，欲与久经节制之师相搏，直无异以卵击石，投肉于虎耳。卒因康有为停款不发，才常窘于饷需，一再迁延。前军统帅秦鼎彝等在大通仓卒发难，巷战数日，卒以力单败绩，余众四散。鼎彝、禄贞只身走日本。前军既败，汉口总部即发生动摇，而绿营巡防督抚标各营弁卒曾受其运动者，乃因饷项无着，失信彼辈，竟同时自首，于是秘密全泄。才常犹恃张之洞与彼有师生之谊，必不加害；岂料张已下令围汉口总机关，当捕获唐才常、傅慈祥等数十人，斩于武昌城内。而各处如新堤、崇阳、监利及湖南临、沅、潭等邑响应之师，亦先后惨败。是役湖北遵令起兵者，有武昌、汉阳、沔阳、蒲圻、应城、巴东、长乐、沙市、嘉鱼、麻城等十余处之多，牺牲达数百人。此即为湖北革命第一次之大流血。可见武昌革命之花，已孕育于十数年之前，培养灌溉，继起者当责无旁贷矣。

### 第三节　武昌革命宣传时期

　　当汉口自立军消灭之时，适总理命郑士良在惠州举义，亦于是年（1900 年）闰八月完全失败，边郡与腹地同时受挫。虽两广仍续有举动，而湖北革命觉距实行之期尚远，不得不暂时停顿。张之洞又在湖北提倡新政，练新军、造枪炮以制止反侧；作《劝学篇》、《学堂歌》，以束缚青年思想，此实湖北革命一大阻力。湖北党人始知革命过程中，尚需经过一宣传时期，因民智未开，条件不够，徒事牺牲，殊为可惜。总理有言："非常革新之学说，其理想灌输于人心而化为常识，则其去实行也近。"故革命党欲以革命救国，必先广为宣传，使革新之学说成为普通常识，乃克有济。是以辛亥革命前湖北各志士宣传之力，实不容漠视。兹分别述之。

　　（甲）《湖北学生界》月刊及《汉声》　　壬寅（1902 年）

秋，湖北留日师范部三十余人及各大学专科与陆军学生共同发起组织一《湖北学生界》月刊，主编者为刘成禺、蓝天蔚、张继煦、李廉方等[①]。主旨在以世界知识及民族主义唤起内地学生觉醒。而张继煦、李熙、李书城等复各撰印致同学书，语多激昂，鄂学界大为振奋。适值日俄在东三省开衅，东京留日学生惧国土被人侵凌，组织义勇队作归国御侮之准备，推举鄂省官派陆军学生蓝天蔚为队长。鄂籍文武学生参加者尤众。《湖北学生界》月刊乃改名《汉声》。武汉各学生从此渐倾向于秘密结合，私印宣传革命小册，展转传送，浸及于军界矣。

（乙）昌明公司及灯片与武库　至癸卯（1903 年）又由湖北留日学生发起，组织一昌明公司，其任务在招待湖北出洋学生，与运售文化书报兼密输革命刊物，传递海内外消息。以万声扬为总理，马刚侯副之。又筹款二千元，购幻灯机片运回武汉放映。时功璧管理机片，耿觐文担任说明，间参以讲演——吴禄贞、刘伯刚、金华祝、余德元等皆常往讲演者也。凡片中涉及世界民族运动与被压迫情事，必尽量发挥。此片在各处放映，往观者甚众，于激发思潮，亦颇有效。此外有黄公征者，愿以资财赞助革命，在武昌水陆街设一会所，名曰武库，每月约集同志开会数次，形式稍类阅报所，而开会又稍含有秘密意义。刘敬庵、李亚东、冯特民、范腾霄等皆常与会。迄科学补习所成立，是会遂停。

（丙）科学补习所　迄甲辰（1904 年）春，刘敬庵、曹亚伯、胡瑛、张难先、吕大森、朱子龙、何季达、欧阳瑞骅等皆集武昌省垣。谈及革命进行方略，众意以会党发难易，成功难；即

---

[①]　尚有卢慎之、金华祝、周维桢、李熙、李书城、张鸿藻、程明超、范鸿泰、权量、屈德泽、万声扬、王式玉、余德元、张孝杕、周龙骧、左德明、但焘等。

成而嚣悍难制，不成则徒滋骚扰。若暗杀又为个人举动，不足以摇撼全局。几经研究，皆主张从运动军队入手，不轻率发难。于是胡瑛、张难先投工程营为兵，运动同伍。是时秀士入营者颇多：如朱子龙、范腾霄、曹进等皆是。刘敬庵则已在马队营入伍矣。是年四月，假座斗级营同兴楼商议组织机关，定名科学补习所。于五月间成立，推吕大森起草章则。宗旨虽标名科学，实则掩蔽官府耳目，而以"革命排满"为密约，入会者颇众。六月黄兴由沪过鄂，到所密谈，告以湘省预定十月西太后万寿节发难，会员遂群谋响应之。迨曹亚伯暑假由湘回鄂，在所开会，议派吕大森、高建唐往施南，何季达往荆、宜，联络会党，宋教仁往长沙接洽。其在武昌负责推动者：武高等学堂有刘度成，文普通学堂有欧阳瑞骅，马队营有刘敬庵，工程营有张难先，其他军营、学校亦各有负责人。讵计划甫定，而长沙于西太后生日前事已泄露。湘抚电鄂督称武昌科学补习所亦有同谋。九月二十日（1904年10月28日），鄂督派队围搜。幸所中已先接长沙密电，干事等当将文册销毁，并通知同志暂避。于是刘敬庵移住高家巷圣公会，王汉、胡瑛移住鹦鹉洲。当军警到所时，其室已空。鄂当局不欲兴大狱，仅开除欧阳瑞骅、宋教仁学籍寝事。所自成立迄是时，仅四五月耳。

（丁）日知会　当科学补习所解散时，刘敬庵与武昌圣公会会长胡兰亭有旧，因避住会内。圣公会原有一阅览书报之所，名曰知会，目的在传宣西教者也。旋敬庵被黎元洪开除营籍，由胡会长聘为会所司理。敬庵视事后，整理书报，订立规则，应接尤为周至，阅览室为之改观。敬庵见会务扩张，阅者日众，大可引导革命，于是商准胡会长，另拟会章，由传教进而革命，名不变而质变矣。时在乙巳年（1905年）冬月也。其与同盟会开始组织约同时，但彼此尚未发生关系耳。次年丙午（1906年）正月开成立会，到会者百余人。孙武、何季达、朱子龙、冯特民等皆有沉痛演说，听众非常感动。是后每星期必有类似讲演。有时假座文华书院，请名人讲演世界革命史，对时事常含刺激意味。又在黄州设秘密印刷所，由吴贡三、殷子衡负责校印革命书册，携至各处分送。各校学生几于人手一册。军营则由入伍会员设法传递，是以流行甚广。适同盟会派余诚为湖北分会会长，是年春到武昌，倚日知会进行党务，不以同盟会相号召，内外联属，声势更张。诚与敬庵极相得，于是设东游预备科江汉公学，增置号召机关。其由会员在外创办者：梁瀛洲设群治社及明新公学；熊子贞、何季达等设黄冈讲习社；彭养光、赵鹏飞等设安郡公益社，皆与日知会相呼应。先是湖北军界仅有少数志士入伍，与学界不相结合，自各社成立后，情谊始得沟通。于是吾鄂莘莘学子，桓桓武士，皆充满革命朝气矣。

是年五月，总理派山西乔义生随法驻津武官欧吉罗周历长江各口岸，于八日（1906 年 6 月 29 日）到汉。敬庵等在圣公会开会欢迎。欧吉罗致辞，会员演说纵谈革命。时鄂军警机关派有密探与会，据情呈报。日知会不容于当道，遂肇祸于此。及湖南萍醴事败，鄂督据谍报党羽潜来鄂境，悬赏缉拿者十余人，其中惟朱子龙为日知会会员。又因奸人贪赏告密，当道遂于十一月二十九日（1907 年 1 月 13 日）派军警围日知会，先后捕获朱子龙、梁钟汉、胡瑛、李亚东、季雨霖、张难先、吴贡三、殷子衡、刘敬庵等九人。其指捕未获者则有：吴昆、余诚、梁瀛洲、何季达、李长龄、冯特民、孙武、徐竹坪、廖汇川、黄景亚、李楚翘等。至是日知会封闭，距正式成立之时，将及一年。当时会员结合，主要任务在灌输知识，唤起革命，其发动指导，尚无大规模计划，即军营内部运动，亦无系统组织；但主其事者皆一时之秀，苦心孤诣，奔走呼号，风雨如晦，鸡鸣不已，实已尽宣传之任务。惜死者死，囚者囚，存者皆风流云散，似乎靡所成就，然植根播因，于辛亥革命影响实甚巨也。

# 第二章　辛亥武昌革命团体

## 第一节　共进会之由来

　　东京共进会　孙总理所组织之党由兴中会扩展至同盟会，夫人尽知之。而共进会胡为乎来？共进会者，乃同盟会之支派，与同盟会一而二、二而一者也。先是同盟会成立后，党务虽日渐发展，后因清廷与日本交涉，取缔中国留日学生，阻遏革命，风潮甚恶，总理亦不能常住日本，遂将党务委黄兴、胡汉民二人办理。而兴等亦只注重同盟会南方分部，对于长江流域革命事业未遑经营；于是中部急进党人，颇不能耐，遂由川人张伯祥（会党中负有声望者，亦同盟会会员）、舒祖勋，鄂人彭汉遗，湘人焦达峰、陈作新，赣人邓文辉，皖人方潜等在日本东京倡议组织共进会，推舒、邓为章程宣言起草员。几经筹备，赞成者日众，遂于清风亭开成立大会。到会者有：鄂人居正、刘公、杨时杰、刘英、张维汉、宋镇华、彭汉遗、袁麟阁、冯振骥、郑江灏、冯镇东、李基鸿、张次青、李国骥、张公道、许汉武、彭惠群、王炳楚、向寿荫、李寿泉、董祖椿、罗杰等；川人张伯祥、熊克武、王正雅、李肇甫、舒祖勋、吴永枵、吴文叔、何枢垣、张知竞、翟蓬仙、雷桂臣、秦遂生、黄晓晖、何其义、晏祥五、陈宗常、周滔荪、李香山、胡香白、刘锡华、李德安、余竟成、苏理成、薛晋贤、尹侗、唐敖、谭毅公、喻培伦、郑襄臣等；湘人焦达峰、杨晋康、潘鼎新、钟剑秋、黄小山等；赣人邓文辉、彭素民、黄格鸥、汤增璧、曾小岩、邹怀渊、卢式偕、文群等；浙人傅梦豪、陶成章、龚味荪、张恭、金鼎、王军等；粤人聂荆、熊越珊、温而烈、陈兆民、夏重民、孙光庭、黄霄九等；桂人谭嗣黄、刘玉山、邓鸥群、黄镕等；滇人王武、赵声、张大义、乔宜斋、杨鸿昌、杜恒甫等；皖人孙作舟、方汉成等。此等人十九皆同盟会会员，仍拥戴孙总理为领袖，其所揭示宗旨方略，亦略与同盟会同，惟入会手续较简，亦不宣誓；会员相见时，另有隐语暗号，间或亦用同盟会握手礼。愿书中改"平均地权"为"平均人权"，则与同盟会异（下第三章余与刘仲文谈及此问题，刘略有解释）。其宣言大意谓：

我们这个会为甚么叫做共进会呢？……这共字，是共同的意思。单就我们这个团体说：就是在会的人个个都要同心合意，共做事业，不可一人别怀他样的异心。就本会以外说，凡与我们同样的，不论他叫什么会名，我们总要联合起来，结成一个大团体，共同去做事业。所以这共字，就是合我们全国中各种的会一同去做的意思。至于这进字，就是要增进我们各会员的智识；把从前那些做偏了做小了的事丢开，寻一个正正大大的题目去做……不许有丝毫懈怠的心……这是我们取共进二字字面的意思了。

由此宣言看来，文字浅显，大约仍想以会党做基础，再联合各党各派，共同团结，向前迈进。那时黄兴恐同盟会起了分化，曾向发起人质问，经焦达峰解释，谓并无别意，只期内地与边区同时举事，或可缩短革命时间。兴始了解。

是会成立时（1907年丁未秋间），选举张伯祥为第一任会长（其始亦尝称总理，后因同盟会会员议决，凡属革命党员，只奉孙中山一人为总理，无论何党何派，均不得用总理二字，故改称会长）。翌年张伯祥因回国离职，改选邓文辉继任。未几邓亦去，遂举刘公为第三任会长，居正任参谋，彭素民任文牍，潘鼎新任党务，何庆云任交通，孙武任军务部长，聂荆任内务部长，彭汉遗任外交部长，焦达峰任参议部长，袁麟阁任理财部长，陈兆民任调查部长，温而烈任纠察部长，并制定三等九级军制，十八星军旗。辛亥八月十九日武昌起义时所用之星旗（红地白点内外十八锥角交错形，取各省铁血联合之意，实为丙午年同盟会讨论国旗方式之一种），首先飞扬于黄鹤楼钟塔尖顶者，即此旗也。又拟派负责人前赴各省组织实行机关，遂推定聂荆为广东大都督，刘玉山为广西大都督，邓文辉为江西大都督，何其义为四川大都督，孙竹丹为安徽大都督，傅梦豪为江苏大都督，罗洁为河南大都督，焦达峰为湖南大都督，刘公为湖北大都督，并分别先遣特派员回国，积极进行。

湖北共进会　戊申己酉间（1908～1909 年），孙武、彭汉遗、焦达峰等先后回国，实行共进会在东京所拟方略。湖北黄申芗、邓玉麟、查光佛等与孙、彭深相结纳。时黄申芗在兴国（今阳新）、大冶，刘英、宋镇华在安陆、德安，彭汉遗在黄州，袁菊山在襄樊，均有所活动。刘玉堂为长江会党头目之一，时任水师探长，开新大方栈于汉口，对于长江会党颇具势力。因以黄、刘、彭、袁、刘等五部编为五镇，以黄申芗为第一镇统制、宋镇华为第二镇统制，其余三镇拟以彭（汉遗）、袁（菊山）、刘（英）等分统之。仍推刘公为大都督，刘英为副都督，设总机关于汉口鸿顺里。分设通信处于上海公学曹忠恕寓、岳州高等小学堂彭蠡寓、长沙太平街同福公栈、宜昌潘级升寓。此外有刘燮卿、汪性唐、钟雨亭、吴肖韩、李赐生、李伯贞、邵焕章等襄赞机要，焦达峰则往来湘鄂间，互相策应。卒以饷械两缺，进行迟滞。而会党人物尤不受约束，湖南潘平介部之焦逸山，湖北刘英部之龚世英、刘伯旗，黄申芗部之柯玉山等先后暴动，因之全功尽弃。而孙武遂以聂荆之召，偕潘公复、吴肖韩及吴妻汪梅仙女士等离鄂，由粤赴梧州，参加广西温（德臣）、刘（玉山）发难事。邓玉麟由汪定忠介绍投入江督卫队。而湖北共进会则由军队同志担任进行，以黄申芗为军界中心，彭汉遗、查光佛任联络，曾省三、黄元吉、江炳灵、萧国宝、陈孝芬、高尚志、黄驾白、陈献斌、陈复元、谢镕成、汤习兵等为大都尉，分途活动。申芗又与李建中、余复堂、邹玉成、夏超发、李存牧、冯扶青、刘清汉、曹逢寅、王应斌、吴超贵等编为指挥团，一面由刘函三、黄丽生、朱秀松、胡志云、胡作仁、黄文甫、胡子嵩、柯茂山等编为补充筹饷等九队。

**共进会之活动与停顿** 庚戌（1910 年）三月，长沙饥民抢米风潮起，湘抚电请张之洞派遣步队第二十九标及炮队一营驰往弹压。时焦达峰在浏阳，以为有机可乘，电鄂相约举事。黄申芗等遂议定于三月十五（4 月 24 日）夜十二时发难。一面由郭抚宸至京山刘英处约同派人至武胜关拆毁铁道，扼守要隘；一面由黄金龙、胡得胜至田家镇运动，夺取炮台，并商由潘祝一、涂寿卿担任汉口联络，保护商教。规划甫就绪，忽湘事已平，焦亦中止。武昌机关亦因孙昌复、朱道源等运弹事泄，朱且受伤，遂至破坏。黄申芗因系担任指挥官，名列首要，清步兵三十一标统带曾广大奉令查缉，幸曾阴纵之，得免逮捕。遂由黄元吉、江炳灵、曾省三、梁维亚、潘鼎新等助资走赣。彭汉遗、黄孝霖、林兆栋、江炳灵、贺公侠等亦走川。黄元吉、梁维亚、李建中、罗定维等复纷纷离营，查光佛旋亦走皖，于是共进会革命事业因之暂时停顿。

## 第二节 文学社之屹兴

文学社诸人，完全在内地身列戎行，侪伍士卒，奋其热忱，毫无假藉，节饷糈之余作经费，藉学术之名为掩护，茹苦含辛，几经蹉跌，而气不少馁，卒之在武昌革命中收效最宏，而牺牲亦最惨。观于文学社历次演变情形，亦可以自豪矣。

**军队同盟会** 戊申（1908 年）夏，湖北新军同志任重远、郭抚宸、章裕昆、杨王鹏、唐牺支、覃炳钧、彭新振、钟畸、王子英等，倡议组织军队同盟会进行革命，常与在汉阳狱中之李亚东相商。由重远等分途联络，一时表同情者不少。六月二十八日

（7月26日）在洪山罗公祠开成立会，到会者除发起人外，有黄元吉、王守愚、蔡大辅、林兆栋、廖湘云、曹振武、陈绍武、祝制六、邹毓琳、陆国琪、李抱良（六如）、黄依僧、单道康、孙昌复、黄驾白、李慕尧、张文选、莫定国、万奇、邹润猷等。由覃炳钧主席，议定暂时不立章则，只分途担任联络，作初步革命运动。因会员中对名称颇触时忌，多有异议，致无结果。后因重远赴川，会务遂无形停顿。此虽昙花一现，实文学社之胚胎，且为湖北革命运动由军界自行组织团体之始。

群治学社　至是年（戊申）十月，湖北陆军与江苏陆军会操于安徽太湖，适清廷西太后与光绪帝相继死去，熊成基忽举事于安庆，杨王鹏、钟畸、章裕昆等以为有机可乘，皆跃跃欲试，乃密议于会操宿营地，以事前毫无准备，未敢妄动。旋奉令开拔回鄂，遂由杨王鹏、钟畸、章裕昆、郭抚宸、邹毓琳、唐牺支、邹润猷、张文选、莫定国、万奇等十人发起，将军队同盟会改组，外避目标，内策自治，遂定为群治学社。推钟畸起草宣言及简章。十一月二十日（12月13日），在小东门外沙子岭金台茶馆开成立会，社章组织本有社长、文书、会计、庶务、评议员等，议决社务尚未发展，只暂设庶务一人，推钟畸担任。其后畸与曹振武随管带曹进往南京，改由李抱良接任。社章最要规定：经费由社员薪饷十分之一充之。入社须社员三人以上介绍。每一社员月须介绍新同志二人，但不得介绍官佐，以防卖党求荣。此群治学社组织之大概，亦即文学社之前身。

自是社员日益增多：姚钧、李筱香、廖湘云、蔡大辅、王守愚等自四十一标加入，祝制六、黄亦僧自四十二标加入；单道康、孙长福、叶正中等自三十二标加入；李慕尧、黄驾白等自炮队八标加入；均分担本标运动。己酉（1909年）六月，杨王鹏考升司书，与四十一标左队队官潘康时相洽。社章原定不要官佐，至是由鹏介绍，潘康时得以破格入社。文学社之有官佐，自潘康时始。

会湖北发生水灾，四十一标奉令分驻襄河一带，以防饥民滋事。遂从潘康时议，同志分布活动。时杨王鹏与康时分驻公安、石首；姚钧、廖湘云驻监利、沔阳；蔡大辅、王守愚、章裕昆、彭新振驻京山、天门、潜江；只留李抱良驻营，主持社务，以便联络。

时刘尧澂、蒋翊武二人由湘来鄂，欲有所图。蒋则暗赴天门、潜江一带，调查群治学社内容。及见本社组织完善，份子纯粹，且尽属现役军人，极表赞同，遂毅然投入四十一标三营入伍，参加活动。尧澂与李抱良亦深相结合，共策进行。

旋詹大悲（原名瀚，字质存）因宛思演出资二千元接办汉口《商务报》，刘尧澂为会计兼发行；何海鸣（原名时俊，前充四十一标一营前队助理书记）、詹大悲、梅宝玑等皆司笔政，与本社相策应，社务遂蒸蒸日上。

不意社员彭新振（时驻潜江之下畔湖）性颇激烈，常在军中鼓吹革命，对于饥民宣传尤力。事为排长黎某侦知，乃以不守军纪罪名将其重责开除。自此军中防范綦严，社务进行颇受阻滞。而武昌方面又因川、鄂、湘争路风潮突起，民情哗然。时湖南谘议局亦推代表假道武汉赴京请愿，适主张铁路国有之杨度由湘往京，道经汉口，寓既济水电公司。刘尧澂闻之，乃集合同志及旅鄂绅学各界，假湖南会馆开欢迎湘谘议局代表大会，意在藉会众之力，加杨以制裁，藉暴露清廷罪恶。时到会者数百人，均激昂愤慨，公推刘尧澂、李峻、龚霞初、刘毅夫、曹国勋等十余人为大会代表，前往水电公司迫请杨度到会答辩。杨见尧澂等到，知情势严重，即借一英人由侧门逃避，并通知英捕房将代表等捕之，拘留八小时始释出。而《商务报》遂因此被封。同时各营亦特别戒严，大事搜查。幸李抱良见机甚早，将关于群治学社一切文籍簿册，密藏于营房之天花板内，未被搜出。本社经此次之挫折，遂无法进行，不得不作暂停之计。

振武学社 庚戌（1910）年秋，分驻各县之四十一标军队均撤回武昌原防。李抱良乃向各同志报告处置杨度经过及社务受挫情形，佥谓群治学社之名既为外间所注目，不如另改新名。乃召集会议，决定改群治学社为振武学社，推杨王鹏起草简章，其组织与群治学社同，惟外加各标营队各设代表一人，每月开常会一次，由标代表出席。于八月中秋（9月18日）在黄土坡开一天酒馆开振武学社成立会，推杨王鹏为社长，李抱良任文书兼庶务。至各标营队代表，由各标营队选出报社备查，并定九月重阳节（10月11日）在黄鹤楼开代表会议。届期李抱良、杨王鹏、章裕昆、廖湘云、祝制六、江光国、单道康、李慕尧、孙长福、黄驾白等均齐集，先由各代表报告社员人数，共得二百四十余人。其决议案：以扩充社务为最要，但资格务严，不可滥征；至社员月捐，由代表于放饷时收集，汇集庶务李抱良收管，存储银行。至每开常会时，务将收支账目及银行存折交会审查，以示公开。刘尧澂亦于此时正式入伍参加。至詹大悲、何海鸣等又集资创办《大江报》于汉口，继《商务【报】》之后为本社言论机关。未几四十一标左队队官潘康时辞职，赴日留学。协统黎元洪委施化龙继其职。施到差不久，即侦知杨王鹏等有革命嫌疑，特报于黎元洪。黎大为惊诧，但恐揭发受上峰指斥，不敢声张，遂将杨王鹏撤差；李抱良及营代表钟作宾各杖一百，开除军籍。自此事发生后，各营防范颇严。杨王鹏、李抱良被撤革后，随即离鄂，所有任务交蒋翊武主持。但振武学社名义又不适用，群议更改，而文学社代之而兴。

文学社 辛亥正月元旦（1911年1月30日），文学社同志在黄鹤楼开成立大会。先是去年年底，蒋翊武、刘尧澂、章裕昆、詹大悲等在阅马厂之集贤酒馆会议，决定改振武学社为文学社，推詹大悲起草简章。其组织较振武稍扩大，除正社长外加设副社长一人；将文书、评议两股改为部，各设部长一人。文书部设文书四人，管理一切文书及度支事项；评议部设评议员无定额，管理军事及其他一切交际事项；又设纠察员若干人，其余各项均与振武学社无异。至是日正式开成立会，组织诸人及各标代表均齐集。由蒋翊武主席，首先审议简章，章裕昆以此时社务尚未发达，副社长一席可暂悬不设，至庶务一职亦可暂由会计兼任，并力主将社员月捐取消，均赞成通过。当推蒋翊武为社长，詹大悲为文书部长，刘尧澂为评议部长，蔡大辅、王守愚为文书员，邹毓琳为会计兼庶务。会议既竣，遂各专责任，分途进行。一月之间，加入社员达四百余人。至二月某日，召开代表会议于黄土坡招鹤酒楼，又推王宪章为副社长，于是社务发展，更有一日千里之势。

## 第三节　各小团体名目及姓氏表

辛亥武昌革命团体以共进会、文学社为中坚，既已略如上述。惟此两大团体尚未发展至领导阶段时，湖北军学各界前进之士富有革命思想者，亦曾自动组织许多小团体，皆欲乘机待时，有所举动。虽名目繁多，缘起终始无从一一表明，但亦不应湮没。兹将各团体名目及组织人姓氏，列表如下：

| 团　　体 | 组织人姓氏 | | | | |
|---|---|---|---|---|---|
| 种族研究会 | 黄申芗 | 覃炳钧 | 戴鸿炳 | 林兆栋 | |
| 将校研究团 | 蔡济民 | 吴醒汉 | 张廷辅 | 王宪章 | |
| 安郡公益社 | 彭养光 | 赵鹏飞 | | | |
| 黄冈讲习社 | 熊子贞 | 何季达 | | | |
| 文学研究社 | 贺公侠 | 黄元吉 | 曾省三 | 江炳灵 | 梁维亚 | 汤寿煊 |
| 武德自治社 | 董天人 | 李岳嵩 | 高世杰 | 戴宗毅 | 李建中 | 李镜明 |
| | 何见龙 | 秦茂梅 | 张步云 | 宋　韬 | 张　羽 | |

续表

| 团　体 | 组织人姓氏 | | | | |
|---|---|---|---|---|---|
| 数学研究馆 | 李作栋 | 费振华 | 李　钦 | 饶校文 | 何世昌 |
| 振武尊心会 | 马骥云<br>何镜澄<br>罗云波<br>郑楚珩 | 聂　豫<br>徐移山<br>龚霞初<br>康锡之 | 杨显青<br>熊品三<br>张庆余 | 陈人杰<br>陈俊德<br>朱复汉 | 冉雪峰<br>黄大有<br>贾结三 | 余慈舫<br>吴　超<br>陈习之 |
| 黄汉光复党<br>竞存社附 | 席正铭<br>萧宏济<br>刘文岛 | 雷　洪<br>向明瓒<br>许宗武 | 易正柏<br>杨泽民<br>张政纶 | 耿　丹<br>胡冠南 | 余鸿钧<br>严午樵 | 孙　毅<br>李儒清 |
| 柳营诗社 | 谢超武 | 杜武库 | 涂吉祥 | | |
| 集贤学社 | 张聘安 | 梅鼎洲 | 钟剑林 | 方汉农 | |
| 神州学社 | 邓汉鼎 | 李　涛 | 刘少舫 | 黄小池 | 李鸿宾 |
| 兰友社 | 胡祖舜<br>赵振民 | 赵士龙<br>余鹤翔 | 张振翮<br>萧鸿飞 | 罗一安<br>袁济安 | 徐邦俊<br>杨毓林 | 刘国桢<br>罗人俊 |
| 群治社 | 梁瀛洲 | 李　诚 | 黄景亚 | | |
| 益智社 | 胡玉珍 | 王缵承 | 郑兆兰 | 邱文彬 | 黄振中 | 赵承武 |
| 义谱社 | 杜邦俊<br>李承裕 | 张　融<br>黄维汉 | 杨永康 | 杨秉之 | 叶茂林 | 罗良骏 |
| 铁血军 | 吴贡三 | 李亚东 | 梁宗汉 | | |
| 自治团 | 高尚志 | 陈孝芬 | 曾尚武 | | |
| 德育会 | 郑江灏<br>黄丽中 | 谢石钦<br>李宗渤 | 单家燊 | 董祖椿 | 康秉钧 | 向炳焜 |
| 辅仁会 | 陈佐黄 | …… | | | |
| 忠汉团 | 陈国桢 | …… | | | |
| 群英会 | 向海潜<br>吕尹雄<br>罗仁香<br>鄂功春<br>谷雨亭<br>余来坤<br>蒋楚杰<br>江文卿 | 李绍白<br>熊开鉴<br>丁洪本<br>唐积亨<br>杨幼铭<br>童国瑞<br>王国栋<br>王协扬 | 刘国祥<br>姚鸿圣<br>薛金胜<br>曾广春<br>吴国卿<br>梅占鳌<br>李德高<br>阮世涛 | 吕中秋<br>石玉山<br>刘承儒<br>蔡连贵<br>杨忠华<br>鲁伯超<br>郭长富<br>余协卿 | 熊炳坤<br>杨庆山<br>卢德元<br>骆乘骥<br>黄连升<br>王龙彪<br>卢保汉 | 秦培鑫<br>胡开进<br>罗椿山<br>王训民<br>黄炳南<br>卜邦柱<br>王仁山 |

　　上列廿余团体，皆以革命为目标。除自行停歇者外，余均为

共进会、文学社两大团体所吸收，且多为两团体中重要人物。迨起义前，文学社与共进会联合统一。于是曲阜小丘，积成山岳；支河僻港，汇为洪流；精诚团结，革命基础早已形成矣。

# 第三章　武昌首义前之策动

### 第一节　庚戌年革命迟滞与刘杨回鄂

自庚戌（1910年）春间共进会党人拟在三月十五日发难未果，黄申芗、彭汉遗、贺公侠、黄元吉、林兆栋与孙武等主谋各人物均星散。此次计划未成，不独共进会革命受挫，而群治学社亦大受影响（此时群治尚未改为振武）。因黄申芗、郭抚宸等与两团体皆有联络，如果共进会有所举动，群治学社决不致作壁上观。惜此时群治毛羽未丰，又迭经挫折（彭新振、杨王鹏连受打击），且在群治与振武递嬗期间（杨王鹏、李抱良等正拟改群治为振武社），故对共进会发难计划不能有大帮助。黄申芗等失败，党人更加警惕。于是两团体革命事业均表现停滞，不过军队秘密联络，两团体各负责人仍积极进行，日有发展。

是年（庚戌）夏暑假期间，刘公、杨时杰由日本东京回国，察看长江革命动静，欲有所图。因刘公为共进会会长，负有长江革命任务；杨时杰又是在东京极力提倡集中全力于长江革命之人。两人相约回鄂，对于武汉革命实怀有推动雄心。抵武汉时，仲文（刘公字）因病，径回襄阳原籍暂时休养；舒武（时杰字）乃访杨玉如于汉口笃安里公论报馆。

是时玉如曾于春间办一《雄风报》鼓吹革命，因经费拮据，出版数月即停歇，乃在公论报馆当编辑，并向各报投稿，卖文为活。忽见舒武回汉，心喜之至。略事寒暄，舒武即想谈谈国事，玉如以馆中人杂不便，约夜间再晤。

时天气炎热，两人即登馆内楼上平台，露天对坐，畅谈时局。渠等谈锋，专注在革命问题上。

舒武说："革命潮流，一日千里，进步甚速，中国革命似有成功的希望。但是这几年孙总理、黄克强等专在沿海几省，靠几处会党，携少数器械，东突西击，总是难达到目的。我们长江的党人都想从腹地着手。尤其是我们湖北人，就想在湖北干起来，孙、黄总不大相信，所以我先约刘仲文回来做准备工作。居觉生（居正字）、彭汉遗、吴寿田（吴昆字）、田梓琴（桐）等他们都是要陆续回来的。我们这次自告奋勇，总要做点事业给孙、黄看看，所以我想先邀你出来参加，同我们切切实实干一下。"

玉如说："'不入虎穴，焉得虎子？'革命本是件危险事，还是要从危险处去干。我们湖北据长江形胜，有枪炮厂，有官钱局，饷充械足，新军的知识又高，易受运动。你们想就在此地干起来，我是极端赞成的，当然加入。"

是时两人通宵密谈，决定在武昌另组织秘密机关，参加革命事宜。因舒武要回乡省亲，约秋后再来汉，由玉如预为筹备，先访孙尧卿调查一切。

## 第二节　武汉各秘密革命机关

（1）武昌工程营附近某号孙寓　此系孙尧卿所租住宅，眷属在内。辛亥以前，凡有重要秘密会议，多在此处，可谓武昌革命的起点。

（2）磨石街二十一号吴寓　吴肖韩与其妻汪梅仙居此，同孙尧卿关系甚密。己酉、庚戌间，共进会党人凡有密议，除孙寓外，亦常在此处行之。偶遇同人集议稍久腹馁时，吴妻必力为具炊爨，至典衣饰不吝。己酉春，湘省同志焦达峰为谋两湖革命团体之联络，特至武昌。夏间，川省同志黄复生等来鄂为谋炸端方者，均以吴为东道主人。

（3）沱泥湾五号　杨玉如于庚戌夏间与杨舒武约定在武昌设立秘密机关后，即于九月偕妻吴静玉由汉口小董家巷迁居此处。当即通知舒武，询渠来汉行期，旋得渠复信，云正摒挡一切，尽速前来，并云已飞函襄阳招刘仲文，不久当可围炉谈话。

至冬月，刘仲文未来，舒武应约而至，即与玉如在沱泥湾同住，约孙尧卿朝夕密谈，筹画革命进行事宜。

（4）蕲春学社　在蛇山附近某号。此系文学社党员与外界接洽之所。詹大悲、何海鸣、查光佛、蒋翊武、刘尧澂等主之。

（5）三道街胭脂巷二十四号　孙尧卿所主持的共进会停滞有日。由港归来，经杨舒武多方鼓励，孙颇心动。舒武又告以中国革命业将成熟，孙更兴奋，乃复重整旗鼓，与文学社争取军界党员。又因军界误传孙为孙文总理之弟（以其名为武），是以军人加入革命者极踊跃。沱泥湾机关已不敷办公。乃于辛亥正月又租胭脂巷二十四号全栋为接洽党员之所，仍由杨玉如夫妇与杨舒武移住此间，主持一切。

（6）黄土坡同兴酒馆　黄土坡位于工程营与左右旗（营房）之间，为军队出入要道。共进会创设同兴酒馆于此。由邓玉麟为老板，专事联络军队。凡各标营队之入党者，将姓名登记于流水账簿，以钱数记其年龄，正副目则记为一元，以识区别。如属党员，酒资有无，在所不计。

（7）巡道岭同兴学社　同时又设一同兴学社于巡道岭九号，为同志往来居停之所。以扬州谢氏妇饰邓玉麟眷属，主持中馈。赵师梅、赵学诗、费孟谦、陈磊诸同志常驻其中。后黄土坡同兴酒馆因同志聚餐者多，将资金吃喝光了，以致倒闭。而此学社赖师梅、学诗等资助维持，至八月起义时尚存。

（8）小朝街八十五号　辛亥四月间，文学社以社员猛进，革命已至接触阶段，各标营代表处不便计议，乃假小朝街八十五号楼上为总汇之所。因同志张廷辅寓此，张系新军中现任排长，可为掩护，即以张夫妇主持一切。起义前夕，刘尧澂、彭楚藩两烈士即在此机关捕去，为民国首先流血者。同时张廷辅夫妇及同志多人亦被捕拘押。

（9）胭脂巷十一号　房屋一栋五间。杨玉如与邓玉麟、李作栋同往视察，以此处地点僻静，又租定为每星期日同志会议之所，推胡祖舜夫妇住此主持。

（10）雄楚楼十号　辛亥五月，刘仲文始由潘善伯专邀来省。刘家素封，自奉甚厚；又以体弱多病，颇惮烦嚣。各同志寓所室隘人杂，渠苦无下榻处，乃另租城北雄楚楼十号一独栋，仍约杨玉如夫妇同住①。该宅系两进，旧公馆式。后进为一中西合璧的楼房，刘住楼上，杨住楼下。门面左书"度支部刘"，以刘

---

① 此宅即为余与妻吴静玉女士永诀之所。因辛亥秋间，武昌革命高潮已震动清吏耳目，余同刘仲文、孙尧卿等因与上海中部同盟会通声气，瑞澂早得沪探密报，久欲捕拿。但以反形未露，只暗中监视。余等亦尚坐数。八月三日（9月24日），炮队同志小有暴动，捉拿党人风声更紧。尧卿常匿汉口租界，仲文亦不敢安居雄楚楼本宅，早携其新宠李贞卿往租界去了。时余同居正往沪购械未回，寓中只妻吴女士与小女元昭（时未满三岁）同一女仆，苦守待余。至八月七日（9月28日）余由沪归，女士即告以紧急状况，并云本寓时有密探踪迹，劝余亦往汉口暂避。余尚力持镇定，劝伊不必惊惶。越日，余往汉口晤孙、刘等报告上海总部情形，孙、刘及众同志以消息日恶，决不许余返武昌。余此时在汉，接洽频繁，寝食几废，寓中妻女安危亦不暇计及也。不料十三日（10月4日），瑞澂派军警二十余人，突至雄楚楼寓内大肆搜索，向女士问余与刘公何往，女士答以："刘先生携眷回襄阳去了，我夫往上海尚未回家。"军警等斥为谎言，凶恶万状。女士但闻人声嘈杂中，有"请大帅示"一语，遂一哄而散。寓内本无衣物损失，只汉口所制洋铁盒炸弹数枚被搜去了。女士以为此系滔天大祸，又担心余在汉口亦恐不免，遂于夜间饮药自尽。翌晨余得信，即拟回寓一诀，仲文等又力为阻止，不许余身入虎口，特请同志邢伯谦过武昌，会同董天人同志（系女士妹婿）将女士草草殡殓，送至平湖门外江神庙停厝。讵意十六日瑞澂又派兵一排，占踞江神庙，妄指女士之枢系党人装的枪械炸弹，现谣传革命党起事，预防党人来取武器，故先监视厝屋。是日李春萱同志偕董天人襟弟往庙中，尚欲祭奠女士，见兵士如狼似虎。僧人密告以故，李等即托辞趋出。若非起义期迫，女士恐不免劈棺之阨。余昔曾以诗吊秋瑾烈士，有"淫刑直欲刃嫦娥"之句，颇得一般同志赞赏，不料竟成余妻的诗谶，伤哉！回忆昔日武昌各革命机关，大都毁坏变迁，惟雄楚楼此宅，至今独存。但不知更易几主，偶尔经过，辄万感萦怀，肝肠欲断，俯仰陈迹，不禁怆然。

先人曾在京捐有某种职衔，表示系京官眷属。门右书"古复杨寓"，以杨在报上作文，笔名古复子，表示系新闻记者，以免军警注意。以后乃以此处为入党主盟，一切重要问题，皆在楼上开特别会议决定，几成为武昌公开秘密之革命机关。

上列各处，不过武昌革命机关之重要者。此外如蔡济民、吴醒汉之分水岭七号；马骥云之昙华林奇英学社；杨洪胜之中和门正街杂货店；李春萱之数学馆；钱芸生之下新河；陈子龙之巡司河；徐万年之义庄前街等住宅，以及汉口长清里九十八号彭公馆；俄租界广惠公司；刘玉堂河街新大方栈；丁立中鸿顺里大成印字馆；李伯贞新马路荣昌照相馆；刘燮卿、钟雨亭汉昌里七十二号住宅，皆为党人交通接洽之所（宝善里破获的机关，则为起义最近时所设，尚有文学社同志以住宅驻所为机关者甚多，岁久难记，恕不备录）。似此武汉秘密机关星罗棋布，无异组成了革命之网。而瑞澂、张彪辈，尚文恬武嬉，纸醉金迷，并不知外间大有人图倚，无怪乎一闻工程营的枪声、南湖的炮声，即震惊失措，抱头鼠窜了。

## 第三节　辛亥正月元旦黄鹤楼团拜文学社正式成立

共进会革命运动，至庚辛之交既已突飞猛进。而振武社革命同志亦不甘示弱，乃汲汲调整阵容，更换名目，充实内部，争取党员，和共进会竞赛，来迎接这胜利的辛亥年。遂于正月初一日借新年团拜为名，召集各干部在黄鹤楼（当时名风度楼）开代表会议，决定改振武社为文学社，推蒋翊武为临时社长，詹大悲为章程起草人，正副社长各一，分参谋、总务二部，各标各营均举一人为代表。二月十五日（3月15日）开成立会于某处，举蒋翊武为正社长、王宪章副之。刘尧澂为参谋部长，王华国、杨载雄为参议员，侦探科唐鼎甲，联络科王守愚、李擎甫，调查科龚霞初、陈磊，总务部长张廷辅，庶务科罗良骏、唐牺支，会计科邹毓琳，纠察科胡培才、蔡子胜，惩罚科胡玉珍。此外蔡大辅任文书，詹大悲任汉口交涉联络事宜。各标营代表为：王文锦、曹子清、江光国、廖家骧、祝制六、陈俊德、高尚志、张喆夫、单道康、叶振中、陈道行、黄驾白、李翼寰、黄继汉、余凤斋、晏柏青、刘斌一、钟继武等；陆军中学代表为：雷洪、席正铭、卢华等。于是阵容为之一新（余可参看第二章武昌革命团体文学社项下）。

兹将议决章程列下：

一　名称

本社以联合同志研究文学，故名曰文学社。

二　组织

本社设社长一人、副社长一人、文书部长一人、评议部长一人，均由社员推举之。

　　甲、文书部　一、文书四人。二、会计一人。三、庶务一人。

　　乙、评议部　一、评议员若干人。二、纠察员若干人。

三　职责

社长管理本社一切事项，督同社员发展本社社务。副社长协助社长发展社务，如社长有故他往时，副社长得代行社长职权。文书部长管理本社一切文件册籍保管事项，会计、庶务等属之。评议部长专司指导本社社员研究学识，纠正错误。文书协助文书部长办理本社一切文件保管册籍等事项。会计专司本社捐款收入支出保管事项。庶务专司关于本社一切事务事项。评议员协同评议部长专司指导本社社员研究学识之责。纠察员专司联络本社社员感情及纠正社员错误。标代表管全标一切进行事宜，营队代表亦如之。

四　经费

本社社员缴入社金一元，每月按月薪缴纳月捐十分之一。各队由队代表收集，于放饷二日内送交营代表。营代表于放饷三日内收集送交标代表。标代表五日内集全标捐款送本社会计点收，存放银行。开会时，会计须将簿折交会审查。

五　入社

凡愿为本社社员者，须得本社社员三人以上之介绍，经本社派员调查，认为与本社宗旨相合者，方得为本社社员。

六　附则

本简章如有未尽之处，得临时更改之。

从此文学社与共进会在湖北军队运动中，并驾齐驱，无异赛跑，向一个目标迈进。惟均无党纲，因他们都是遥戴孙中山先生为总理，即以同盟会的"驱除鞑虏，恢复中华，创立民国，平均地权"党纲为党纲。党员的组织，两团体亦大同小异，并无分门别户之虞。

共进会尚有一简单的宣言，文学社无之。文学社简章表面上极含混，共进会章程，亦极简单抽象，故无详述之必要。因革命至辛亥上半年，正到了短兵相接的时期，理论宣传，已成过去，现在只凭铁与血相拼了。

### 第四节　居正、谭人凤先后来汉

辛亥以前，同盟会总部惟以全力图南方，本部精神日渐懈弛，宋教仁、谭人凤等引以为忧。会庚戌四月，居正自仰光、赵声自南洋齐集东京，亦均以革命低潮为虑，乃推人凤邀集十一省区同盟会分会会长开会于日京小石川区左仲远寓。教仁云："在中央革命为上策，然运动不易，其次为长江流域，边地实下策也。"遂提出分步作法的意见：欲先从长江结合，以次推行河北，为严密之组织，期以三年，养丰毛羽，然后实行，庶几一举可期成功。赵声性急，颇不谓然，谓图大事者，不可过于迂缓。与会同志亦咸谓革命志在牺牲，成功与否，那有十分把握，如审慎周详，恐得失之见深，而冒险之气馁，故咸主急进，只赞成从长江着手，而否定分步作法。最后由谭人凤提出进行方案，以事权统一，责任分担，不限时期为原则。经众赞成，并议以东京总部缺乏重要人负责，我们既拟定从长江流域新辟战线，自应有在上海另设中部同盟会之必要，亦经众议通过。遂推人凤赴港，商之黄兴。时兴正奉孙总理命谋攻广州，未暇注意及此，但令人凤来长江一带察看。厥后同志纷纷回国，谭人凤与宋教仁先后抵沪，乃与陈其美、章木良、郑赞丞诸同志合谋，期在长江有所举动。但对于中部同盟会，尚未组织具体机关，亦未举出任何干事。只众议决定规设此会，暂以宋教仁在上海创办的民立报馆为总汇之所。

居正系中部同盟会负责人之一。庚戌冬在沪曾接杨舒武函招，谓武汉组织略有头绪，命速回鄂。居遂经长江各埠调查后，便道归家省亲（居广济人）。辛亥正月十五日（1911 年 2 月 13日），又接汉口刘绍襄同志专函，称有要事相商，宜速来。居即搭轮赴汉，晤绍襄于俄租界广惠公司。因广惠公司系宋教仁推邹永成、张斗枢组织之秘密通信处，表面营矿业，实则为经营两湖革命运动之机关部。绍襄见居，即出一书相示，系黄兴亲笔。大意云：“吾党举事，须先取得海岸交通线，以供输入武器之便。现钦廉虽失败，而广州大有可为，不久发动。望兄在武汉主持，结合新军，速起响应”云云。居阅竟，绍襄复告黄已派谭石屏（人凤）先生至南京、九江各处联络，不久准来汉口。居正至此，始知吾党将有大事于广州，鄂与粤自应声气相通，速作准备，遂急往武昌访杨舒武晤商。

至二十五日（2 月 23 日），谭人凤果莅汉，寓汉口租界某旅社。时居正已与杨舒武、孙尧卿、查光佛、杨玉如等晤谈数日，武昌革命情况已大体明了。闻谭石屏来，甚喜，即率同志等聚商于某旅社。谭谓：“余奉黄克强同志命，察看长江革命近况，并报告紧要消息，因黄同志与胡展堂（汉民）、赵伯先（声）诸兄均在香港，各省同志毕集。今春决在广州起事。谋既定，款亦有着，最短期间当能实现。南京、九江已有联络，两湖尤关重要，希望急起响应。"旋出八百元交居正为湖北革命运动费。复谈及中部同盟会之结合力渐次弥满，南京主任为郑赞丞、章木良等；九江新军自南京开来五十三标，亦由南京主任通声气；各就其成熟时机而定响应之先后，武汉宜加倍努力，言次甚为激昂。在座均服其矍铄，因当时党人中谭石屏年龄最高，须发已颁白了。

居觉生、谭石屏曾先后往武昌府监狱探视胡瑛①，并谈湖北革命事。石屏晤瑛时正值星期日，适蒋翊武、李长龄、罗良骏等均在。诸人系常至狱中与胡接谈者，由胡向谭一一介绍。石屏见翊武如田舍翁，土头土脑；长龄如老学究，腐气薰天；良骏如贵公子，纨绔未脱，心初不慊，颇漠视。胡瑛屏左右谓谭曰："子勿误，湖北党人都具有百折不回志气。本社（指文学社）尤埋头苦干，不以外观夸耀者也。"谭乃改容谢之。当时谓武昌革命党人多属无名英雄，于此可见一斑。

二月初，谭人凤自汉口密赴长沙，召集中学教员彭仲庄、曾

---

① 胡瑛字经武，湖南桃源人，原为革党急进派。因萍醴案牵连被逮，永远监禁武昌府狱。文学社党人蒋翊武、刘尧澂皆湘籍，故常将武昌革命事就狱中与瑛相商。惟瑛言大而夸，识见亦陋，料事不甚正确。即如首义期迫，居正、杨玉如赴沪，邀黄兴、宋教仁速来，力言大事可成。而瑛亦暗遣人去阻宋不来，密报武昌革命绝不可靠。党人颇恶其捣乱，但因渠系身图圄，无异坐井观天，亦不深咎。起义后犹重用之，委以要职，曾董声一时。不料辛亥革命失败后，瑛竟赞成袁世凯帝制，参加筹安会，为民党所唾弃，竟至潦倒困穷以死。故当时有"桃源三杰龙虎狗"之称。因宋教仁、覃振、胡瑛皆桃源籍：宋则奉之为龙，覃则称之为虎，而胡瑛则鄙之为狗，可见社会尚有公论。此等人本属革党之羞，无足齿数。但湖北革命始末，彼都与闻，故略及之。又以革命中意志不坚，操守不固，中途变节者，恐不止一胡瑛。本记但就辛亥革命首义前后其人其事，据实直书，不敢稍加予夺。至癸丑（1913年）以后，政局波谲云诡，未免人鬼殊途，遗臭流芳，千载自有定评，兹编概从阙如。

伯兴、马队排长刘文锦，授以湖南革命方略，约与湖北同时响应
广东。曾伯兴提出意见甚多，谭奋然曰："此时只有硬干，那里
顾得许多？"曾、刘等唯唯受命。谭旋返汉乘轮下驶。曾伯兴、
刘文锦因广东黄花岗之败，湖南风声紧急，均相继告假来汉。

共进会派潘善伯赴襄阳，邀刘仲文来省。

又由杨玉如专函至京山永隆河，邀刘英、宋镇华来汉，计划
襄河一带革命事宜。

孙尧卿汇款至南京十二圩，电召邓玉麟来鄂，专办各营联络
事务。

蒋翊武、王宪章等以马队营尚缺文学社同志，于是推章裕昆
前往入伍，由陈孝芬介绍第八标三营左队队官钱葆青。钱待裕昆
颇优。裕昆入伍不久，与陆军特别小学堂学兵熊楚斌善，因缘识
黄维汉、韩超骧、刘治一、萧志何、刘建一、黎瀛洲、张威、范
天印、晏国斌、沈翼世、邱瑞超、廖化东、黄冠群、文东明、华
斌恺、陈厉志、顾忠伟、王瑞兰、杨国威等，旬日之间，已得四
十余人。因推黄维汉为马队八标代表；黄冠群、文东明、萧志何
为营代表。至是湖北新军各营队士兵皆有文学社党人渗入。

## 第五节　广州起兵失败　武昌革命易被动为主动

辛亥三月二十九日，黄克强荟萃同盟会各省重要党人，持手
枪、炸弹，猛扑广东督署，拟擒杀清督张鸣岐，占领粤省。不幸
事前风露，克强首先冲锋攻入督署时，不获清督，遂变计改攻他
要署。因张鸣岐预先得报，即逃匿水师营，命水师提督李准率兵
反攻。时众寡悬殊，吾党势不敌，当时战死最烈者：福建林将军
时爽，四川喻将军培伦等。巷战弹尽被执不屈者：林觉民、方声
洞与陈与燊诸同志，尤极一时之彦。克强奋勇鏖战，左冲右突，
如入无人之境，遂伤二指，血流如注。继见目的未达，乃突围走
港图再举。当时被牺牲的著名之士即有七十二人，合葬于广州黄

花岗，是为黄花岗七十二烈士大流血之役。是役虽失败，而革命党声威大振，清廷夺魄，民气发扬，不啻为武昌首义之前奏。

是时共进会干部均在省。湖南焦达峰、杨晋康、钟剑秋、熊心逸亦来武昌与共进会接洽响应广东事。四月初干部忽接粤事倾覆消息，即于初五日邀集居正、刘公、杨时杰、李作栋、胡祖舜、邓玉麟、查光佛、刘英、宋镇华、焦达峰、杨晋康、杨玉如等在胭脂巷二十四号机关内开紧急会议，详商应付方法。

开会时，推居正主席，杨玉如任记录。孙尧卿由汉口来，袖出上海一份本党的《民立报》纸，先给会众传观。大家聚目快睹，见报纸上首页全载广东革命党攻督署的新闻。细看战死人物内，会众有认识的，有知名的，大都系各省革党的英俊。又见电报栏内有"黄兴攻督署阵亡，胡汉民、赵声当场捕获"等电。会众更为震悼，以为党中的台柱摧毁尽了。一时会场空气颇为严肃沉默。旋由居正发言谓："广东此次失败，本属吾党一绝大的损失。不过以本人窥测，克强、汉民、伯先等阵亡与被捕之电，恐未必确；尤其是克强同志，他既有勇气向督署杀入，无人抵挡，岂独无机智向别处杀出化装逃走吗？或者尚有一线生机，也未可知。"有人问居："《民立报》是本党的机关报，怎会撒谎？"居云："惟其是我们的报纸，故喜载这些有烟幕弹的新闻，或者还捏造些重要人物或死或捕的电报，俾和缓官厅跟踪踏缉呢，我们同志不必过于泄气。粤事既已覆了，且研究以后我们进行的办法。"会众以居言颇合理，顿时兴奋起来。孙尧卿谓："现在的问题，最重要也很简单的就是我们先以为广东此次一定可以得手，准备由广东首先起义，我们两湖急起响应。现在广东既无望了，自应由我们两湖首先起义，号召各省响应。我们先是'被动'的，今日我们要做'主动'了，同人赞成否？"焦达峰云："当然赞成啰，中国假如没有广东，我们就不革命吗？假如克强真死了，我们也不革命吗？就从我们两湖干起来，再不要依赖别处了。"刘畊述（英）谓："上海设立中部同盟会，原是希望长江革命的，长江革命当然以两湖为重要。我们急应自己干起来，有甚么游移？"杨舒武谓："我早不相信边省能够成大事，洪、杨在广西起义，打了十几年，不能推翻满清，反被满清消灭了。即或这次克强能占领广东，要想打到北京如朱元璋驱走胡元，那恐怕有不可想像的困难，所以我向来主张在两湖腹地动手，和满清一拼。可惜广东这次把我们各省有能力的同志都牺牲了，他们已成仁取义，尽了个人的责任，以后这个革命的重任，希望我们两湖同志毅然担负起来，最后胜利终是属于我们的。"时李作栋年最少，忽高兴的说："广东虽失败，我们湖北更好革命了，清政府以为这回广东把中国革命党杀光了，再没有革他命的人，他必不大防备革党；那知道广东死的，都是些有名的革党；还有我们湖北这些无名的革党，如果乘他不备，出其不意，革起命来，那一定是可以成功的。"众以其言直爽天真，都鼓掌笑起来。此时会场空气全为愤激气氛所鼓动，极为活跃，于是公同提出各问题互相讨论，决定临时方案数项如下：

（一）广东破坏，张鸣岐必密电瑞澂严防革党，或缉拿党羽，我们革命正到了低潮，宜严加戒备。本会各标营同志星期日例会，自即日起一律停开，武汉各机关亦暂时停止活动。推邓玉麟、李作栋两同志负责分途通知。

（二）本会决定中国革命以两湖为主动：如湖北首先起义，则湖南即日响应；湖南首先起义，则湖北即日响应；两湖能同时举义更好。推焦达峰、杨晋康两同志负湘省完全责任。

（三）本会起义主力本着重武昌新军。但如襄樊一带会党同志先行发动，武昌新军必继起应之；若新军先行举义，襄樊会党同志亦当即日来援。推刘英、宋镇华两同志先赴襄河一带积极准备。

（四）文学社革命团体与本会宗旨是一致的，我们向认为友党，宜将本会议决事项争取文学社同志赞助，务期同舟共济，严防两败俱伤。推杨舒武、查光佛、杨玉如各同志和文学社极力联络，与之通力合作。

各项宣布毕，全体赞成通过，承认分途进行。

文学社亦因广州失败，风声甚紧，社内常会，不便召集。刘尧澂恐社员失了联络，进行或有松懈，于是请假脱离营伍，潜居阅马厂文昌阁，每日往各营探问，藉以沟通消息。

此系广州失败后武昌革命的动态，虽黄花岗前，死气沉沉，而黄鹤楼头，又生气勃勃了。

刘仲文颇怀疑文学社不能与共进会合作，常与杨玉如闲谈，谓："文学社内容，我很茫然，看他们的简章颇缺乏革命性，你的观察怎样？"

玉如谓："文学社纯是军人组织，都是以推翻满清建立民国为宗旨，奉孙中山三民主义相号召。我以为武昌革命同志走的是一条路线。文学社与共进会是平行的，不是对立的。不过军人脑筋简单，他们住在营伍内，只争取营内的忠实同志入社，不欢迎外间穿长衫的人，恐易破坏，这与共进会有海内外学生参加主持的不同。所以文学社表面不及共进会规模之大，至内容严密，进行迅速，实不逊于共进会。湖北革命要成功，两团体必须合作，只要我们尽一番心力，总可做到的，你不必过虑。"

玉如转问仲文："共进会口号是本同盟会的，你们何以将'平均地权'改为'平均人权'？"

仲文谓："这是张伯祥的意见。他是长江一带会党的首领，他以为中国的人阶级太多，太不平等了。中国人除视官僚为上品外，士农工商都有地位，独视会党为下品，为江湖流派，所以社会上多有称会党为'汉流'的。伯祥乃主张革命成功后，无论各界的人，一律平等相待。所以改为平均人权，他是见好于会党，俾努力革命的意思。"

玉如谓："中国的阶级严重，是君主时代的产物。如果我们消灭了君主，建立了民国，那时凡事以民为主，阶级自然平了。至于人类一切都平等，那还要经过相当教育，循序渐进，不能一革命就甚么都平等。况且平均地权，是民生主义的重要工作，这不仅是政治革命，实含有社会革命的意义。中山先生曾想将政治革命和社会革命毕其功于一役。他又说过民生主义即是共产主义，那末地权问题，关系革命前途，何等重大？共进会竟一笔抹煞，随便改地权为人权，这人权与民权主义的民权二字又含混不清，实搅乱了三民主义的原则，我觉得很有点不妥。"

玉如又笑道："我们此次革命即或能成功，人权也是难平均的。你想我们是满清的奴隶，满清又是帝国主义的奴隶，我们就是打倒了满清，而帝国主义尚在，怎能和他平等，我们总理何以不提出'打倒帝国主义'口号呢？"

仲文道："这问题我们在东京也曾讨论过。奈清室早与帝国主义相勾结，所以我们的外交深感棘手。当同盟会总部在日本成立后，总理驻东京，受留日学生热烈拥护。革命正突飞猛进，清廷即暗向日政府交涉，日政府接受清廷要求，对总理即采敬而远之的态度。于是总理不得不离日而赴美。去年觉生在仰光尝主《光华日报》，倡言革命。仰光领事萧永熙即电清外交部，诬觉生鼓吹无政府主义。外部据此请英公使电缅甸政府，押解觉生与陈汉平同志交粤省大吏惩办。幸舟过星洲，该埠同志延律师依法抗争，始改为自由出境，觉生等才得脱险赴日。因帝国主义亦利用清政府的统治权，间接压榨中国人民，他们是一致不利于中国革命党的。而我们党人又不得不依赖国际公法保护政治犯的条文，藉帝国主义的国土为我们海外革命活动地，藉帝国主义的租界为我们内地革命掩护物。如果现在提出打倒他的口号，那有英日对付总理与觉生的前车可鉴，恐怕革命党人内外都无立足之地了。所以我们姑且含垢忍辱，这个——打倒帝国主义——工作为时尚早，只有等待第二步去办了。"

### 第六节　共进会、文学社协商合作

武昌革命党人至辛亥夏秋间实以两团体——共进会、文学社——联合统一为最重要的工作。这个工作如果弄不好，恐怕开创首义的虚名，亦难侥幸获得。

因为文学社鉴于日知会失败，由于学界无赖份子贪赏告密所致。所以他们的组织专争取同伍的人，埋头苦干，意欲将新军中除满人与官长外，全体运动成熟，一举而拔赵易汉，所谓"抬营主义"，是不欢喜和外界周旋的。

而共进会发原于东京，有中部同盟会的鼓励，有川湘会党同志的联系，故虽着重新军，与"抬营主义"相同，然亦常有揭竿而起的雄心。所以两团体如能合作，则内容愈加充实，声势愈加浩大，推动力必愈加迅速。

况且两团体在辛亥以前，并辔驰骋，个别运动，彼此默契，尚无妨碍。至辛亥四五月间武昌转为主动，革命到了高潮，两团体各标营的代表为急于完成任务，互相争取党员，自难免于摩擦。如马队同志初入文学社时，适共进会函约开会。马队推章裕昆、黄维汉同往孙武寓，杨玉如出志愿书二份请填。裕昆外出，维汉照填。及回营报告，众谓团体行动，不应个人独填愿书。维汉即函共进会取消所填愿书。陈孝芬以此与章裕昆往复辩难，后为刘尧澂所闻，允改日协商，并力戒勿向外人道。似此两团体干部已渐起龃龉，不免为革命进行之梗。为消除此种障碍，更有联合统一的必要。

于是经蔡济民、查光佛、梅宝玑、牟鸿勋、陈磊等多方斡旋，两团体均允推代表协商，遂于四月十三日（5月11日）在长湖西街八号龚霞初寓开会。文学社由刘尧澂、王守愚、蔡大辅出席，共进会由杨玉如、杨时杰、李作栋出席。杨、李与刘、王等先就武昌革命进行方略概括的交换意见，畅谈颇久。彼此观点，无甚悬殊。谈到两团体合作本题上，双方代表因系初次接洽，都存了几分客气。杨、李云："我们两团体向系殊途同归。现在正是同归不必殊途的时候了，只求双方在原则上同意合作，一切问题均可从长计议。"刘、王亦云："我们两团体宗旨目的都是一致的，合则两美，离则两伤；譬如风雨同舟，大家只期共济，到达彼岸就得了，有甚么不可商议？"于是彼此都以革命到了紧急的时期，提出一件应先赶办的事来，拟令各标营两团体的代表极力避免摩擦，万不可互争党员，只要是受了运动的同志，都是革命党员，不必分某社某会的畛域。双方均表赞同，决定即日施行①。

龚寓会议，共进会本拟谈合并问题，但杨、李并未提出，以两团体各有历史，各有组织，尤其领袖人选不易解决②。

---

① 李廉方先生编著《辛亥武昌首义纪》（见湖北通志局《鄂故丛书》）记述云："玉如提议文学社改推孙武为领袖，其社费由共进会补助之。尧澂曰：文学社社员饷械有着，社费则向例抽提薪饷，无需补助。惟军事指挥，首在情意交孚，改推领袖不便。如孙武有所计划，在可能范围内，竭诚接受。众无异言。"与当日协商情形，不相符合。因据本人回忆：当年共进会与文学社联合，本人曾极力主张，同詹大悲、何海鸣等奔走数月，双方忠告，幸获两团体干部采纳。又得蔡济民同志等多人赞助斡旋，始有四月十三日龚寓之会。记得会议时，双方在极和谐气氛中进行，本人并没有提出更易蒋翊武的领袖与资助文学社经费的话。因就事实论：共进会只是年正月谭人凤交居正八百元的党费，居收到后，不上三月即已用罄。至四月龚寓会议时，共进会经济已在窘迫中，还想打达城庙金菩萨的主意，本人安敢以空言来诱友党合并。况两团体初次接洽，即向对方要求更易领袖，本人似不至如此唐突。且领袖问题关系武昌革命甚巨，龚寓会议距起义时尚早，并无人谈及此。本人又与蒋翊武、孙尧卿两同志都是患难之友，无所轩轾，亦决不至拥孙而反蒋，作此露骨的表示。上段叙述，恐系未参与龚寓会议的同志误听传言，向通志局投稿，李先生援稿编入致有此分歧。特附数言，以明真相。

② 文学社以蒋翊武为社长，当然拥蒋为领袖，尚属简单。而共进会有刘公、孙武、居正三人比较重要。以名义言，刘公为共进会会长，显然是该会领袖。但武昌革命事，刘公并不以领袖自居，而干部亦未奉之为领袖。孙武、居正态度亦如此。办事时都采合议制，无异多头政治。若要文学社合并，谁主谁从，领袖属刘属蒋、属孙属居，实成最大的问题。故此次协商，只着重合作。至于两团体合并，则尚有待。

## 第七节　争路风潮与端方带鄂军入川

清室一般贪污无厌的官僚如奕劻、盛宣怀辈，竟藉铁道国有为名，把川汉、湘汉两路的建筑权，私自让给外人去修（因借洋款好肥私囊），不许商民集赀自办，并将川人先前修路的股款，一概没收。于是湘、鄂、川等省人民群起反抗，川人尤为愤激，以清廷虐民卖国，誓不与之两立。谘议局议长议员蒲殿俊、罗纶、张澜等十九人代表川民入督署请愿，皆被清督赵尔丰拘禁了。市民号泣，要求释放。尔丰怒，枪炮俱发，洞胸折股者数十百人，暴尸于市，遂酿成川省争路的空前惨案。

川鄂关系密切，湖北人民亦继起反对清政府，不许铁道国有，不许以川汉铁路献媚外人。于是四处演讲，慷慨激昂。而留学东京鄂省同乡亦派代表张伯烈、夏道南等回国运动，并详言铁路主权关系国民经济与国防，万不可假手外人，清政府卖国行为，国人宜早觉悟。而演说场中且有军人断指哀哭大呼救国的。湖北社会团体且派省绅刘心源、宓昌墀与张伯烈等至北京邮传部请愿，哀求收回铁道国有的成命。张伯烈辈坐守邮传部大门三日三夜，不饮不食。而清政府置之不理，其漠视民意如此。

斯时四川骚乱已极，武汉亦人心汹汹。惟共进会、文学社革命党人尚力持镇静，私喜有机可乘，暂不作任何举动，惟积极准备发难，只藉《大江报》为文鼓励民气，将反清的热度提高，不令下降。所以詹大悲题曰《大乱者救中国之药石也》，何海鸣题曰《亡中国者和平也》（当时党人志在推翻现状，故作此语）。瑞澂阅报大怒，即逮捕海鸣、大悲入狱，并封闭《大江报》。于是舆情更为愤激，革命空气，异常浓厚，大有山雨欲来风满楼之势。

川鄂因争路事，闹得满天风云，四民鼎沸。清廷竟毫不警惕，仍然用高压手段专事镇压，急派他的爪牙端方奴才为铁路大臣，带兵入川查办路事，并授以"格杀勿论"的密旨。端方以鄂军素有声望，因奏调湖北陆军第十六协（统领邓承拔）率第三十一标（统带曾广大）所部一标及三十二标第一营（管带董仲泉）所部之右后两队，跟他随行。这正无异引虎自卫。因端方并不知道他所带的军中官兵大多数都是共进会、文学社的革命党人。革命党人现在只是准备消灭清朝的，他再不愿当清朝的刽子手，做那残杀人民的傻事了。

当端方正在武昌调兵遣将的时候，革党三十一标代表李绍白、田智谅、赵振民、胡忠良、秦茂梅、王自新等密议，拟乘瑞澂与端方饯行时，把那两个奴才一齐杀掉，就举义旗干起来。总机关闻讯颇惊讶，以为时尚早，一切筹备实来不及，他们太冒险了，近于兵变，与领导上大计划不合，万不可行。急由居正、杨玉如、邓玉麟、黄元吉、胡祖舜等入营送行，极力阻止，席地抚慰。卒付以沿途伺机先图端方的任务，并相约种种互通消息的方法，幸得同志多数谅解接受，绍白等始怏怏就道。

### 第八节　特别筹款

武昌革命党人是一伙无名的热血青年，并头比肩实行民主革命，他不依靠党魁的支持（虽多属孙中山信徒，不过遥为奉戴，关系甚浅），亦无党费的接济（共进会尚得了孙、黄的八百元运动费，杨枝一滴，已属可怜；而文学社连此一滴，亦未沾染）。文学社团体的活动费，是由军人月饷抽取的，尚可勉强应付。共进会的活动费，则全由干部个人自筹；或以教书所得的薪水挹注，或以报馆卖文的笔资分润。此等收入均微乎其微，且不能常有。是以焦达峰春间住在杨玉如家内时（胭脂巷二十四号），因随带人多，资用不给，与杨眷属皆日不再食以为常。邓玉麟、孙尧卿典质已尽，仅余蓝布长衫一袭，谁出外，谁穿着，其困窘如此。

谭人凤携来的八百元，早已用罄。他们穷极无聊，筹款就不择手段了。适湖南邹永成由日本来汉，访孙尧卿询湖北革命进行如何，焦达峰在座叹曰："革命进行颇得手，惟经费感困难耳。"永成云："有办法。我家婶母现旅汉，蓄有首饰约值数千金。如能以术取得，可尽作资助。"达峰喜，即由邓玉麟倩三十标军医江亚兰配置麻醉品交永成，置酒及馒首中，约于早膳进之。届时尧卿、达峰、玉麟等往取金饰。将入门，见其婶母立于堂前，言笑自若，知迷药未生效力，乃败兴而返。达峰叹曰："岂天真不欲吾辈成事业，何阨之甚也？"

邹婶的首饰未取得，同志皆引为笑柄。那知又有较此举更可笑的事：因距居正家数十里有一达城庙（属蕲州境），庙内供金菩萨一尊，远近善男信女，多装金许愿。历年既久，菩萨金身越装越大，神龛内竟像一个大金库。一日居与达峰谈及，想向菩萨筹款，达峰大喜，即决定将金菩萨取来，溶解了作起义之用。当时吴静玉女士曾加阻拦，谓"神像上装的金，怎能化来变钱，真是奇谈，你们皇帝的命尚没有革掉，就先革菩萨的命来了。"（时焦等皆寓吴处）达峰云："嫂嫂勿虑，那不是观音金身，是个无名的小神，他身上的金太多了，我们暂借来一用！"

焦等既决定去取，但是这个金菩萨法身太重，取之亦不易易。先由居与焦往达城庙踏勘了一次（踏勘时有查光佛同行，查谓蕲州三角山产绿毛龟，亦名金钱龟，富室视为珍品。若能多运武汉出售，亦可帮助党费，尤为笑谈）。复由邹永成筹资，专人回浏阳约黎大汉等来。往返筹备二月有余，始潜至庙内去取。结果金身虽毁，而不肯为革党所利用，只遭了一次刀劫与水劫，（因金身大而坚，焦等拟支解之，以便携带。及甫断四肢，天已光，农人起，乃急投陂塘内）。大汉、达峰等几为逻者所获。此举所费颇巨，而一无取偿，可谓得罪了菩萨，又耗费了香资。

但是武昌革命进行状态，已到了万事俱备只欠东风的时候了，领导诸人仍想筹笔款项，作为孤注，以便最后一掷。幸值刘仲文家内汇银五千两来汉，欲渠晋京捐道衔。杨玉如得悉，即往孙武寓商之众同志。尧卿初欲用特殊手段劫之，玉如不可。正计议间，彭楚藩忽至，得知内容，彭即慨然曰："是不难，我可完成这个任务。"复问同盟会总部各种秘密刊物如《革命方略》等，仲文持有底本否？众答曰有。楚藩曰："计在是！请玉如兄向仲文索是本，多抄几份以便交负责同志。是日星期，余当请假访仲文，白金可取也。"众大喜，分途准备。玉如回雄楚楼，向仲文索《革命方略》抄写。抵晚，孙尧卿、李作栋、邓玉麟早已来仲文处闲谈，旋楚藩服宪兵制服亦到，先访玉如于楼下，将所抄之底本携去，上楼访晤仲文，正色语之曰："我等新军组织已充分完备，行将起义；只以无少数基金，不能即时发动，闻君携白金五千两将北上纳官，想非君初志，若出此赀供发动费，其价值奚啻一道台衔。君若不然，则吾持此证据，以宪兵资格告发，如是则君将捐之红顶，先戴于我头上矣。"仲文怫然曰："余不欲纳官，曾为同志言之，老弟何疑之深而言之左也？"楚藩即曰："弟言亦戏之耳。"仲文乃慨然悉数捐助。同人只取五千元作发动费。是晚彭楚藩、李作栋、邓玉麟、孙尧卿、杨玉如等均在仲文处密商起义的计划，不觉通宵。从此武昌革命步入成熟阶段。

# 鄂州血史（之一）

蔡寄鸥

**编者按**：蔡寄鸥（1889～1954），原名天宪，又名乙青，号乌台。湖北黄安（今红安）人。早年由蒋翊武介绍加入中国同盟会，辛亥革命后转为国民党党员。辛亥前后历任《民心报》、《震旦民报》、《大汉报》、《正义报》等报刊之编辑、主笔、主编。《鄂州血史》一书系作者根据自身经历，并结合当时的报刊、档案等资料撰写而成，详细记录和反映了辛亥前后特别是湖北地区的革命历史。该书语言生动形象，且均以当时事实为依据，是研究辛亥武昌首义的重要资料。

## 第一章　唐才常血的评价

鸭蛋洲边的月夜　"星摇不定飕飕风，舟行无碍滔滔水。鸳鸯夜语孤蒲丛，有人独卧蓬窗底。"在蕲黄溯江而上的鸭蛋洲边，正值金乌西坠、玉兔东升的时候，有扁舟一叶，橹声欸乃，荡漾于芦苇丛中，渔火微明，村烟俱敛，但觉风声飒飒，流水潺潺。这时候虽是初秋，天气却有些寒冷。舟中有个少年，推窗外望，信口吟成四句诗。正在四顾苍茫万籁岑寂的时候，忽听得岸上有人呼道："船来，船来！带我到汉口去。"少年听着呼唤的是北方的口音，向艄公讲道："船老板，快拢岸吧，他是远路人，黑夜孤行，两头不遇店，怪可怜的，我们行点方便吧！"艄公冷笑道："理他呢，天色黑了，他尽可到鸭蛋洲去投店。这时候赶船，晓得他是好人还是歹人？"岸上又喊道："船老板，我是到汉口办药材的正当商人，带着银两走夜路，很危险的，你行点方便吧。要多少钱，我给多少钱，带我到汉口去。"船上的两位艄公听着这话，咬着耳朵，打了两句局子，就把船撑到岸边。只见那位客人，肩荷包裹，足登芒鞋，一跃上船，在船头盘膝而坐。艄内少年认为他是肩挑担荷、抱布贸丝的粗人，也就不同他攀谈。过一会，船上要做夜饭，在垂杨深处，暂行停泊。少年带着的一位随从，由舱里取出现成的酒肴来，也唤请那位客人一同饮啖。他并不谦让，也没有一句谢辞。酒吃醉了，饭吃饱了，他还是踞坐船头，靠着桅杆打瞌睡。这一夜，芦苇丛中，不时有小船走动着。两艄公喁喁私语，有一个用指头拨动唇舌，发出尖峭的啸声。那位客人叱问道："有甚么响动吗？"一面问着，一面从包裹中抽出一柄宝剑，爬着桅杆，像猿猴一般轻捷的攀援到顶，探望一下，又如落叶一般地跳下船来，骂道："妈的，有我王老五在此，看你们有几个脑袋！"这两句话，舱内的少年听得亲切，才晓得那位客人是江湖上很有本领的强徒。原来这位少年，姓屈，名子厚，是麻城豪富人家的子弟。他进了秀才，在经心书院读书。此次从乡间来，带着行李箱笼同火食篮子，行色是极其壮丽的，所以引起强盗的觊觎，打算在中途打劫。幸亏有搭船的客人拔刀相助，才得化险为夷了。船到青山，用饭，天已大明，艄公也有事上坡去了。屈子厚把那位客人请进舱来用饭，问道："昨天夜晚，险遭不测，幸亏壮士保护，不然，我等性命休矣。请问壮士高姓大名？"客人道："你不认识我，我可认识你咧。你不是麻城秀才屈子厚吗？"子厚道："是，我们在那里会过，记不起来。"客人道："你和你的同学——天门胡石庵不是常到谭复生的寓所吗？我们在那里会过，我就是大刀王五。"子厚道："哦，是的，我们还联过诗，说起来，我们还是诗友。谭复生死的时候，有一首绝命诗：'望门投止思张俭，忍死须臾待杜根。我自横刀向天笑，去留肝胆两昆仑。'所说的两昆仑，据说一个是唐才常，一个是你，是不是？"王五道："正是。他未被逮捕的前两点钟，我向他提出保证，可以救他出京，劝他走，他立誓不走。他说：'要想立宪，就要流血。各国的宪法，都是血染成的。中国不曾流血，怎能够凭空掉下宪法来呢？要流血，就从我谭嗣同始。'说完了这几句话，就将他时常所舞的宝剑交给我，说道：'好朋友，你拿去作为纪念，凭着这只剑，斩他奸佞头。我死了，你们踏着我的血迹奋勇前进吧！'你看，这就是他的遗剑。"说着，从包裹中取出光芒夺目的宝剑，交给子厚玩赏。子厚玩赏良久，叹道："不错，这只剑叫做凤矩，另外还有一只名叫麟角，都是削铁如泥的利器。你看这上面刻着两行细字，不是他的双剑铭吗？"念道："横绝太空，高倚天穹。矧兹崆峒，蕤宾之铁。蚁鼻有烈，取之有截。"王五道："是的。那一只麟角剑，我给他殉葬了，他就义之后，丧葬的事是我替他料理的。"子厚道："复生太可惜了，可惜他走错了路。要想立宪，就要革命，谁教他保皇呢？为保皇而流血，太不值得。"王五道："你哪里知道，他本心并不保皇。在维新派中，他是主张硬干的激烈分子。可惜他死早了，要是他不死，很可以同兴中会的人同心协力的干。"子厚道："你从北方来，义和团的情况，究竟何如？"王五道："没有希望了。要想驱逐外寇，必须革命图强：他们拥戴西太后，岂不是大笑话？"子厚道："你到武汉来，为的甚么？"王五道："我因为接得唐才常的信，前来找他。听说他成立了五路的自立军，看他是怎样的做法。"子厚道："唐拂尘定有办法的。听说自立军的头目有好多兴中会的人，我的同学入会的也不少。你们江湖上的英雄，入会的也不少。"王五道："照这看来，你也是自立会的同志了。我想自立会一定不会保皇的。"子厚道："你怎见得？"王五道："要是保皇，他们反对保皇的人，岂肯加入？"子厚道："我也是这么想。"王五道："到了汉口，我们在拂尘那里会。地址在英租界汉报馆左隔壁，你晓得不？"子厚道："晓得。拂尘也有信给我。"说到这里，艄公二人在岸上吃酒吃得醉醺醺的回船来了。"逢人便说三分话，未可全抛一片心。"子厚和王五，便把话匣子收着，不再多说。船开了，一帆风顺，霎时间就拢了龙王庙码头。登岸的时候，王五向子厚叮嘱道："我住的地点你记得着么？在那里再见。"子厚道："记着了，我今天过江，往书院报到，明天再见。"

唐才常思想的矛盾　旧英租界与前后花楼街邻接的地方，有条横马路，名曰歆生路。因为当时的汉口巨商刘歆生，在英国洋行当买办，号称地皮大王，近英租界的地皮，有很多是他的，故名其路曰"歆生路"。路旁日本人所办的汉报馆左隔壁，有一所半西式的洋楼。门首挂着一块东文译社的招牌，楼下有一个客厅，一间阅报室，一间编译员的办事房。楼上一层，就是唐才常和林述唐的住所。室内写字台上，纵横的堆着洋装书和线装书。有卢梭的《民约论》和《忏悔录》，有孟德斯鸠的《万法新理》，有斯宾塞的《社会平均论》，有严译的《天演论》，有谭嗣同的《仁学》，有施耐庵的《水浒传》等书。壁上补白的，有朱元璋、洪秀全的画像，有戊戌六君子遗像，有孙中山、康南海、张南皮的近影，有世界地图，湖北、湖南两省分图，有灰绿粉红的中国国耻图。布置虽极其简单，但是充满着井井有条、簇簇生新的景象。来来去去的宾客，中国人也有，外国人也有，兴中会也有，保皇党也有，学生也有，青红帮也有，男的、女的、粗的、细的，形形色色的人都有。主人思想和机关组织的复杂，由这段描写，可以看得出来。革命欤？保皇欤？唐才常胸膛里面，一颗热腾腾活跃的心，好像自鸣钟内的摆，老是在两边摇摆着。他是湖南浏阳人，和谭嗣同是同乡，在南学会中都居于领袖地位，肝胆论交，极称莫逆。谭遇害后，他有一挽联，云："与我公别几何时，忽警电飞来，忍不随二十年刎颈交，同赴泉台，漫赢将去楚孤臣，箫声幽咽；近至尊刚廿一日，被群阴构死，甘永抛四百兆为奴隶，长埋地狱，只留得扶桑三杰，剑气摩空。"这副挽联，曰"孤臣"，曰"至尊"，明明是保皇的口气；曰"甘永抛四百兆为奴隶"，又是革命的口气了。尤其是令人费解的，是他自己所作的正气会序文，我把它录在下面：

四郊多垒，卿士之羞；天下兴亡，匹夫有责。忱宗周之陨，为将及焉；兴四方之瞻，蘧靡骋矣。昔者鲁连下士，蹈海而摈强秦；包胥忠臣，哭庭而存弱楚。蕞尔小国，尚挺英豪，讵以诸夏之大、人民之众、神明之胄、礼乐之邦，文酣武嬉，蚩蚩无睹，方领矩步，奄奄欲绝。低首腥膻，自甘奴隶，至于此极。将收江表王气，终于三百年乎？夫日月所照，莫不尊亲；君臣之义，如何能废？盘根所由别利器，板荡所以识忠臣。是以甘陵党部，范孟博志在澄清；宋室遗民，谢皋羽尝闻痛哭。诸君子者，人怀伟抱，世守忠贞。或功勋余荫，名缥天阁之家；或诗礼传人，领袖清流之望。当此楚氛甚恶，越甲尝鸣。讵知酣寝积薪之上，拱立岩墙之下。长蛇荐食，骑虎势成。将军何以得故宠？彼皆收用其私人；有粟岂得而食诸？无家何以为归矣！束手待毙，噬脐何及。所愿咸捐故态，同登正觉。卓荦为杰，发愤为雄。一鼓作气，喝然向风，上切不共戴天之仇，下存何以为家之思，庶竭一手一足之能，冀收群策群力之效。国于大地，必有与立。非我族类，其心必异。毋诱于势利，毋溺于奇衺。共图实际，勿盗虚声。俾中外系其安危，朝野倚为轻重。勿使新亭志士，寄感慨于山河；故宫旧臣，述哀思于禾黍。幸甚幸甚！嗟乎，地有横流之海，精卫思填；石当缺陷之天，女娲能补。任重道远，黾勉以赴。霜钟频警，辍笔怅然。

这篇文章，矛盾的地方太多了。既曰"非我族类，其心必异"，又曰"君臣之义，如何能废"。既不愿人当奴隶，又要勉人做忠臣。一面对兴中会谈革命，一面对康梁派谈保皇。两边讨好，实则两不讨好。唐才常的大好头颅，就是在这夹攻的中间断送的。

未曾动手先流血　唐才常准备起事的前夕，在东文译社的楼上，集合自立会的同志们，讨论大计。大刀王五、毕永年、屈子厚、胡石庵等，都在跟前。还有汉报馆的两个日本人，一个叫甲斐，一个叫田野橘次的，也在跟前。子厚问道："拂尘，你准备起义，各路的军队都布置好了没有？"才常答道："都布置好了。自立军分为五路：前军由秦力山统率，驻扎大通；后军由田邦璿统率，驻扎安庆；左军由陈犹龙统率，驻扎常德；右军由沈盖统率，驻扎新堤；中军由林圭统率，驻扎汉口。还要成立总会的亲军与先锋军，由我亲自统带，并指挥各路的军队。这里发动，各路都响应起来，声势还不够浩大吗？"甲斐说："不见得吧。刚才我们报馆接着电讯说，秦力山在大通已经失败了。吴禄贞运动巡防营，又不曾得手。你这里没有得着报告吗？"才常惊道："这消息的确吗？"田野橘次道："本报特约专电，千真万确。"才常说："既是如此，那就非速干不行。不然，我们就束手待死了。"王五说："时局变得太狠。我从北方来的时候，西太后已经命令义和团同外国人开仗。你这次起事，还是用原来的勤王名义去打义和团呀？还是帮忙义和团去保卫西太后呢？"唐才常道："把湖北、湖南占据了，再作道理。"石庵问道："有那多的军队，饷在哪里？军火在哪里？你有准备没有？"唐默然。田野橘次道："康先生和梁先生派他前来，一定有接济的，决不会教他做一个光杆总司令。"唐才常这时表现着很愤懑的态度说："不提，提起来太伤脑筋。他们在南洋群岛募集了五十多万块钱，在坎拿大更筹得不少，叫我先到汉口，说饷和械马上运到。我留着林述唐在星加坡守候，屡次催问，他们拖延不理。我打了好几次电报去催他们，连电也不回。巧妇难为无米炊，教我有甚么法想呢？"甲斐道："时局变了，各方面的人情也变了。这个地方是想不出甚么办法的。"唐才常道："还有一点希望。林述唐有电报来，今天准到。他到了，械也有了，兵也有了。"毕永年道："他又是哪来的钱？哪来的人？"田野橘次道："还不是康先生和梁先生的运筹吗？"才常道："不是的，是我的一个好朋友帮助。他姓邱，名叫菽园，在星加坡做寓公，曾办一报，名曰《天南新闻》。我曾经在他的报馆里头当过主笔，所以感情很好。现在他听说我在闹革命，急于要用钱，慷慨捐出三万元，交给述唐买枪，并介绍海上英雄三十人，组织敢死队，供我调遣。有了这一批接济，我们还怕甚么。"正说到这里，听得楼下一片哎唷啊嗬的声音，有几班码头工人，抬着木箱上楼，都盖着日本洋行的印记。林述唐在后面押着，一同上楼。才常喜道："你们看，述唐果然回来了！"大众迎接述唐，相与握手为礼。甲斐道："林先生一路辛苦，应该摆酒接风吧。"才常道："我接得电报，晓得他今天准回，早已吩咐厨房把酒菜办好了，趁大家在此，正好痛饮一番。述唐，你带来的人呢？"述唐说："人太多了，这里也容不下，又怕惹人注目。旅馆茶房接客的时候，我已经分派他们到各旅馆去了。"甲斐道："几只箱子，都是装的军火吗？"述唐说："是的。三万元到手，我都买了手枪。还有海上英雄三十人，每人随身都有。"甲斐说："好，发难的时候，正是要用手枪。"坐了一会，厨房送上酒菜来，大家入席。才常道："林同志万里长征，胜利回来，大家进一杯酒。干杯！干杯！"说毕，众同饮。才常又向王五举杯道："王子宾同志是北方数一数二的英雄，我们加了生力军，应该进一杯酒。干杯！干杯！"说毕，众同饮。才常又向甲斐和田野橘次道："日本豪杰，感谢你们赞助我等革命，大家进一杯酒。干杯！干杯！"说毕，众同饮。田野橘次一连饮了十几杯，向王五道："我们这样饮，大概是哥老会的饮法吧？"才常道："这不是哥老会的饮法，乃是香港流行的饮法。我曾在香港经过兴中会朋友的介绍，会见日本的革命文学家白浪滔天。他每次同革命党饮酒，老是这般痛痛快快的饮法。"他说到这里，笑道："我有诗为证。诗曰：神州若大梦，醉眼为谁开；湖海诗千首，英雄酒一杯。"胡石庵、屈子厚两人都会做诗，接着和了几首，兹不备载。酒席散了，大家都吃醉了，唐才常坐在办事室里头写起义的命令，以七月三日（公历 7 月 28 日）为期。所有自立军运动的区域，如新堤、崇阳、监利、巴东、荆沙、麻城，处处都有密电或专人传递消息。起事的那一天，才常于百忙之中，抽出一点工夫来，唤来一个理发匠，上楼理发。盥洗既毕，理发匠拿着小刀，为他剃头。他忽然想起辜尚俊来，连忙喊道："屈子厚，你快来，我派老辜今晚到汉阳布置，他去了没有？"屈子厚说："我不晓得，刚才我还会着他，他在看报，好像没有事的样儿。"才常道："险些误了大事，第一步，夺取龟山要紧。你快过河去，补送命令要紧。"屈子厚去了。理发匠听着此话心内一惊，手中的刀禁不住有些颤动，才常的额角被他割了一刀，涔涔地流出一淌血来。石庵在旁边站着，问道："你这理发匠，心里想些甚么？"才常骂道："他这不是剃头，简直是在杀头了。石庵，我想起剃头的两句诗，你记下来，'未曾动手先流血，偶尔粗心便杀头'。"石庵说："他太粗心，你也太大意了。"理发匠自称该死，说了一大套好话，才战兢兢的退下。你道这位理发匠是谁？他就是江汉道稽察长徐升派来的"水客"（替稽察处探消息的，谓之"水客"）。过了一会，汉口巡防营奉到密令，派遣大批军探，把汉报馆和东文译社围得水泄不通。屈子厚到汉阳去了，幸免于难。大刀王五拿着一只凤矩剑和军队厮杀，只见白光闪烁，像龙飞凤舞一般。进门的军探，很被他斫倒几个。冷不防枪声一响，王五的右腕中了一枪，才负痛突围而出。[①] 会里头有一个江湖卖艺会踩软绳的女郎，帮着他杀了一阵，才把胡石庵和王五救出重围。后来石庵作《马上女儿传》一书，就是记载此时事实的。这次自立会机关的破获，计捕去唐才常、林述唐、唐才中、辜尚俊、张振声等三十余人。还有汉报馆几个日本人也同时被捕。那些住在后花楼旅馆的海上英雄，因为都有手枪，拒捕逃走的甚多；因为没有防备，被捕的也不在少数。唐才常被捕的时候，态度极其从容，解到巡防营时，口吟二绝如下：

新亭鬼哭月昏黄，我欲高歌学楚狂；莫谓秋声太肃杀，风吹枷锁满城香。低首为奴太可哀，同胞迷梦总难开；断头台上凄凉夜，多少朋侪唤我来。

张之洞斩唐才常　唐才常一批人犯解到巡防营，案子太大了，巡防营不敢处理，向湖广总督衙门请示。总督衙门回示道："大批匪党，不便解过江来，仰该营问了口供，再作道理。"当即派道员冯启钧前往讯问口供。被捕的日本人，由日本领事要去了。冯先提唐才常，拍案问道："唐才常，汝乃读书之人，为何造反？"唐答道："天下兴亡，匹夫有责，我要救国，并非造反。"冯问："勾结会匪，组织自立军，非造反而何？"唐答："张之洞想成立自立政府，才教我组织自立军，要说我造反，他就是造反的头子。"冯拍案厉声喝道："胡说。你明明是保皇党，也不应该造反呀？"唐答："想保皇，就保皇；

---

① 按狄葆贤《平等阁笔记》（卷一）载：1900 年八国联军侵入北京后，王五"辄与其徒数十日以杀此辈为事。十一月某日，有石某之宅为西兵围困，五经其地，愤与之斗，手杀数十人，继以中弹过多，遂被执。西人以为义和团之余党也，枪杀之，弃其尸。"梁启超说：王五于"庚子八月，为义和团所戕"。（见三联版《谭嗣同全集》第 496 页附注，引梁启超在谭嗣同著《秋雨年华之馆丛脞》书上的眉批）均与本书所记不同。

要造反，就造反。"冯启钧因事关重大，不便再问，亲自到制台衙门报告情形。这时候，巡抚于荫霖正在同张之洞商量此事。冯禀道："唐才常勾结会匪起事，供认不讳。还有英国领事馆送来照会，指称内有大刀王五是义和团肇事的人，非缉拿归案不可。应如何办理，请大帅指示。"于荫霖道："王五在逃，通令缉拿。被捕的人一律斩决，不就结了吗？"张之洞沉默良久，捻须说道："唐才常住在英租界，是英领事许可的。这笔案子，也要知会英领事才好。"冯禀道："那却无妨。我们捉人和引渡，是经过英领事签字的。"张道："人捉得很多，也应该分别办理。所有会党，当然杀无赦。唐才常是有用之才，还有些年少无知的学生，我觉得要成全他们，为国家保持元气才是。"于正色答道："血性男儿，谁不爱国。读书种子，谁不怜才。但是为我朝大局着想，只有杀一人以安天下。我意已决，非杀不行。大帅要姑息养奸，我只有同你一路进京面圣了。"张怒道："你要参我吗？"于怒道："你包庇乱党，希图割据，我同你讲啥客气。"言时，以手拍案，声色俱厉。慌得冯启钧和文案房的几位师爷都上前来解围，才把于荫霖劝走了。这一天夜晚，汉口巡防营接到命令，在附近空坪之上，处决了唐才常、林述唐、唐才中、辜尚俊、张振声等三十余人。连同各地捕来的会党，共计不下百余人。

上海国会之解散　在庚子（1900）年义和团举事，清廷与帝国主义开衅期间，东南各省的封疆大吏，如袁世凯、刘坤一等，以东南互保名义，与英帝国主义者接洽。其时瓜分中国之说，甚嚣尘上，英帝国想独占长江各省，也乐得有此等傀儡组织抓在自己掌握间。上海英租界张园的中国国会和唐才常的自立军，就是由此诞生的。自立军失败，上海国会也就势难存在。张之洞于杀了唐才常后，有一篇"劝告国会"的大文。其文如下：

近日汉口、长沙、岳州诸处，捕获会党多名，搜出伪檄、伪簿、递信、富有票、军械等物。内有正会长康有为、副会长梁启超伪示、伪札、伪通饬。有国会总会、分会及自立会、自立军等名目。总会设在上海，分会设在汉口。唐才常供词，牵涉国会诸人。其伪札有报告上海国会开有关防之语。其弟才中供词，去年康、梁及才常设立自立会，今年六月，将自立会并入国会，在上海印富有票三十万招匪起事等语，不胜骇异。国会中人，大率诵读诗书，或曾挂名仕籍。尊亲之义，岂有不明？顺逆之理，岂能不辨？国事艰危，至于此极，凡朝廷政治之得失，中外大臣之愆谬，弊政何者宜除，要政何者宜举，苟有所见，婉切直陈，以自附于工谏师箴之列，有何不可？今计不出此，而下乔入谷，去顺效逆。其知康、梁之乱而从之耶？抑谓康、梁为志士而附之耶？沿江沿海匪徒，专以焚杀劫掠为事，人皆痛恨。今不惜委曲就其名目，以叛逆君父，而美其名曰勤王；以贼杀商民，占夺城池，而饰其说曰保国；以之自立，不认国家，而矫其词曰保皇。返之于己而不安，喻之于人而不解，验之于事而不相应，揆之于势而不可能。其万万无幸，不待智者而知之矣。夫兵犹火也，燎原既成，谁能收之；会匪犹决堤也，横流四出，谁能限之。沿江沿海，会匪本多，今诸人乃设法鼓煽之，并资助之。果如所谋，群匪并起，肆其焚杀淫掠，辗转逆流，此剿彼窜，吾恐自立会伪札之墨沈未干，而若辈之乡里亲戚，残毁尽矣。又况鹬蚌未决，渔人乘之。徒作滔天之恶，终必无立足之地。世界各国，岂肯与朝生暮死之流寇立约通商乎？且其会以自立为名，以自主为教。此数十万之会匪，自必遵其宗旨，人人皆有大者王小者侯之思。唐藩镇王武俊有云：不臣九叶之天子，而臣叛逆乎？吾知诸人之仆隶，亦皆将为彭宠之奴、翟让之将。而此起事之人，率皆文弱书生，自必先就剪屠，不待言矣。卿本佳人，何为从贼？吾为国会诸人百思之而不得其解也。至各省出洋学生，费国家之巨款，赖国家之翼护，资之出洋，俾其就傅，凡所造就，皆出生成。今闻亦有惑于国会邪说而附和之者，不思朝廷之恩，不念官师之教，乃歆美逆党，以为志士仁人之所为。稍有一艺之片长，转作反噬倒戈之用，谋以自覆其宗国，不亦悖乎？夫鸟穷而啄，兽穷而攫，岂尽本心。今日除康、梁二人外，其党徒曾与诡谋而逆迹未著者，果能悔悟改行，自不株连穷治。即使曾经随同滋事现在通缉之列者，若早能诣官首悔，尚可许其自新。不然，则本部堂粗明大义，有扶植名教之心；忝列封圻，有保守疆土之责。倘必自干法网，又岂本部堂之所能宽耶？

此文发出后，上海国会中人，都如鸟兽散。英捕房也派出巡捕，将张园里头的国会住址一律封闭了。康有为和梁启超见势成瓦解，立将保皇会名义取消，改为帝国宪政会，表示不保皇，不革命，向西太后那拉氏干脆的屈膝投降。由此信用扫地，恼怒了一般受骗的革命青年，参加自立军的吴禄贞，离开大通，依然到日本留学；在保皇党负有重责的秦力山，宣布脱离该会，而投到孙中山先生名下。保皇会的群众一天减少一天，兴中会的群众就一天增多一天。

革命党与保皇会的斗争　兴中会与保皇会之一度合作，是由于日本名流犬养毅从中斡旋，有以促成之。梁启超是很会投机的，他一面对孙中山说："我们虽然用保皇名义，实际还是革命。"一面对康有为说："我们虽然是革命行动，归根到底，还是保皇。"他的目的，是想利用兴中会的名义，在国内好号召会党，在国外可以劝募华侨的捐款，拉拢一般留学的青年。他不仅是骗会党、骗华侨、骗青年、骗革命党魁孙中山先生，就是他自己的信徒唐才常，也还是受他的骗。这一次骗局揭穿，遂造成汉口大流血的惨剧。保皇会的信用扫地，革命党的怒气冲天。由此展开斗争，成为势不两立的仇敌。保皇会在香港创办一家《岭海报》，一家《商报》，兴中会也在香港创办一家《中国日报》，与之对抗。保皇会在檀香山创办一家《新中国报》，兴中会在檀香山也创办一家《民生日报》，与之对抗。保皇会在旧金山创办一家《文兴报》，兴中会也在旧金山创办一家《大同报》，与之对抗。保皇会在日本东京创办一家《新民丛报》，革命党人先创刊《二十世纪之支那》与之对抗，同盟会成立后复出版机关刊物《民报》，与保皇派进行尖锐的斗争。真个是交锋对垒，旗帜分明。梁启超的一枝笔，本来是容易抓住读者的，但是事实胜于雄辩，他的文章毕竟不能够改变事实。同时又到处碰壁，遇着不能克服的对手，他在国内外言论界所占独执牛耳的地位，都被革命的作者推翻了。然而他并不服气，还是继续的坚持着，有一次，在东京锦辉馆开政闻社成立大会，这是鼓吹君主立宪的机关，幕后牵线的人，就是梁启超。他们的党徒大概有两百多人，中国留学生和革命党进去侦察动静的，差不多有七八百人。梁启超登台，有几个力士在两边卫护着，是恐怕革命党当场捣乱，所以有此准备。会场的席次，政闻社的社员坐在前排，革命党人坐在政闻社的后排，所有留学生都坐在革命党的后排。梁启超演说，讲了些现代国家都是立宪的话，向大众问道："各位，这个时候，我们中国已经颁布了皇帝的诏书，预备立宪。诸君子听着大概很兴奋吧！"话没说完，张继操着日本话厉声叱道："马鹿……马鹿。"站起来又高呼道："不要脸，该打！……打……打……打。"果然攘臂一呼，全座响应，留学生和革命党一致涌到前面，动起手来。梁启超从楼口跌下，跌得好半天不能动弹，革命党人还有的踢了他几下，说："滚，滚，滚远些。"张继更一跃上台，高呼："打倒保皇会！打倒替满奴做奴才的政闻社！我们需要的，是革命，不是君主立宪。主张君主立宪的，就是满人的奴才，就是四万万人的仇敌！"喊一句，全场都响应一句。这么一来，给与梁启超以重大的打击。然而他还是不肯罢休。他觉得在东京开会，有革命党人做对头；回到国内开会，是不会有人反对的。于是派遣会员，纷纷回国，拿着立宪的名义到处活动着。请愿立宪的呼声，甚嚣尘上。湖南有熊范舆等联名向清政府请愿，要求设立民选议院。接着，湖北有宪政筹备会，湖南有宪政公会，江、浙有立宪请愿会，有预备立宪公会，有国会请愿同志会。渐至北京城内，也天天开会演说。这都是政闻社的运动"成绩"，表明着忠心耿耿，好借立宪的高潮扑熄革命的火焰，以维护万世一系的满族皇朝。然而顽固的清廷并不理会，而且认为讨厌。尽管派五大臣出洋考察宪政，尽管有预备立宪的上谕，尽管有九年后召开国会的诺言，不过是拖延时期，欺骗国人而已。因为西太后那拉氏，从西安回到北京，出卖国家，与各国订下《辛丑条约》，得保金銮殿上垂帘听政的宝座；依然是作威作福，掌握着全国政权，她肯立宪吗？所以她对于立宪党人，都认为大逆不道。在政闻社活动期间，把法部主事陈景仁革职看管，就是因为他与政闻社有关系，并且严谕各省督抚，缉拿政闻社社员。"保皇帝不保太后"的传说，深深的印入那拉氏脑中，那拉氏活着一天，总是不准立宪的，总是不容许保皇会的人在国内抬头的。她病的时候，听着左右说："佛爷有病，皇帝面有喜容。"她冷笑一声，把载湉唤来讲道："痴儿，我不会死在你前头！"因为戊戌的仇恨永远不能忘怀，生恐载湉登台，少不得实行立宪。果然那拉氏逝世的前一日，载湉竟"无疾而终"。亡命海外怅望故国的梁启超，终于一筹莫展了。倒是革命党人，总是蓬蓬勃勃轰轰烈烈的活动着。

资政院时代之政团　因为立宪派在国内活动之结果，终于有资政院之设立。虽然国会请愿，未能如愿以偿，此似是而非之代议机关，总算虚应故事，于公历一九一〇年十月十三日产生出来了。计议员名额二百。由清廷敕选者，分配为宗室王公世爵十六名，满汉世爵十二名，外藩王公世爵十四名，宗室觉罗六名，各部院衙门七品以上者三十二名，"硕学通儒"十名，多额纳税者十名，共计一百名。由各省谘议局议员互选者，共计一百名。此二百名，在资政院中分为三个团体，一曰宪政实进会，由敕选之贵胄议员与"硕学通儒"议员共同组织而成。干部人物为庄亲王、劳乃宣、陈宝琛、赵炳麟、沈林一、俞长霖等，而以劳、陈、赵三氏居于领袖地位。二曰辛亥俱乐部，乃当时资政院中之官僚党。其组成分子，为赵椿年、陈懋鼎、王璟芳、刘道仁诸人，均为敕选议员；互选议员之参加者，则有牟琳、易宗夔、罗杰诸人。三曰宪友会，以国会请愿同志会为基础而组成。本部设于北京，支部达于十省。干部人物有孙洪伊、汤化龙、谭延闿、徐佛苏、雷奋、蒲殿俊、林长民、梁善济、刘崇祐、袁金铠诸人。在资政院中，则以雷奋、籍忠寅等为其领袖。其各省支部首领，湖北为汤化龙、张国淦、胡瑞霖、郑万瞻；江苏为马良、沈恩孚、黄炎培、汪秉忠；山西为梁善济、李素；四川为蒲殿俊、罗敦融、陈登山；江西为谢远涵、宋名璋、黄为基；福建为林长民、刘崇祐、林志钧；奉天为袁金铠；安徽为李国珍；山东为周树标；湖南为谭延闿。以上三个政团，一为敕选议员所组织，属于保守派；二为敕选与民选之混合组织，属于中和派；三为民选议员，多为各省谘议局之优秀分子，则属于急进派。历来之政治斗争，则以第三个政团中之人物参加者居其多数。特志其政治系统于此，以供参考。

## 第二章　湘鄂间之革命运动

黄兴创立华兴会　湖北与湖南两省，在历史上统称荆楚，向来是血肉相连，有不可分的关系。在清朝统治时期，两省共设置一个总督，名曰湖广总督。在一个总督管辖之下，无论军事、政治、文化、经济，都在通盘筹划与统一管理之中。其管理机关，名义上都冠以"两湖"二字。所以名为两省，实际上等于同一地域。湖南的学生，有很多人留学于湖北武昌的两湖书院，即包括湖北、湖南两省而言。这是一八九〇年张之洞督鄂时，就省会都司湖地址创建的。置斋舍二百余间，调取湖北、湖南两省秀才，每省各一百名，入院肄业。其中任掌教和分教的，都是两省的名士。如杨锐、易顺鼎、姚晋圻、周树模、陈三立、杨裕芬、汪康年、黄福、吴兆泰等，由总督聘任之。南北两库，博集图书，分门讲习，因而作育的人才不少。革命巨子黄兴，就是其中肄业的一人。黄兴原名轸，号廑午，别号克强，于一八九八年，即戊戌政变的一年，肄业于两湖书院。时从月课试卷中阐发时事，文气豪放，有类东坡，因而为监督梁鼎芬所重。唐才常之役，党碑甲乙，他也列名其中。由于梁鼎芬的设法成全，得免逮捕。兴即往日本东京，就学于弘文学院，并创办《湖南游学译编》刊物，作为宣传革命的源泉。一九〇三年回国，两湖书院同学在正学堂开会欢迎。黄兴在会场演说，痛诋清廷政治的腐败，外交的软弱；说明瓜分之祸，即在目前，要想救亡，非推倒清朝，改革政制不可。听者莫不鼓掌。事为张之洞所闻，立命监督梁鼎芬驱逐黄兴出境。黄去时，将所携带的新书四千余部分送军学各界，计有邹容所著的《革命军》，陈天华所著的《猛回头》等两种弹词，都是鼓吹革命唤醒同胞的作品。分送完毕，才回到长沙。同年十一月，黄与陈天华、杨守仁、刘揆一、陈其殷、柳聘农、柳继忠、秦劲鲁、赵幼梅、罗良铎等，创立华兴会于长沙省城之连升街。一时留东学生及湖南军学界加入者，五百余人，举黄为会长。其革命根据地，择定长沙，并联合各地会党及武汉军界，与相呼应。

联络会党的同仇会　华兴会成立后，会众多系知识分子。黄兴恐其与会党接洽，难免发生隔阂，乃别倡同仇会，以联络会党的下层组织，并仿照日本的将佐尉各级军制，编组为革命军旅，黄自任大将，兼掌会长的职权。以刘揆一任中将，掌理陆军事务；马福益任少将，掌理会党事务。湖南浏阳的普集市，向例于每月某某等日，开牛马交易大会，莅会者凡数万人，为湖南有名的集会。与会的群众，以哥老会籍的人为多。因而哥老会亦规定是日为拜盟宣誓的佳节。同仇会的会员，即择定是日为少将马福益举行就职与授旗典礼。由刘揆一代表会长黄兴授旗，并给以长枪二十枝、手枪四十枝、马四十匹。仪式颇为隆重。自是以后，哥老会会员之相继入同仇会者，不下十万余人。其时江西吉安也有个自强会的组织，推派会员邹永成到长沙，与同仇会会长黄兴商讨联合举义的办法。

武昌之科学补习所　因为湖南方面有华兴会与同仇会的组织，所以武昌方面也与相呼应，而有科学补习所的组织。这个革命机关，是湖北陆军第八镇士兵沔阳人张难先及湖南桃源人胡瑛等所发起的。先是一九○四年春间，武昌学界人士刘敬庵、曹亚伯、胡瑛、张难先、吕大森、何季达、欧阳瑞骅等，在时象晋住宅谈及革命进行方略，都认定要想革命，必须运动军队；要想运动军队，非亲身投入行伍不可。是时湖北方训练将弁，为改编新军准备，秀士入伍者甚多，如朱元成、范腾霄、曹进等，均已入伍。刘敬庵则已在马队营入伍。因而张难先、胡瑛等，都投入工程营当兵。是年四月，假座斗级营之同庆酒楼商议组织机关，定名为科学补习所，推举武高等学生吕大森起草章程。所址设多宝街，举吕大森为所长，胡瑛为总干事，曹亚伯任宣传，时功璧任财政；文普通学生湖南桃源宋教仁任文书，康建唐任庶务。同年六月，黄兴来鄂，告以湖南同志的计划，预定于是年十月十日（1904 年 11 月 16 日），乘西太后那拉氏七十岁生辰，全省官吏在皇殿行礼时，预埋炸药，炸毙官吏，即于纷乱中起义。科学补习所同志一致赞同，约定湖南发难，湖北即起而响应。由此积极进行，发展很快，原有住址不敷应用，乃于七月间迁至魏家巷一号办公，秘密筹购械弹，并印就军用票三十万张，以备起义时发行。不料长沙准备起义之前十日，有会党何少卿、郭鹤卿二人，因事机不密，在湘潭县城被捕，大体计划，已被县役探悉。湘潭县令即向湖南巡抚衙门告变。驻湘潭的哥老会中有一会员，绰号"飞毛腿"，人极机警，行动亦极其迅捷，晓得事已泄露，官厅必大举搜索，罗织成囚，于是昼夜赶到长沙报告黄兴。黄兴即密电武昌补习所，谓事已失败，须早为布置，以避免清吏查缉。所中同志，因将文件名册一律毁尽，并移藏军火于汉阳鹦鹉洲。布置就绪，湖北总督部堂果然派遣军警前来围搜，一无所获；复由梁鼎芬从中缓颊，谓事涉学界青年，不可穷追究治，以免事态扩大，只将欧阳瑞骅、宋教仁等开除学籍了事。此案遂告一结束。而科学补习所之革命运动，至此亦陷于停顿。

黄克强亡命之经过　长沙革命运动失败后，黄兴避居于龙砚仙家中，由黄吉亭牧师与金华祝、张继等，设法移居于圣公会楼上，曹亚伯、宋教仁亦住其中。其时长沙城内，风声鹤唳，草木皆兵，湘省巡抚庞鸿书以重价购一会党作引线，以捕拿与黄同谋之其他会党。捕去会党游得胜及萧桂生两名，每次审问，必以酷刑逼供，将铁链烧红，使之露膝跪下，登时膝肉生烟，恶臭满室。跪后，更继以扭麻花、上夹板、敲胫骨、刺指甲等惨刑。如此逼供，何求不得。由此供出黄兴为首领，宋教仁、胡宗琬、马福益、刘揆一等均皆名列前茅。按名索捕，急如星火。因为搜查革命党与防制党人起事，那拉氏之所谓万寿节不敢举行，仅于大街上悬几盏走马灯，以示点缀。过了那一天，平安无事，把捕获的会党游得胜、萧桂生二人斩首示众，官厅的防范，才慢慢的松懈下来。黄吉亭才同黄兴、袁礼彬等化装为海关办事人员，一同出城，搭沅江丸安抵汉口，转搭江亨轮，前往上海，住于新闸路余庆里之爱国协会。不料因万福华刺杀王之春一案，索涉到蔡元培和章士钊二人，捕房查明住址在余庆路爱国协会，即派武装捕探将该会包围搜索，同时被捕者，有郭人漳、张继及黄兴等二十余人。幸郭人漳为江西统兵大员，由江西巡抚夏旹来电保释。郭人漳保出时，谓黄兴、张继等为其来沪聘请的教习，故亦同时释放。黄兴出狱之夕，即与张继乘三菱公司轮船东渡。而湖南之革命工作，则由马福益和刘道一两人继续进行。

刺杀铁良王汉就义 长沙失败、科学补习所被封以后，胡瑛与王汉同居于凄凉的旅舍中，抑郁无聊，不免静极思动。其时革命风潮传至北京，对于湖北、湖南，清廷极为注目。因派铁良为钦差大臣，南下考察，借与两省疆吏协商"弭乱"方针。王汉闻此消息，谓胡瑛曰："革命的空气，这些时，我觉得太岑寂了。天下之祸，迫在眉睫。而士夫犹昏昏无所觉，醉生梦死，可为寒心。现在铁良南下，吾欲与此獠俱死。倘幸而一击获中，就可以唤起国人的迷梦、掀动革命的怒潮。不中呢，我拼着杀身成仁，死而无恨。汝意以为如何？"瑛拍案大呼道："此壮举也，我当助你行事。"刘敬庵在旁说道："这事做得。切不可在武汉地方做，怕的事一发动，当道的禁网又严，我等不能立足于武昌，如何谋大举。"汉道："你这话说得有理。我决定往彰德车站等候行事，生死以之。"胡瑛同王汉两人，前往彰德。汉谓瑛曰："我一人拼命，不愿累你俱死。你可别寓一旅店，俟我死，为我收尸，并以我的死状遍告同志，教他们各抱牺牲的志愿奋勇前进，就得了。"未几，铁良抵彰德，汉一人怀着手枪，候于车站的月台。见铁良下车，连发几枪，都不获中。卫兵纷纷来捕，汉随走随放枪，子弹完了，卫兵快赶到了，道旁有井，奋身一跃，投入井中。卫兵因井太深，无法捕获。铁良命彰德府捞尸追究。次日，发其尸于井中，得汉所写的绝命书数千言，皆阐述民族民权大义，及痛骂清廷之出卖国家、奴隶人民事实，愿以自身殉国，为天下倡。铁良见了此书，才对彰德府讲道："这是革命党所做的事，与你所管辖的地方无关，用不着你追究吧。"胡瑛装扮行商的模样，向彰德的绅商交涉，收殓汉尸，葬之。汉字怒涛，蕲水人，死之时，年才二十有二。

萍醴一役的牺牲者　　一九〇六年春，马福益谋起义于洪江，黄兴由东京回国，准备亲往指挥，并助给枪械。舟抵沅陵，闻马已失败被擒，又折回日本去了。马被擒后，清吏用铁链锁其肩骨，解至长沙。审讯之时，更施用极惨酷的刑罚。马直供不讳，声言："革满人的命，为汉人复仇，我一人杀头，有四万万同胞接踵而起，只要冤仇得报，死而无怨。"讯毕，处斩于浏阳门。马既遇害，洪江会党大愤，其中头目如李金其、欧阳笃初、萧克昌、姜守旦、龚春台、王胜急于想揭竿而起，以雪此恨。其时年岁饥馑，工人和农民都受生活的压迫，刘道一利用机会，决计在湖南和江西边境发难。各地会党，无不踊跃相从，攘臂一呼，立集党军三万余人，声势浩大。张之洞接到湘抚告急电报，电调赣、皖、苏各省派遣劲旅，连同鄂省军队，合力围攻。卒因党人与会党号令不一，步伐不齐，大敌当前，援军断绝，在种种不利之形势下，竟被清军击溃了。刘道一回到长沙，为抚署游击熊得寿捕获系狱。清吏用酷刑讯供不得，卒以其所佩印章刻有"锄非"二字，作为定谳，判处死刑。其时清廷任端方巡抚湖南，下车之日，即杀刘道一于浏阳门外。黄兴时在东京，闻萍醴失败消息，寝食俱废，对刘道一之死，尤为哀悼。有诗哭之，如下：

英雄无命哭刘郎，惨淡中原侠骨香。我未吞胡恢汉业，君先悬首看吴荒。啾啾赤子天何意，猎猎黄旗日有光。眼底人才思国士，万方多难立苍茫。

同盟会在东京为刘道一开追悼会，黄以所作挽诗悬挂于会场中。刘揆一读之，潸然泪下，亦作哭弟诗十章，词意哀惋。其时田桐有弟曰栋，亦因党事死于武昌。桐得讯，处之泰然。章太炎曰："梓琴（田桐字）独不哭弟，可谓达矣。"乃信口吟一绝曰："世间多少杀头鬼，岂仅炳生独杀头，田家不哭刘家哭，毕竟田家略胜刘。"载田梓琴《革命闲话》。

刘敬庵组织日知会　刘敬庵于科学补习所失败后，曾一度充任黎元洪之协部书记官。因与黄兴化名的张守正时常通信，其中多用隐语，被黎检查出来，疑为有革命关系，讽令辞职。刘离开协部未久，复受圣公会胡兰亭之聘，任该会的日知会司理员。日知会为圣公会附设的阅报室，地址在候补街高家巷里头。刘即利用其地址与名义为掩护，设立革命党的接洽机关，与湖南的华兴会及复仇会时通消息。萍醴之役，日知会参加的人员，不在少数。被捕的会党，在严刑之下，逼出供词，当然也供出日知会的会员。因此湖广总督张之洞，根据湖南巡抚端方的文电，特传札湖北按察使衙门，文云：

为札饬悬赏严拿会匪事。照得近来长江一带，乱党滋多，前承准军机处电传，钦奉谕旨，严拿会匪党羽，当即通饬凛遵在案。上月江西萍乡、湖南浏阳醴陵各处会匪起事，其头目即是该会一党。现已派拨大兵，驰往剿办。叠接北洋大臣袁、湖南抚院岑先后函电，访闻会匪党羽潜布长江一带，意图勾结逆党起事。近有大头目王胜、陈金等匪，由湘潜来鄂境，请严防密捕等因。准此，该匪等纠党倡乱，实属罪不容诛，亟应严拿重办，以正国法。合亟札行出示晓谕，悬赏严拿，并详列该匪姓名踪迹，分别赏格，如有将后开真正会首擒获送辕者，立即照格给赏，决不食言。计开王胜、陈金、姜守旦、陈绍传四名，赏格一千两；夏灵、刘家运、曹玉英、董庆武、柳际贞、刘林生、郑先声、李燮和、朱子龙、萧克昌、卢金标，每名各五百两。

此赏格悬出后，所有军警侦探和水客，都到处搜查，希冀捕得正犯，可以领取赏银。武昌日知会，遂为他们所注目，除朱子龙案上有名，可以按名逮捕外，并将案上有名之刘家运，指即日知会的会长刘敬庵。但日知会为外国人传教机关，未便径往逮捕，于是买通内线，采用诱捕的方法。十一月十一日（1906年12月26日），刘敬庵召集日知会同志胡瑛、朱子龙、梁钟汉等，会议于汉阳之伯牙台，皆以财政困难，革命停滞为虑。有沔阳人郭瑶阶在座，诡言"有六合锑矿公司刘小霖，愿助十万元为革命经费，一经接洽，定可成交。"同志信之，与约定地点及时间接洽此事。会散后，瑶阶即往巡警道衙门告密，就所约时间及地点，密布侦警，为一网打尽之计。巡警道冯启钧，立从其说，于二十三日晚，诱捕朱子龙于汉阳。二十四日，由刘小霖宴胡瑛、刘敬庵于汉口名利栈，亦被捕获。随又继捕梁钟汉、季雨霖、李亚东、吴贡三、张难先、殷子衡等，前后共计九人。朱子龙临讯之时，身受重伤，死于狱中。胡瑛、刘敬庵判永远监禁。吴贡三监禁十五年，移黄冈监狱。梁钟汉监禁三年，解回原籍汉川县监狱。李亚东监禁五年，移交汉阳府监狱。殷子衡监禁十年，移转于夏口县监狱。流血尽管流血，坐牢尽管坐牢，然而同志们再接再厉，并不因失败而灰心。胡瑛在武昌模范监狱中，还是有好多同志敢于不避嫌疑，时常进去探问，胡亦时常为同志画策，以敦促革命的进行。日知会虽然失败，但它成为后来革命胜利的因素，这是应该肯定的。

## 第三章　湖北继起之革命团体

　　革命党的小组合　日知会失败后，武昌城内禁网甚严，想组织大规模的革命团体，不是容易的事。军学界的革命分子，乃各就其志同道合的友朋，组织小团体。如黄申芗、林兆栋等的种族研究会；江炳灵、丁人杰、贺公侠的文学研究社；胡石庵、邓裕厘、郑家灏等的楚社；蔡济民、吴醒汉、张廷辅、王宪章等的将校研究团；高尚志、陈孝芬、曾尚武等的自治团；王子英、曹振武、黄孝霖等的军队同盟会；杨王鹏、钟琦、李抱良、章裕昆等的群治学社和振武社；胡祖舜、赵士龙、罗人骏等的兰友社；邱文彬、黄振中等的益智社；李岳嵩、张羽等的武德自治社；谢超武、谢石钦、杜武库等的柳营诗社；向炳焜等的德育会，李春萱、何世昌等的数学研究馆；马骥云、聂豫、杨选青、余慈舫等之振武尊心会；杜邦俊等的义谱社；向海潜、李绍白、王国栋等的群英会；席正铭、耿丹、刘文岛等的竞存社；黄汉等的光复党；陈佐黄的辅仁会；陈国桢等的忠汉团。名称不一，其为秘密之开会结社，协商革命事宜则一。这些小团体，虽然不可能有大作为，但亦为党团运动之雏形，以后由小而大，化零为整，便成为大团体了。泰山不择土壤，沧海不择细流，这也是值得记述的。

同盟会 革命的同盟会，是继承兴中会而从新改组的。其时孙中山先生住在伦敦英人摩根家。一班留学欧西的湖北学生，如留法的唐易、汤芗铭，留德的朱和中、王科，留比的贺之才、魏宸组、胡秉柯、史青等，出国时在上海聚会，鉴于庚子唐才常失败和甲辰长沙的失败，认为兴中会的领导，太不紧严，有重新改组的必要。所以一到比国，就凑集一千佛郎的旅费，寄给孙中山先生，请他到比国去，商量改组的事。孙先生到了比京，与他们会面，开了一个秘密会，共商革命进行方法。朱和中主张运动新军，并叙述留日学生吴禄贞等，已经与湖北军队中人有所联络，还有些新进学的秀才们，踊跃地投笔从军。孙中山说："新军能革命，诚然再好没有。但是中国会党，为明末亡国时一般爱国志士的组织，在民族历史上意义是很大的。我们革命，应该以改良会党为入手办法。"经过这次的讨论，大家的意见是很接近的，认为军队与会党，有双管齐下的必要。贺之才等又介绍同学数十人与孙中山先生相见。孙中山因提议组织同盟会，为革命之领导机关，众皆赞同；惟魏宸组对于宣誓一层，提出异议。经孙中山先生多方解释，说："宣誓手续，是非常重要的。"大家也一致赞同。议决，便依次亲书誓词。其文曰："具愿书人某，当天发誓：驱逐鞑虏，恢复中华，建立民国，平均地权，矢信矢忠，有始有卒；倘有食言，任众处罚。"① 誓毕，孙中山与到会诸人以次握手，向他们贺喜道："各位已不是清朝的人了。"自此以后，留学德国、英国、法国、美国的中国学生，加盟的不在少数。一九〇五年七月，孙中山到达东京，召集留日的同志，在二十世纪之支那报社开会，谈组织同盟会问题，说："现在中国，不忧外国的瓜分，而忧中国的内讧。此一省欲起事，彼一省欲起事，不相联络，各自号召，终必演成秦末二十余国的纷争，元末朱、陈、张、明群雄角逐的纷乱。那时候各国乘隙出而干涉，中国必亡无疑。故现今革命的唯一主义，总以互相联络，互相团结为要。"这几句话，在座的都很感动。开成立会的那一天，集于赤坂区桧町内田良玉的住宅，门首设有黑龙会事务所的招牌。到会者四十余人，推黄克强、蒋尊簋、汪兆铭、陈天华、程家柽、马君武六人起草章程。设执行、评议、司法各部，取三权分立制。在灵南坂子爵坂本金弥的住宅开干事选举会，黄兴提议，总理一席，当然属中山先生，不必投票。众鼓掌赞成。选举完毕，又决定以二十世纪之支那报社为党的机关报。这个报社，原是湖北人刘公、田桐、白逾桓发起组成的。同盟会组成后，接收该报，因为报名太冗长，遂改名《民报》。同盟会即以民报社为事务所。报社发行所的招牌，则悬挂于宫崎寅藏的住宅门前。党的规模，算是树立起来了。但是谈到实际的革命运动，只注重于东南，尤其是珠江流域，并不曾在武汉地方计划设立机关。只派来两个会员，一个叫余诚，一个叫温楚珩，察看情形，报告本部。余诚是湖北麻城人，中过副榜，是日知会的老同志，在革命党人中，颇

---

① 按同盟会宣誓词，邹鲁《中国国民党史稿》（第一篇第二章）所载为："驱除鞑虏，恢复中华，创立民国，平均地权，矢信矢忠，有始有卒；有渝此盟，任众处罚。"冯自由《中华民国开国前革命史》（中卷第二十五章）记载，前半部与《中国国民党史稿》相同，惟最后二句作"如或渝此，任众处罚"。此处所录，与上二书均有不同。盖同盟会誓词在当时即不完全统一，传钞亦各不同。

负声望。可惜他得了肺病，又穷得一钱莫名。在贫病交加的景况下，又听着官厅传出的消息，说他是革命的主要分子，能制造七种炸弹，巡警道衙门正在派探查缉。他得此情报，逃往黄安山里头的龙潭寺住了一年。这座龙潭寺，极其富有，内中有个性空和尚，会写会画，而且工于诗词，余诚住在庙中，颇不寂寞，供应也非常的好。可是他的肺病，一天沉重一天，后来病到垂危，就回到麻城故乡，长眠地下了。温楚珩是山西人，湖北情形不大熟悉，可是他认识几个湖北朋友，如靳〔蕲〕州的黄侃，和黄安的刘伯英、刘昆生，都与他是刎颈交。他到武昌来，就住在东卷棚刘伯英家中。其时有一位姓詹名瀚的青年，蕲州人，毕业于黄州府中学，他很穷，时常在报上投稿，弄点稿费度日。他笔下很快，也能够接受新的思潮，当然他要革命了。他听得温楚珩是东京同盟会派来的人，特为专诚往访，以寻觅革命的门径，还带着一卷诗稿和文稿，给温观看，以显示其自负不凡的怀抱。温读之，也很表赞许。由此往来甚密，渐渐地谈到革命的事情。詹说："我想在汉口地方创办一家鼓吹革命的报，你赞成不？"温道："好是好的，但是开办费怕不容易。"詹说："我前天下乡去，把我家剩下的几亩田卖了，钱是有一点的。"说着，把腰间的板带解开，内面官票也有，现洋也有，铜元也有，零细银块也有，合计算来，不过八十多块钱。还有一封信，许给他三十元。这一封信，是湖北省谘议局汤化龙写的。温说："你也认识汤化龙吗？"詹说："岂但认识而已。他很瞧得起我，把我当做门生看待。"温笑说："瞧不起你还有这么阔的老师，钱有用的，将来官也有做的。他是宪友会的人，你快去巴着他，闹立宪的事好了，还革甚么命？"詹说："你何苦这样的挖苦我？"温说："老实对你讲，我们革命党人，是不和立宪派打交道的。"詹说："既是如此，那我就写一封斩金截铁的信，马上就回绝他。不递门生帖子，不去拿他的钱，这该可以表明我的心迹吧。"说着，当即提起笔来，写了回绝汤化龙的信，当着温楚珩的面付邮。温说："幸亏我点破了你，不然，你就会走上歧路，岂不糟蹋了一个革命的好青年。"詹说："闲话撇开，言归正传。报馆筹备的事，你的意见如何？"温说："党报应该由党负责，不是你个人的力量所能创办的。等我写信到东京，向同盟会本部建议，你等着好不？"詹曰："诺。"温说："有些人讲，你同军界的人很熟，是不是？"詹说："是。我本来是预备投军的，因此很认识一些军人。"温说："这倒是革命的实际运动，比办报更要紧些。我盼望你多多的介绍军人，和我接谈。"自此以后，詹和温常往营盘，联络军界同志。说是联络，也不过"联络"而已。无款无械，又无会议机关，一盘散沙，谈不上有甚么实际动作。所以武汉的革命事宜，同盟会不曾直接领导。只有让共进会代替领导。

共进会　同盟会成立后，黄兴奉命回国，做革命的实际工作去了。其时日本政府改变政策，对于中国革命党人的活动转取严禁的手段，曾讽告孙中山先生离开日本。孙先生也就毅然离开了。剩下民报馆的几个人，如章太炎、汪兆铭、田梓琴、曹亚伯等，十足的名士气派，咄咄逼人。留东的革命青年，不容易同他们接近。眼看着国内运动着着失败，本部的计划又寂寂无闻，大家都不耐烦，于是有共进会的发起，以打破同盟会的岑寂空气。共进会，也是在日本东京组织的，发起的人多半为同盟会会员。湖北人如居正、刘公、杨时杰、刘英、刘铁、孙武、彭汉一、冯亚佛、李基鸿，湖南人如覃振、焦达峰、潘鼎新、钟剑秋、谭人凤①，皆

---

① 据谭人凤自撰《石叟牌词叙录》云："焦达峰（湖南人）、孙尧卿（湖北人）、张百祥（四川人）、赵伸（云南人）等十余……拟结一有势力之团体，照绿林开山立堂办法，分道扬镳。刘霖生极表赞成，适克强与余先后返，克强不甚同意；余以为反文明而复野蛮，尤力持不可。然渠等之意志已决，卒印刷章程条例，奋励进行，内地之有共进会，盖即由此时分出者也。"是知谭人凤对共进会原持反对态度，其他如邓文翚《共进会的原起及其若干制度》、张难先《湖北革命知之录》内有关共进会的叙述等资料中，亦未见有谭曾加入共进会的记载。

其中骨干分子。一九〇六年三月，集合于四川人舒祖勋寓所，推舒为章程宣言起草员。其宣言文曰：

我们这个会为甚么叫做共进会呢？"共"是共同的意思，就是说在会的人，个个要同心合意，共做事业。本会以外的人，不论他叫甚么会名，我们总要联合起来，共同去做事业；"进"字就是前进的意思，认真一个正正大大的题目去做，不许有丝毫懈怠的心。我们中国，自从盘古以来，就是汉族人居住，汉族人做皇帝。别种的人进来，是要把他赶走的。到了明朝崇祯的时候，满人趁我中国有难，就乘虚杀进来了，把我们汉人杀得尸骨成山，血流成河；杀不尽的，当他的奴隶。他到如今，朝纲紊乱，只有奉承洋人，做洋人的奴隶，拿我们给洋人做三层奴隶，把我们土地，今天割一块送这个，明天割一块送那个，铁路也送给洋人，矿产也送给洋人，税关也送给洋人。他只顾请洋人来保住他做皇帝，那管得汉人的死活。再过几年，就会把我整个的中国送给洋人。所以我们革命，一来是替祖宗报仇，二来是早些准备，免得子孙绝种。所以我要劝告我们的同胞同党，不可分门别户，各存私见。要晓得我们都是汉人，都是轩辕黄帝的子孙，合中国四万万人，都是同胞。所以我们要取这"共进"二字，增进我们哥弟的智识，共拼死力，有进无退的去杀鞑子；取回中国，仍旧汉人做主人，那才算得是英雄。

至于共进会的组织内容，其本部不设总理，还是拥戴同盟会的孙中山先生为共同的总理，表明与同盟会同一渊源。用天运甲子纪年，表示不奉清朝的正朔。徽章旗帜，用十八锥角交错形，取十八省联合的意思。会员相见的时候，另有一种隐语和口号，大都以"中华民国"四字分析嵌用为准。有的时候，也用握手礼，与同盟会大致相同。它的组织内容，定为本部总理兼中华民国大总统；各省总理，兼各省军政府大都督。大都督下，有副都督、参都督、大都尉等，一律都用会员。综阅共进会的会章，与同盟会无多区别。不过有一点不同的地方，即将同盟入会愿书十六字中之"平均地权"，改为"平均人权"，这一个字的变更，开过好几次会，是很值得注意的。后来革命胜利，无人提起民生主义问题，也就无人研究这个问题，其症结就在这里。此会成立之后，推举刘公为湖北大都督。孙武由东京回到湖北来，即资此以为号召。一时踊跃入会者，军界有杨宏胜、邓玉麟、熊秉坤、张文鼎、蔡汉卿、高尚志、陈孝芬、谢超武、李鹏升、江炳灵、金兆龙、程正瀛、胡劲骞、向海潜等；学界有李作栋、周之瀚、杨玉如、牟鸿勋、苏成章、朱峙三、邢伯谦、高振霄、张振武、陈宏诰、梅宝玑等，皆为会中骨干分子。武汉军学界之革命空气，由此一天一天的紧张起来。

文学社 文学社的组织，系由群治学社及振武社历次嬗变而来。其中分子以军界为多，学界不过十数人而已。群治学社之组织，始于一九〇八年十月湖北陆军开往安徽太湖与江南陆军会操。其时，熊成基在安庆，正谋乘此时起事，与湖北陆军亦有所联络。不料举行阅马典礼时，清太后那拉氏及光绪帝载湉之讣音传至，清廷对革命运动，防范甚严。而安徽迫不及待，又提前发动。鄂军中之群治学社社员杨王鹏、钟琦、章裕昆等，于太湖猫儿岭宿营地方左近荒冢中，开秘密会议，计划举事。忽奉令开拔，采用"强行军"办法，于是晚子正回驻小池口，克日附轮返鄂，到达原驻地方。这个起义时机就被误过了。杨王鹏回营，即邀集同志，组织群治学社，推钟琦为起草员，吸收社员不在少数。因反对铁路国有风潮，社中机密，被官厅侦悉，鄂督瑞澂饬军中严密搜检，社务遂发生停顿，因有振武学社之改组。振武学社成立于一九一〇年七月，由李抱良、黄驾白、单道康、廖湘芸、祝制六、杨王鹏、孙昌复等为发起人。推杨王鹏起草章程，扩大组织，各标营均设代表。事为黎元洪部下之施化龙所侦悉，密告于黎。黎即将参加文学社之队长潘康时撤职，并将杨王鹏及营代表钟倬宾开除。蒋翊武因约章裕昆、刘复基、詹大悲等集会于阅马厂之集贤酒馆，改组振武社为文学社，推詹大悲（詹瀚之字）起草简章。开成立大会于黄鹤楼之风度楼（后改为奥略楼），三十一标代表江光国，三十二标代表单道康，炮队八标代表李慕尧，四十一标代表廖湘芸，四十二标代表祝制六，以及蒋翊武、詹大悲、孙昌复、刘复基、章裕昆等均列席。推蒋翊武为社长，王宪章为副社长。成立仅月余，声势几达于湖北全军，机关部设于小朝街八十五号。其中主干分子以湖南人为最多，如蒋翊武、杨王鹏、刘复基、李抱良、唐牺支、祝制六、廖湘芸、王宪章、章裕昆、钟琦、龚侠初、何海鸣等都是湖南人。他们任事勇敢坚忍而又富于团结性，故会务日见扩展。其在军营中的势力，驾乎共进会而上之。居于领袖地位的蒋翊武，在上海同盟会总部已经加盟，故对于共进会不肯加入。有一天，文学社召开代表会议，约马队同志前往参加，同时共进会亦函邀开会，遂令马队同志徘徊于两个团体之间，不知所可。乃公推黄维汉到两处察看情形，以作决定。黄到了共进会，已经填了愿书，马队同志说："今日乃团体之事，不应由个人意见单独的填写愿书。"结果，一致加入文学社，当时即推黄为马队八标代表。黄为表明心迹，不能脱离团体而言个人的自由，立即修函一封，送达共进会，郑重声明退会。共进会会员陈孝芬致函章裕昆，谓宜一致行动，不可各树一帜，致生党同伐异之嫌。章裕昆回信道："向一定目标努力前进，本是殊途同归，有甚么党同伐异呢？"刘复基说："语虽如此，现在时局紧张，吾人正宜与共进会同力合作，以加强革命阵营。分门别户，各干各的，毕竟不是办法。"后来经过陈孝芬、刘复基、李作栋之努力斡旋，在起义期间，两团体开诚相见为一致的动作，八月十九夜发难，果然一举成功了。

共和会　共和会的组织，是湖北荆州府的革命青年胡鄂公、熊得山、钱铁如、覃秉清、邱寿林等所发起的，而以胡为其领袖。胡为保定高等农业学校学生，他发起共和会，于一九○九年十月九日在保定成立，所有会员，均为北京、天津、保定等处的青年学生。成立之日，所有入会的会员，都一致剪发，同时剪去发辫的有一千多人。其后奉天学生因国会请愿而罢课，消息传至保定，胡又借此机会，到处奔走，以扩大其罢课运动，并为宣传革命创造有力的条件。一时受其感动加入共和会者，又达三千余人。事为当道所闻，封闭其学校。他回到保定时，学校已驻有军队，所有学生，全被解散。胡又逃到江西，在农业学校肄业，与新同学邝摩汉、王振新、詹天禄等成立共和会支部于南昌。一九一一年六月，因暑假回到武昌，又企图在武昌联络军界，做革命的实际工作。访问其契友聂国青于四十一标，请多多介绍军界中人加入共和会。聂说："此间军界的秘密组织，有共进会、文学社两个团体，运动革命，已到了成熟时期。汝有志革命，可往同他们接洽。"胡鄂公道："同是革命团体，还分甚么彼此吗，联合少数人而集成多数人，联合小团体而凑成大团体，任何时代、任何国家的革命事业，都是这样闹成的。我们共和会布满于京、津、通、保一带，正要在此地设立支部，以相呼应。你替我帮忙，把这个工作做好，将来北方发动，这里响应；这里发动，北方响应，岂不容易成功。"聂国青闻此议论，甚以为然。经过胡、聂两人之奔走联络，成立共和会支部于武昌。干部人物为聂国青、梁鹏、刘铁夫、郑心田、王杰、李子青、赵中朴、陈用璋、马万里、何英等。成立之后，胡与共进会刘公、文学社蒋翊武等接洽妥善，即亲往保定、开封等处布置工作。河南仁义会的组织，即是胡所策动的。以后武昌首义，袁世凯率兵南下的时期，共和会在京、津等处做了很多实际工作。这是湖北革命之别动队，是应该在这里郑重写出的。

起义前的两报馆 黄梅人宛思演，曾经与詹大悲同在黄州府中学读书。毕业之后，又到两湖总师范读书。他在学堂中镇日书空咄咄，如发狂易；谈及时事，表示其愤慨至极，至于痛哭涕零。其时詹大悲闲住武昌，急于想创办一家报馆，为着经费问题，到处呼吁，终于无人援助，徒唤奈何。宛思演向他宽慰道："莫愁，我决计助你成功。"于是倾其家产，得银洋二千元，将湖南人刘星澄介绍之一家《商务报》承顶下来。即以宛任经理，詹任主笔，何海鸣、查光佛、刘星澄任编辑。又由星澄函召其胞弟刘复基由上海来汉，任报社会计兼发行。其时为文学社之群治学社时代，刘复基欲与群治学社结合，以便利其革命运动，乃邀蒋翊武与詹大悲用报馆访员名义，到天门、沔阳等处采访新闻，旨在从该地驻军中打听群治学社情况。行至张截港，得遇群治学社的社员蔡大辅。相谈之下，兴趣相投。蔡为京山人，进过秀才，也是两湖总师范学生，因反对学校当局，被开除学籍，投至四十一标当兵。与宛思演本是同学，所以志同道合，无话不谈。群治学社的内容，由蔡口中和盘托出。宛、詹两人，也将《商务报》实在内容竭诚相告。蒋翊武之投入四十一标，就始于此；《商务报》与群治学社的结合，也奠基于此。其时商务报馆经费支绌，由李六如（抱良字）主持，以群治学社的积款拨充报馆基金。后来商务报馆因受清廷官吏的摧残，不得已而停刊。詹大悲又创办《大江报》于汉口歆生路。一九一一年六月，全国争路风潮，异常激烈，革命运动如火如荼，正在山雨欲来风满楼的景况中，詹大悲在《大江报》著一论文，开宗明义地说："大乱者救中国之良药也。"这一声霹雳，引起清政府官吏的愤怒与震惊，立即把报馆封闭了，詹大悲、何海鸣二人同时被捕，押禁在夏口厅礼智司的监狱里头。由《商务报》到《大江报》，自始至终，是文学社一派的机关报，也就是当时的革命机关报。

## 第四章　辛亥革命之社会背景

　　各地人民反抗洋教士的运动　中国自太平天国以来，一连串的革命运动，固然是受了清朝政府压迫的影响，同时也是帝国主义者的残酷侵略，有以激之使然。甲午中日之战以及八国联军之役，丧权辱国，足以刺激人心，无论已。尤其是使人民感受切身痛苦的，则为外国人在内地传教，教民受外人之庇护，以欺压平民，并且狐假虎威，与地方官分庭抗乱，遇有关系教民的诉讼，则由教士与地方官并坐听审，人民有冤难诉，愤火中烧。一旦爆发，遂有焚烧教堂、殴打教士之暴动。北方义和团的变乱，就是由此激成的。湖北地方虽无"义和拳"一类的组织，但在义和团事变前后，亦屡有人民反抗洋教士的情事发生。如一八九一年，广济地方有教民欧阳理然，肩挑幼孩四人，行至武穴，云将送往九江，为人民郭六寿所见，指为天主教堂有残害小孩情事。一唱百和，民众沸腾，登时焚毁武穴教堂，殴毙英国教士两名。此事经两湖督署与英领交涉，卒将民众二人处死，对英教士抚恤并赔偿四万五千元结案。一八九二年，宜昌地方法国圣母堂收留幼孩甚多，人民喧传教堂有残害幼孩情事，前往查搜，发见有瞽目小孩数名。正在鼓噪间，洋人从怀中掏出手枪，将群众打伤几个，因而激动公愤，发生火烧圣母堂及天主堂情事。经官厅与法领交涉，除肇事人民分别判罪而外，并赔偿教堂银十六万四千两结案。此外还有一八九三年之宋埠教士因奸占霍家民女，被端午节看会之民众殴毙一案；一八九八年之宜施两府教案；一九〇一年之襄阳教案；一九〇四年之施南教案；一九〇六年之黄安教士怂恿教民殴伤秀才李明道一案。交涉结果，总不外乎冤杀人民和赔款两途。人民照例含冤，教士一贯凶狠，因而嚣嚣之口，布散着"百姓怕官，官怕洋人，洋人怕百姓"的传言。百姓冤沉海底，呼吁无门，因而恨洋人，兼恨官吏，感觉到要想驱逐洋人，必尽先推翻清朝，打倒怕洋人的官吏。惟其如此，所以需要革命。当时的民众，对革命的意义，当然是不大了解的。只有"排满、兴汉、灭洋"这简单的六字口号，人人都能懂得。当时之所谓会党，能够号召群众的，就利用这简单的六字口号。

湖北各地之会党组织　清廷入关以后，禁令森严，开会结社，为法律所不许；然而愈其禁止，秘密的组织亦愈多。在北方，则有白莲教与八卦教，以后演变而为义和拳，皆含有宗教的色彩。在南方，则有三点会、哥老会、天地会等等，均为政治的秘密结社。盖起于明代遗民之归依道教者，冀借此潜伏的势力，以谋光复汉族的河山。其势力范围，以福建为中心，而蔓延于两广及长江一带。洪、杨在广西金田起义，曾利用此等组织，以建立太平天国。孙中山先生革命，曾利用此等组织，以起兵于广东的惠州。唐才常之成立自立军、黄克强之成立同仇会，亦莫非号召会党，以增强其实力。张之洞督鄂时，有一奏折叙述湖北会党的情况说：

鄂省为南北冲要，游匪素多。始则长江上下游一带，近则襄河上下游一带，随处皆有，根株盘结，消息灵通。该匪等开立山堂，散发飘布，分授伪旗伪号，与教匪游勇、流氓地痞暗相勾结，乘机煽乱。各属所获会匪各案，起到飘布、印章、板片及所讯名目口号，词意悖逆，显然谋为不轨。上年沿江一带，会匪滋事，动成巨案。

据此，可见湖北会党，潜力极大。刘道一萍醴之役，一声号召，立集三万余人。盖散则为民，集则成夥，当时之所谓"会匪"，实际上都是人民。

黄州府之考试风潮　清朝统治时代，黄州府管辖的地方，为黄冈、浠水、广济、黄梅、麻城、黄安、蕲州〔蕲春〕、罗田八县。科举取士，三年两考。每逢考期，各县应试的廪生、增生、秀才、童生，共计不下三万人。一九○○年，湖北提学使蒋式芬前往主试，考规严紧，不准考生携带书籍或抄本入场。八属考试廪增附生的那一天，有一位广济廪生，名叫饶汉菀者，进场时拒绝搜检。那狐假虎威的舍人及门卫，岂肯放松。在勉强搜查时，汉菀骂了一句，他们盛怒之下，给汉菀几下耳光。汉菀骂道："狗！士可杀，不可辱。你敢打人吗？"蒋学使正在点名，叱问道："谁敢放肆，将他驱逐出场！"此时汉菀被恶役朋殴，已经躺在地下了。舍人听得学台口令"驱逐出场"，就用高底皮靴踢了汉菀一下，喝道："快滚出去！"那晓得这一踢，正踢中命门，汉菀登时气绝。名点完了，考生都持卷归号，蒋学台监视封门，看见一个死尸横在地下，惊问道："他是何人？"广济的两个教官鞠躬禀道："他姓饶，名叫汉菀，是广济县的廪膳生员。刚才因拒绝检查，被舍人一脚踢死。"蒋惊道："考试场有这等事，倘若被人告发，怎好收场。"教官献计道："此事是不能泄漏的，依卑职愚见，俟考生出场以后，将此尸用一小轿抬出清淮门，那门外有一道濠沟，深不可测，将死尸抛在里面，神不知，鬼不觉，以后纵被人觉见，死无对证，又待何妨。"蒋点头道："好，就是这样办理。"说着又环顾左右道："此事如被发觉，大家都有干系。事关机密，切不可走漏风声。"是日夜晚，有一顶小轿从贡院出来，抬至清淮门，有几个顽皮的考生拦着问道："黑夜三更，抬人出城，想必是寡妇改嫁吧。非看不可。"（俗例寡妇做新娘，黑夜上轿）这样一拦，两个轿夫慌了，放下轿竿，回头逃走，被街上的考生抓住，再打开轿帘一看，原来是一个死尸，冠带俱全，胸前挂有卷袋，上题"广济廪生饶汉菀"字样。当即将轿夫交黄冈县衙门严讯，才问出该生致死情由。一时众口喧传，舆情愤怒，由麻城屈子厚、蕲州程柳塘为首，纠集八属的廪增附和童生，包围贡院，封锁龙门。把贡院前后左右，围得水泄不通。冤单和揭贴，布满墙壁。围了两天，里面的供应断绝，不能举火，知府是监临官，也被关在贡院，不能出来。事情太大，知县官不能作主，城守协带几个绿营兵也弹压不住。县官作揖打躬地苦劝，也没有一人理他。蒋学台又饿又急，难以忍耐，乃派遣精干的舍人，从厨房穴壁而出，拿着学台的手令，到电报局拍一急电，向省垣督抚衙门搬兵解围。略谓"黄州会匪起事，速派大兵痛剿"等语。抚台于荫霖接得此电，不敢怠慢，立即派兵舰两艘，满载军队，开足马力，如飞地开赴黄州。所下命令原本是"痛剿"两字，经过张之洞核阅，改为"相机剿抚"四字。军舰到达时，在江中鸣放空炮示威。考生们听着炮声，如鸟兽散，纷纷的各回本寓。登时龙门开放，知府由贡院出来，冒险出城，登舰会见带兵长官，报告试场肇事实情，说城内平安，并无用兵的必要。一面再传各县的教谕训导及廪保，劝考生再勿滋扰，免得事态扩大，冒犯"大逆不道杀无赦"的禁律。由此上下疏通，风潮才平息下去了。次日在军队保护下继续举行考试，有一个秀才出场后，在汉川门壁上题写通俗的反诗一首："八属秀才进试场，刀枪剑戟排两旁；分明是个杀人厂，那有心思做文章；这个秀才我不要，不如改脚去驮枪；有朝一日起了事，要把狗官杀精光。"这个秀才，果然投笔从军去了。考试完毕，蒋学台回到武昌，见了张之洞，自请议处。张之洞道："你是钦差，朝廷自有办法。"蒋道："听说大帅的奏折说我以轻报重，扰动长江大局，我不能不辨清楚。这次考生闹事，的确有会匪鼓动其间，大帅不信，可派干员调查。"张之洞说："我早已派人去了。"后来调查员的报告说有自立会的屈子厚在黄州鼓动风潮，才把蒋式芬的参案减轻了。并派兵前往麻城，捉拿屈子厚。子厚有个胞侄，名叫佩兰，在经心书院读书。得此消息，不分昼夜，跑到麻城送信。子厚才逃往黄梅的深山里头，嘱家人"报故"了案（所谓报故，就是说此人已经亡故，当然是不再追究的）。

　　知识分子之出路问题　清朝用八股和词章的科举考试，来麻醉知识分子，使他们死心塌地，奴化了两百余年。实则科举场中，弊病百出。乡会两试，多半凭关节取士，读书人十载寒窗，三更灯火，至多挣得一名秀才。要想中举，就是一道铁门槛，难以跳过。即或中了举人，会了进士，点了翰林，也难得一官半职。因为官职有限，满人至少要占四分之一。世袭荫生和保举，又占四分之一。尤其是清末卖官鬻爵，捐纳的官又要占四分之一。其余由科举出身的，顶多也不过四分之一而已。世袭和保举的，都是贵族。捐纳的，都是大地主。至于读书的人，大都是寒士，只有靠科举一条窄路。所以得官之难，难于上青天。记得清末，年年派捐，捐一道员衔不过四百两。捐一空白执照的监生，不过银八两。因而流氓地痞，一个个顶戴荣身。所谓顶戴，除了吓唬一般老百姓以外，又有何用处。这一点，读书人早就看穿了。光宣两朝之交，有甚么"优拔贡"的考试，有甚么"经济特科"、"博学鸿词"等考试，还有甚么"洋进士"、"洋翰林"这一类出身的考试，都是空头支票一张，再也骗不了人了。当时有两句歌谣说："明末无青草，清末无白丁。"这两句却是封建王朝覆灭的特征，细味之很有道理。因为没有"青草"，所以明末的农民，都苦于没有饭吃，只有跟着李闯王走，才有饭吃。因为无"白丁"，形成了"乱世功名不值钱"，所以读书人没有出路，只有投笔从军，走上革命的路线，方才有出路。因而湖北新建的陆军，都是些秀才，或者是学堂毕业的莘莘士子。科举废了，八股词章试帖经义，这些腐朽的老式文章都废了。读书人受了数百年的思想束缚，忽然解放出来，他还能够俯首帖耳，再做满人的奴隶吗？他们还能不革命吗？

黄安全县之抢谷风潮 一八九八年，黄安县发生饥荒，农民没有饭吃。县城及八里湾、七里坪等处，都设有"丰豫仓"，虽然积谷很多，可是被土豪劣绅把持着。全县的大地主，每家仓内也堆有隔年的陈谷，可是锁在仓内不籴，愈是涨价，愈是奇货可居。平时的谷价，每石不过八百文，此时陡涨到两串四百文。而雇农每年的工价，才不过五串文。辛苦一年，只籴得两石谷，当然难以过活。农民忍饿不过，人山人海，齐集县正堂衙门请求设法救荒。县官巫国玉，是皮匠出身，因为他在藩台衙门做工多年，得到藩台的提拔，替他捐了一个知县。他出了告示，把谷价规定为一串六百文一石，并劝谕绅士及富户照价粜谷，以救饥荒。这种告示，绅富不作理会；饥民籴不到谷，又闹到县衙苦求。巫知县说："他们有谷不粜，太可恶了，你们抢！"饥民说："抢得吗？"巫知县道："一家饱暖千家怨，怎么抢不得。"饥民听得此言，一齐欢呼而出，登时全县各乡，鸣锣集众，每人都挑着箩筐布袋，到大地主人家抢谷。三日之内，所有"丰豫仓"和富户的积谷，都被抢一空。这一年的饥荒，竟平安渡过了。可是那些劣绅和地主，岂肯干休。像雪片一般的控词纷纷向督抚和藩、臬衙门呈送，说知县纵匪行劫，全县大乱，请派兵剿办，以安地方。于抚披阅呈词，主张严究。张之洞毕竟明白，懂得官逼民变愈逼愈变的道理，将此案搁置下来，不闻不问，仅将巫知县撤职了事。当时黄安县有一个绅士，送知县一副对联，云："四面八方，胸中有些疑惑；三横一直，身旁带点糊涂"，就"国王"两字表示其讥讽之意。我说这个知县，一点也不糊涂，在全县闹饥荒的声中，幸亏他顺从民意，不过一抢了之。假若横施压制，就难免激成大乱。自此以后，黄安的大地主们，再不敢囤积居奇过分的高抬谷价了。影响所及，临近的豫南各县，每逢大荒之年，必先从富户吃起。吃完了，再一路出去逃荒，谓之"吃大锅饭"。官厅且给以凭照，不加制止。逃荒本不是办法，因为当时的官厅不能领导百姓生产救荒，也只有这种消极的办法。这种风气，相传甚广，直至辛亥革命的前一年，湖南省城还有抢米渡荒的风潮。巡抚余诚格派军警出来弹压，激动人民，烧毁巡抚衙门。

工农生活的贫困与失业　清朝末叶，汉口开辟租界，各帝国主义者，尤其是英美的经济侵略势力，垄断了汉口贸易市场。替他们做奴役，一跃而为买办的，如刘歆生、刘子敬、杨坤山等，都以寒微出身，立致巨富。一般人都莫名其妙，艳羡他们发了洋财。其实洋人来到中国，是来发中国人的财，哪有财给中国人发。他们以成本低、出产多的工业品，在汉口市场与中国落后的农业生产品、手工业生产品争夺利益，当然操必胜之权。所以洋人发财，是发的中国财，而且是发的中国劳动人民的财。因为中国的生产品，都是从劳动人民血汗得来的，洋人尽管发财，那些买办、官僚、商人、地主们并不感受痛苦，反而从中取利。只有劳动人民，个个都感受痛苦。当时握有政治大权的洋务派张之洞，也认识到洋人发财于国计民生，太受影响。他也曾在湖北大兴工厂，以冀挽回利权。一九〇六年，在汉口硚口下首，有贫民大工厂的设立。一八九二年，在汉阳大别山下，有机器厂、铸铁厂、打铁厂的设立。一八九三年，在武昌文昌门外，有织布局的设立。一八九四年，在织布局东偏，有纺纱局的设立。同年，在武昌望山门外，有缫丝局的设立。一八九六年，在武昌平湖门外，有制麻局的设立。一九〇七年，在省城外白沙洲，有造纸厂的设立。同年，在汉阳赫山，有针钉厂的设立。在省城保安门外南湖，有制革厂的设立。在武胜门外下新河地方，有毡呢厂的设立。在省城内兰陵街，有模范大工厂的设立。这些经营，在当时的政治方面与社会方面，总算是进步的。不过弊病太多，岂能与帝国主义者的工业争妍斗胜。资本太少，不能有大规模的设备，弊一；缺乏技术人才，没有精确的计划，弊二；内部各机构没有科学的管理方法，弊三；主持其事的，有总办，有会办，有帮办，有提调，都是派的官僚，把这一件差事，当作调剂私人之用，因而札委接到，荐书纷来，都是准备着进厂发财的，弊四；机器和零件，都系购自外洋，购价既昂，运费又重，都要加在成本上面，而且厘金捐税，层出不穷，与其他纳税有限之外国工业品相较，推销时当然落后，弊五。因为有了上述的弊害，所以不易支持。招商承办，官厅既不肯放松；官督商办，商人又望而却步。由此之故，所以张之洞创办的工厂，都不能向前发展。其人存，则其政举；其人亡，则其政息。张之洞去鄂以后，事业更不如前。工厂亏本，工人得不到应得的薪红；工厂停顿，工人便陷于失业的绝地，这是产业工人所受的痛苦。此外有码头工人，则受封建码头的剥削，买一条扁担，要费去五六十元，每日工资，要扣去十分之四五。人力车工人，则受车行老板的剥削。铁路边和建造厂的苦力工人，则受大包工、二包工、三包工之层层剥削。他们都不劳而获，养尊处优，受苦的就是工人。再说到农村方面，每一个佃农，终岁辛勤，不过二十多石谷的收获，地主至少要得去十分之五，还要请稞饭、送节礼、买肥料、留种子以及添补农具等等，试问所剩还有几何。从前生活不够，还期望农妇之纺棉织布，贴补若干。自从洋货进口，土布就难以行销，农村副业，一般都受影响。因此种田亏本，只有别图生路。谈到雇工，更是悲哀得很。当时雇农的工价，上农夫不过每年十二串文，其次八串文，又其次六串文，你想这几个钱，如何能够养家。所以当时的雇农，个个都是单身汉。黄安有两句俗谚道："单身汉，莫好高，接一个老婆累断腰。"生活之苦，可想而知。中农降为贫农，贫农降为雇农，这是清末农村中的普遍现象。工人失业，便成为市井流民。农民失业，便会铤而走险。所以辛亥一役，在乡村起义，一呼就是几千人。在武汉招兵，一呼就是几万人。工人与农民，因为不堪忍受生活上之痛苦，所以需要革命，所以赞助革命。这是革命力量的重要泉源，也是当时之帝国主义与封建势力所造成的。不过当时的革命者，还没有认清此点，并充分利用此点。这确是很可惋惜的事。

瑞澂杀徐升　瑞澂在北京城中，与袁世凯同为四大恶少之一。他的父亲恭镗，做过湖北藩台。所以他在武汉做过阔少爷，情形极其熟悉。有一次来汉游历，征逐于南城公所的歌舞场中。某日正在歌女童爱爱家中厮混，忽然汉口大流氓徐升夺门而入，加以无情的毒打。徐升骂道："这是我徐大爷常到的地方，快替我滚！"瑞澂受此奇辱，即往巡警道衙门去找道台冯启钧。启钧问明他是北京的贵胄，便赔罪道："那位徐升是此地的稽查处长，捉拿革命，替皇家出力很多。这几天风声太紧了，他奉令到各处侦查，得罪之处，请你原谅为幸。"瑞澂怀恨之下，回到北京，立志要服官湖北，以报此仇。没过多时，果然被任为湖广总督。下车之日，开首就传冯启钧。启钧见了瑞澂，往事回思，历历如绘，但是又不敢提起。瑞澂说："你会办事，眼力也认得人，我很器重你的。听说长江会匪甚多，在武穴地方，勾结乱党，希图破坏大局。其中党魁姓柯名叫玉山，徒众甚多，不易拿获。你派得力密探前往设法捉拿。我已经电令武穴驻军随时协助。一经擒获，重重有赏。"冯启钧接奉密令，即将徐升传到，告以此事，勉励他善自立功。柯玉山和徐升本来是换过帖的好朋友，徐升为自己立功起见，也就顾不得朋友了。当天晚上，带了几十名便衣侦探，坐着汽船，到达武穴。先把军队接洽好了，然后密布步哨，将柯玉山的住宅包围起来，自己带领弟兄，与柯玉山作肉搏战。费了很大的力量，算是把柯玉山拿获了，当即绑上汽船，由军队荷枪实弹，押解到汉。总督衙接得报告，传令嘉奖，并谕令冯启钧在后花楼的万国春酒楼大张筵宴，犒赏徐升。正在猜拳饮酒的时候，后花楼至笃安里一带，层层的密布网罗，瑞澂由北方带来的一位军官，名叫祝书元，带着北方的打手三十余人，藏在万国春对面的隆华旅馆，候着动手。这位祝书元是北方有名的拳术家，曾经在日本东京留过学。他的哥哥祝瀛元，任农工商部右丞，为振贝子府内的红人，同瑞澂也很要好。祝书元随瑞澂上任，是准备来接巡警道的，所以带着许多的打手，同来应差，以便代替徐升部下的势力。动手的时候，祝书元带着便衣军探和一群打手，各执武器一拥上楼，吃得半醉的徐升父子两人，起来作殊死斗。祝书元枪法厉害，一弹射去正中徐升的右膀，徐升失了抵抗力，父子都束手就擒。当天就在后城马路的空坪地方，执行斩决。他父子二人，在汉口是无恶不作的，处斩之时，无人不称快事。

## 第五章　革命党人的生活状况

文学社经费的来源　革命者不要钱，但是革命事业不能不用钱。例如购买军火要钱，邮电交通要钱，以及设立机关、笔墨纸张火食茶水的供应在在都非钱不行。同盟会总理孙先生奔走海外，孑然一身，除了向华侨募集捐款而外，别无办法。然而所募之款，毕竟有限，不够的时候，还是要各地同志自己克服困难。文学社的章程第四项就是经济，文云："本社社员，缴入社金一元。每月按月薪缴纳月捐十分之一。各队由队代表收集，于放饷后二日送交营代表。营代表于放饷三日内，收集送交标代表。标代表于发饷五日内，集全标捐款，送本社会计点收，存放银行。开会时，会计须将簿折交会审查。"所谓十分之一，就是于四两二钱饷银内扣出四钱二分。就当时的银价折算，每人约缴月捐五百文。所有机关的一切开支，莫不取给于是。而每个会员薪饷，扣去十分之一，营盘还要扣火食，有家眷的人，还要留点钱养家。生活之苦，可以想见。

八百元的店老板　一九一一年（即辛亥年）春初，同盟会骨干分子在槟榔屿开会，孙中山先生主席，谈革命目的地问题。黄兴和赵声主张在珠江流域发难，宋教仁主张在中部长江一带，谭人凤、居正主张在武汉。各持理由，辩论极其热烈。孙中山先生说："此三处都关重要，你们要通盘计划，切不可分道扬镳。"讨论结果，还是依从黄克强的主张，决定在广州发难。不过武汉地方的新军运动，已经有了头绪，是不应该放弃的。于是责成谭人凤和居正两人到武汉主持一切。谭人凤来鄂时，带有资金八百元，交给沔阳人杨时杰，要他筹备革命的秘密机关。这一笔钱，先租房屋一栋于汉口长清里，为总机关部。再租一屋于武昌胭脂山，为分机关部。开一座同兴酒楼于黄土坡，以邓玉麟为店老板。开一个同兴学舍于巡道岭九号，以扬州谢氏妇扮作邓的爱人，来做老板娘。居正笑对玉麟道："你这两个地方好像梁山泊的朱贵酒家一样，上山入伙的梁山朋友，是要到这里投到的。"这几个门面撑开，资金已耗去大半了。不上四个月，酒店因没有本钱，只有关门大吉。学舍呢，全靠向住客预借火食费，勉强支持。邓玉麟和孙武两人，衣服都典质以尽，只剩下旧蓝布长衫一件，谁出门，谁就穿着。也就穷苦至极了。

革命作者的文字生涯　清末，汉口有两家商办的报馆，一家是《中西报》，黄冈人王华轩办的；一家是《公论报》，下江人宦悔之办的。他们报馆的开支项下，也列有稿费一门。不过可怜得很，每一千字不过五百文钱的报酬而已。当时投稿的，有两个作家，一个署名石庵，一个署名古复子。这个古复子就是沔阳人杨玉如。他和杨时杰同乡，而又同一杨字，所以杨时杰把八百元领到手，就到报馆去找他，要他搬过江来，替他在雄楚楼十号租了一栋房屋，每月租金六串，由八百元内开支。玉如道："租金固然省掉了，火食出在哪里？江那边报馆的事，我毕竟不能丢开。丢开，就没有饭吃了。"时杰道："你在报馆做文章，薪水多少？"玉如道："没有一定，五百文一千字，照字数给钱。有时候不登社论，或者是他们账房为节省稿费起见随便把经世文编、上海杂志择一篇做社论，那我就没有钱了。"时杰叹道："文章不值钱，这真是文人的末路。朋友，还是要努力革命啊。"

玉如道："我苦，胡石庵更苦。他不是经心书院的学生、兴中会的老同志吗？他所写的《明珠血》和《马上女儿传》两种小说，不是脍炙人口吗？可是报馆的会计未免太挖苦了，从前算稿费，按行路计算，多提几个头，多加几个标点，还可以偷一点巧；现在圈点除开，空白除开，七折八扣，一千字只能折成六七百字。石庵气愤极了，他已经搁笔不写了。你看，这两天的报就没有他的小说。"时杰道："他是世家子弟，他的父亲，是点过翰林，在江汉书院当过主讲的，为何一寒至此？"玉如道："你哪里晓得，他的远祖石庄公，是明代的遗老，临死时留下遗嘱，教世世子孙不要做清朝的官。所以石庄而后，世代是穷翰林。石庵的父亲去世得早，因为同蒋状元家是亲戚，他的书，还是从蒋家读出来的。现在蒋家也式微了。他是一个无家可归的飘零者，焉得不穷。"时杰道："穷得好，穷了，才能革命。文人的一支笔，胜于十万毛瑟枪。这是革命的好武器。要养精蓄锐，准备攻打我们的敌人。把它当作商品，贱价出售，未免太不值得。朋友，你说对不？"玉如曰："诺。"

下乡偷菩萨的笑剧　蛇山腰的蕲州学社，是党人们时常聚会的地方。因为查光佛、田桐、詹大悲等都是蕲州人。居觉生来到武昌，也住在这里。有一天，查光佛、焦达峰、邓玉麟到学社去看他。只见觉生和蔡大辅绑腰扎裤，从外面回来，提着一大篮田鸡，笑说："你们来得恰好，我们今天可以开一个田鸡大宴会。"吃的时候，觉生说："这些时穷得无聊，学社大司夫讨饭钱，没有钱给，伙食越开越坏，我实在馋得难过。所以邀着老蔡到郊外去捉田鸡。竞生（查光佛字），你可以在报上大书特书某年月日，某某等，在蕲州学社举行田鸡大会。我们在座的，都是田鸡朋友。"大家吃完了饭，由达峰提议道："时局太吃紧了。我们发动革命，万事俱备，只欠尔风。东风是甚么？就是钱，请大家想个办法！"邓说："有甚么办法？当尽卖绝，借贷无门。明天旅馆就要断炊，我这老板，实在做不下去。"查说："办法来了。我们县的三角山出绿毛龟，放在大金鱼缸中，毛就展开，卖给药店，可以求得善价。你们会捉田鸡，何不到三角山去捉绿毛龟呢？"觉生说："有是有的，难得捉，也难得卖。"查说："除此，我别无办法。请你们想个办法。"觉生说："提起三角山，底下有一个达城庙，那里头有个金菩萨，传言是明朝荆王施舍的。偷出来，到可以解决我们的贫困。"达峰说："果有此事，那到值得一偷。为着革命，穷到极处，不得已来他一个'偷'，在我们革命的生活史上，到是一桩有趣的事。"蔡大辅说："宁可抢，不可偷。偷儿是没有出息的。你们会党的人，就瞧不起。"达峰道："这到不见得，一部《水浒》，为甚么要加上一个鼓上蚤时迁？著书的未必没有用意。说去就去，我也同去！"觉生说："要去，你去找邹永成，借几块钱做盘川。还要你找四个大力士，带些挖窿钻窟的家伙，那才好去。"达峰说："好，我去办。你们等我。"这回除了蔡大辅要回营销假，詹大悲要回报馆做文章而外，同去的有焦达峰、居觉生、查光佛、刘文锦、邓玉麟及达峰找来的两个大汉，坐轮船到武穴上岸，向达城庙进发。中途经过田梓琴（田桐字）家，田母杀鸡为黍，大家吃了一餐。晚上到了达城庙，觉生把两个大汉及刘文锦安置在一家旅馆里头，向查说："人太多了，怕惹起人的注意。他们在这里歇一晚，我们四个人到陈愚溪那里去。陈家离此不远，很爱客，家事也很可扰的。"查说："好。"一路走，一路笑。达峰说："竞生这样笑，其中定有文章。"邓说："莫理他，他向来是尖刻惯了的。"查说："那算巧，我未必笑也笑不得，要晓得达城庙的那尊佛，正是个挺肚张唇的欢喜佛。我记得，龛子内有一副对联，道：'大肚能容天下事，张唇长笑世间人'。横额是'皆大欢喜'。我想起这几句话头，很有趣味，所以忍不住笑。"邓说："不错。要弄到手，就是皆大欢喜。不然，就是一场大笑话。"一路说着笑着，到了陈愚溪的家。陈欣然迎接，互道寒暄。霎时间，开出酒席来，既有旨酒，又有嘉肴，招待极其周至。众人狼吞虎咽，痛快的大吃一餐。陈笑道："听说武汉此时风声很紧，你们到山里头来，是来'湾风'的呀？还是来'落草'的呢？"觉生说："落草就落草，当心来一个火并王伦。"谈笑了一会，因为走路太多，大家也倦极了，在陈家歇了一夜。次日清早，四人都随着烧香的人，一同进达城庙。见三层正殿，左边的神龛是锁着的，听说金菩萨就在里头。四人也随着烧香的人，一样的行叩首礼，礼毕，给和尚一块银元的香钱，和尚欢欢喜喜的接着。达峰请和尚把神龛打开看看神像，和尚始有难色，但是不好意思拒绝，终于打开了。达峰看了一会，并用手探了一会，才随同和尚到客堂吃茶。再在庙外各处察看了地形，时候已经向午，才一同回店用饭。当天晚上，带同刘文锦和两条大汉再到达城庙，实行其偷的工作。只见庙门紧闭，万籁无声，大汉就山坡逼近庙墙，将墙脚挖了一个洞，七个人鱼贯蛇行而入。神案上的油灯一盏，荧荧未熄，达峰将灯草拨动，大放光明。拿着一柄大刀，将和尚的卧房守住，只听得里面鼾声如雷，想已睡熟，就吩咐大家动手。刘文锦、邓玉麟帮着两个大汉，用刀拨开龛门，从龛内取出菩萨，拖至后殿，慢慢的送出洞口，然后蛇行的鱼贯而出，用四个人抬，才抬得动。抬走两里多路，邓说："我真累极了，歇一会吧。"达峰说："让我来抬，试试分量，看是不是金的。"上前用指头敲一敲，说："不对，这完全是古铜瓶一样的声音，我们大上其当了。"查又笑嘻嘻摇头转颈的念道："我有诗为证：只因时运不兴隆，检得黄金变废铜。这才是皆大欢喜咧。"觉生拿着电筒，照了一照，说："明明是金的，怎么是铜，也许是包金吧？"正在议论，那对面村里发出一阵尖哨的呵喝声。原来这个时候，正是油菜和大麦登场的时候，乡下人都轮班守夜，防备有人来偷。远望见电火闪烁，认为是鬼火。乡下人是顶怕鬼的，愈是怕，愈要示威壮胆，所以一唱百和，发出尖哨的呵喝声。他们偷菩萨的七个人，心虚胆怯，认为是庙内和尚邀着人赶得来了，于是大开步的飞跑。愈是跑得快，乡下人愈是追得快。抬的罗汉，早已抛在水塘里面了。正在危急的时候，遇着一家豆腐铺的老板起来磨豆腐，问道："你们哪里来的？跑甚么？"查答道："我就是这跟前的人，从省城学校放假回来。天黑了，走错了路，他们无故的来追我们。"老板说："你贵姓？"查说："我是查光佛。"老板道："原来是查家畈的洋老爷。"回头向追的人喝道："你们这些人真'鹿'得很。大水淹了龙王庙——自己不认自己人。他们从省上来的，未必还偷你们的油菜子不成？"乡下人听说，都折回而去。这天晚上，七个人就在豆腐铺里头坐到天亮，你望着我，我望着你，哭也哭不得，笑也笑不得，哑子吃黄连，苦也说不得；还恐怕庙内的和尚醒了，要赶来追问着菩萨。店老板上前安慰道："洋老爷，你是跟前人，他们那一些蠢人，有眼不识泰山，你们还放在心里吗？"查说："大肚能容天下事，张唇只笑世间人，这才是皆大欢喜咧。"达峰说："大家忧极了，你还开心。明天到汉口，同你算账！"老板道："先生，快莫这样说，查家的洋老爷说的不错，大肚能容天下事，这才是宰相肚子撑得船——他一定要高升的。"查益发笑不可仰。次日清早动身，赶到武穴，搭上水船回到汉口。起了岸，就到大江报馆，还未进门，达峰说："昨天的事，我们莫要提吧。"一进门，詹大悲就问道："你们辛苦呀！"觉生说："在田梓琴家盘桓了两天，也不见得辛苦。"大悲的爱人许刚接着问道："你们偷的金菩萨呢？"查笑道："现成的菩萨在此，他是大悲大愿，你就是救苦救难的观世音菩萨。"许刚道："我的首饰早已换完了，再也不能够救苦救难。"大悲道："看你们的情形颓丧得很，大概是偷鸡不着，还蚀一把米吧？各机关都不能举火，报馆也要关门，怎办呢？"达峰说："不怕，不怕，我去找邹永成想法子。"

邹永成在家行窃失败　湖南人邹永成，也是军界中人，为文学社的骨干分子。① 家中很有钱，为了革命，他也用了不少的钱，不过家中财政权掌握在婶母手里，不能由他作主。这次焦达峰去找他，他忸怩答道："我的钱，太用多了。昨天向我婶母要钱，她已经拒绝了——我晓得她手边也实在无钱。不过我估计她的首饰积蓄得不少，怕有两三斤吧，算成银洋，也有几千元。向她借，她是不肯的，这就要偷才行。老焦，你替我想个偷的法子。"达峰说："这很容易，弄一点麻醉剂，私自放在她吃的东西里头，把她麻醉住了，你再去偷，不是十拿九稳吗？"邹永成道："那是行不得的，倘若麻醉死了，该当何罪。"达峰说："何至于死。我替你弄一点，她吃了，只是昏昏沉沉睡几点钟的觉，要甚么紧。"没有一会，达峰把麻醉药剂弄得来了，交永成置于酒杯里头，以进于婶母。婶母吃了，果然倒在床上呼呼的睡着了。永成进她房内，正准备去打她的皮箱，她忽然惊醒了，重重的骂了永成一顿。达峰和孙武往取首饰，看见他的婶母坐在堂前，精神百倍，晓得迷药失效，垂头丧气而返。达峰叹道："岂天公不欲我完成革命耶？何屡次失败，厄我至于此极耶？"

刘仲文捐出五千元　刘公原名湘，字仲文，湖北襄阳人。家中富于资财，留学日本，隶籍于同盟会。曾捐助三百元于二十世纪之支那报社，任总经理。共进会成立时，又被推为鄂分会总理，即革命军之大都督。回国时，携带有印信旗帜，为共进会之领导人。同志们正在困难中，听说刘仲文到了，都额手称庆道："财神至矣，我们还愁甚么。"其时清廷有旨，大考留学生，中式者赐给翰林、进士、主事、中书等官衔。仲文家庭得讯，命仲

---

① 据《邹永成自述》，他最初加入华兴会，继而参加同盟会，并未说曾为文学社之骨干分子。又，本节所述邹永成企图盗取婶母首饰事，与邹自述经过亦略有不同。

文上京赶考。仲文说："我要革命，还考甚么官。"家庭因为怕他革命，累及家族，才要他应试做官，成天的苦口劝他。他说："要我去应试，必须给我银子五千两。考中了，容易运动得缺，不中我就捐一道衔；否则我决不去。"家庭答应了，立付现款五千两，兑交汉口银号收存，仲文就到省来了。杨时杰、李作栋、居觉生等开会欢迎，由时杰布置寓处，与杨玉如同住在雄楚楼十号。时杰同乡有一个姓李的女学生，在时象晋所办之女子职业学校肄业，家世寒微，乃旧社会之不幸妇女。她拼命奋斗，在恶劣环境中，自己解放出来。沔阳人哀其际遇，相约助以资斧，使之就学。她为人秀外慧中，善于交际，因有"沔阳监学"之称。每逢星期日，必到杨家，得与仲文相识。其时仲文丧偶，正欲寻找爱人。杨玉如窥知其意，因为之玉成其事。唯对监学提出条件道："你既参加革命，必须为党立功。嫁了仲文，必须劝他尽忠于革命。听说他带来的银子不少，是打算进京捐官的，你可不能够让他捐官啊。现在党务发展，经费困难，他这一笔钱，非教他捐献于党不可。"监学道："好，我同他订婚时，也向他提出这个条件就是。"有一天，仲文和监学联名请客，请的是李作栋、居觉生和杨玉如。这一天，杨时杰有事回乡去了，所以不曾列席。酒过三巡，杨玉如提议道："今天是刘仲文同志和李女士订婚的喜日，应该有诗为证。划拳太闹了，闷着也无意思，行令我也不会，大家联诗助兴何如？"居觉生是会作诗的，起立道："我赞成！此次刘仲文大哥来省，是领导我们革命的。我开场一句，就是：酒待黄龙饮。"玉如说："起得好。我们革命，正要直捣黄龙，痛饮一杯酒。待我接下去吧：交联白马盟。"仲文想了一会，才接道："功名惭蠖屈。"作栋说："刘大哥，快莫说颓丧的话。马上革命成功，刘大哥就是大都督，何屈之有？监学，你接下去吧。"监学说："我初学做诗，怎好班门弄斧。勉强凑成一句，休得取笑。"念道："昧旦听鸡声。"觉生拍掌叫绝道：

"这是她临时作的，一呼一应，这般的凑巧。刘大哥，爱人勉励你，你要努力呀。"仲文道："好，努力前途！"念道："目极三千里。"念了，又自己解释道："这是一句老话，北京到汉口，恰恰三千里。你们莫要误会，说我想到北京捐官咧。"作栋说："何至于呢，刘大哥是革命的领袖，哪能做满清的官。我不会做诗，也有一句，听我道来：胸罗十万兵。"仲文又道："封侯非我愿。"玉如道："让我来煞尾吧。"念道："劳苦为苍生。"觉生说，"不错，接得好。革命的目的，是要为人民造幸福的。"席散了，玉如道："刘大哥，革命的空气，一天比一天紧张，同志们盼望你，如大旱之望云霓一样，你打算怎样做法？"仲文道："我已经发出通知，明日在汉口长清里开会。除了你们三人，还约有蒋翊武、孙尧卿、杨王鹏、查竞生、陈铁侯、彭楚藩、刘尧澄、李六如、江炳灵、潘善伯、邓玉麟一班同志，共二十余人。有重要的话向大家报告，你们可是要到的。到了开会的时候，我的真正态度，你们自然知道，再会吧。"次日，在长清里开会，到的人很多。仲文提着一个皮包，放在一张餐桌上，沉默半晌，然后很和蔼地说道："各位同志，我回来好几天了。论理，早就应该邀集大家同志开一个恳亲会。因为是离开武汉多年，亲朋戚友，很有一点应酬，加以银钱的汇兑和存放手续没办清楚，所以挨到今天，很抱歉的。今天请各位同志来，有几点应该声明的事：第一，我这回由日本东京回国，虽说是负着共进会的使命，但是我动身的时候，曾经向同盟会本部请过示的。因为我本来是同盟会的会员，共进会与同盟会，确是一家，同志们不要误会。第二，我此次回来，并不曾在总会里头领得一文半片。带来的钱，原来是家庭拨给的，我说句不孝不悌的话，是在父兄面前欺骗得来的。试问我私人的用度有限，有甚么名义可以向父兄多要点钱？只有异想天开，利用'捐官'名义了。因此官厅方面，都认为我要捐官。甚至于我们同志，也疑惧我要捐官。官厅的谣言，于我很有利益，那是不必理会的。同志们疑我捐官，怕我捐官，就革命的立场加以批判，不能说没有关系。但是我不但不忧气，并且很感动。惟其这样，正是同志们爱我和重视我的表示，更是同志们忠于革命的表示。我受此感动，当然要帮助同志，努力于革命的进行。第三，革命的事，是要拿命来拼的。命且不要，何有乎身外之物。所〔听〕说军界同志，每月从饷银项下节衣缩食，扣出几钱银子来，作为党费，我是很钦佩的，同时也很沉痛的，拿出一点钱来，也可以减少他们的负担。第四，我奉的使命，是共进会湖北分会的总理，照章程上说，也就是起义的革命军大都督。这个重担子，我是挑不起的，而且愧不敢当。在座的各同志，与我年相若、道相似，谁不配当都督？要是争的话，谁又该让谁当都督？我本人是不愿意这样的。我觉得要想革命，必须同志们同心协力，有互相体谅的精神。否则忠义堂上，演起火并王伦的恶剧来，那是革命的损失，尤其是革命的耻辱。话说完了，这有我从东京带来的总会规章、印信、旗帜及入会愿书等件，还有我在惠通钱庄的一个存折，计银五千两，当众都拿出来，请大家公举一位同志，点明接收。我不是退避，因为这里的军界情形，我不大熟悉，这次回汉，又和军界同志很少接洽，一切都是隔膜的。再者同我往来的绅商界的人很多，每天应接太复杂，于革命进行也有些障碍。顶好是尧卿、尧澂、翊武你们几个人，任何人负责都行。我横竖是不走的，一定尽力的从旁襄助。这一席话，句句都是老实话，我想同志们一定能体谅我。"

刘尧澂起来答道："刘大哥的声明，精神太伟大了，我们心里都有说不出的感动。关于刘大哥自己解释的部分，实在用不着解释。因为我们对刘大哥，绝没有甚么疑虑。捐官的事，刘大哥早已坦率的讲过。要有此意，就该讳莫如深的。况且即令捐官，不见得就不革命。徐锡麟革命，何尝不是从捐官入手呢？不过刘大哥既决计不捐官，那尤其再好没有了。关于勉励我们的部分，我们应该竭诚的接受，共进会与文学社，当然要紧密的合作起来。惟关于责任的推让问题，本人有点意见，刘大哥是总会派来的，而又是大家所敬仰的，刘大哥不出来负责，谁能负责？谁又敢负责？"说毕，众鼓掌。仲文拉着尧澂的手，诚恳的表明不能负责与不愿负责的苦衷。经大众讨论半天，结果一切事件暂由孙武接收，等共进会的干事会成立时，再由干事会分部负责。仲文交下的钱，由会计李作栋接管。仲文打开皮包，将所有证件和银折，当众点交清楚，再交孙武接收。这时候的会场，充满着皆大欢喜的气氛。会散后，一齐含笑出门。李作栋邀着彭楚藩到钱庄去兑银子，楚藩说："我穿的宪兵衣服，如何去得？"作栋道："因为兑银子怕有危险，正用得着宪兵。"楚藩借了一件长衫，在外面笼着，下截露出红线镶边的军裤，扮成便衣宪兵的样儿。到钱庄兑银，一切便利很多。银子到手，存在银行活支。次日，开主干会议，决定四事：（一）五千两银子，只收五千元，其余交仲文作为私人零用。（二）就武昌城内选择要点，多开几家旅社，平时通声气，有事即为集合点。（三）就汉口分租密室，为制造发难应用之爆烈物品及旗帜布告之处。（四）派杨玉如及居觉生前往上海购买手枪，并邀请黄兴、宋教仁等来鄂主持大计。有钱好办事，同志们的精神都加倍的振奋起来。

## 第六章　为武昌革命作先驱的广州革命

起义时延期与定期的争论　辛亥革命以前的流血事实，指不胜数。然或为个人之暗杀行为，或为一个地方之单独行动，与湖北同志，没有密切的联系，其影响于湖北者，也就不大。辛亥年春间广州督署之役，是与湖北有联系的。举义总计划原定广州得手后，即以黄兴统一军出湖南趋湖北，赵声统一军出江西趋南京，以实现会师长江的盛举。所以江、浙、皖、湘、鄂不可不筹设机关，联络军人，以备响应。尤其是两湖居全国中枢，更关重要，应该首尾相应，声息相通。所以广东一役，就是武昌首义的先驱，这是事实，谁也不能否认。由三月二十九日到八月十九日，不过一百一十天，武昌果然克服了。所以写武昌首义，不能不写广州。不然，就是割断历史，看不出革命的线索。广州革命，是由黄兴主持的。他于三月二十五日，邀集一般同志到达广州。其时，正值温生才刺杀孚琦的当儿，军警戒备，极其严紧。党中有人向黄提议道："官厅布置周密，这一举恐难制胜。与其一败涂地，不如留实力以待将来。顶好是速下命令，将已到的选锋队完全遣去。未到的，速发急电，教他不要来。大家回到香港，再等机会。"黄遂发一电报给胡汉民，云："省城疫发，儿女切勿回家。"即请在港同志不必来省之意。港中同志，都相顾失色。黄兴于电发之后，将到省之选锋队遣去三百余人。忽有林时爽、喻汜云两同志向黄报告，谓官厅将搜查户口，惟从速发动，始能自救。同时陈炯明、姚雨平又来报告，谓调来顺德三营，内多革命同志，现泊天字码头，即欲乘机起事。黄立命姚、陈前往商洽。回报，谓接洽已妥，人人都具决心。黄兴又电胡汉民云："母病稍瘥，须购通草来。"即暗示所有党员一齐赴省之意。原定二十九日举义的期限，便由此决定了。黄兴一面电港，促党员进省，一面写就起义时的命令。因为敌情有变化，二十七日遣去之同志未能到齐，乃将原定十路进攻的计划，完全变更。（一）黄兴攻两广总督署。（二）姚雨平攻小北门，占飞来庙，并延防营及新军进城。（三）陈炯明攻巡警教练所。（四）胡毅生以二十余人守大南门。定于二十九日下午五时半，一齐发动。是晨，黄兴致书于邓泽如，文曰："泽如先生大鉴：兴本日亲赴阵地，誓身先士卒，努力杀贼，不敢有负诸贤之期望。所有此次出入款项清册，虽细数亦有登记，当先寄呈公埠宣布，次荷属，次南北美洲各埠；无论成败，俾共晓然于此次之款，涓滴归公。

弟等不才，预备或有未周，用途遂因之不当，负疚殊深。所冀汉族有幸，一举获捷。否虽寸磔吾躯，亦不足以蔽罪。惟此心公明，足以对诸公耳。绝笔。弟黄兴顿。"

总督衙门的血战　三月二十九日，黄兴率革命军举义于广州，时为下午五点半钟。黄兴集众，激昂演说毕，众皆鼓舞。朱执信赶到，即剪去长衫下截，临时加入。出发时，每人给大饼一个，毛巾一方，由小东营进攻清两广总督衙门。党人皆臂缠白布，足着黑面胶鞋，手执枪械炸弹。司号者，手执螺角，为林时爽、何克夫、刘梅卿等。一时呜呜声动，风起云涌，直扑向前。途遇警察，即开枪击毙。疾行入总督衙门，看见卫队，即高声喊道："军队中同胞听者：我们都是轩辕黄帝子孙，汉族人不打汉族人。你们切不可做满人的奴才，杀自己的同胞兄弟。"呼声未了，一颗枪弹把同志林广尘打死了（按：林广尘即林时爽，与下文所述矛盾）。林尹民在侧，目睹其族兄惨死，悲愤至极，抛掷炸弹，立毙卫兵三十余人。敌大惊，望风向内溃逃，并向后胡乱放枪，流弹如雨，林尹民也中弹而死。黄兴正督队进攻，因向大众高呼道："前进！前进！活捉张鸣岐，为同志报仇！"其时陈更新和陈可钧，因长于击技，都随从黄兴左右，尽力护卫。听着他的口令，都并力厮杀，其势如疾风扫落叶一般，所向披靡。一直冲入二门，杀其管带金振邦。二门以内的卫队，都向内逃走。两庑及大堂的卫队，则凭柱倚柱放枪，杜凤书、黄鹤鸣阵亡。黄兴再督众内进。林时爽、朱执信、李文甫、严骥、陈可钧、陈更新等，到处搜索，杳无一人。惟见衣架上有长衣数件，茶碗数具，水烟筒犹有余温。原来张鸣岐等会司道于署中，正在计议防范事宜，一闻枪响，都如鸟兽散。他们从哪里逃走呢？因为温生才刺杀案发生后，张鸣岐异常恐慌，料定革命党人定有更激烈的举动，于是同李准商议，在总督衙门内搭一天桥，与水师行台相通，所以这时候听着枪声，就偕同会议的司道人员及衙门的职员，都从天桥溜到水师行台去了。黄兴看见督衙寂静，晓得张鸣岐早有准备，遥听着四城刁斗，呼应有声，因顾左右道："敌人定下毒计，特设此空洞无人的假阵营，以诱致我们，入其罗网。如不从速退去，马上军警开到，我们就陷入重围了。"当即命令放火，火起时，即发出退却的命令。方声洞带着一队人，拥着黄兴，奋勇地杀出一条血路来。这次突围，死于署内者，有徐广滔、徐进炤、徐礼明、徐临端等；死于署外者，有曾日全一名。出了东辕门，遇李准带着亲兵大队迎头冲来，中弹而死者，又有林时爽、刘元栋二人。黄兴的右手，亦中弹。急切间，黄兴就所部分为三路：以徐维扬率花县数十人出小北门，拟与新军接应；以川闽及南洋同志往攻督练公所；黄兴自率方声洞、罗仲霍、朱执信、何克夫、李子奎、郑坤十人出大南门，拟与防营接应。黄兴与方声洞行最先，走到双门底地方，天色已黑。碰着一支军队，迎面而来。这一支军队，即为由顺德调回的三营，由赵声接洽妥善，接济革命军的。其先行之一营，哨兵为温楚雄，哨长陈辅臣，均为同盟会健全分子。其哨中同志，多属同盟会员，约城内起义时，该哨即借"拱卫"为名，直至水师行台，捉拿李准。决定未到达以前，臂上不缠白布，以免入城时遇着军队，发生阻碍。行至双门底，温持刀在前，陈辅臣殿后，猝见身着短衣臂缠白布者十余人，直趋而来，知为革命党人。温大呼："兄弟们不要走。"方声洞见这支军队，臂上未缠白布，疑为敌军要击。连发手枪，温楚雄中弹立仆。队兵迎战，陆续死者十余人，方声洞也中弹毙命了。何克夫、李子奎、郑坤随黄兴出大南门，至卫边街，被军队冲散。李子奎在高第街中弹死。黄兴出城后，逃至溪峡机关部，指血喷流不止。女同志徐宗汉见状大惊，代为裹布，并出购止血药敷之。黄晕绝数次，徐饮以葡萄酒，才觉平安。四月初一日，购灰长褂一件，为黄改装，由徐亲送赴港，乘哈德安轮船。船上已无房舱，坐厅中沙发椅上，装做打瞌睡。徐坐其侧，以身为之障蔽。到港后，入雅丽氏医院诊治。医生说两指已断，非割不可，但须亲族签字，始能开刀。徐即以黄妻名义签字。因此黄徐二人结为夫妇，这也可算得铁血姻缘吧。

慷慨认供，从容就义　广州之役，除阵亡而外，党人被捕者，不下四十余人。张鸣岐回到衙门，立召集军警长官，宣布戒严。一面提讯被捕的革命党，施与以军法上的紧急处分。当即由军警各衙门解到林觉民、陈与燊、陈更新、陈可钧、李海、庞雄、罗仲霍、姚南、喻培伦、饶辅庭、石庆宽、冯敬、吴适、吴焱娘、吴七娘等多人。审讯时，都慷慨激昂，供认革命不讳。只有吴适一人，因为年纪太小，免处死刑；吴七娘和吴焱娘，因为是妇女，也免处死刑，均定为终身监禁。其余都一律处死。当中有一最令人钦佩而悲痛的，就是林觉民。他操着满口的福建话，问官不懂，问道："你能说别处的话不？"觉民说："我是福建人，只能说福建话。无已，我说英国话，好不？"问官说："行。"觉民操着很流利的英国话侃侃而谈，畅谈世界大势，并痛诋清政府的贪污和昏愦，详述中国贫弱的原因，慷慨激昂，至于痛哭流涕。李准虽然万恶，闻之也有些动容，乃命开去镣铐，与以座位，并给与笔墨纸张，使他自己书供。觉民走笔急挥，立尽数纸，洋洋数千言。写到极悲切的地方，解衣磅礴，以手捶胸，好像是不忍再写的样子。每写完一纸，李准就郑重取去，恭奉于张鸣岐面前。鸣岐随看随读，也有一线的良心发现，表示长声太息。写完，他口中有痰，作欲唾状，恐怕污了地毯，又忍着不吐。李准亲自捧着痰盂送给他，他方才临盂而吐。给以茶烟，他也是很有礼貌的接着。不过他的供词，说到痛恨官厅之处，就咬牙切齿，不存一点客气。审讯既毕，张鸣岐私语幕友道："惜哉林觉民，面貌如玉，肝肠如铁，心地的光明如雪，真算得奇男子。"幕友说："这样可爱的人才，正是国家的元气，大帅可以成全他呀！"鸣岐道："这样好的人才，留给革命党，为虎添翼，

那还了得。"主意决定，立即处以死刑。觉民临刑的时候，一切
不改常态。真是视死如归啊！

黄花冈上埋英骨　诸烈士就义后，陈尸数日，无人收殓，折
臂断脑，血肉模糊，尸虫蠕蠕，出于发际，路人无不酸鼻。至四
月初三日，官厅以妨害卫生，始函嘱广仁、爱育、方便、广济各
善堂，备薄棺收殓，移置谘议局前旷地，分十数堆，计有尸七十
二具。于是葬地之议起，南海、番禺两知事，拟葬于东门外的臭
冈，即刑人于市的丛葬地方。暴骨扬秽，过者掩鼻，故有臭冈之
名。党人潘达微，听说要把烈士的尸身葬在这个地方，心中不
忍，私往广仁善堂，哀请善董另觅他处安葬。善董徐树棠说：
"本堂有地一段，在沙河马路跟前，地名'红花冈'，风景清幽，
可称净土，就葬在红花冈吧。"潘大喜。四月四日，潘亲往督工
埋葬，见尸体霉涨，铁索相连，蝇蚋纷集，惨不忍睹。其时阴云
四布，微雨霏霏，路上绝无行人，惟有殓尸的仵工，相与凭吊欷
歔而已。葬后，报上纪载改名其地为黄花冈。实则花是红的，烈
士流的血，亦是红的。赤血千秋，红花满地，红花冈的名字，毕
竟响亮得多，为什么要改做黄花冈呢？

茫茫血海怒翻花　黄兴住在医院中，听说在广州遇害的有七
十二个烈士，悲痛极了。朱执信说："他们的历史，有好多是你
晓得的，应该记下来才好。"黄兴说："是的。我的手断了两个
指头，怎么好写？让我来用左手写吧。"左手写字，当然困难。
写了两个人，还是写不下去。胡汉民进来说："伯先的病，危险
得很，医生说非割不可，要我签字。我一人不敢负责，特来请你
主持。"黄惊道："我刚才看他情况，好像很好，这时又沉重了
吗？我们再去看看。"赵声也住在雅丽氏医院，黄兴去到他的房
间，问道："伯先，你好点么？"赵声忍了半响，才答道："问甚
么好不好，还怕死了我么。我赵声罪当万死，对不起孙先生，对
不起你，对不起一般死得惨的同志，对不起代替我死的温楚雄！"

伏着枕头，号啕大哭起来。黄兴道："伯先，何必这样悲伤呢，革命失败不只这一回。我们一息尚存，总须奋斗到底。"赵声哭声未了，又大笑起来。胡汉民私谓黄兴道："他这时好像失了常态，我去请医生来。"过一会，医生来了，仔细的检查一番，对黄兴道："赵先生的病，沉重得很。这时候，大概是受了重大的刺激，恐怕会发狂的。其实他病的危险，还不在此。我曾用爱克司光透视过，他的疡痛已经长成了，我早就教他割，他不肯，说有紧要的事；再迟延下去，恐怕难救。"黄兴说："既是如此，就赶快割吧。"说时，陈炯明、熊克武也来了，大家商议一番，都主张割。于是共同签字，当天就实行开刀。哪晓得救治太迟，终于不能救治。过了两天，病已垂危。赵声临终的时候说："克强、展堂，同志们差不多快死完了，你们未死的人，要努力呀。"言时，从表袋内搜出一个字条，说："这是我从前送吴樾烈士的一首诗，抄下来，送给你们，作为临别纪念。"胡汉民接着念道："临危握手莫咨嗟，小别千年一刹那。再见却知何处是，茫茫血海怒翻花。"汉民念着，赵声微微的笑着，就在这微笑的时光，奄然长逝了。他是江苏丹徒人，性情极其宽厚。在广东任新军统领的时候，兵士都爱戴他。钦廉之役，他与革命军通声息，被清廷撤职拿办，因而亡命海外，为同盟会会员。他和黄克强私交极深，这次广州之役，完全是他的策划。因为病的纠缠，不能亲往指挥。他的病，他的死，真是革命党的大不幸。

　　同盟会中部总会的组织　赵声的丧事办完后，胡汉民、朱执信、陈炯明、熊克武、黄兴等开一个同盟会的善后会议。汉民说："广州虽然失败，我们还是要干的。谭石屏的意见，要从武汉着手，说那边军界运动，很有基础，应该在那里设立总机关，督促进行。我认为上海和武汉商务上息息相关，电信和船舶交通极其密切，我们同盟会若在上海设立一个总机关，就可以直接的控制武汉。商务如此，我们的革命事业也当然如此。要是在武汉设立总机关，既不能控制别的省区，同时与海外也失却联络，一切接济，定感困难。所以我的意见，主张在上海租界设立同盟会的中部总会，再在汉口设立一个分会。关于海外的款项汇兑与军火运输，可以直达上海，再由上海转交汉口，自然灵活得多了。至于人的问题，宋钝初、于右任和陈英士不是都在上海吗？宋、于两同志都是《民立报》的主笔，民立报馆又是本党的言论机关，中部总会，就让他们主持，机关就设在报馆里面，当然轻而易举，再好没有。谭石屏和居觉生两人，已经到武汉去了，武汉分会，就由他们主持。经费一层，凭着他们的力量，总可以运筹得来。我们只派人送一封信去，马上就可以举办。大家意见何如？"黄兴道："既是这样，你赶快拟一篇宣言吧。"汉民提起笔来，就把宣言拟就。其文云：

粤城一役，殉难者七十二人。日月无光，山河变色，同人等激发于死者之义烈，各有奋心。留港月余，拟与主事诸公婉商补救之策。乃一以气郁身死，一以事败心灰。一则宴处自居，不能谋一面。于是群鸟兽散，满腔热血，悉付诸汪洋泡影中矣。虽然，党事者党人之公责任也。有倚赖心，无责任心，何以对死友于地下？返沪诸同志，迫于情之不得已，于是乎有同盟会中部总会之组织。定名中部同盟者，奉东京本部为主体，认南部分会为同级机关，而以中部别之，名义上自可无冲突也。总机关设在上海，取交通便利，可以联络各省统筹办法也。各省设分会，收揽人才，分担责任，可无顾此失彼之虞也。

全文甚长，这是中间扼要的一段。① 黄兴看了一遍，点头

---

① 据张难先《湖北革命知之录》（第 209 页）、谭人凤《石叟牌词叙录》及《邹永成回忆录》等记载，均谓：同盟会中部总会系宋教仁、赵声、谭人凤等 1910 年 4 月在日本东京倡议，1911 年广州起义失败后，在上海成立"同盟会中部总机关"，章程系宋教仁起草。胡汉民并未参加组织中部同盟会，亦无起草宣言之事。

道："很对。宁可我们承认错误，让他们好生去干。中部总会名义，他们不好擅用，由我们授权他们让他们好负责去干。平情而论，我们失败太多了。广州一役，的确是不必要的牺牲，只怪我太固执了。现在悔不转来，只有退避贤路，休息些时再说。"朱执信道："克强，你不要灰心说这些消极的话。"正谈论间，谭人凤的电报来了。当即译出一看，其文道："粤总号亏累虽巨，幸此间分号营业甚旺，差堪告慰。望速汇二三万元，以便进货。至盼。凤。青（九日）。"黄阅毕叹道："照这封电报看来，武汉的新军运动，大概很有头绪，他要二三万元并不算多。不过这里是一钱莫名的。昨天槟榔屿邮局汇来一千元，我已经扯用了，因为要添补赵伯先的葬费和穷苦烈士家属的紧急救济费。料不到我们今天穷到这般地步，说起来真正伤心。海外的捐款，用得太多，展堂，我和你是负责人，还要实报实销，做一个负责报告才是。武汉方面要钱，也不能置之不理，这里没有办法，还是找孙先生。我马上就写信给冯自由，托他打电报去吧。"执信道："是呀，再穷也要干下去。党是整个的，革命的事业也是整个的。石屏来的电报，把商业来譬喻革命，极有道理。革命的成败，也和商业的盈亏一样。某一分号赚钱，不算是赚了，某一分号亏本，也不算是亏了。必须总号年终来一个总结算，才可以决定盈亏。我们还没到总结算的时期，何必因失败而气馁呢？"黄兴说："不是我气馁，现在太败狠了。钱用了几十万，倒不可惜。最痛惜的，牺牲了许多优秀的同志，是不可挽救的损失。然而我不气馁，一息尚存，我还是要干，我要杀李准，要杀张鸣岐，为同志报仇雪恨。"汉民说："光杀他们两人，是没有用处的。你还是安心的把伤养好，再从大处着眼吧。"

广州失败后的两炸弹　三月二十九日失败后，党人愤怒至极，必欲杀李准而甘心。刺杀之事，由陈炯明与邹鲁主持。党人中有陈敬岳者，自南洋霹雳埠归，向邹鲁报告奋勇，愿任此事。

同时有林冠慈者，愿为助手。侦知李准每日必于午后一时至二时
由水师公所入城，因相与计议，城以内由林负责，城以外由陈负
责。计定闰六月十九日（8 月 13 日）行事。那日午后李准由水
师公所出来，陈候于天字码头，去李所坐的绿呢大轿约三四十
步，陈向前直追。李轿进了南门，林冠慈早在南门候着，拦舆抛
掷炸弹，烟尘四起，昏不见人。李准伤了腰部，未死。林中弹
死。陈敬岳由天字码头追到，李准已被人抬走了。警察看见他西
装剪发，形色仓皇，立即将他拿获，以致遇害。党人闻李准受伤
未死，还是进行谋刺，不肯罢休。谁知李准自受伤以后，深居简
出，党人再没有暗杀的机会，卒于秋间将满洲驻粤将军凤山炸
死。任其事者，为李沛基及徐宗汉、徐慕兰、黄悲汉及庄六如女
士。此次完全胜利，同志未损一人。广州迭次革命虽未成功，而
接二连三的炸弹，总算是给清朝官吏以惩罚，使他闻而丧胆了。
光复之后，将林冠慈、陈敬岳、温生才及炸龙济光之钟明光，同
葬于红花冈，称为红花冈四烈士之墓。

## 第七章　推进革命之争路怒潮

流血争路，路亡流血　在革命空气紧张期间，清政府为软化
革命起见，利用伪宪政来欺骗人民。又以规模新建，处处需钱为
名，大肆勒索。一般贪婪淫侈的少年亲贵，更勾结一个昏庸无耻
的奕劻，朋比为奸，日以敛殖私财为事。听到一群猎官的所谓新
人物，贡献"利用外资开发实业"的政策，他们自然欢迎。杨
度的"铁路国有"主张，就由此大出风头了。甚么铁路国有，
不过是从人民手中夺去路权，再由他们卖给外国人吧。提起铁路
借款，话长得很，内容复杂，可以看得出帝国主义者的分赃斗
争。先是甲午（1894 年）中日战争结束，美帝国主义者挟持其
调停的功绩，向中国索取报酬。清政府遂以粤汉路的敷设权作为

礼物，送给美国的拓殖公司。一九〇五年前，拓殖公司曾以取得经纪人的利益，将铁路底股三分之二售与比利时公司。这个比利时公司虽然由比国出面，实际上有俄法两国投资在内。英帝国主义者，视中国之长江利益为其天厨禁脔，眼见俄法势力之侵入长江以南，它是不愿意的。因而怂恿湖广总督张之洞出面，以收归商办名义把粤汉路的敷设权，由美国人手中赎回。实则这一笔赎款，是从英国汇丰银行借得的，约定再建川汉、粤汉两路时，要尽先向英国借款。至一九〇九年，再建粤汉路，偿款问题发生，英国开出条件，极其苛刻，德国资本家乘机而入，由德华银行出面，与清政府交涉，愿以优待办法，借给六千万马克于清廷，而代表比法资本家的东方汇理银行，则以一九〇五年曾因建筑四川铁路组成英法银行公司，此为既得利益，现在不能相让。由此英、法、德三国，经过多次交涉，最后才决定组织三国银行团，对粤汉路共同投资，就把美帝国主义者关在门外了。但是美国不肯罢休，提出抗议，并由塔虎脱以大总统资格致电清廷摄政王载沣，坚持美国必须加入。一九〇九年五月，美、德、英、法四国代表在巴黎开会，达成协议，共同以英金六百万镑借给清政府。此协定于一九一〇年十一月十一日成立于伦敦。一九一一年五月，清政府与美、英、德、法四国订立《粤汉路借款合同》，除铁路借款外，并加入一千万镑的币制借款。此明为大规模的卖国行为，岂能掩住天下人的耳目。借款既已成功，就要把路权收归国有，已经投入的商股，一律驱逐。这正是民族资本受着帝国主义资本的压迫，自己有钱，不能筑自己的路，眼睁睁被外人夺去，业不由主，与亡国何殊。因此广东、四川、湖南、湖北的人民，异常愤慨，谘议局的抗争电报、留东学生界的质问书、各省旅京同乡会的请愿，连篇累牍，如雪片一般的飞到清朝政府。清廷虽然着慌，还是要顽强的干，这次风潮就越闹越大了。由东京湖北留学界推派的三个代表（张伯烈、夏道忠、江元吉），到处演说，都是以泪洗面，说得慷慨激昂。尤其是江元吉的争路表示，极为坚决，有一次在演说台上，拿出明晃晃的快刀，不动声色的割下自己左膀上的一块肉，在一块白布上，用血写成十六个大字道："流血争路，路亡流血；路存国存，存路救国。"这十六个字，制成铜版，遍载于全国报章。反对铁路国有的怒潮，便由此更加汹涌了。

湖南人争路坐西牢　湖南谘议局的争路代表，假道武汉赴京请愿，同时主张铁路国有的杨度，也因事北上过汉，住在英租界的水电公司。杨度是湖南湘潭人，刘复基顶厌恨他，说他是湖南的败类，于是邀集湖南的军学界同志及湖南旅鄂的绅商和学生，假座湖南会馆，举行湖南争路代表的欢迎大会，到会约数百人。演说时，无不痛哭流涕。当场议决，除一致声援争路代表外，并公推刘尧澂、李峻、龚侠初、宋锡全等十余人为大会代表，前往水电公司，迫请杨度到会答辞。杨度是有背景的，他住在英租界，当然有英国人替他保镖。他见尧澂等来势汹汹，连忙拉着一个英国人，由侧门逃避，并通知英国巡捕房将大会代表多人完全捕去。又用电话报告官厅，说他们都是革命党，指明革命总机关就在商务报馆里头。刘尧澂等被捕，押在英国巡捕房的监狱里，幸亏湖南同乡会尽力营救，才得保释。《商务报》的停刊、群治学社的改组，就是受了这次风潮的影响。

宓孑公大闹邮传部　在争路期间，川、湘、粤各省都举有争路代表入京请愿，湖北各界，也推举了张伯烈、宓孑公、刘心源等四人。这位宓孑公，名叫昌墀，是点过翰林，做过知县的。为人倜傥不群，不畏强御。临行之时，孙武去送他说："宓先生此去北京，一定出人头地。"子公说："甚么出人头地，就说人头落地好了。我们柏泉（宓是汉口柏泉人）出了两个怪物。你是小怪物，我是老怪物。都是把自己的脑袋当做'得乐'玩（得乐是小孩的玩具），你会革命，我不会，只会拼命。不过我这个脑袋，庚子那年砍不了，今年也是砍不了的。你放心。"原因庚子年春间，张之洞保他做知县，进京时，汉口改为夏口厅，他说："夏口，就是大口。我此次引见，要张开大口，说几句惊人的话。"引见时，照例是报告履历，没有话讲的。他大声呼道："臣有本奏。"那拉氏问道："有何本奏？"他答道："臣忧国事。"那拉氏问："国事有何可忧？"他答道："皇上不可不孝，太后不可不慈。"那拉氏大怒，以扇击案，问道："我母子有何不孝不慈之处！讲！讲！讲！"此时两旁侍卫履声橐橐，刀光闪闪，正在准备捉拿。那拉氏问左右："他是谁保举的？"左右奏道："张之洞保举的。"那拉氏说："退下。"他出京，经过固关，题诗于壁道："四大天门万叠山，孤臣俯首日轮边。雷霆一震重霄霁，吾戴吾头入固关。"他出京分发山西做徐沟县知县，又与护驾大臣岑春煊大闹一顿，受革职处分。卸任后，与岑对门而居，门上书一联云："吾道不行，则退藏夫宓。君子所履，可使高于岑。"岑见之，大怒，将他递解回籍。因此他名震全国，认为他是官场中"出类拔萃"的奇人。所以此次争路，推举他为代表。他到京以后，在邮传部闹过多回，并且驮着一捆破行李，铺在邮传部门前，睡了三天，忽而大骂，忽而痛哭，终于被军警驱逐，将他捆绑上车，押回汉口。孙武听说，特前去迎接，他笑着说："宓先生，你庚子年的那首诗，要改两字才行。"子公道："是的。吾戴吾头到'柏泉'，你说对不？"孙武曰："诺。"

　　**瑞澂捉拿川代表**　四川谘议局副议长萧湘，为清理铁路股款事，由北京转到汉口。湖广总督瑞澂，接得邮传部大臣盛宣怀的密电，内称："四川人民反对铁路国有，全系副议长萧湘从中主持。萧为同盟会员，假借名义，希图破坏大局，此次到汉，必有阴谋，应即缉捕严办，以遏乱萌为要。"瑞澂看了电报，大吃一惊，道："怪不得他一到来，《大江报》就发表那么可怕的言论，原来是他主使的。"当即派稽查处长祝书元带队渡江，在凤台旅馆中将萧湘拿住，交武昌府看守。四川旅武汉同乡会听说，都异常愤激，一面请求湖北谘议局设法营救，一面急电四川谘议局，报告情形。这个时候，四川保路会的代表刘声元，也由京押解回籍了。因而川省争路风潮，愈演愈烈，成为不可收拾的险局。

端方带兵入川　辛亥七月初一日（八月二十四日），四川成都城内开川汉路全体股东大会。群众演说，大要谓："邮传部大臣盛宣怀和督办川汉、粤汉铁路大臣端方，朋比为奸，夺路劫款，其行为等于盗贼，反而驱逐我代表，捕禁我议长，是政府已弃我川省，绝我人民。嗣后川省人民，不完捐税，不纳丁粮，无论政府如何滥借外债，概不承认。自今日后，学堂一律停课，商民一律罢市。不达目的，誓不甘休。"当天全城都停课、罢市，保路会的结合已达十余万人。号泣高呼，全城震动。风声所播，各县都响应起来，南至印雅，西至绵州，北至顺庆，东抵荣、隆，纵横一千里内外，府、县、乡、镇一律关门闭户，人民愤慨，天地黯然。四川总督赵尔丰看见事变扩大，急电北京政府，请示办法，略谓："川路风潮，日益激烈，罢市者已达十数州县。其未罢市者，亦皆蠢蠢欲动，人心惶惶。若不亟定办法，明白宣布，必有意外之变。且恐乱党煽惑，大局更不堪设想。"这一封急电达到北京后，清政府立开内阁会议，颇有人责备盛宣怀，但奕劻不负责任，还是搁置不理。川省同乡京官，就全蜀会馆开会，讨论这件事宜。李文熙、胡骏等，一致主张："政府不撤盛宣怀，不足以靖川乱。川人与盛宣怀誓不两立，当与背城一战，利害在所不顾。"当即由胡骏起草，弹劾盛宣怀。摄政王载沣看了奏折，颇为动容。只因载泽等把持其间，还是不生效力。盛宣怀有恃无恐，因向清廷奏请速饬端方统率两省新军入川，相机剿抚，并趣令迅速起程。端方接得旨意，即日南下，到了湖北，即会见总督瑞澂，磋商调兵问题。瑞澂说："川乱已不可收拾，湘局亦岌岌可危，湖北与川湘毗连，也难以安枕。因此川湘与湖北连界的地方，我非驻兵不可。郧阳方面，已经派李汝魁的部队去了。施南方面，已经派张楚材的部队去了。湖南岳州方面，已经派楚有兵船去了。宜昌方面，已经派湖鹗、湖隼两兵舰去了。现在乱事蠢动，省防空虚，哪有多的军队可供调遣？但是大人此去川省，当然非带兵不行。我已同张统制商量，暂派三十一标曾广大督率所部，随从大人入川。命令下去了，正在整装待发，不知大人意下如何？"端方说："曾广大为人忠实，学识也还不错，我在巡抚任内就认识他。有他的一标兵力，我想够了。此次带兵入川，不过是弹压而已。川省并非兵变，也非革命党起事，乌合之众，有何能为。我们军队一到，把为首的拿住，斫下几个人头，不就结了吗？"瑞澂此时，对端方也有点猜疑，怕他到湖北来侵越了自己的权位，所以事事将就，敷衍他早些进川。哪晓得军队调走，人心动摇，外围的布置虽然紧严，而省内空虚，实与革命党以可乘的机会。此为首义前夕的真实环境，于革命是很有利的。

　　**赵尔丰屠杀民众**　端方带兵入川，川人益发忧愤。旧历七月十五日（9月7日），由保路会代表率领群众，晋谒总督赵尔丰，请保护人民生命，阻止端方入川。代表入见的时候，尔丰道："为着你们争路的事，我已经打有电报进京，替你们讲话，政府置之不理，教我有何办法？端方带兵来川，是奉有圣旨的，我有甚么办法可以阻止？难道说我做封疆大臣，可以违抗圣旨吗？难道说可以带着大兵同他开仗吗？这当然是不可能的。老实对你们讲，这件事，不要再闹吧。我对于路事，绝口不赞一词。但是我职掌封疆，地方的秩序，我要维持。你们再闹，恐怕对不起。"这一席话，完全是镇压的口气。在愤怒至极的情况下，代表中有人骂道："你只知保全禄位，绝不知保全人民，天理何存？良心何在？"尔丰大怒，叱令亲兵戈什捉拿代表邓孝可和蒲殿俊等数人。这些人都是很有声望的，众大愤，益发骂得厉害。尔丰叱令戈什向群众开枪驱逐，登时在督部堂门首中弹而死者四十余人。百姓群起抵抗，越来越多，把督部大门及左右辕门密密围住，要求开释代表，并抚恤死者。尔丰登时电令军警机关，派队弹压人民，百姓与兵队作殊死战，被刀杀和枪杀的，又不下数百人。流血横尸，惨不忍言。尔丰更张大其词，急电上奏，说："川人借争路为名，希图独立。围攻督署，杀伤卫兵，并发布自保商榷书，拥戴罗纶为首领，公然叛变，与路事无涉。"奏上，清廷主张用兵，于十二日降下电谕道："干路国有，已成定案。从前商民股本，均经妥定办法处理。旬日以来，川省突有匪徒意图独立，经川督赵尔丰侦悉破获，擒治首要。祸机四伏，变乱堪虞。兹已电饬赵尔丰相机剿抚，端方带兵入川，务须申明纪律，平定乱事。"端方得此电谕，知道乱事扩大，不敢前进，停滞在川鄂边境间，静看风头。川省大流血的惨剧，传到湖南，湖南人民异常悲愤，于七月二十六日（9月18日），也有大规模罢课、罢市、抗粮、抗税的风潮。湖南巡抚余诚格严饬各司道及各军警衙门禁止开会结社的行为，一面又急电湖广总督瑞澂，请调常备军两营驻扎岳州，以资镇慑。人民一夕数惊，好像是大祸临头的光景。这些天造地设的环境，都是武昌八月十九日的先声。"蛰龙将启雷三日，山雨欲来风满楼。"革命的党人，自然是极其兴奋的。

# 中国国民总会材料选辑

沈云荪 辑

　　**编者按**：中国国民总会成立于 1911 年春间，至 1912 年冬间与国民党合并，前后约两年。1911 年 11 月上海光复前设秘密机关于上海汉口路婶嬛里；上海光复后，迁于上海白克路五六二号。国民总会由陈英士、傅梦豪二人发起组织，其中坚分子有章梓（木良）、农竹（劲荪）、沈缦云（懋昭）、叶惠钧（增铭）、李怀霜等，公推沈缦云为会长。设江西国民总会于南昌棉花市关帝庙，负责人为漆璜、程文卿；设宁支部于南京钓鱼台侍其巷，负责人为宰忠汉、李铎；设江都分部于扬州达士巷，负责人为吴庚鑫、孔剑秋。上海总会会员多系同盟会会员，实为同盟会的外围组织。总会设立后三月，筹组模范体操团，由农竹为督操，李竞成为教练，操场设在沪宁铁路车站东首隙地，教练兵式体操；上海起义时参加进攻江南制造局一役。家藏该会文件，对于该会的宗旨、组织、活动情况以及与国民党合并等等，均有所记载，兹特整理发表。

## 中国国民总会通告会员函

敬启者：本会自光复至今，月需经费五六十元，俱系会长沈缦云先生一人担任，统计垫出已达六百余元。既无特别捐助，又无月捐缴纳，无米为炊，何能持久。因此，于右任君介绍本会与国民党合并，已由两方代表晤商合并手续，行将登报宣布，征求会员同意。惟会长暂垫之款及现下之亏累二百余金俱无所着。伏念会员对于本会应尽维持义务，况本会成立以来，已逾一周，照章应收常年捐费。既承阁下热忱隶籍本会，乞将常年捐迅赐缴纳。如能慨助特捐，俾得集少成多，借清积累，则尤为欢迎而颂祷矣。肃此布告。敬请

公安！立盼惠音不既。

中国国民总会谨启

## 程文卿致中国国民总会函

中国国民总会诸公钧鉴：

敬启者：旧历七月念陆日，于本会会所一别，携带章程、月报、进行策略及警告书多件。适值武汉义起，各省响应，于是爰集同人，组织江西国民会，一切内容办法概照沪会施行。后阅《民立报》载沪上光复一则，赖国民会国民模范体操团之功居多。开选举会，陈英士君被举沪上都督，沈缦云君为财政长，足见民国用人行政要皆公诸舆论，非从前专制时代之可比。但中国国民总会自沪上光复后，仅见报载国民模范体操团驻扎沪兵工厂呈请北伐等因，未审叶惠钧君、章木良、农竹诸君尚在本会办事否也。现在赣国民会事稍就绪，接办颇为得人，弟欲于一星期后往沪，祈将国民会进行策略寄下一二百份来赣，以便赣会效法进

行。不胜盼祷之至。专此。

敬请公安！诸惟爱照。

弟程文卿顿首　二月

## 江西国民总会移中国国民总会移文

江西国民总会移报事。窃敝会之组织，系由贵会职员程文卿君前来兴办。适值武汉起义，赣省人心颇为浮动，当经同人等四出演说，人心得以安定。旧历九月初十夜，光复之始，兵不血刃，廛市不惊，虽赖民国军之力，而安慰人心敝会亦与有力焉。伏念敝会之宗旨，与贵会之宗旨大致相同，办法亦近是，对于贵会则为分会，对于江西则为总会。兹当民国成立伊始，凡我国民，自应联络一气。除呈报本省军政府暨临时政府各在案外，合就备文缮具章程、缘起、职员清折、宣告书各一扣，移报贵会，请烦查照，并祈见复。须至移报者。

计送章程、缘起、职员清折、宣告书各一扣

右移中国国民总会

中华民国元年二月六号

## 江西国民总会缘起

吾人生于二十世纪中，每览强胁弱，大凌小，众暴寡，虽天演之公例犹然，使无团结之力争均势于大陆，则弱者、小者、寡者将殄灭而无遗类矣。有志之士，悟生存竞争之理，抱匹夫兴亡之责，奔走号呼，海外遄归，故组织中国国民总会于沪上。其宗旨以提倡尚武之精神，实行国民应尽之义务为要素。当其开办伊始，力图进行，务造成完全国民之资格。苟人人自尽其天职，积而成庄严灿烂之社会，发皇腾踔之国家，外可以折冲御侮，内可以补弊救偏；至于歼除满虏，横扫羌胡，脱离专制之羁绊，复我自由之幸福，亦意中事也。迨武汉起义，经沪上派员来赣兴办此会，同人等极表同情。试思会以"国民"二字命名，其范围必大，责任綦重。于是互相筹议，拟以联络各属公团、促进共和国民应尽之义务为宗旨，对于中国国民总会则为分会，对于江西则为总会。此本会之所由起也。愿诸父老兄弟幸垂览焉。

发起人　程文卿　刘宝寿　蒋体元　陶　中

赵志选　胡品兰　胡　超　王仁寿

龙钟浔　应时伟　徐　超　应大章

# 江西国民总会章程

## 第一章　总　则

第一条　本会定名曰江西国民总会。

第二条　本会以联络各属公团、促进共和国民应尽之义务为宗旨。

第三条　凡赞成本会宗旨者，须身家清白，粗识文字，方得为本会会员。

第四条　本会设总会于省垣，设分会于各府、厅、州、县、镇、市。

## 第二章　机　关

第一节　总务部

第五条　本会以正会长一人，副会长二人，坐办一人，庶务四人，书记四人，会计二人，交通八人，调查十二人，纠察四人，编辑二人；名誉会长及名誉赞成员、评议员均无定额。

第六条　正会长有代表本会及综理本会一切事务之权。

第七条　副会长有辅助正会长勷理本会一切事务之权。

第八条　名誉会长有赞助本会一切事务之权。

第九条　名誉赞成员有辅助名誉会长勷理本会一切事务之权。

第十条　坐办常驻会所，有辅助正会长执行本会一切事务之权。

第十一条　书记司本会一切信札文件。

第十二条　庶务司本会一切庶务。

第十三条　会计司本会出入经费及编制预算、决算表。

第二节　交通部

第十四条　交通部有执行关于本会一切外交之权。

第三节　评议部

第十五条　评议部有稽核本会财政及评议本会一切重要事项之权。

第十六条　评议部有评议本省关于国计民生政治之权。

第四节　调查部

第十七条　调查部调查本省各属有关于本会所规定事件。

第十八条　调查部调查本会会员有无妨碍本会名誉之事。

第十九条　调查部有调查本省各项特别事件之权。

第五节　纠察部

第二十条　纠察部司纠察，本会会员或有不规则之行为，报告本会公同取决，以求完善；及会场开会秩序事件。

第六节　编辑部

第二十一条　编辑部编辑本会报章及论说起稿等事。

## 第三章 选 任

第二十二条　本会职员由全体会员选举任之，其选任之法
　　　　　　如左：

（甲）正副会长由全体会员选任。

（乙）名誉会长不分畛域，凡名高望重者，本会全体职员公
请任之。

（丙）坐办由全体职员推举任之。

（丁）评议员由驻省各公团及外府县分会暂选二人来会，本
会即公请任之；其评议长由全体评议员公选。

（戊）会计、庶务、编辑、书记及交通、纠察、调查各职
员，皆由全体职员互选。

第二十三条　本会职员一年一选举，于春季开大会施行。

第二十四条　本会职员有不称职者，经职员会议决，得临时
　　　　　　改选。

第二十五条　本会职员自选定后，不得无故辞职；如有特别
　　　　　　事故，须函告本会，经多数职员承认，方得
　　　　　　卸任。

第二十六条　本会驻会职员得措置本会一切应办事宜。

## 第四章 集 会

第二十七条　本会每年开大会一次，每月开职员会一次；现
　　　　　　当进行伊始，事务殷繁，暂定每星期开谈话会
　　　　　　一次。

第二十八条　本会有特别大事，由职员十人以上要求会长开
　　　　　　临时职员会或特别大会。

## 第五章　经　费

第二十九条　本会会费分基本、特别、经常三种：

（甲）基本捐　初入会时以五百文为率，能多捐者听。

（乙）特别捐　随意捐助，如在百元以上者，本会认为名誉赞成员。

（丙）经常捐　每年一千文。

第三十条　本会捐项皆由会员纳捐，并不派员募集，以保名誉。

第三十一条　本会出入经费，得由评议部随时检查。

第三十二条　本会出入经费，须由会计每月编制决算表，交评议部检查后，揭示公众。

第三十三条　本会款项须存放银行或确实钱庄，不得私自挪用。

## 第六章　入会出会

第三十四条　凡入本会者须由本会会员介绍。

第三十五条　会员中有违背本会宗旨者，经纠察部纠察确实，报告会长，开会令其出会。

第三十六条　凡入会、出会者，须遵本会规章施行，不得越规章范围以外。

## 附　则

本会章程有不完善之处，得随时参酌增改。

# 江西国民总会临时职员清折

计开：

| 正会长 | 漆 璜 | | | |
|---|---|---|---|---|
| 副会长 | 宋育德 | 胡 怿 | | |
| 坐 办 | 胡 超 | | | |
| 评 议 | 刘天衢 | 龙钟洢 | 赵志选 | 梅台源 | 应大章 |
| | 徐 超 | 胡长赓 | 胡思孝 | 吴原勷 | 漆 奇 |
| 交 通 | 胡品兰 | 谭 章 | 刘 平 | 曹 源 | 左爱莲 |
| | 郁观澜 | 熊天觉 | 常国裕 | | |
| 庶 务 | 熊 渊 | 王仁寿 | 李开泰 | 闵 治 | |
| 书 记 | 程文卿 | 黄 钟 | 娄 鸿 | 冯 昌 | |
| 会 计 | 刘康衢 | 应时伟 | | | |
| 调 查 | 钱树渊 | 熊炽昌 | 熊寿松 | 陈善模 | 舒 翘 |
| | 熊渭卿 | 姜维祥 | 梅光镔 | 应志劭 | 熊 斌 |
| | 杨承训 | 章 端 | | | |
| 纠 察 | 熊文师 | 黄伯龙 | 应汝翼 | 蒋 堃 | |
| 编 辑 | 程文卿 | 常国裕 | | | |
| 名誉会长 | 刘宝寿 | 蒋体元 | | | |

## 江西国民总会致《民立报》暨
## 中国国民总会函

《民立报》暨中国国民总会诸公均鉴：

敬启者：昨阅本省《晨钟报》所载，顷阅上海交通部来函，各谓上海国民总会已派代表沈君缦云与国民党交通部于君右任磋商合并办法，由双方认可，日前国民总会已将册籍等项送交国民党交通部接收，国民党亦于日前开会欢迎，自后国民总会即为国民党也。合亟录函通告所有各处之国民分会会员，即希与之接洽，实行合并，以张党势而固国基云云。试思本会是由上海总会之发生，所有关于国民会之会务，时有声息相通。本会现未得总

会来函，未便率尔与之接洽。是否属实，尚祈赐复，并示以各处
国民分会与国民党合并办法之大略，以便磋商，无任盼祷之至。
肃此。敬请

公安！

江西国民支部公启

## 江西国民总会致沈缦云函

缦云先生钧鉴：

敬启者：久钦雅望，倍切瞻依。本会前派代表任君锡福到
沪，恭谒台端，与商会务。适公前往南洋群岛调查实业，具见我
公爱国热心，无远弗届也。日前本会因阅赣报所载沪国民总会与
国民党合并一节，当即致函总会，请询两会归并情形，迄今月
余，未蒙复示，未审前函曾邀请及否。但本会是由上海总会发
生，而总会发起诸君又皆同盟会之分子，宗旨既同，其合并也固
宜。惟本会自光复时发起，至今会员颇形踊跃，而职员担任职务
者亦极认真，若无会长之复示，贸贸然并之，其中未免多所隔阂
之处。兹特肃函前来，尚祈赐复，并望示以沪会合并大概情形，
无任翘企待命之至。本会现已推定代表陶君启元，约二月初间起
行到沪。再呈安扣。肃此。敬请

公安！诸惟亮照。

江西国民会公启<br>中华民国二年正月二十七日

## 宰忠汉呈中国国民总会折呈

正、副会长暨诸职员公鉴：

敬启者：吾中国数千年来求君主政体一变而为民主政体，非

戞戞乎其难之事哉。矧有明而后，满奴窃据汉土垂二百六十年，吾国民受专制毒焰，几敢怒而不敢言，久亦忘其所谓苦，又若天然奴隶性根，惟我中华国民与有生俱来之物。噫！此皆志士闻而痛心者矣。兹则专制政体一跃共和，正民权澎涨之日，举四万万同胞前此数百年所念不到此者。第欲享自由幸福，必以保全国家为前提，而保全国家，尤必以勉为完全之国民为目的。须知国系民国，即吾民共有之国，非一人一姓私有之国。既尊之曰国民，更必负国家之责任。皆知欲保家，必保国，国不可保，即家不可保，何有于财产，何有于性命。若是乎国民之问题，更吾人当存诸心目，未可自贱而自卑者也。

汉于客春虽由章梓暨程文卿先生介绍，得入本会，已历年余，总以学识不充，才力绵薄，未克效一二之驰驱于本会为憾。嗣客秋民军起义于武汉，汉热血一腔，喷如潮涌，誓欲戎行效命，不辞劳瘁。迨南京光复，又践陈其美先生之约，督办沪宁北伐义勇军，满拟犁庭扫穴，痛饮黄龙。嗣南北统一，无俟专征，转奉程德全先生委任充都督府秘书官。近因黄克强先生提倡国民捐，汉遂联络同志，组织中央演说团南京部，于六月八日已开成立会。独惜范围甚小，未能率诸同胞相亲、相近、相友、相爱。且知有民，然后有国，国与民有密切之关系，未可民之视国犹秦人之视越，肥瘠不相关也。舍国民会能收圆满之效果欤？窃思本会总部在申成立已久，明效大验，彰彰在人耳目。金陵系帝王之都，不有支部，何以使吾国民知共和幸福之未可幸邀，专制毒焰之不易铲除乎？是以汉与至友李铎（中国国民会会员）欲组织本会支部于南京，开办经费已筹完备，用特肃函布告，仰乞总部开会议决，表此同情，允予汉在南京设一支部；一切简章，务希早日赐下，俾汉得有遵循办法，庶涓涓之水，可成江河，异日办有进步，或亦本会发达能力之一助也。何况茫茫宙合，千秋祖国之旗，滚滚江流，万斛英雄之泪，我国民皆黄帝子孙，有不闻风

兴起，相率而为完全之人格哉！是又贵会所日望于支部者耳。嵩此。敬请

政安！伫候回玉不宣。

会员宰忠汉三鞠躬

## 中国国民总会宁支部致总会函

上海总机关部公鉴：

　　昨上八号一函，谅已达伟盼。近日宁支部入会者纷纷不断，颇形踊跃，现已达至一百数十人矣。将来必可期以发达。宣言书、章程等尚未印出，还须二三日之谱。国民公学与进行社，均在进行中矣。前函云支部与总会规定每星期六通函一次，今爰此例，谨泐数行，奉告宁支部之近状。肃此。即请

大安！

中国国民总会宁支部启<br>中华民国元年八月卅一日

## 宁支部宰忠汉致总会函

总机关部正、副会长暨全体职员公鉴：

　　敬启者：忠汉自组织宁支部以来，于兹数月，种种手续，未臻完善。缘以筹划辅助机关，致稽迟会事之进行，实自惭愧。今本学堂、报社办有端倪，故于昨二十七日开筹备成立会。当经公决准于十一月三号（星期日）下午，假南京大中桥升平茶园开成立大会。是特咨详，务请总机关部开会推举代表，于十一月二号（星期六）乘火车来宁莅会参观，并请演说本支部之关系。忠汉于星期六下午，准嘱学校学生排队至车站迎迓。希弗见却，至祷至祷。章君木良处业已面请，并乞另信咨木良先生，务请莅

会。倘荷总机关部再信咨各支部推举代表来宁，则尤感激矣。手此。敬请

公安！

宁支部宰忠汉鞠躬

中华民国元年十月三十日

## 宁支部宰忠汉致总会函

总机关部部长缦云先生伟鉴：

　　敬启者：顷阅《民立报》载国民总会已议决归并国民党，敝人极力赞成。缘国民总会始初组织，其中底蕴，敝人早悉。今民国成立将届一年，国民会之志愿已达。近来同盟会并多数会党改组国民党，成一完全政党，澎涨势力。我会昔日既系由同盟会发生，是同盟会会员所组织，两会之会员犹一会之会员，且所抱之思想契合，何必独立，虚设机关，无所事事，自应合并以归统一。刻总会即已决定归并，宁支部理应遵循，惟须开全体会，经众公决，方可实行。伏乞将上海合并办法详细示知，并乞书致国民党宁支部方潜先生一信，随即附函寄下，以便开会，推举代表与方君接洽归并办法可也。专此。敬请

公安！鹄候赐复不宣。

宁支部部长宰忠汉谨启

中华民国元年十二月三日

## 中国国民总会宁支部致总会函

本部正、副部长暨诸职员公鉴：

　　曩奉环云，敬悉种切。辱承谬奖，且感且惭。来示本拟即时裁答，所以延迟至今者，实欲集资聊助，以副台命。无如敝支部

会员对于会中经济一节，亦复如本部会员态度。缘敝支部会员长年捐大率未缴，今已数次催索，缴者仍寥寥。日昨已将总账结算，亏累约二百余元。似此情况，此款仍须部长宰君担任。虽敝支部对于本部颇愿补助，而实在心有余力不足也。抱歉之至。方命之愆，尚乞谅之。刻敝支部对于归并国民党一事，已开会提议，会员中亦得多数赞成。至归并条件，仿本部办法，现已由宰君与国民党方君接洽，两方无甚异议。稍迟当择期开合并大会，此时再行函告。此复。敬请

公安！伏维朗照不宣。

中国国民总会宁支部启

再启者：敝支部已迁移三铺两桥。又及。

中华民国元年十二月十七日

## 吴庚鑫、孔剑秋致中国国民总会函

国民总会诸公伟鉴：

久未通函，未卜总部进行若何，殊称闷闷。仆于去岁夏间即行入会。该时总部系傅君梦豪由东到沪所组织，曾交仆章程、愿书及危亡书等各数十份，到扬组织支部。彼时以内地风气未开，虽急力运动招致会员，奈入会者只二三十人，不能报告成立。后际光复时期，诸同志风流云散，遂等于无形消灭。今春同学友朱君等，于上海发起少年中国党，嘱仆在扬组织支部，奔走呼号，经营惨淡，幸于阴历四月间成立。迄今党员达三百余人，就中有扬郡司法警察讲习所全体、开敏女学全体、捷益英文社全体、体育学校全体四团体。至进行事件，若通俗教育学校，若送诊，均在在举办。仆等正在努力进行，不意上海本部以经费不充，遂归无形消灭。扬支部因本部消灭，不肖分子及与扬支部有恶感者极意破坏。仆等不忍坐视惨淡经营三百余党员之支部解散，爰以本

会总部章程示阅诸党员，已得大多数同意，均愿并入本会，为扬州国民总会支部。附上党章及扬部印刷品数种，如荷认可，希即快信赐复，并请颁发图记、愿书、会证、章程、收据、徽章式样等件，以便正式改正名称，即为本会扬州支部。在扬部不致坐归无形解散，在本会总部亦可骤增数百同志，一举两得，希本会总部诸公酌行之。临书迫切，即候示复以定改组方针，无任盼祷！此请

公安！

吴庚鑫　孔剑秋仝启

阴历九月廿三日

## 中国国民总会江都分部通告

本会以提倡尚武精神、实行国民应尽义务为宗旨。去岁六月间，由留东学生陈君英士、傅君梦豪等回国组织，成立本部于上海（英租界成都路），云、贵、陕、甘各通都大邑，亦无不设有支部。本分部受本部公任来扬组织江都分部，凡吾乡人士有志签名入会，及旧会员来所报名编号者，均请于每日午后一时至四时止，惠临达士巷头本分部接洽为祷。

（右通告请本部代登《民立》、《申报》、《独立周报》封面，四行，告白三天。计钱几许，请随示知，以便寄奉是盼。）

## 江都分部吴庚鑫致总会函

本部同志诸公伟鉴：

前奉颁到章程各件照收。来书云本会为昔同盟会之母会，今拟与国民党合并，刻以磋商条件，延未举行。鄙意本会发起于去岁六月，成立进行，一日千里，会员半为同盟会分子，章程规则

既不适用于现时，际兹党会林立，竞胜争存，不进则退，断无中立之理。本会既有意与同盟会（即国民党）合并，宜急磋定条件。并则并耳，迟则彼会势力扩张，恐不能因本会合并改名，是则本会会员皆可个人加入，何取合并。为合并者，势均力敌，公订党章，重标名称，斯为正式。非然者，则亦须速订规章，积极进行，不致无声无息，归于无形之消极。本部诸公皆明达者流，定能慎择酌行。然庚鑫既忝为会员一分子，有见必言，不当缄默以负天职也。前书请改组模范体操团为救蒙保国队，未蒙示复。展阅报纸，各党会或担任募饷，或组织义勇队，风起云涌，一日千里。本会既列身政党，同为民国国民，岂竟淡然视之，甘作凉血人乎！是否若何，尚祈从速择行，以尽本会保国天职。李怀霜先生是否可允来扬演说，并祈示知，以便通告敝分部同志，以慰渴望。前书云寄宁支部章程一份，一再检阅，并未附来，想系漏寄，祈即寄数份，并示宁支部地址，以便通信，借资联络是祷。扬部组织粗备，定期成立大会时，本部是否派员观礼，祈先示知。一俟大会期定，当即专函报告。如有志愿书，尚祈寄给百份备用。专上。即请

公安！

江都分部临时理事长吴庚鑫启

# 海沤剩沈（选录）

苏　鹏

　　**编者按：** 这份资料选自苏鹏（凤初）所著《海沤剩沈》。全文共四部分：《柳溪忆语》是苏鹏在辛亥前后革命活动的回忆录，其中如军国民教育会在日本和上海的组织活动、密谋暗杀西太后、王之春事件，以及 1906 年长沙公葬陈天华等革命活动，均可供研究参考；《诗词》部分，多涉及当时的著名革命家和革命史实，可作为"忆语"的补充；《陈天华传》和《周叔川传》保存了这两位革命先驱者的一些事迹，对研究清末湖南地区的革命运动，提供了有用的资料。

　　本书于 1948 年冬曾由湖南新化文化书局石印，传世较少。今由苏仲湘选录、整理刊出。

## 一　柳溪忆语

　　民十二年癸亥以还，予主席湖南省议会。时李君抱一主《大公报》笔政，凡开会，必来记者席上，觇领言路，暇辄休息于予室，相与纵谈得失。因语予曰："革命过程中，必多可供报料者，吾子盍将当年事迹纪述要略，以明真象，而昭来许。"乃徇其请，而成忆语如下。

逊清癸卯、甲辰（1903～1904年）间，予游学日京①。适日、俄交战于我满、蒙之野，留东同人组织义勇队，欲效命疆场，冀以敌俄人而有以箝日人之口。主之者为黄君瑾午（后更名克强）。每星期三、星期六下午及星期日，分赴京桥区及各体育场，实弹射击，练习枪法。每次各自备弹费三十钱（即日钞三角）。意气激昂，精神发越。无何，为清、日两政府协谋所解散，群情愤甚，遂改为秘密结社，效俄虚无党之所为，实行暗杀，名曰"军国民教育会"。本部设东京，由黄瑾午、杨笃生、陈天华（湘人）、刘禺人（鄂人）、蒯若木（皖人）、何海樵（苏人）、王伟丞（浙人）、张溥泉（冀人）、广东胡君②与予等主之。设支部于上海，由蔡子民、吴稚晖、章行严、刘申叔（即师培）、赵百先、吴樾、徐锡麟、于右任、林长民等主之，以爱国女校为机关。后吴樾之在天津〔北京〕狙击出洋五大臣（恐其假立宪之名，阻碍种族革命也），徐锡麟之在安徽刺杀巡抚恩铭，皆军国民教育会实施之政策也。当此之时，孙中山先生组合南部会党，与留学界为桴鼓之应。自瑾午返国到湘，栖身教育界，在明德中学教课，暗结会党起义，在浏阳、醴陵发难失败，马福益死之。瑾午间关出走脱险，再赴日本，与中山先生合作，组设同盟会，而革命势力遂有一日千里之势。

军国民教育会之组织，是谋对满清君臣实行暗杀之政策，则主要所需之武器，为炸药与炸弹。于是实行学习制造炸药，由杨笃生与予及江苏何海樵、广东胡君、江西汤君（均忘其名）五人，离开东京，到横滨密租一屋为场所。初次聘广东李翁教习。

---

① 据苏鹏《柳溪遯叟自忏记》自载："岁壬寅（1902年），随邵阳蔡松坡东赴日本，志愿学陆军，驻日清公使不许，恐自费生言革命也。乃改入弘文学院学师范，又兼治理化学。"

② 据王辅宜《关于军国民教育会》一文，此人当为胡晴崖。

据称曾在江南制造厂掌理制造火药，所教者不过中国旧出版物（化学大成）书中一些成法，旋即辞退。乃向日本化学书籍中搜集制药之法，计能制成之药为：硝酸银（中国旧名雷银，性最危险）、硝酸水银（名雷汞，为弹药之发火药）、棉花药（即普通无烟药）、褐色药（即普通之有烟火药）、黄色药、二硝基偏利斯利尼等品。时日、俄交战，日本所盛称者，为一种下濑炸药，乃下濑博士所发明。因其爆发力强，而甚安全，便于装制与搬运也。求其法不得，予与笃生两人广买日本历年所出版之化学什志、药学什志，以关于国防秘密，终无所获。现此种什志书尚存家中，民国改元，虽遭败兵两度之抄劫，尚少散佚也。在横滨所租之制造室，本在临海山腰处，为避免耳目计也。时该埠适闹鼠疫，警察大举防治，当按户清检。同人等大恐，乃将所制成之炸药，用瓦缸盛水，倾药于水中。药为粉末状，轻浮水面，以玻璃管向水中搅和，使之混沉水中，便于倾弃。不幸砰然一声而爆发矣。桌案震脱小半边，楼板冲毁数块。予与笃生之眼同被炸伤。幸缸为敞口，力不横发，不然殆矣。予两人在神田区眼科医院诊治，经一月有余，未告失明，亦云幸矣。此项制药之法，经笃生编辑，成书数十页。后归沪上，寓英租界余庆里第八号，因万福华刺王之春一案，机关被破，同人等之行李均被英巡捕房搜去，此书亦同丧失，惜哉！

军国民教育会本部同人以制药事业颇堪应用，乃开会研究对象。时西太后那拉氏垂帘听政，其所措施，无非摧毁新政，杀戮新党，酿成拳党之变，致八国联军入京之惨，且宣言宁以国家送之友邦，不可失诸奴隶之语，遂以谋刺那拉氏为第一对象。议既定，予等乃向燕京出发。同行者为杨笃生、张溥泉、何海樵、周来苏诸君，颇有荆卿入秦之慨。惟易水送行有燕太子丹，予等为秘密行动，悄然成行，斯为异也。初到天津，租一屋为根据地，将药料、铁弹、电线、电器购就。部署既定，相偕晋京，于草头胡同租一屋，探听那拉氏行动。氏居颐和园，乃于西直门与颐和园之间，在途中埋窨地雷。因其出入警跸，人不能近前，别于地雷上装置电线，人隐芦苇中，以司发火。不料渠深居简出，吾辈蛰居都门，伺候阅五月，氏尚无还宫之意。吾辈辛苦相筹，东挪西借之旅费已告罄矣！不得已，议再返东京。检点行箧，而予致家中之遗书灿然存在。当予入燕之时，先寄书家中，托言往台湾考察，而暗藏一绝命书，将此次入燕，为种族复九世之仇，为国家谋改革之路，牺牲个人，为国族求幸福，义无反顾，理无生还等语，重温一遍，笑曰：吾负汝矣！乃毁之。

予等伺居京津数月，金尽裘敝，计无所施，同回东京。适黄瑾午兴在湖南联络浏阳、醴陵会党谋起义，专人赴日本组织，嘱予前往运动湘籍陆军留学生归国，主持军政。时士官学生之毕业者，湖南仅蔡松坡、周仲玉、张孝准、刘介藩四人。以次各班因日、俄交战，不能入士官，皆留滞各联队中。除松坡等正式毕业，相约归国以外，有程颂云、陈伟丞等亦皆愿归。及抵沪上，而浏阳起义之事失败，会党首领马福益死之。湘抚捕黄瑾午甚急，黄由明德学校逃入北正街圣公会，化装出走，间关冒险，逃至上海。时湘中志士由湘逃至者，与由日本组织归国者，麇集上海，乃于英租界大马路旁之余庆里第八号租设启明译书局。群居于此，铩羽少休，徐图再动。当时有万福华刺王之春一案发生，因章行严士钊探狱，一语不慎，致将启明译书局之机关被破。除杨笃生由予暗示临时逃脱外，被捕者为予与周来苏、黄瑾午、薛大可、徐佛苏、张溥泉、章陶严、郭葆生及郭随员汤、彭两君。清廷向英人极力交涉引渡，盖思一网打尽也。

予等同被拘留于英巡捕房新衙门中（在英大马路，老捕房在四马路），最危者为黄瑾午。同人皆惴惴不安，因其新自湘中逃出，清廷悬五千元缉拿。幸郭葆生为现任江西巡防统领（郭为江南候补道，赣抚夏旹奏调充此职），到沪采办军火服装。此次访友来此，误被捕；又与现任上海道袁海观为姻娅，仅拘留三日，经袁解释，证明释出。瑾午谎称为葆生随员，一同释出。同人等如释重负，各人自身安危利害则非所计也。经海内外同志如日本东京、广东、上海、南京、湖南各省，捐汇数千金，延聘中西律师四人为之辩护。审讯六七次，经时二月余，方始释放。惟周来苏身怀手枪，犯租界妨害治安罪，判监禁一年零三个月；万福华判禁十年。骈肩押入西牢，而与年前犯著书排满之邹容（川人）、章炳麟（即太炎）为伍矣！当时在上海为吾辈周章者，有杨笃生、刘申叔、林长民（林宗素女士之兄）、蔡子民、于右任诸君也。予等在狱，不过丧失自由，忍寒耐饥，而在外奔走者，则心力交瘁矣！出后相见，惊喜交并，有啼笑皆非之慨。

万福华刺王之春一案发生后，外间莫名真象，咸疑王之春不过卸职巡抚，今以在野之身，何值一击？不知此中有一出内幕，并予等此次在铁窗饱尝风味，亦多可称可叹之资料，故再述之。王之春为衡阳人，曾任安徽巡抚，又充出使俄国大臣。当时尼古利亚为太子，与王之春善，王著有《柔远记》一书。日、俄战时，尼已承袭为俄皇。王之春不甘澹泊，在沪倡联俄拒日之议。留学界同人以日、俄为一丘之貉，有何可联？且逆料战事，日必胜俄，倘联俄之说果成，将来战争结果，日本以战胜之势，对我有大不利者。欲打破联俄之局，非去王之春不可。遂谋刺王之春，作釜底抽薪之计。议既定，乃假吴公子某名义（吴颇负时誉，与陈伯严等当时称为三公子。其父亦清抚，与王之春为至交），宴王之春于英租界四马路一枝春番莱馆。推两人携手枪，执行刺杀，楼上有某君在宴客厅下手，万福华则伺于门首梯边，预备楼上响枪不中或逃去时加以补击者也。王之春居然中计，按时赴宴。及至客厅，四顾皆少年，无一识者，心知有异，稍寒暄，即假小解潜逃。万福华见王之春上楼，未闻枪响，旋即下楼，急趋前扭之，向怀中取枪相击。急切间未得如法。两相撑拒，王之侍从从旁相助，而万福华遂逮入巡捕房矣。

万福华亦留日学生，皖人，有血性。既捕入狱，自认谋刺，无他语。王之春向英巡捕房交涉，谓设局行刺，必多同党，请其穷治党羽。章行严，一书生也，煦煦为仁，独往狱中慰万福华。捕房喜其不请自来，并羁之，而询其住址，意在获得与万福华行刺相涉之证据，以钩缉同党也。行严本开设东大陆图书印刷公司，寓居其中（章斯时尚未聘室），而设行榻于启明译书局其弟陶严室内，以便与吾辈朝夕叙晤。而东大陆公司中藏有陈天华所著《猛回头》、《警世钟》两书数千册，书中多排满、排外之语，恐其发露，乃不以东大陆对，而称住余庆里第八号。于是捕房派包打听（即侦探）华人一名、印度巡捕四名来余庆里八号查问。予适在宅，出应门。包打听询章士钊（行严之名）住居此处否。予见其为捕房中人，知有异，意揣或系调查行严之行迹，绝不料其已经入狱也，慨然曰：“我处未寓此人。”捕人大疑，即带予至捕房新衙门，呼章出质。问曰：“汝言住余庆里，而他谓予言并未住该处，何也？”予见惊极，颇愤其诳，厉声责之曰：“汝明住东大陆，何以说住我处？”章呼予曰：“某兄乎！吾有行榻在，言之何妨？”言下似有无穷委曲。予始觉，亦唯唯。捕人愈疑，仍带予回原寓，逼问章住何室。予带之上楼，首遇杨笃生，方假寐于床，予暗捏之起。笃生见状，仓皇遁去。至陶严室，捕人欲检查箱箧。箧内原无长物，陶严少不更事，力阻不令检查。捕人认为有重大情节，乃下令印捕将门把守，禁止人出，大肆搜检。各室行李囊筐，倾泄净尽，结果搜出违禁物品甚夥。最重要者，为笃生床下之箱中有名册及制炸药之译本，又有手弹、手枪、倭剑、照相器等项，又有大批假毫洋。倘使笃生未于搜检之前遁出，情节綦重，必决入西牢监禁。以笃生性情之卞急，恐不待后至英吉利，投利物浦海而死也（笃生原名毓麐，经此役后，改名守仁）。最后又于楼下厨边搜出小鼓风炉一座。此种假毫洋与鼓风炉何由而来，言之颇堪发笑。笃生为本党负筹款责任，穷神焦思。先当党费竭匮时，笃生亲赴江苏泰兴令龙砚仙先生处筹措。砚老素喜接济党人，此次猝无以应，即将所破获之假毫洋二千元与之，带携来沪，聊济困穷。笃生尝阅日本出版之《合金学》一书，内载人造黄金配合成份，由紫铜与纯锑（或镍）加媒介剂，合冶而成。遂购此炉，以供试验，冀为本党生产。不期两相巧合，捕人不惟认此为革命党之机关，且兼为制造假洋钱之场所矣！搜检既毕，威迫予等一齐往捕房。甫将出发，而郭葆生带两随员款段来访，大踏步一入头门，捕人视为同党，亦邀之同行，遂与予等同为得缧绁之友矣！

刺王之春一案，予等虽知其事，实未参加协助，因其无关革命宏旨。此次被破入狱，一误于行严之探狱，再误于陶严之阻止检查。吾等青年一行十余人，捕者前后相护持，市人咸知必为党人，观者如堵，围绕扈送，直至捕署，犹探伺不散，似对予等表示深情。及入狱，已羁押多人，询悉其与予等为同牢之雅者，皆溆浦滩头锥埋少年也。相将为予等执役，腾出一室，供予等同住，又对予等表示无限同情。日既曛，各发灰色线毯一条为盖。又每人以冰铁盂给粥一飧。其盂不知经几何岁月，外作灰黝色，若在狱外见之，当作三日呕。同人等愤慨之下，面面相觑，皆不屑食。惟瑾午视若寻常，捧之大喝大嚼。其食量本宏，罄一盂，问曰："君等不食乎？"又罄一盂。如是者连举三盂。同人见之，皆破颜为笑，曰："瑾午真可人也！"入夜，予与周来苏同寝，幸有外套加诸毯上。时届冬令，月白霜严，蜷缩如猬。破晓，捕人将毯收去。早飧，各给粗饭一盂，佐飧者咸豆数十粒（蚕豆）、白菜十数茎。同人因先晚未食，皆吞若贪狼矣。而日长如年，各皆攒眉蹙额。惟瑾午谈笑自若，时向陶严调侃，问陶严曰："吾辈惟汝年最稚，何年将满二十耶？亦曾几度亲美人芳泽否？"陶严悉举以对。同人闻之，又皆相笑成欢。日复一日，捕房以囚车载同人至会审公堂，审讯一次，又载回原处。

狱中惟壁徒四立，内外又信息不通，实无术以遣此有涯之生。乃各将佐飧之蚕豆节余数粒，以供拇战之需，赌约：每胜十筹者，得豆一粒。计每周之中，豆菜而外，可吃牛肉一次、咸鱼一次。遂计日程，每星期中何日可吃鱼？何日有牛肉可吃？而每食难于一饱，咸相与大谈饕餮之经，以当屠门之嚼。凡吴珍粤错、蜀味湘羹（指汤泡肚），以及欧飧倭饪，举人间所可悦口者，无不津津相道，以作吾辈之谈柄也。惟葆生在狱，常立于门外铁栅之间，纳两手于衣袋中（西装外套）而左右摇曳，如临风之柳。溥泉则时时唱其不完全之京调曰："过了一天又一天，心中好似滚油煎。"亦趣事也。予等在狱，饥寒而外，更苦虱祸。因盖毯每日收发无定，经下等流氓服用后，遂将虱类转殖于吾人之身。又衣垢月余不涤，虱类愈足以营其生而蕃育其子孙。故同人皆体无完肤，疮痍遍体。每日斜阳对照，各作王猛之扪。周复一周，会审五六次，经时二月有余，以与万案毫无实据，还我等自由之身。同人出后，皆大呋大嚼，此饿牢出后之特征。不意腹俭已久，膏腴过量，脾胃失调，旋皆大泄不止。贪口腹而害健康，古云"福兮祸所倚"，良不诬也。同人散处旅次，行李萧条，阮囊羞涩，惟行严出后，有腻友李香苹诗妓接居香巢，浴以芳泽，衣以文锦，软语温存，过其似蜜非蜜之生活。互相比较，欢戚悬殊。佛云："各有因缘莫羡人。"然而同人等皆不胜健羡之至。

予出狱后，适张榕川（学济）自赣来沪，就商于予，谓在赣与廖笏棠（名缙，时在赣参军政）计议：清廷特重军政，钦差铁良为检阅大臣，南下以校阅苏、皖、赣、鄂、湘各省新军。果使清廷军备整饬，于革命前途障碍必重。且铁宝臣（铁良之字）谙军事、晓机略（留日士官生），为满员中之铮铮人物，非去之不可。今长途跋涉，狙击之机会必多，天赐吾等以便也。予当时意兴阑姗，曰："容商之。"榕川急切相促曰："何君小挫而不计大局耶？人财已均备矣！惟弹药是需。今行止均决于兄耳！"予遂同之归汉。同事者有吾两人及胡经五（瑛）、成邦杰、孙国华、王汉诸君。予将药制配。残腊将尽，雨雪载途。汉口之后，荒僻尤甚。同人分携弹药，于铁道路基之旁（时未通车，大智门车站亦未设）装试炸药，通电引火，结果尚佳。探知铁良抵汉，转赴武昌，榕川亲与同人于夜昏雇芦席划船一艘，由宝庆码头装载弹药、电线、锄畚之类，向武昌黄鹤楼下出发，思于官码头装埋炸弹，通电发火。及舟将傍岸，有警卫弁兵厉声呼曰："深夜悄行，究何为者？当来岸检查。否者，当饲以枪弹也。"乃急令舟子转舵下驶。舟人漫应之曰："往轮船码头搭船者。"幸未泊岸，不然，其险逾于上海，将骈戮于黄鹤楼下，而跨鹤归真矣！

计不获售，予一人买舟东下，惟王汉独怀手枪，紧随铁良北追，过河南，至正定，仍不得逞，乃以手枪自杀于途以见志。呜呼烈矣！予本拟赴泰兴，投龙砚仙大令，再作区处。舟抵镇江，已腊月二十九矣！舟子呼曰："泰兴不停轮，往泰兴者，请起镇江。"予不得已，登陆入旅次。单身只影，寒灯相伴，以度予寂寞之岁腊。此情此境，真百感交集也。试填《桃源忆故人》一阕：

十年江海无知己，依旧工愁文士。肝胆赤，关山紫，驾逐风云驶。于今日暮途穷矣！谁是骏才千里？宝剑寒光秋水，静看胡尘起。

此词为予长短句之处女篇，穷途潦倒，言为心声，然亦足觇当日之气概。时已爆声除旧，岁序更新矣！市上居民，团圞取乐，彼此相见，笑逐颜开，相与拱手为礼而道新禧。入夜，多高烧银烛，鼓乐喧腾，偌大一座镇江城，似笼罩在喜气氤氲之下。惟予孤身作客，举目无亲。幸新正无雨，兴之所之，信步而行。游至城隍庙，殿宇庄严，中供偶像。便殿有娘娘卧室，雕床、锦被、履屧、梳台及水架盥具，凡一切闺阁所需，应有尽有。特雇一媪供娘娘卧室执事之役，夜则铺毯拂帐，晨则送被盥水。土人相信甚虔。传闻夜深室中尝唧唧私语，然耶？否耶？考该庙地址，系孙吴时公瑾开府之处，岂地气钟灵，千载下犹存灵异耶？

镇江名胜，当推金山、焦山、北固山，惟焦山峻峙江心，北固山与金山居于江岸之上下游，相对如鼎足形。惜予未买舟一登焦山。闻山下江水中有名泉，雅人欲取其水，当制特异之桶，桶有可启闭之门，用绳各记尺数，以一绳垂桶，一绳启门，将桶放至一定尺数时，则牵绳启门，取得此泉之水，汲引而上，以之煮茗烹茶，谓清冽异常。北固山当清高宗南巡时，尝驻跸于此。有东华门、西华门，其中御笔留题颇多。金山之麓有兰若，僧伽颇众。东坡输与佛印之玉带，尚留作镇守山门之用。山上有高塔，塔旁有法海洞。相传许状元拜塔，法海收伏白蛇精，即为此处。山顶有石碑，面江而立，题曰"江天一览"。传高宗幸游至此，凡江南预告之大臣皆扈从，请御题数字，以作纪念。清帝猝无以应，乃佯书于掌，以问纪晓岚。纪随应曰："好个江天一览。"遂书之。于此可见乾隆之虚伪与晓岚之敏捷矣。

直至正月初八，小轮方开班走泰兴，不能成行，乃将虎文洋毯质诸长生库中，以作舟资。既抵江岸，距泰兴城尚有三十里之遥，时夕阳在山，倦鸟归林矣！因囊空不能复留，雇单轮土车一辆，一边坐人，一边置行李，向县城晋发。途中多溪流，架木以通行旅。私自忖度，苟御者而为暴客也，只车临桥上，将车一倾，则予无生理矣！故尝蹲距，预备作纵腾之势。三鼓后，安抵县署。承龙砚老招待殷勤，小居数日，赠四十金以壮行色。此予平生受惠之举。至宣统改元，予自广东黄埔陆军小学校解馆归湘，备沉香一方、五彩瓷瓶一罍、象牙雕扇一柄，奉之砚老，聊报当日之雅云。

予以终鲜兄弟之身，频年仆仆风尘，饱受艰险。予母仅知予为求学外游，尝倚闾弹泪，几至失明。设知予旅外之情伪也者，更不知伤感何似矣！乙巳（1905 年）早春，予返故里，登堂拜谒重闱父母，举家惊喜，如拾珠珍。予母喜极，洵至涕泪交横。天伦团聚之乐，亦可想矣！家居不久，各处友朋交缄相召。予整装请命于堂上，屡请均不许行。乃于吾舅之时荣桥试办小规模之造纸厂，以改良纸业，盖冀小贡献于社会生产也。

吾地向产纸，其制造仍沿袭中古时代之旧法，费料而价贱，如大块东山纸，以供南货业包裹之用；小方块纸与夹板纸，徒供迷信者焚楮化冥之用。上焉者为时尖纸，老尖纸与毛边光堆，为普通书写之用。原料，劈嫩竹成块，以生石灰浸蚀，使其纤维分解。用石灰浸解者，不能用漂粉漂之使白，以手工滤制，成各式用纸，质粗色黄，故价值低贱。改良法：以苛性曹达煮料分解，再以漂白粉液，加硫酸少许，漂成白料，以旧式手工滤制，出品较优，药料亦贵。若将嫩竹去皮，削成白料，浸清水池塘中，成丝条而为竹麻，大可减省药料。然以药品须购自汉皋，供给时虞缺乏，至于停办。遂应罗师仪陆之召，至长沙勷办游学预备科。

清季废科举，各省设学务处，兴办学校，主吾湘学政者为张筱圃观察（名鹤龄），于各级学校外，创办游学预备科，考选优秀青年之旧学较有根底者，学习英、法、德、日各国语言文字及数理科学，为将来分送各国留学之预备学校也。张兼总办，而以罗师仪陆为监督，一切由仪师主之。予应聘未久，日本政府取缔中国留学生，留学界主张一致归国以抵制之，尚有少数学生违背公议不归者。吾友陈烈士天华（字星台），愤激投东海（日本大森海湾）而死，遗书万余言，勖国人团结救国，全国感动。吾舅周叔川先生，系革命先哲，为国是在日本与孙、黄诸领袖策动进行，亦病逝于神户。湘学界推予渡海，接运灵柩。同时益阳姚烈士宏业，在沪办中国公学，亦因愤投海死，予均护运以归。海天万里，生死神依，楚些频歌，魂兮归来。三槥抵湘，万人空巷，学界在天心阁开追悼大会，议决公葬陈、姚两烈士于岳麓山，以志景仰。旧绅嗾湘抚尼之，谓张党人之目，新旧意见如水火冰炭之不相容。

时张筱圃署理按察司，召予及各校校长议商调停之法。予建议价买方氏私管岳麓外围之天马山为墓域，谓该山附庸岳麓，位濒湘江西岸，与湘垣隔江相立，帆船上下数十里可望，朝野双方当可迁就。众韪予言，按察署即备金二百交予，委办此事。予诣方叔章兄契买天马山巅纵横百数十丈，除备窀穸外，犹可建立华表也。筹备营葬事务者，为予与禹之谟、谭心休、覃振、陈家鼎诸君。再于左公祠开大会，报告买山备葬事，众不谓然，意气之盛，直冲牛斗，而尤以禹君之谟为尤激烈。议定，发靷，学生会而执绋者万余人，强葬于麓山云麓宫之阳。湘抚庞具奏于朝，密旨究治，拿办党魁，停办学校，卒将陈、姚两墓改阡，瘗诸山之北坡荒草中。吾湘学界，掀起大波，高压之下，湘人士气因之不振者数年，恸哉！予走粤后，和仪师有诗，即指此也。诗云：

行托扁舟叶似身，伤心无泪哭湘灵，秋来红豆离离子，结得相思满洞庭。

燕筑新巢垒不成，狂风苦雨误前程，落英满地知多少，怕向三闾泽畔吟。

陈、姚葬事甫毕，湘学界接踵又生一事，即长沙城厢内外廿四小学校教员捉捕俞饬华事件是也。饬华曾游学日本，学速成师范，与陈凤荒、颜习庵辈同学，为经正学校校长俞经贻之叔也。归国后，张筱圃处长委充湖南学务处总文案并长沙城内外各小学校监督。为人精刻，各小学教员多衔之，又不自检束，好冶游。一日设牌局于私妓家，为小学教员所侦悉，纠众捕捉，卒从败席中捕获，拘至西长街濂溪祠议处。经贻窘急，无以为计，走仪师处计商，问策仪师，急促予去相机营救。因是时学生气势颇张，凡办官立学校者，动遭学生所窘，以予为运枢事，当不与学界忤也。

予抵濂溪祠，人如潮涌，见台上饬华君肉袒中立，反缚其手，左右各缀长绳，两学生牵之，割其发辫，纽诸裤带之旁，状至可悲，有若待决之囚；而两目灼灼，瞋形于色，盖一有心计之人也。会场人声鼎沸，有主张游街示众者，有主张痛加鞭挞者，有主张投之湘流者，莫衷一是，情形险恶。予尽力冲过人丛，登台演说。初言俞负教育重任，不自爱重，理应重惩，以顺舆情；继言群众无法权以判决人罪，张公筱圃为学界所共仰，俞某供职学务处，为其僚属，不如送学务处，请其惩办，必有以慰群情者。大众一致赞成，送至学务处，始得脱险。临行，予解黑纱绸汗衫与俞衣之以遮羞。然饬华不知予为经赇等央去为之解围者，当予演说时，屡目予记度。事后仪师与经赇亦未与言明，饬华反怨予甚。历年余，予南走粤，湘中大吏犹悬赏五百元缉予，促成此举者，闻饬华亦与有力焉。语云"以怨报德"，此之谓欤！事后湘人缀两事成一联语云："其死也荣，其生也哀，天华千古，饬华千古；载易之地，载寝之席，新化一人，善化一人。"亦可谓雅谑矣。

西太后那拉氏垂帘听政，最忌新党，以湘省学界强葬陈、姚两烈士于岳麓山，异常震怒，密旨严办。封闭惟一学校与游学预备科等数校；惩办首魁禹之谟，借案充戍靖县，旋密杀之，余皆散走。湘学界受此痛创，如风雨连宵，落红满地。予于丁未（1907 年）春，出奔桂林，应曾叔式君之聘，充当高等巡警学校理化教习。旋因抚院与藩司意见龃龉，警校停闭。（先余诚格为按察使，创办高等警校，自兼总办，委曾叔式为监督，嗣升藩司，仍归余办。张鸣岐由粤督岑春煊保奏，以右江道调署桂抚，余藩不怿，院司意见因之日深，张抚故停警校以抑余司）予喜桂林山水，勾留旬日，游览独秀峰、风洞山、七星洞诸名胜。独秀峰矗立省垣之中，旁无依伴，一峰独耸，故名。又名紫金山，明桂王时，建宫于峰下，较金陵之紫金山小，而秀削过之。登峰一览，全省尽收。风洞山位于城北，山通一洞，因势辟有厅堂，南北空气流通，凉风习习，避暑尤宜。七星洞在城东，凭临漓水，为石灰岩所构成，洞深里许，其中景象万千，饶成邱壑，忽启忽闭，宽者俨如堂宇，列有石台石凳，窄处仅如窦洞，逼人匍匐蹲距，随处倒悬钟乳，如笋欲堕。土人常备篝火灯烛，导游客游洞，以取薄资。出郊数里，随见诸峰耸峙如削，拔地由旬，如雨后春笋，比比皆是。语云桂林山水天下奇，良不虚也。

当此蔡君松坡在桂办理广西陆军小学，兼办随营学堂，所延用教职员，多湘籍旧雨，如雷时若、梅霓仙、毕春深、岳卓如辈，整饬严肃。于学科之外，尤重精神教育，为国家将来蔚成有用之材。（查民国以后，桂系人材，如李宗仁、白崇禧、黄旭初等担当国事，皆当日蔡公教泽所遗）予朝夕过从。松坡得粤东电，悉需聘教员，乃缄荐予与邵阳刘君五典偕往。刘应陆军速成学堂之聘，予应陆军小学聘，任理化日文诸课。举目无亲，语言隔阂，私自忖度，非先取得学生信仰，必难立足。乃于授课之先，撰理化学讲演词数千言，阐述物理化学，关于社会进化之成例，每首由战争攻守而有所发明，然后推及于普通社会之应用，学生阅读，皆心悦诚服。历时二载，至宣统改元，予受党祸嫌疑去职，学生等尚依依惜别耳。

予居黄埔广东陆军小学，建筑宏敞，为张香涛督粤时所设之武备学堂所改，比邻为水师学堂与船坞，附近为长洲炮台，皆同时所修，足征香帅局度之开拓也。予所教者为一班生之日文兼理化学，又二三班之理化。正课外，一班学生之优秀分子有李鼎曾、何其雄等，从予学为诗词。在同事中，以桂林赵君兰荪、丹徒姜君证禅为交密。嗣赵君百先（声）继韦汝聪为监督，相交尤为莫逆。黄埔距广州数十里，专备差轮以供往返。此间气候和平，冬不衣裘，夏可覆絮，霜雪不常见，故珍果中如龙眼、荔枝、洋桃、波萝为其特产。湘籍党人之来粤者，每主于予。邹价人（代藩）先生在桂，与臬司王芝祥不睦，旅粤半载，皆予所供应。谭石屏（人凤）先生与克强策动云南河口与广西镇南关各处军事，过往皆主于予。然羁粤已年余矣，湘中大吏犹悬赏五百金缉予。寄松坡高阳台词中有"年来抛却不平思，问闲流，何事翻澜"即咏此也。其词全阕录下：

乱墨数行，短歌几阕，此中容我盘桓。谁是鲁阳，挥戈止住流丸（思贤也）。年来抛却不平思，问闲流，何事翻澜。怎禁他，流莺弄舌，鸱鹗扬翰（忧谗畏讥也）。　由来众女多谣诼，况羊肠九曲，行路歌难。匹马功名，莫教孤负征鞍（励友也）。寒潮入港晚来急，看斜阳，已到阑干（伤时事日非也）。劝使君，珍重戈矛，努力盘飧。

缱绻滕词寄赠松坡于南宁，寓规劝之意。时有某者，以小忠小信向蔡雅献殷勤，以作威福。劝其远佞纳贤。松坡复书，备极谦虚云："迩来政事，全凭一己之脑力运用，未免有夜郎自大之弊，此间求为师友如吾兄者，不可多得，假时遄返珂里，务望过我晤谈，以纾积悃"云云。① 哲人怀抱，不同流俗，于兹可见。旋黄克强、谭石屏等在云南河口起义失败，光绪帝崩驾，宣统髫龄嗣位，人心浮动。粤中大吏，惴惴如防大敌，严缉党人，湘乡葛覃被杀，新化罗曙苍被捕入狱。韩紫石（国钧）观察，为督练公所总办，陆军小学素归管辖，知政府不利于予，暗为爱护，嘱赵监督百先曰："汝校苏教员，可令其请假离校。"予即束装归湘，各教职员同仁治酒饯行。酒酣，百先嚎啕痛哭曰："凤初，惟汝知我。"挥一足，踢木壁成洞。百先有赠词曰："好男子，为人役，好身首，何须恤，看锋刃不伤，血花狼籍。对此聊堪图

---

① 蔡锷推重苏鹏相交颇稔，尝有"此公才识，俱超出等伦"之语。（见《蔡松坡全集·与曾叔式书》）

大嚼，伤心快意都无迹。独何来，触耳动雄愁，吹箫客。"又有诗云："我欲穷师极北鞭骆驼，一军直抵莫斯科，又欲驱策下濑与伏波，片帆横渡苏士河。无如坛坫不称意，十年依旧山之阿。文章本为进身阶，不进不如从荷戈。"以此可觇儒将风度矣。予浮珠江，下香港，转海轮过沪，临行成《临江仙》一阕，寄赵百先、周来苏、姜证禅诸友。词曰：

> 昨夕匆匆轻话别，而今共对珠流。来朝放棹驾寒湫。珠江携手处，逝水太悠悠。岭外淹留几两载，算来名利都休。聚时容易别时愁。不堪潮信恶，掀浪送归舟。

此词前言惜别，结韵两句即指离粤之原因。自港鼓轮返沪，途经厦门，海风大作，波如山立，轮船簸荡，行箧如盘中走芋，人昏眩作呕。旅怀客病，国事乡情，齐凑胸头，成《渡江云》一阕，词曰：

> 吴闽还浙粤，扁舟横渡，归路海云遐。剑书都误我，底事频年，飘泊遍天涯。惊涛午夜，搅羁怀，绪乱如麻。端怕是浮槎无力，雨急趁风斜（言国是日非，内忧外患交集也）。
>
> 堪嗟。残明季宋，弱帝孤臣，更仓皇何似，都向此东南海澨，喘度年华。河山不少兴亡感，望中原，满眼尘沙。今古恨，凭他几度啼鸦。

抵沪，凭访旧居，故旧星散。昔日群英聚处，风云会合，今不胜风去台空之感，尤以徐锡麟与秋瑾两烈士死事为可惨。徐烈士，亦军国民教育会会员，纳资捐候选道，分发安徽，以干材见重当道。于秋操检阅时，以手枪击毙皖抚恩铭。比即就捕，廷旨大辟，并割其心以祭恩抚。秋女士瑾在杭州因此案被逮，备受酷刑，就义时口占一语曰："秋雨秋风愁煞人。"士林传为纪念。秋瑾家在西湖孤山之畔，与各名胜同为千古凭吊之所焉。

抵家半载，梁鼎甫为矿事来新化，邀予同往广东韶州獭老顶，办理锑矿。翌年，再赴粤，组办宝昌锑矿公司。集资二十万元，官商各半，一采矿，二炼纯锑。先是鼎甫在法国，以巨金买得炼纯锑之法，在湘开设华昌公司，以西法炼纯锑。其法先将花石以吨炉用焦煤炼成黄色之酸化锑末，俗名锑养。再以锑养入反射炉，加炭酸曹达，以成化学上还原作用，炼去氧气即成纯锑，便可售销海外工场，作合金之用。华昌开工二三年，获利巨万。故鼎甫乘其邑人袁海观督粤之便，分组宝昌公司。除官股一半外，商股则为源丰润、义善源两汇票号及梁鼎甫、李慎生诸君担任。重履羊城，除黄埔旧同事外，尚有方叔章、梅撷云诸友在督署参幕。撷云名光羲，赣人，为湖北候补道，由袁奏调来粤办新政，深明佛理，现宰官身而为说法。予之粗解佛理，由撷云兄启之也。

及赴韶关，再转獭老顶，远不过一程。该矿山形势范围尚小于陶塘，四围亦如新化矿场，铺列石灰岩。当时矿山喷出，成圆锥形，上所露之顶小，而隐藏于石灰岩下者，较为宽大，此一定之公式也。矿为片状结晶，亦全与陶塘同。（如龙山、板溪各处之矿为星点光）工程师王博士宠佑以探矿机探试，亦无多把握。以前所采剩之砂灰尚多，无人能洗砂得矿，人工亦昂贵。公司委托予从新化招工人前来工作。时已夏五，因欠阅历，速缄归新，托先德从兄、月泉表兄、李允元兄、钟寅洲兄等，在新化招集工人一百廿余人，于六月下旬，冒暑南行。经十余日路程到山。溽暑遄征，途中饮食寒热欠调，到场即发湿瘟症，蔓延殆遍。大热而不甚渴，允元兄知医而不精，误用麻黄、桂枝，死亡累累。先德、月泉、寅洲均客死异乡。予亦病五月几死，自诣禹王宫哭祷，愿以本身一死，求救群众之灾。结果仅救十八人返家，精神上之痛苦亦可想矣。说者谓起程之日为红砂日，故大不利。此不必论。然犯有两忌：（一）则冒暑远行；（二）则以夙未出里门之人，忽投数百千里之外，水土不服，故遭此厄。后之人，当引为深戒也。

交冬后，予带病返湘，由韶乘民船溯北江，经平乐再上。滩流陡激，船行昂首，几欲壁立，舟篷两边走板，步步设梯级。上滩时，舟子撑篙，群以足踏梯板，尽力匍匐抵撑，以与滩流相斗而进。至平石，舍舟从陆，路宽及丈，皆青石勘修。途石上马蹄痕深可数寸，当轮运未通时，湘粤货物均由此以骡马驼运所践踏残留之痕迹也。由湘运粤者为茶油、谷米、山货；由粤运湘者为盐、糖、海味。逾五岭山脉一百二十里，至郴州。当时为百货起落之场所，其繁盛有小长沙之称。风景亦佳，对岸为苏仙岭。循耒水下至瓦窑坪，易重载之船，下通衡阳、湘潭。此小埠今虽零落，但其遗留之铺屋砖墙，皆系水磨，细腻熨贴，亦可见当年货物经过时之繁荣。盛矣！交通之有关社会也。予由耒水源头雇舟至湘潭，又换舟溯涟水，直至兰田。计水程二十余天，经历北江、耒河、涟江三水，穷源竟委，亦妙游也。抵家，又调养三个月方愈。其不死也，亦幸矣。

辛亥（1911年）春，予下长沙，与彭庄仲、曾伯兴、龙砚仙、谢祝轩及醴陵之龙云墀等，合组百炼矿务公司，实际上谋为革命界组一财团。公举彭庄仲为总理。彭见龙云墀奔走殷勤，畀以协理之职，惜夫所任非人，为德不终。彭死后，龙云墀一手把持，视为私产，不仅侵蚀股本，即予在铜元局所存之薪金数千元，概归乌有。此种人，混与革命界为伍，宁不可叹。百炼公司首由临武、桂阳之香花岭开采砒锡，才及三月，而武汉反正，湖南响应。予等在山闻讯，心绪不宁，真所谓一则以喜，一则以惧，成《梦江南》五阕，词曰：

江汉上，霹雳一声雷。五色旌旗翻上下，关心成败费疑猜。庭院几徘徊。

更漏永，新月上帘钩。忽梦少年豪壮事，屠龙快似解庖牛。燕市尽邀游。（京门伺狙颐和园事）

山月小，风挟万松号。乍见繁华歌舞地，割鸡曾许用牛刀。鱼服困龙鳌。（上海万福华刺王之春案，予与黄瑾午等均被逮）

风瑟瑟，吹过蓼花洲。黄鹤楼高仙飘渺，长鲸未斩剑含羞。江水逝悠悠。（钦命铁良南下检阅三江两湖之新军，与张榕川等伺狙黄鹤楼边未成）

心绪恶，无计去安排。商遍恩仇都不是，前尘留影拨难开。似去又潮来。

## 二 《诗词》（附章士钊等赠诗二首）

### 去湘吟
为葬陈天华、姚宏业两烈士，被缉走粤。

春风几度惜离别，杜宇声声啼热血。啼声唤彻到天涯，血染千年帝子花。花开花落年年在，那忍桑田变沧海。海水横流无限波，恰是相思涕泪多。

### 南浦
怀女同志林宗素、秋瑾、陈撷芬在日本。

韶光容易，又兼葭秋水正怀人。遥望蓬莱旧地，欲渡渺无津。回首行船别馆，把国忧种祸话酸辛。忆英气干云，清谈拨浪，巾帼有天民。

我惯穷愁潦倒，向蛮烟瘴雨久栖身。谁愍包胥哭国，觅不到西秦。只剩离愁孤愤，钦玉树，翘首望风尘。托南溟流水，凭波送悃到瀛滨。

### 台城路
怀杨笃生在燕京

纵横眼底看余子，英雄几辈堪数。一领尘衾，十年孤愤，莫向长门献赋，剑书如故。怅易水歌寒，击秦频误（同狙颐和园事未成）叔度雍容，襟怀涤我津沽渡。

沧桑世变无据，奈鸡鸣不已，八荒风露。紫燕无家，哀鸿满野，尚待何人相顾。关山旧路，为结客燕郸，京华流寓。珍重加飧，年华容易暮。

## 齐天乐

### 寄杨晰子在燕畿

萧萧叶落苍梧野，今古幽情如许。尘海茫茫，衣冠相哄，优孟几番容与。欧潮吼怒。问亚陆风云，伊谁为主？忧患环来，须知天意玉吾汝。

虎哮狗偷无数，莫侈言绛灌，羞与为伍。刚毅膺艰，聪明解事，智勇原难并举。旰衡寰宇，只矗立高峰，万山妒侮。止谤无争，有容德自树。

## 忆旧游 （赠陈树人同志，有序）

> 陈君荆，字树人，同盟会旧友也。出其题册属书，故旧零落，怅怀往事，眷此以归之。

忆狂来说剑，酒后拈诗，四座都惊。不解温和饱，惯撑持傲骨，拼却牺牲。宗社百年幽恨，洒血洗神京。喜胜友如云，丹忱为国，会结同盟。

陈荆！到今日汉业已重兴，漫说升平。虎视眈眈逐，蜗角年年斗，嗟我民生。剩得几人新贵，意气许纵横。只劫后相逢，班荆道故谈转清。

## 游岳麓山步程十发（子大）云麓宫题壁原韵

山雨洗新霁，湘流静不波。（时民十三年护宪役后。）摩空华表峻，访旧鬼雄多。（黄克强、蔡松坡、陈天华、刘道一皆故友也。）天帝昏如醉，狂徒哭当歌。东南望衡岳，云气动山阿。

## 满江红

登岳麓山礼〔祀〕黄克强、蔡松坡两公墓，用萨天锡金陵怀古原韵。

一代人豪，均去也，湘流不息。曾收拾，河山故国，抚今怀昔。峤岭黄花余烈事，（黄花岗之役，党人有自认为黄兴而死者三人，皆冀以一死易黄之生也）共和洪宪交相识。（松坡推翻洪宪，始再见共和）望中原，依旧待澄清，风云急。

生死异，神交织；风雨晦，怀芳迹。对摩空华表，停云孤日。留守金陵王气尽，功标铜柱生民泣。我重来，瞻仰旧威仪，天空碧。

## 读王汉刺铁良别内诗志悼（有序）

清季，满廷钦差陆军大臣铁良检阅三江两湖新军，党人张学济组合王汉、胡瑛、孙国华、成邦杰与不佞，埋炸弹黄鹤楼下刺良，警卫严，不得逞。王烈士汉，只身跟追至正定，终无隙，以手枪自杀见志。臆潜烈幽光，永埋天壤矣。其别内遗诗，悲壮沉毅，从容就义，允扬国魂。既伤旧侣，复叹来兹，诗以悼之。

哀歌斫地有王郎，就义从容悼国殇。九世复仇怀祖国，一心别内赴疆场。（遗诗有"生死人天各一心"之句）碣碑剥落埋英冢，遗句光芒挟洁霜。尚有故人垂涕似，白头天宝话宫妆。

长白山头王气销，军容已是霍骠姚。当年壮烈驱胡虏，此日衣冠睹汉朝。青史班班传任侠，中原莽莽尚蟪蛄。杜鹃啼碧苌弘血，易水萧萧赋大招。

## 附一　章士钊题苏凤初《海沤剩沈》

### 百字令

卅年一瞬，记南冠横絷，楚囚黯对（同系上海外权下之西狱）。

几辈狐鸣初试手（革命军蜂起），隐隐陈王堪戴（指黄瑾午）。张楚终穷，过秦年少，劣有文章在。黄花开日，撩人往事如海。

追念我等书生，走空皮骨，出处成尴尬。惟羡山人坚不起，少室微云不碍，鹏骞孤忠，凤雏雄略，尚友存英概。偶然天问，琼楼高处无奈。

### 附二　罗植乾步韵和苏凤初六十初度诗

我识君为天华友，天华耻为异族苟且生，而愿为吾族精神之耆耇者。东海波臣继屈原，岳麓山谁牛马走。君曰我是黄炎裔，为种为族肯孤负。天心阁上大声呼，湘邵学生瞻马首。三户之气遥接南岳巅，虎牙狼爪敢察咎。君乃仗剑复东渡，誓再来时取印绶。（陈烈士天华与君同邑，同学东瀛，愤时蹈海死，君护归谋葬岳麓山，大吏旧绅均尼之。君与禹之谟等，开全省学生大会，谓不葬麓山不休，声泪俱下，声震屋瓦，卒得营葬。予之毅然革命，自此始。自是君义侠之气，时萦予脑）当时君尚不识予，予几屡噬于虎狗（丙辛之间，予因革命几两次被逮）。奴才入川调鄂军，下令格杀不准否（时湘鄂川粤反对借款修铁路，端方调鄂军入川，执行格杀勿论）。鄂中同志急发难，廿粒子弹配某某。（鄂发难急，防益严，新军子弹全收。八月十九，熊秉坤遍搜党员，得弹二十粒，由金兆龙分配，乃开枪毙虏哨阮弗，革命乃成。）十月十日重光华，卿云烂兮缦以纠。挂冠来清故里崔，驻旄喜起先生柳。回雁峰头鄙湖杯，然后剑光合牛斗。（民元冬，君驻衡监选国会，予办衡永清乡事，与君论交衡城，君始识予，杯酒言欢。）自是予宣潇湘铎，大木储换广厦庥。君陈利弊登议坛，医国妙方拜肘后。相思相望不相谋，几阅春三又秋九。无端春申江上逢，适献蒋山无量寿。君王爱少臣未老，怎奈强仕称以叟。岂知蟠根错节松，千岁万岁自不朽。人爵讵彼天爵尊，信余皎洁修无怍。忆税下梅遥式君，曾论无邪勖予守。今再嘉拜兔罝篇，以养以卫胥民有。民有民有果何如，惟君独与争夺取，乃知君之浩气岳所钟，曰吾湘人谁不共跻公堂祝朋酒。

# 三 陈天华略传

陈烈士天华，字星台，湖南新化人也。性聪颖诚笃，不喜与群儿伍。少失恃，随其父宝卿茂才侍读资江书院。贫甚，其父尝令贩卖糖果，博蝇头利以佐日食，烈士则手《东周列国》或《三国演义》一卷，糖果被群儿取食，不知计值也。父计其无可获利，乃专课之读。对史学深感兴趣，寝馈与俱，不数月，即将《资治通鉴》阅毕。丁酉、戊戌间，清廷言变法，兴办学堂，新化晏谷如、邹价人等创办实学堂，与长沙之时务学堂并时为两。烈士考入肄业，主讲者为罗师仪陆，以经世济用之学为教。乃与群英研究历代兴衰之故、方舆夷险之道，与典章制度之原。烈士下笔数千万言，辄冠其曹。戊戌政变，停办学堂，烈士走长沙，肄业城南岳麓书院，藉月课膏火之奖以资其生。旋以监照应秋闱，领荐不捷。省当道检取荐卷，拔尤资送日本游学，烈士备取，送入弘文学院。见国势日非，列强协以谋我，乃悲愤膺胸，著《猛回头》、《警世钟》等通俗之书，痛陈国族之颠危、国际风潮之险恶，唤醒国魂。纸贵洛阳，不胫而走。清廷严加禁革，而国内外青年私相翻印钞写，辗转送阅，哄动一时，对清政府之种族革命，播散广众之种子。时日、俄交战于我满蒙之野，留学界同人组织义勇队，冀效命疆场，以挫俄人而谢日人之口。烈士与黄君兴等主之，每星期日赴体育场，各自备资，实弹演击。日、清两政府合谋解散之，改而为秘密结社。本部设东京，由蔡孑民、吴稚晖等设分部于上海爱国女校。以后吴樾之在天津〔北京〕刺出洋五大臣，徐锡麟之刺安徽恩抚，皆此团体之举动也。阅期年，日本取缔中国留学生规则颁布，留学界大愤，开会议决，全体归国，以相抵制。中有一部怀升官发财者，则破坏此议不归。烈士愤人心之不齐，草遗书数千言告国人，当团结救国，自投日本大森海而死。时年才二十有六也。事发觉，国内外人心大怆，湖南学界开会，公推鹏赴日本运其遗榇归国。其愤日本取缔归国之学生，在沪组立中国公学。益阳姚烈士宏业，因办中国公学者之意见参差，亦愤投海死。陈柩过沪，由鹏将姚柩一同运湘。双榇归来，万人空巷。湘学界乃开追悼大会于天心阁，议决葬两烈士遗骸于岳麓山。旧绅耸湘抚阻之，群情愤极，会葬麓山，执绋者万余人。举其事者，由禹之谟、谭心休、覃振、陈家鼎及鹏等。湘抚奏闻于朝，大兴党狱，缉捕首要，禹之谟执充靖州，阴杀之；余皆逃窜。停闭湘学多年，卒迁两烈士墓于麓北荒草中。烈士未聘娶，邑人为择抚族子远祥嗣焉。

## 四 周叔川略传

公姓周氏，名辛铄，字叔川，又号督川，新化大同镇时竹村人也。清县学附生。为人任侠有奇气，富改革精神，世事不善者，辄思改造之。性落落，不矜细行。当科举盛时，世尚制艺试帖，公独留心经世致用之学。急公义，毁家捐躯不恤。清末庶政不纲，地方多游惰，莠民伤俗，有司不能禁。公创大同公约，诘奸发匿，境赖以安。拟仿古寓兵于农之制，凡本镇年满二十岁之男子，编为团练兵，训练八个月，期满退休，每年大操二次，预计十年，可得即戎之丁壮万人。众以难于创始，未成。甲午国败于倭，清廷变法兴学。丙申、丁酉，与邑人邹沅帆、晏谷如等，创办实学堂，与长沙之时务学堂并时为两。又纠合同镇之辜藻堂、苏香谷等，刊行《大同辑报》，以开地方风气。旋倡办大同学校。公款匮乏，毁家变产以继之。因筹学款，提会产，抽煤捐，窒碍环生。沙塘市业煤之黠者至欲剚刃以报，公不顾也。癸卯、甲辰间，孙中山先生与东瀛留学界组合革命洪流。公在国内，谋作桴鼓之应，与同县谭石屏纠集会党，奔走辰、沅、黔、桂，联络组织。岩疆千里，箦屏往返，无间寒暑。返里，设社于一字山庄，部勒里中党人，策动革命。清廷探捕急，出走日本。谒孙中山、黄克强两先生，甚壮之，延入同盟会，甚相倚重，委以长江上游宣抚重任。束装返国，至神户，因积劳病发卒。其遗榇由鹏甥渡海护归，礼葬之。生于咸丰丙辰，卒于光绪乙巳，春秋才五十岁……。

论曰：逊清末造，新化之组合会党，实行革命者，当推公与谭石屏两人为首，均果敢坚决，冒死难而不移其志。公尤虚怀接物，遇事尽虑。使天假以年，其事业宁只如谭氏耶？惜乎赍志未酬，客死异国。天赋以才而吝其遇，悲夫伤矣！

附一　记周叔川事迹

周叔川是我的外曾祖父，是辛亥革命的先驱者之一。他是湖南新化大同镇时荣桥人氏（现属新邵县），生于 1856 年，殁于 1905 年。他在前清末年，很早就进行维新活动，1897 年在新化创办实学堂，1898 年创刊《大同辑报》，1901 年创办大同学堂（这个学校开办至今，八十年来，迄未间断，现为新邵二中）。这些活动，在当时的湖南乃至全国，都属于最早的改革活动之一。以后，他的思想进一步发展，走上了反清起义的道路。据我外祖母周范华生前回忆，周叔川当时为了联络各地会党，组织反清活动，一年中常有几个月不回家，在湘中、湘西以及西南各省，广泛奔波，仆仆风尘，不辞艰危劳瘁。时荣桥附近有座一字山，形势冲要，他多次聚集各地会党同志，在山中会议反清大计。每当开会时，断绝山上和家人邻里的往来，以保守秘密。家人对集会具体情况都不得悉，只知道为了供给聚义志士的粮糈，每从山下村中赶牛上山，杀牛为食，每次都要宰牛多头。周叔川的长子京甫、次子宣甫，正当青年，积极参加秘密活动，每次均参与上山开会。宣甫当时是十余岁的青年，斗志蓬勃，为了表示自己的革命决心，尝在内衣上写满革命口号。谭人凤先生也是新化人，为周叔川的亲密战友。谭家距时荣桥百余里，山岭阻隔，交通不便，每逢山上聚义，谭人凤必赶来参加，共同谋议。后来，清廷闻到风声，要追捕周叔川。周叔川就在 1905 年东渡日本。他到日本后，和孙中山先生、黄兴先生结识，参加了同盟会。周叔川、谭人凤都比孙、黄年长，孙、黄对他俩很推重。孙中山先生了解到周叔川和西南各省会党有广泛联系，就授以长江上游招讨使的职衔，委以回国在西南发动起义的任务。周叔川受命后，即启程归国，组织起义工作。不料他到神户时，突然发病，终告不治。周叔川临终前，想到甫膺重任，壮志待酬，突成虚愿，满腔悲愤，无可抑止，写了一首长诗述怀。这首诗已经失传，只残存了下面几句："我欲横吞此胡虏，可恨阎罗昏聩不相许，哀哉此恨长终古！"就这样悲愤地结束了生命。周叔川去日本后，家人受到清廷的迫害，京甫、宣甫都曾被捕入狱，后虽得释出，但由于遭到折磨，都在辛亥起义之前就过早地病逝了。周叔川当时的革命活动保守秘密，亲人不知其具体情况，他逝世过早，至今已七十余年，当时的同志也均不复健在，因此，他和他的同志们的活动情况已无记载留存。今但有上录《海沤剩沈》留存此传。此外，1931 年湖南《新化大同学校三十周年纪念刊》上也刊有他的小传，是原湖南《大公报》主笔李抱一所拟。李抱一曾在笔记中谈到他的父亲参加过周叔川、谭人凤在一字山集会的活动。他还另有一则题为《登一字山》的笔记写道："时登一字山头，一眺平皋秋色，亦是病中乐事。山中茅庄，谭石屏（人凤）、周叔川诸前辈，清末在此结社谋革命。当时胜况，今犹仿佛见之。予登一字山诗，'亭亭一茅宇，乃在山之陂；楹檐伤零落，旧迹殊瑰奇；斗酒聚豪侠，大义盟坛壝；抚景怀往昔，霸气犹在兹。'盖指此也。"

以上材料，虽惜零星，但通过它们也可略见当时湘中反清活动的情况，有助于了解辛亥革命在全国所具有的广泛基础。

（苏仲湘记）

### 附二　李抱一撰：周叔川先生传

先生名辛铄，号叔川，又号督川，新化大同镇竹半村人。清新化县学附生。为人任侠有奇气，处世落落，不矜细行。科举盛时，举世尚帖括之学，先生独留心经济，以求致用。急公义，毁家捐躯不惜。光绪中叶，新化创办学田，分团募捐，大同团先生与王哲敷先生等董之。以所获捐羡逾额，倡议于本团设学田分局。岁缴总局筹课，而以所羡并入义学学产，储为他日兴学之资①。以是创办大同学校时，义学田租独丰。先生寻被举团总。时国政渐弛，地方多游惰，有司不能约束。因与诸同志创立大同约，诘奸发慝，雷厉风行，宵小远飏，全境大治。甲午以后，痛国势之不振，知非兴学育才，开通风气，不足以挽救，一意提倡新学，与晏谷如、彭庄仲、邹沅帆、邹价人诸先生创办新化实学堂；与肖竹雯、王哲敷、辜藻堂、谢映星诸先生刊行《大同辑报》②。时学堂、报馆方萌芽，长沙亦仅时务学堂与《湘学报》、《湘报》闻于世。吾邑先进，僻处方隅，竟不让谭、唐、皮、熊独有千

---

① 据《新化大同学校三十周年纪念刊·王哲敷先生传》：光绪壬辰岁，学使张公札饬我县捐置学田，我团由先生与周叔川先生等综理大纲。因所捐逾额，乃议设分局于本团，而岁缴总局筹课，以羡余归并义学存积，备他日兴学之需。嗣是先生管理县中学田，与邹伯礼、晏谷如、彭庄仲诸先生创办求实小学堂，今之县立中学校也。

② 据《新化大同学校三十周年纪念刊·筑云老人（肖竹雯）〈回顾录〉》：光绪二十四年戊戌，余……与叔川、哲敷、藻堂、映星、凡栖诸先生晤谈，以为风气之开，首资阅报，诸先生深以为然。……公决购买《申报》、《湘报》、《时务报》各种，编辑成书，月出一册，定名《大同辑报》，廉价分售各村。

秋，良可称也。先生更复乎莫尚已。迄辛丑清廷下诏兴学，先生遂与肖、王诸先生倡办大同学堂。筹款立案，延师招生，毅然以自任。开办费不足，私贷二百元济之①。提会款，抽煤捐，窒碍环生，怨谤丛集，仇者至欲割刃以报，先生不屑顾也。自壬寅至甲辰，撐捂三年之久，跋前疐后，心力交瘁。适有国家之志，乃于乙巳春季东渡日本，以校务诿竹雯先生。临行致缄，有"弟去矣，学堂事望兄好为之"等语。抵日，犹殷殷以煤捐事邮呈湘抚，请饬县查办。乃不久竟殁，不得睹学校之成，哀哉！先是，先生忿清政不纲，汉族将与之偕亡，投身秘密社会，谋革命，与同县谭石屏先生奔走辰、沅、黔、桂，联络各地会党②，岩疆数千里，篝屏往返，无间寒暑。返里，则设社于一字山之山庄，集里中豪杰谋响应。清廷名捕急，乃走日本。谒孙中山、黄克强两先生。两先生壮之，延入同盟会，甚倚重，委以长江上游重任，资其所夙席以谋大举③。急病发，卒于日本之神户。遗榇由其甥苏鹏迎护归里。吾邑实行革命者，首推石屏、叔川两先生。两先生俱猛勇坚毅，冒死犯难不移其志，叔川先生尤能虚怀接物，遇事尽虑。使天假以年，勋业当在石屏先生之上也。赍志未酬，客

---

① 据《新化大同学校三十周年纪念刊·本校历年大事记》：清光绪二十七年（辛丑）八月，清廷诏立学堂。十二月，周叔川先生发起设立大同高等小学堂一所……光绪二十八年（壬寅）正月，本团绅董议定：校舍暂假小溪周祠，略予修理，以二月初八日开学……招收学生百余人……是年，开办伊始，需款颇巨，自叔川先生借垫洋银二百元外，拟提公款，未得照支；按村劝捐，无人缴现。一切耗费，纯从省约，管堂仅支在堂火食而已。

② 参见《近代史资料》1956年第3期：谭人凤：《石叟牌词叙录》及《邹永成回忆录》；《湖南文史资料选辑》第10辑：邹协勤：《我所知道的谭人凤》。

③ 据周叔川孙周良霄回忆，在《时荣周氏族谱》中收有陈天华为周叔川所写的传记。其中说到周叔川东渡日本后，参加同盟会，孙、黄委以长江上游招讨使的职务（谭人凤为副）。当时正是日俄战后，东北局势严重，周叔川拟前赴东三省考察，至神户，因肝癌病逝。周叔川读书求致用，不屑科举。从他的藏书看，他早年的思想多受王（船山）、顾（炎武）的影响。蔡锷少时，曾经受过周叔川的赏识和资助。

死异城，伤已！先生为洛东公之第三子，兄伯喧、育风，弟叔陶，皆有隽名。男子子三：京甫、宣甫、湘甫。京甫有父风，早故。女子子二：长范华，创办大同女学。婿谢晓庄煜樟，亦有大勋于大同学校。皆能世先生者。先生生于清咸丰丙辰，卒于清光绪乙巳，春秋五十。

《新化大同学校三十周年纪念刊》

# 杭州求是书院《罪辫文》案始末记略

钱均夫

**编者按**：1901 年杭州求是书院《罪辫文》事件过去虽有记载，但多不够详实，例如冯自由《中华民国开国前革命史》说"求是书院创于辛丑（1901）年"；在事件经过方面，又说"暑假时四五两班学生合组一作文会"；在人事关系方面它将监院陈汉第误为被控的教员等等，这些地方都与钱均夫亲身经历的记述很有出入。所以钱均夫此文不仅使我们看到当时求是书院革命思潮鼓荡的全貌，并且可以订正过去记载的讹误。

## 序　言

我写了《关于辛亥革命浙江省城光复记事的补充资料》后，想起老友钱均夫先生家治亦求是书院高才生，正在北京，因即写信给他，请他将《罪辫文》案的情况告诉我。他即复信如附稿，这文记得比我详实，我加了一些小注，使读者更知道当时人物的简史。

马叙伦　1956 年 8 月

一八九八年戊戌变法而致政变，六君子被弃市。一九○○年唐才常在武汉谋起事，被捕杀。此政治上发生之两惨案，影响及于当时青年之志趣者极大。求是同学于庚子（1900 年）暑假后回院，彼此相见，论及时事，孰不愤慨，尤以外院头二班同学为甚。遂有倡议组织励志社者，其动向陆续发展，约分为四：（1）请由院拨给东斋宿舍卧室一间为书报阅览室，各同学将自阅之书报、杂志，如旧的《时务报》等，新的《清议报》（后改为《新民丛报》）等，《译书汇编》及有关传播知识之书籍，置诸书架，各同学可于课后来借阅；并定除星期日外，每日夜饭后，自八时至九时止，聚集室内，讨论各自阅读之心得。（2）集资订阅《杭州白话报》二十份，分送给庆春门外圩郭之茶坊酒肆。（3）当时外院学生分为六班，头二班同学为贯输新知识起见，推举班中对国学有擅长者，对其余各班同学轮负演讲新学及评阅文课之责。（4）推聘板儿巷塾师蔡某为新民书塾塾师，不得用《千字文》等旧读本，应照所发教本课授。而此教本则由汪师曼锋①担任编辑。此为当时求是外院生对国事而引起之一种新运动，而《罪辫文》案之发生，即由此第三种动向所引发。忆在辛丑（1901 年）初夏，对于三四班同学月课，适由史寿白同学轮值，彼乃商请四班教习孙师江东②命题，即所谓《罪辫文》者是。评阅批改，仍由寿白同学自任。而此课取列第一者为李斐然③同学。全部评定之课卷，向可由同学彼此传观。有四班同学施某将此课卷交与其叔在内院肄业者，认为可借此摧毁此种新运动，遂将全部课卷密呈当地绅士樊某、金某④。而在

---

① 汪嵚字曼锋，和我是宗文义塾的同学，辛亥革命浙江省城光复时，被推为杭州军政分府。伦注。

② 史寿白名久光；孙江东名翼中，字耦耕，都是我的朋友。伦注。

③ 李斐然亦是我的朋友，忘其名。伦注。

④ 樊恭煦字介轩，清翰林，我的姻长。金某忘其名字，我亦识。伦注。

求是肄业之驻防同学亦已侦知其事，势将兴大狱。斯时已届暑假后之九、十月间，总理陆师勉侪①早已辞职赴京，新总理劳师玉初②尚未到任，院事全由监院陈师仲恕③主持。陈师对此事之处置，先为寿白同学筹募学费，资送赴日留学，以避其锋。又偕杭府文案高啸桐④先生同赴桐乡访劳师玉初，说明情由，磋商如何解除。而劳师则告以此全部课卷，业由杭绅樊某手中取来。盖某日得知此事，急趋省往访，说明欲携归细阅，借作到任后整顿学风之参考；一面讽其应息事宁人，万不可再行追问。课卷既不能提出作证，则驻防学生亦不可能呈由将军向抚署告发，惟听说抚署已有所闻，请速回书院布置。故陈师归来，同学中见其愁眉已展，但对头二班同学在此一二年内之文课卷册检阅甚忙。不数日，果见陈师陪同便服老翁巡视课堂斋舍极周到，临去又带去纸包数件。约再经旬日，忽见全浙驻省大小文武官员齐来书院，巡抚任道镕居中坐，宣布有人向抚署控告，谓求是书院学生将革命邪说悬诸讲堂、布诸斋舍事，某日余亲自来院密访，巡视一周，并未见有此种迹象，审阅书院文课卷册，亦未见有此种邪说传布，故所告不足为信，应咨请将军对具告人严加训斥。惟此后书院招生，每年必须招收驻防学生十人为定额，并由抚署派提调一员，常川驻院。未几，劳师玉初到院就职，陈师仲恕辞去监院职。而《罪辫文》案由此结束，励志社之组织亦由此消灭。

蒋尊簋伯器、蒋方震百里、许寿裳季黻、史久光寿白均为求是同学，林左髓⑤则记不起来了。辛亥杭城光复，蒋伯器在粤、

---

① 陆勉侪懋勋，清翰林，我的世长。伦注。

② 劳玉初乃宣，我的姻长，清吏部主事，有著作，长于数学，有顽固称，但于此案能持重，销灭大祸。伦注。

③ 陈仲恕汉第，为陈叔通先生之兄。伦注。

④ 高啸桐，福建人，为上海商务印书舘创始人高梦旦先生之兄，维新派。伦注。

⑤ 林左髓，温州人，亦吾友，少年即以交名于乡，倾向革新。伦注。

蒋百里在东北均未参加，当时任杭城光复军总司令者为周承菼赤忱，参谋为李斐然（即《罪辫文》考列第一者）。寿白同学为头班教习宋燕生①先生最识拔之弟子，辛亥革命任苏军攻南京时之参谋。全院同学，现存于世者已无多人。然对劳师玉初、陈师仲恕爱护青年之往事，固未尝有一日忘怀者，岂仅仅为此一案耶。

---

① 宋燕生先生恕，戊戌革新派。伦注。